Isabel de Madariaga

Katharina die Große

Ein Zeitgemälde

Aus dem Englischen von Karl A. Klewer

Verlag Volk & Welt
Berlin

Titel der englischen Originalausgabe
Catherine the Great
A Short History

Inhalt

Vorwort
7

1 Der Griff nach der Macht über das russische Reich
11

2 Die russische Gesellschaft im Jahre 1762
30

3 Die ersten Herrschaftsjahre
49

4 Der erste türkische Krieg
73

5 Die Krise der siebziger Jahre
93

6 Die Umgestaltung der Kommunalverwaltung und des Rechtswesens
121

7 Bewaffnete Neutralität und Annexion der Krim
144

8 Katharinas Einfluß auf Rußlands Kulturleben
163

9 Katharinas Bildungspolitik
184

10 Katharinas Sozialpolitik
208

11 Wie Katharina herrschte
231

12 Wie das Volk lebte
255

13 Krieg gegen die Türkei und Schweden;
die Zerschlagung Polens
284

14 Katharinas Wirtschaftspolitik
307

15 Katharina und die Französische Revolution
328

16 Katharina als Frau und Herrscherin
352

Biographische Anmerkungen
379

Vorwort

Über die Herrschaft Katharinas der Großen – sie dauerte vom 28. Juni 1762, von dem Tag, an dem sie ihren Gatten, den rechtmäßigen Zaren Peter III., stürzte, bis zu ihrem Tode im November 1796 – sind zahlreiche widersprüchliche Ansichten im Umlauf. Zu ihren Lebzeiten bewunderten viele führende Köpfe der Epoche diese Kaiserin (so zum Beispiel Voltaire oder Melchior v. Grimm), andere wiederum, unter ihnen Denis Diderot, standen ihr wie ihrem Land mit Vorbehalten gegenüber. Dabei verwies man auf die Kluft, die zwischen Katharinas erklärten Zielen und dem bestand, was sie tatsächlich erreichte, auf ihr Bestreben, ihren Ruhm mit kriegerischen Mitteln zu mehren, sowie darauf, daß sie mit Polen einen bedeutenden osteuropäischen Staat rücksichtslos von der Landkarte entfernt hatte. Außerdem machte man ihr den Vorwurf der Selbstherrlichkeit und der übersteigerten Eitelkeit.

Dennoch wurde sie von Herrschern und Denkern des 18. Jahrhunderts als ihresgleichen anerkannt. Erst viel später, als man die Bauern aus der Leibeigenschaft entließ und das Land nach einer konstitutionellen oder gar ausschließlich demokratischen Regierung strebte, wurden ihre Leistungen herabgesetzt, und sogar ihr erklärtes Ziel, im Interesse ihres Volkes zu herrschen, wurde als bloße Heuchelei abgetan.

Als Folge dieser starken Vorbehalte kam die ernsthafte Beschäftigung mit ihrer Regierungszeit über Jahre hinweg zum Erliegen. Die in Rußland systematisch betriebene Veröffentlichung ihrer Schriften endete mit der Revolution von 1917, und obwohl in der Sowjetunion eine Vielzahl gelehrter Artikel über verschiedene Aspekte ihrer Herrschaft erschien, geschah bis in die sechziger Jahre nur wenig, um diese Arbeiten zusammenzufassen. In der Zwischenzeit erschien in Europa (allerdings nicht in der UdSSR, wo eine biographische Betrachtung der Geschichte verpönt war), eine ganze Anzahl populärer Biographien, die sich allerdings mehr mit Katharinas Liebhabern als mit ihrer Politik beschäftigten. So kam es, daß man der Kaiserin als Frau wie als Herrscherin in Großbritannien und den Vereinigten Staaten zu Beginn der sechziger Jahre mehr Aufmerksamkeit entgegenbrachte als in der UdSSR.

Zwischen der Arbeit von Wissenschaftlern und allgemeinen geschichtlichen Darstellungen, die sich auf diese stützen und die Öffentlichkeit mit deren Ergebnissen bekanntmachen, liegt grundsätzlich ein gewisser zeitlicher Abstand. Damit die neueren Arbeiten über Katharina II. einer größeren Leserschaft an Schulen, Hochschulen und Universitäten zugänglich werden, als sich mit Hilfe von Fachpublikationen erreichen ließe, wird dies Buch vorgelegt. Klar wurde mir die Notwendigkeit einer solchen Arbeit, als man mich vor einigen Jahren zu einem Vortrag vor den Schülern der Oberstufe und der *European Society* der *St. Paul's School* einlud. So widme ich das vorliegende Buch meiner ursprünglichen Zuhörerschaft, auch wenn diese jungen Männer längst flügge geworden sind.

An dieser Stelle möchte ich Dr. Janet M. Hartley meinen Dank aussprechen, die meinen gesamten ersten Entwurf durchgearbeitet und auf die zahlreichen Mängel hingewiesen hat, die er enthielt. Für alle, die sich jetzt noch darin finden, bin ausschließlich ich verantwortlich. Außerdem habe ich Professor A. G. Cross dafür zu danken, daß er mir Einblick in das unveröffentlichte Tagebuch der Fürstin Daschkow gewährt hat, in dem sie ihre Reisen durch Schottland beschreibt.

Hinweis:
Alle Datumsangaben in diesem Buch entsprechen dem im 18. Jahrhundert in Rußland verwendeten Julianischen Kalender, so daß man, um die Daten gemäß dem damals wie heute im übrigen Europa üblichen gregorianischen Kalender zu erhalten, elf Tage hinzuzählen muß. Die einzige Ausnahme, die Verkündigung der Verfassung Polens von 1791, ist mit NS gekennzeichnet (Datum Neuen Stils).

1

Der Griff nach der Macht über das russische Reich

Katharina II., Rußlands »Alleinherrscherin« von 1762 bis 1796, hatte keinerlei Anspruch auf den Zarenthron. Sie kam im Jahre 1729 als Prinzessin Sophie von Anhalt-Zerbst zur Welt; ihr Vater regierte einen deutschen Kleinstaat und war preußischer Offizier. Sie wurde 1744 mit vierzehn Jahren nach Rußland geschickt, um ihren fünfzehnjährigen Vetter zweiten Grades Peter von Holstein-Gottorp zu heiraten, der als Enkel Peters I. (des Großen, 1682–1725) zum Erben des russischen Throns bestimmt war.

Da nach einer Verfügung, die Zar Peter 1725 erlassen hatte, der jeweilige Zar seinen Nachfolger selbst bestimmen durfte, entschied in den folgenden vierzig Jahren eine Reihe von Staatsstreichen, bei denen sich die verschiedenen Thronanwärter auf die Garderegimenter stützten, über die Thronfolge. Die ersten Nachfolger Peters I. waren seine Witwe Katharina I. (1725–1727) und sein Enkel Peter II. (1727–1730). Durch das Erlöschen der direkten männlichen Linie des Hauses Romanow gelangte die Nichte Peters I., Anna Iwanowna, von 1730 bis 1740 auf den Thron. Ihr wiederum folgte (1740–1741) als sogenannter »Säuglingskaiser« sein Urgroßneffe Iwan VI. Als sich schließlich Peters Tochter Elisabeth (1741–1761) des Thrones bemächtigte, gehörte es zu ihren ersten Amtshandlungen, daß sie einen Erben einsetzte, und zwar eben ihren Neffen Peter, den oben genannten Herzog von Holstein-Gottorp, Sohn ihrer verstorbenen Schwester Anna Petrowna.

Die Ehe zwischen Peter und Katharina (den Namen Sophie legte sie bei ihrem Übertritt zum orthodoxen Glauben ab) verlief nicht glücklich. Einen Großteil ihrer Zeit verbrachte Katharina damit, ihren geistigen Interessen nachzugehen, denen ihr Gatte völlig gleichgültig gegenüberstand, und es schwächte die Position der neuen Großfürstin, daß sie lange kinderlos blieb. Schließlich aber brachte sie nach ihrer ersten, vom Hof gebilligten Affäre 1754 einen Sohn zur Welt, der den Namen Paul bekam. Bis auf den heutigen Tag kann niemand mit Bestimmtheit sagen, ob er aus der Ehe mit dem Großfürsten Peter oder aus der Beziehung Katharinas mit Sergej Saltykow hervorging.

Schon bald nach Pauls Geburt wurde ihr Liebhaber ins Ausland beordert. Katharina verliebte sich erneut, diesmal in einen jungen Polen, Stanisław Poniatowski, der zum Gefolge des britischen Botschafters Sir Charles Hanbury Williams gehörte. Dieser unterstützte die beiden Liebenden nicht nur, sondern er sorgte auch dafür, daß aus England Mittel flossen, die Katharina in den Stand setzten, ihre Schulden zu bezahlen. Mit Ausbruch des Siebenjährigen Krieges im Jahre 1756 aber wurde die Stellung des britischen Botschafters in Rußland unhaltbar. Zwar herrschte kein Kriegszustand zwischen Rußland und Großbritannien, wohl aber zwischen Rußland und Englands Bündnispartner Preußen sowie Frankreich, das ein Bündnis mit Österreich geschlossen hatte, und England. So wurde Henry Williams im Herbst 1757 abberufen, und auch Poniatowski mußte nach Polen heimkehren. Wohl kam er als polnischer Gesandter nach Sankt Petersburg zurück, doch berief man ihn im Sommer 1758 ab, nachdem Katharina ein Mädchen zur Welt gebracht hatte, dessen Vater er war. Diese Tochter wurde nicht älter als fünfzehn Monate.

Da Rußlands militärische Führung die über Preußen errungenen Siege politisch nicht zu nutzen verstand, kam es 1758 zu einer Krise. Der russische Hof war in zwei Parteien gespalten: eine propreußische, an deren Spitze Großfürst Peter, Katharinas Gatte, stand, und eine profranzösische, die vom Vizekanzler Graf M. L. Woronzow angeführt wurde. Ein wenig über diesen beiden Gruppen stand der probritisch eingestellte (und über viele Jahre hinweg von England finanziell unterstützte) Kanzler Graf A. Bestuschew-Rjumin, den Katharina als Freund und Verbündeten gewonnen hatte. Die profranzösische Partei brachte es fertig, ihn mit der Bezichtigung anzuschwärzen, er habe den Krieg nicht zu Ende zu führen vermocht, und fast wäre es gelungen, Katharina, die inzwischen nicht mehr auf besonders gutem Fuß mit ihrem Gemahl stand, in die Angelegenheit zu verwickeln. Doch spielte die Großfürstin ihre Karten geschickt aus, so daß sie ihre Position zu bewahren vermochte. Der einzige, der sich dem Krieg gegen Preußen wirklich entgegengestemmt hatte, Großfürst Peter selbst, den tiefe Bewunderung für Friedrich II. von Preußen erfüllte, kam völlig ungeschoren davon.

Im Dezember 1761 starb die Kaiserin Elisabeth, und Katharinas Gemahl gelangte als Peter III. auf den Zarenthron. Zwar war er keineswegs dumm, doch da ihm jeglicher gesunde Menschenverstand abging, hatte er bald alle mächtigen Interessengruppen am Hofe gegen sich. Aus dem Krieg gegen Preußen zog er sich zurück und unterzeichnete im April 1762 einen Friedensvertrag, in dem er auf alle russischen Eroberungen verzichtete, einschließlich des zu jener Zeit von russischen Truppen besetzten

Ostpreußen. Er brachte die Hierarchie der orthodoxen Kirche dadurch gegen sich auf, daß er die Frage der (unter Elisabeth eingeleiteten) Übernahme kirchlichen Grundeigentums durch den Staat erneut auf die Tagesordnung setzte. Er drohte, er werde seine Gattin Katharina verstoßen, seinen Sohn Paul enterben und seine damalige Geliebte ehelichen (Elisabeth Woronzowa, Nichte des Vizekanzlers M. L. Woronzow), und leitete eine militärische Aktion zugunsten seines Herzogtums Holstein-Gottorp gegen Dänemark in die Wege. Die Mehrzahl seiner Unternehmungen war so unklug und fand am Hof so wenig Unterstützung, daß sich verschiedene Gruppen zu seiner Entthronung bildeten. Manche wollten den siebenjährigen Paul zum Kaiser ausrufen und ihm einen Regentschaftsrat beigeben, in dem sie selbstverständlich eine bedeutende Rolle zu spielen gedachten. Zu ihnen gehörte beispielsweise Nikita Panin, Pauls Erzieher. Anderen schien es vorteilhafter, Katharina als regierende Kaiserin auf den Thron zu bringen.

Inzwischen hatte sich diese auf eine dritte Beziehung eingelassen, die dauerhafter war als die beiden vorangegangenen. Der Sohn, den sie von diesem Geliebten, dem jungen russischen Gardeoffizier Grigori Orlow, bekam und den sie im April 1762 heimlich zur Welt brachte, wurde unter dem Namen A. Bobrinski bekannt. Auf Orlow und seine vier Brüder gestützt, die in den Streitkräften strategisch günstige Positionen einnahmen, hatten die Verschwörer Erfolg, die sich für Katharina stark machten, und so wurde sie am 28. Juni 1762 in Sankt Petersburg zur regierenden Kaiserin ausgerufen. Wie tief die mächtigen Familien bei Hofe in bezug auf Katharinas Ansprüche und die Rechte Peters III. entzweit waren, läßt sich daran ermessen, daß dessen Geliebte Elisabeth eine Schwester der Fürstin Katharina Daschkow war, zu jener

Zeit Katharinas engste Freundin und aktiv an der Verschwörung beteiligt, mit der diese auf den Thron gelangen sollte.

Peter hielt sich nicht in der Hauptstadt auf, als Katharina zur Kaiserin ausgerufen wurde, und schon bald darauf setzte man ihn fest. Er dankte ab und wurde auf eine Besitzung nahe Sankt Petersburg gebracht, wo er einige Tage später ums Leben kam. Offiziell hieß es, ein Hämorrhoidalleiden habe ihn dahingerafft, aber man weiß, daß mehrere der zu seiner Bewachung abgestellten Offiziere und Alexej Orlow, einer von Grigoris Brüdern, ihn töteten. Dieser erklärte, Peter sei betrunken gewesen und im Verlauf einer Schlägerei umgekommen, doch besteht kein Zweifel daran, daß das Verschwinden des Zaren dem Interesse der Orlow-Brüder dienlich war und Katharinas Stellung auf dem Thron als regierende Kaiserin festigte. Dem vorliegenden Material nach besaß sie keine Kenntnis vom Mordkomplott an ihrem Gemahl; doch muß ihr klar gewesen sein, daß dieser ihre Position beständig bedrohen würde, falls er am Leben bliebe, und ihn daher die Kräfte, die sie unterstützten, kaum am Leben lassen würden.

Was für ein Mensch war Katharina in jenem Abschnitt ihres Lebens? Wir wissen ziemlich viel über sie, denn sie führte nicht nur einen ausgedehnten Briefwechsel, der zu großen Teilen veröffentlicht vorliegt, sie schrieb auch mehrere Fassungen ihrer Memoiren, die zu verschiedenen Zeiten ihres Lebens entstanden. Zwar waren sie ursprünglich nicht für eine Veröffentlichung vorgesehen, doch sollten sie zweifellos dazu dienen, vor der Familie und der Nachwelt ihr Handeln zu erläutern und zu rechtfertigen. Echter und spontaner als diese Memoiren sind die zahlreichen Randbemerkungen in von ihr gelesenen Büchern oder ihre hingekritzelten Anmerkungen in Notizbüchern, die auf uns gekommen sind. Sie war voller

Verehrung für das Werk der großen französischen Denker wie Voltaire, d'Alembert und Montesquieu, wie auch für die von Denis Diderot herausgegebene *Encyclopédie*. Ihr bewunderter Held war Frankreichs König Heinrich IV., dem »Paris eine Messe wert« gewesen war.

Viele Exzerpte von ihrer Hand zeigen nicht nur, daß sie gründlich las, sie legen auch Zeugnis von einem offenen, großzügigen Geist ab, lassen ein ausgeprägtes Gerechtigkeitsgefühl und einen hochentwickelten Sinn für moralische Werte erkennen, der eher auf humanitäre als auf religiöse Grundlagen zurückging und geschlechtliche Verirrungen durchaus duldete. Diese Duldung stieß allerdings an ihre Grenze, als der englische Gesandte George Macartney eine ihrer Ehrenjungfrauen verführte.

In Abwandlung von d'Alemberts Worten notierte Katharina 1763: »Man sollte aus Liebe zu den Menschen Gutes tun und Böses meiden, soweit einem das möglich ist.« Auch schrieb sie: »Daß man die Menschen nach den gesetzlichen Vorschriften beurteilt, liegt im Interesse des Staates, dessen Gesetze dem Monarchen stets heilig zu sein haben, sind sie doch auf alle Zeiten gültig, während Untertanen und Herrscher vergehen.« Sie fügte hinzu, es sei Fürsten gestattet, bisweilen vom Buchstaben des Gesetzes abzuweichen, um Gnade zu üben, keinesfalls aber, um das Gesetz grausamer zu machen. Bei anderer Gelegenheit notierte sie: »Freiheit, du Seele von allem, ohne dich ist alles tot. Es ist mein Wunsch, daß die Menschen dem Gesetz gehorchen, aber ich will keine Sklaven. Ich strebe ganz allgemein danach, die Menschen glücklich zu machen, nicht aber sollen Launen, Phantasien oder Tyrannei das Gesetz aushöhlen.« An anderer Stelle heißt es: »Ich wäre zufrieden, wenn Höflinge begriffen, daß die beste Art, mir zu schmeicheln, darin besteht, mir die Wahrheit zu sagen. Selbst ein Höfling wird sich daran halten, wenn er erkennt, daß man ihn gern hat und daß auf diesem Wege Gunst zu erreichen ist.« Während ihrer gesamten Herrschaft erwies sich Katharina als menschlich und in keiner Weise rachsüchtig. In einem auffälligen Bruch mit dem, was bei früheren gewalttätigen Regierungswechseln (1730, 1741) geschehen war, ließ sie die hochstehenden Beamten, die Peter III. gedient hatten, ungeschoren und schickte keinen von ihnen in die Verbannung. Entlassen wurden nur wenige; einzelne wurden auf Positionen außerhalb der Hauptstadt versetzt. Die meisten bekleideten bald wieder hohe Ämter.

Katharina, dreiunddreißig Jahre alt, als sie Kaiserin wurde, war kleinwüchsig, schlank, von großem persönlichen Zauber, hübsch anzusehen, mit blauen Augen und dunklem Haar. Alle Berichte ausländischer Gesandter stimmen dahingehend überein, daß sie von munterer Wesensart war und das Leben an ihrem Hof zwanglos und ohne Prunk und Zeremoniell verlief.

Ihr Geliebter, Grigori Orlow, wurde zum General und Befehlshaber über die Artillerie ernannt, griff aber nicht in Regierungsgeschäfte ein. Ob Katharina je erwog, ihn zu ehelichen, wissen wir nicht, doch als 1763 gerüchtweise verlautete, sie erwäge eine solche Ehe, erhob sich so großer Widerstand gegen diese bloße Möglichkeit, daß man den Plan, sofern er bestanden hatte, sogleich sang- und klanglos auf immer begrub.

Verständlicherweise war die in Regierungsgeschäften völlig unerfahrene Katharina auf den Rat ihrer Umgebung angewiesen. Allerdings hatte sie die Schriften der Aufklärer gelesen und kannte nicht nur aus ihrer Tacitus- und Sueton-Lektüre die Intrigen im Umfeld der römischen Kaiser und die Rolle, welche die Prätorianer-Garde gespielt hatte; vertraut waren ihr auch das politische Denken und die Verwaltungspraxis, die sich an den kleinen Höfen des Heiligen Römischen Reiches sowie in Österreich entwickelt hatten. Zwar hatte sie bei der Eheschließung zum orthodoxen Glauben übertreten müssen, doch bedeutete ihr die Religion keine Bürde. Sie kam allen religiösen Pflichten peinlich genau nach. Trotz allzeit guter Beziehungen zur Kirchenhierarchie mißbilligte sie jede Art von Fanatismus und Zwangskonversion. Ihrer Überzeugung nach war es Aufgabe des Staates, die Kirche zu lenken, und sie hatte nicht viel für den römischen Katholizismus übrig, der ihrer Ansicht nach eine Teilhabe an der politischen Macht erstrebte, wie man am Beispiel Polens, Frankreichs oder Spaniens erkennen konnte.

Obwohl sich Katharina bemühte, die Schwierigkeiten zu meistern, die damit verbunden waren, daß sie in den Augen der Öffentlichkeit kein Anrecht auf den Thron hatte, fiel mehreren der ausländischen Gesandten auf, unter welcher Belastung die Kaiserin zu jener Zeit stand. Wie sicher fühlte sie sich auf dem Thron? Es kam zu einer Anzahl von Meutereien, doch lief das in manchen Fällen lediglich auf unbedachte Äußerungen gegen eine mögliche Eheschließung mit Grigori Orlow hinaus, die im Zustand der Trunkenheit gemacht wurden. Weit ernsthafter allerdings waren zwei Verschwörungen, die sie aus dem Wege räumen und statt ihrer nicht ihren Sohn Paul auf den Thron bringen wollten, sondern einen anderen Anwärter, nämlich Iwan VI., der 1740 als Säugling zum Zaren ausgerufen und 1741 von Peters Tochter Elisabeth entthront worden war. Sie hatte dafür gesorgt, daß er zur »Unperson« wurde: Jeder Hinweis auf seine Herrschaft wurde aus Gesetzen und Dokumenten entfernt, als habe es ihn nie gegeben. Der einstige Kaiser Iwan VI. blieb sein Leben lang in Haft, meist in der großen Festung Schlüsselburg am Ladogasee, und da man ihm jegliche Ausbildung vorenthielt, konnte man ihn schließlich als geistig zurückgeblieben, wenn nicht schwachsinnig, bezeichnen. Elisabeth hatte angeordnet, daß ihn die Wachen bei einem Befreiungsversuch unverzüglich töten sollten, und diese Anordnung wiederholte und bekräftigte unter Katharina ihr damaliger oberster Minister Nikita Panin.

Als 1763 verlautete, eine Gruppe von Gardeoffizieren wolle Iwan VI. wieder auf den Thron verhelfen, war Katharina zutiefst beunruhigt. In Wirklichkeit handelte es sich um leeres Gerede der Männer, die Katharina bei ihrer Machtergreifung unterstützt hatten und mit der Belohnung dafür unzufrieden waren. Wie groß Katharinas Furcht aber war, zeigt sich an den über diese Gardeoffiziere verhängten Strafen: Die beiden Rädelsführer wurden degradiert und zu Zwangsarbeit nach Sibirien verbannt. Die übrigen kamen glimpflicher davon.

Weit ernster gemeint war ein 1764 unternommener Versuch, Iwan VI. zu befreien und wieder zum Kaiser auszurufen. Dahinter stand W. Mirowitsch, ein unzufriedener junger Ukrainer, dessen Vorfahren unter Peter dem Großen ihre Besitzungen verloren hatten. Er bemühte sich, an der Spitze eines Trupps von Männern, die nicht wußten, worum es ging, in den Innenhof von Schlüsselburg einzudringen, wo Iwan gefangengehalten wurde. Als die beiden Offiziere, die ihn bewachten, den Lärm hörten, töteten sie den einstigen Kaiser in Befolgung ihrer Befehle, woraufhin sich Mirowitsch ergab, weil sein Unternehmen keinen Sinn mehr hatte. Da sich Iwans Tod unmöglich vertuschen ließ, wurde Mirowitsch vor Gericht gestellt, zum Tode verurteilt und hingerichtet. Es war die erste Exekution seit vielen Jahren, denn Elisabeth hatte die Todesstrafe 1754 abgeschafft. Der ganze Vorfall, der an die Ermordung Peters III. erinnerte, schadete Katharina ungeheuer, zumal man die beiden Männer, die Iwan getötet hatten, stillschweigend entwischen ließ – schließlich hatten sie lediglich ihre Befehle befolgt.

Über Rußland zu herrschen war nicht leicht. Die Größe des Landes, das von Polens Grenze bis an den Pazifik reichte, brachte es mit sich, daß Nachrichten äußerst langsam übermittelt wurden, was Kontakte erschwerte, obwohl man den Nachrichtentransport mit Hilfe der Ströme beschleunigen konnte, die Sibirien von Süden nach Norden durchqueren und ins Nördliche Eismeer münden. Diese Ströme, die sich vom Ob über den Jenissej zur Lena und Kolyma ausdehnen, bildeten mit ihren Nebenflüssen und Beförderungsmöglichkeiten die Etappen für die Ausdehnung Rußlands nach Sibirien. Schon zur Zeit Peters I. hatten die Russen die Halbinsel Kamtschatka erreicht, im Jahre 1742 erkundeten sie Alaska und gründeten einzelne Ansiedlungen, von denen aus man Jagd auf Pelztiere machen konnte. Dann ging es südwärts an Amerikas Westküste entlang, wo die Russen 1812 unmittelbar nördlich von San Francisco in einem Gebiet, das damals noch zum Königreich Neu-Mexiko gehörte und Bestandteil des Spanischen Reiches war, Fort Ross anlegten.

Der europäische Teil Rußlands zog beachtlichen Nutzen aus den schiffbaren Flüssen des Landes. Narwa, Düna und Wolchow mündeten in die Ostsee, die Nördliche Dwina ins Weiße Meer, Don und Dnjepr ins Schwarze und Wolga und Jaik ins Kaspische Meer. Selbstverständlich hatten russische Herrscher stets danach getrachtet, die Mündungen dieser Flüsse zu beherrschen, um ihre Verbindungswege und insbesondere ihren Ein- und Ausfuhrhandel mit dem Westen, oder, über das Kaspische Meer, mit dem Osten, sicherzustellen. Die Stadt Archangelsk am Weißen Meer war Ende des 16. Jahrhunderts eigens als Hafen zum Handel mit England und den Niederlanden gegründet worden. Den endgültigen Zugang zur Ostsee sicherte erst Peter I., »der Große«, als er Schweden im

Nordischen Krieg (1700–1721) schlug. Dort, am Finnischen Meerbusen, gründete er seine neue Hauptstadt, Sankt Petersburg, und errichtete seinen neuen Flottenstützpunkt Kronstadt. Doch erst mit der Annexion der baltischen Provinzen Livland und Estland bekam Rußland 1712 Zugang zu den eisfreien Ostseehäfen Riga und Reval (heute Tallinn). Im Süden war das Land vom Schwarzen Meer nach wie vor durch die Krimtataren abgeschnitten, auch wenn es inzwischen vom Hafen Astrachan aus die beherrschende Seemacht auf dem Kaspischen Meer war.

Die ungeheuer ausgedehnte Fläche des Reiches war äußerst dünn besiedelt. Im Jahre 1725 hatte Rußland lediglich an die fünfzehneinhalb Millionen Einwohner, und selbst in Gebieten mit relativ hoher Einwohnerzahl war die Bevölkerungsdichte sehr gering. Sie lag im größten Teil des alten moskowitischen Herzlandes um Moskau herum bei etwa elf bis fünfzehn pro Quadratkilometer, nahm im Nordosten rings um Sankt Petersburg auf eins bis fünf ab und erreichte in großen Bereichen des Südens und Südwestens nicht einmal den Wert eins. In ganz Sibirien lebten zu jener Zeit etwa vierhunderttausend Menschen männlichen Geschlechts.

Die vergleichsweise homogene Bevölkerung bestand überwiegend aus Slawen. Die Hauptgruppe bildeten die im Moskauer Gebiet ansässigen Großrussen; diese Gruppe schob sich nach Norden, Osten, Westen und Sibirien vor. Nahe der Grenze Litauens (das zum Königreich Polen-Litauen gehörte) lebten um Smolensk herum Weißrussen. Im sogenannten Kleinrußland sowie in den als Slobodische Ukraine bekannten Gebieten am linken Dnjeprufer lebten Ukrainer; sie hatten das Gebiet im 17. Jahrhundert besiedelt. (Auch am rechten Ufer, das damals unter polnischer Oberhoheit stand, lebten überwiegend Ukrainer.)

Hinzu kam ein Substrat nichtslawischer Völker. Im

sogenannten finnischen Gouvernement des Reiches um Wiborg herum wie auch in Nordost-Rußland lebten Finnen. In der Nähe Kasans und entlang der Wolga fand man Tataren sowie Völkerschaften wie die Tschuwaschen, Mordwinen und Kalmücken, die zum Teil noch ein Nomadenleben führten. Weiter östlich, im Westen Sibiriens, lebten die Baschkiren, und in ferneren Gegenden Sibiriens die Burjäten sowie die noch nahe am Urzustand lebenden Samojeden und Jakuten.

Die beiden baltischen Provinzen galten wie auch der unter dem Namen Kleinrußland bekannte Teil der Ukraine als Gebiete, die nach ihren eigenen Gesetzen lebten. Entsprechend den Bedingungen des Vertrags, mit dem Rußland 1712 die baltischen Provinzen annektiert hatte, durften Livland und Estland ihre eigene Verwaltung, Gesellschaftsstruktur, Religion und Sprache beibehalten. Aus einer deutschstämmigen landbesitzenden Schicht, die in ihrer Mehrzahl dem Adel angehörte, rekrutierten sich die Mitglieder der Adelsgerichte und des Landtags. An der Verwaltung und den Gerichten der Städte beteiligten sich deren Bürger. Alle Bauern, in erster Linie Letten und Esten, waren Leibeigene. Die Verkehrssprache dieser Provinzen war Deutsch und die Religion die Lehre Luthers.

Auch die Bewohner Kleinrußlands hatten sich viele Eigenarten ihres Lebens aus der Zeit vor der Annexion durch die Moskowiter im Jahre 1654 bewahrt. Damals hatten sich die ukrainischen Kosaken, die in ihrer Mehrzahl dem orthodoxen Glauben angehörten, von ihrem Hetman Bogdan Chmelnizki angeführt, gegen ihre (katholischen) polnischen Herren aufgelehnt und sich der Hoheit des orthodoxen Moskau unterstellt. Weder die baltischen Provinzen noch Kleinrußland wurden russischen Gesetzen unterworfen; die Bewohner dieser Gebiete zahlten weder

Steuern an Rußland (beispielsweise die Kopfsteuer), noch wurden sie zum Dienst in den russischen Streitkräften herangezogen.

Schließlich gab es noch die Kosaken. Neben einer Armee von rund 186000 Mann verfügte Rußland über verschiedene irreguläre Formationen kosakischer Reiter. Die Kosakengemeinschaften lebten am Rande der besiedelten Gebiete der Ukraine und Kleinrußlands, teils auch auf einer Dnjeprinsel. Diese Insel »jenseits der Stromschnellen« war Hauptstützpunkt der Saporoger Kosaken, die beide Ufer des Flusses weithin besetzt hielten. Weitere Kosaken lebten am Don, wo sie sich vor allem in der Stadt Tscherkassi konzentrierten; außerdem an der Wolga und am Jaik, dem Grenzfluß zu Kasachstan, mit der Hauptstadt der Kosakengemeinschaft Jaizki Gorodok. Einst hatte ein Teil der Kosaken dem polnisch-litauischen Reich als irreguläre Streitkräfte gedient, und ihm waren die am rechten Flußufer in der Ukraine lebenden Kosaken dem Namen nach immer noch verpflichtet.

Im Laufe der Jahrhunderte hatten sich die Kosaken als Flüchtlinge aus dem katholischen Polen oder der islamischen Türkei oder aber auch als entlaufene Bauern und Leibeigene aus dem orthodoxen Rußland allmählich zusammengeschlossen. Ihren Lebensunterhalt bestritten sie mit Kriegsdiensten, entweder als irreguläre Soldaten, die von Polen oder Rußland Sold und Munition bekamen, mit Räuberei, mit Viehzucht oder – in jüngerer Zeit – mit Ackerbau oder mit Fischfang im Jaik. Sie wählten ihre eigenen Anführer (*Hetman* oder *Ataman*) sowie ihre Offiziere, die unter dem Sammelbegriff *starschina* bekannt waren. Saporoger Kosaken wie Donkosaken hatten über Jahre hinweg Rußlands vorrückende Südgrenze gegen Angriffe des Osmanischen Reiches oder Überfälle der Krimtataren verteidigt, die Raubzüge unternahmen, um

Sklaven zu machen. Da die Kosaken in der russischen Gesellschaft stets ein instabiles Element gebildet hatten, bemühte sich die Regierung des Landes im Verlauf des 18. Jahrhunderts, feste Formen für ihre Verwaltung und die Art ihres Militärdienstes zu finden. Bis dahin hatten sich die Donkosaken als die anpassungsfähigsten erwiesen, doch selbst deren Anführer machten gelegentlich mit den Türken gemeinsame Sache, weil sie sich von solchem Intrigenspiel größere Unabhängigkeit erhofften.

Das Rußland, an dessen Spitze Katharina II. 1762 trat, hatte der dynamische und mit starker Hand regierende Peter I. einer vordergründigen »Europäisierung« unterzogen. Dazu hatte auch ein Versuch gehört, Verwaltung und Streitkräfte des Landes zu modernisieren. Da er während der ersten zwanzig Jahre seiner Herrschaft Krieg führte, mußte er seine Reformen zum großen Teil improvisieren, so daß sie Stückwerk blieben. Doch in der zweiten Hälfte seiner Regierungszeit ging er daran, Rußlands Gesellschaft und Verwaltung methodisch neu zu ordnen.

Für die damalige Regierungsform Rußlands wird häufig der auf das griechische Wort für Alleinherrschaft, Autokratie, zurückgehende Begriff Alleinherrscher (*avtokrator*) verwendet, der aber nichts anderes ausdrückt, als daß es sich – wie seinerzeit bei den meisten europäischen Staaten – um eine absolute Monarchie handelte. Peter I. übernahm die von König Karl XI. von Schweden verwendete Bezeichnung, um seiner Vorstellung von der Art der Herrschaft über Rußland Ausdruck zu verleihen: »Seine Majestät ist ein souveräner Monarch, der niemandem für sein Tun Rechenschaft schuldet, wohl aber die Macht hat, sein Reich und die dazu gehörenden Länder als christlicher Herrscher nach seinem Willen und Gutdünken zu regieren.« Dennoch hatte man von Rußlands Herrschern den Eindruck, sie seien mächtiger und mit mehr Regierungsgewalt ausgestattet als die der anderen europäischer Länder zu jener Zeit, schien es doch für die Macht des Zaren keine Grenzen und für seinen Willen keine rechtlichen oder gesellschaftlichen Hindernisse zu geben. Anderswo in Europa, selbst in Ländern ohne wirksame repräsentative Institutionen, also solchen ohne ein Parlament noch ihm ähnliche Versammlungen, galten Überlieferungen und erworbene Rechte, welche der Herrscher ungeachtet seiner theoretischen Machtfülle in der Regel respektierte. Sie wurden häufig als »Grundrechte« bezeichnet.

Alleinige Quelle des Gesetzes war in Rußland der Zar (ab 1721 Kaiser). Peter I., der eine weitgehend nach schwedischen Vorbildern gestaltete neue Verwaltungsstruktur einführte, löste alle Institutionen des Moskowiter-Reiches auf. An der Spitze der Pyramide stand ein Senat, der allerdings in keiner Weise Ähnlichkeit mit dem Vorbild des römischen Senats hatte. Er bestand aus einer kleinen Gruppe von Beratern, sehr hohen Beamten, denen die Koordinierung der Politik im In- und Ausland oblag, und verfügte über eine eigene, in Departements unterteilte Behörde. An ihrer Spitze stand ein Generalprokuror, dessen Aufgabe durchaus von Bedeutung war. Er diente als Vermittler zwischen Kaiser und Senat, legte die Tagesordnungspunkte für die Sitzungen fest und entschied über Geschäftsfragen. Außerdem war er für ein über das ganze Land verteiltes Netz von Prokuroren zuständig, die dafür zu sorgen hatten, daß von Gouverneuren oder örtlichen Gerichten getroffene Entscheidungen gesetzeskonform waren.

Unterhalb des Senates rangierte eine Anzahl von »Kollegien«, in etwa heutigen Ministerien vergleichbar. So gab es neben vielen anderen beispielsweise ein Kriegs-, ein Admiralitäts- und ein Kommerzkollegium. Da Peter von seinem schwedischen Vorbild das Prinzip gemeinsamer Entscheidungsfindung übernommen hatte, standen an der Spitze eines Kollegiums neben dem Präsidenten (gewöhnlich ein Russe), dem ein Vizepräsident beigegeben war (häufig ein ausländischer Spezialist), einige Mitglieder der Kollegial-»Verwaltungen«. Auch den Sicherheitsdienst, den es im 17. Jahrhundert schon zeitweise gegeben hatte, machte Peter zu einer dauerhaften Einrichtung. Diese am besten als Geheime Kanzlei bezeichnete Körperschaft trug im Verlauf des 18. Jahrhunderts unterschiedliche Namen. Ihre Hauptaufgabe war es, Unmutsäußerungen gegen den Herrscher nachzugehen, angefangen von Kritik an seiner Politik, bis hin zu Behauptungen wie jener, Peter I. sei ein Wechselbalg oder der Antichrist, oder zu Äußerungen wie der, eine Herrschaft durch Frauen »mit mehr Haaren als Verstand« sei widernatürlich. Da diese Kanzlei nicht im ganzen Lande über eigene Mitarbeiter verfügte, wurden des Hochverrats Bezichtigte oder auch Menschen, die sich im Zustand der Trunkenheit in herabsetzender Weise über den Zaren äußerten, von örtlichen Dienststellen festgenommen und in die Hauptstadt geschafft. Jeder konnte eine Anklage vorbringen, sofern er die Formel »Wort und Tat« aussprach. Sie bedeutete in etwa, daß er »in der Sache und im Auftrag des Herrschers« tätig werde. Daraufhin wurden Beschuldiger, Beschuldigter und viele nur am Rande Beteiligte festgenommen und nur selten wieder auf freien Fuß gesetzt. Die Geheime Kanzlei bediente sich der Folter und stand im Ruf entsetzlicher Grausamkeit. Obwohl es sich dabei um eine weit kleinere Organisation handelte als bei GPU, NKWD oder KGB in neuerer Zeit, darf man sie als Vorläufer ansehen, der ihrer würdig war (vgl. Kap. 11).

Das Land war in ein gutes Dutzend Provinzen oder Gouvernements unterteilt, die jeweils einem Gouverneur unterstanden und ihrerseits in Unterprovinzen und Kreise gegliedert waren. Peter hatte sich bemüht, ein dichtes Netz von Verwaltungsbehörden und Gerichtshöfen einzurichten, das aber nach seinem Tod größtenteils zerschlagen wurde, da deren Unterhalt zu kostspielig war und zu ihrer Führung nicht genug ausgebildetes Personal zur Verfügung stand. So kam es, daß ländliche Gebiete in Rußland häufig nicht hinreichend verwaltet wurden und dort infolgedessen große Unordnung herrschte. Da es keine Polizei gab, mußte gegen frei umherziehende Räuberbanden das Militär aufgeboten werden, und adlige Landeigentümer konnten geradezu Krieg gegeneinander führen, wobei sie ihre Bauern als Soldaten einsetzten.

Die wirksamste von Peters Reformen, die auch am meisten ins Auge fiel, war der Umbau der Streitkräfte. Dabei stützte er sich insoweit auf die Arbeit seiner Vorgänger, als er ein stehendes Heer schuf, das sich hauptsächlich aus Fußsoldaten zusammensetzte. Er schaffte die altüberlieferte Form der Reiterei ab, die noch aus der Zeit der Moskowiter stammte, und ersetzte sie durch Dragonerregimente, in denen schon bald nicht mehr ausschließlich Adlige dienten. Außerdem modernisierte er die Artillerie und schuf darüber hinaus als Ausbildungseinrichtung für adlige Offiziere zwei Garderegimenter, die von Anfang an als privilegierte Eliteeinheiten vorgesehen waren. Die Angehörigen des Adels, die bereits in früheren Zeiten dem Zaren gelegentlich dienstpflichtig gewesen waren, wurden jetzt aufgefordert, gegen Besoldung regelmäßig und ohne Unterbrechung als Offiziere oder Beamte Dienst zu leisten. Bauern und Bürgerliche wurden als Mannschaften ausgehoben. Wie in der Zivilverwaltung beschäftigte Peter auch in den Streitkräften zahlreiche ausländische Fachleute, doch blieben die Schlüsselpositionen in russischer Hand. In Rußland erinnert man sich an

Peter auch als den Begründer der Kriegsflotte. Ausgehend vom Hafen Archangelsk im Norden, dem seine neuerrichtete Hauptstadt am Finnischen Meerbusen, Sankt Petersburg, folgte, machte er Rußland zu einer Kriegs- und Handels-Seemacht. Zwar vermutete so mancher Herrscher anderer Länder nach seinem Tode, seine Nachfolger seien nicht fähig, den erreichten Stand auf dem Gebiet des Militärs und der Seefahrt zu halten, doch mußte, wer in Ost- und Westeuropa die Außenpolitik betrieb, von Stund an Rußland als Faktor in seine Planungen einbeziehen.

Hatte das moskowitische Rußland im 17. Jahrhundert lediglich eine vergleichsweise untergeordnete Rolle in der europäischen Diplomatie gespielt und nur gelegentlich Gesandtschaften in die Hauptstädte anderer Länder geschickt, unterhielten seit Peter I. fremde Länder Botschafter und Gesandte am russischen Hof, und Rußland war in anderen Ländern diplomatisch vertreten. Aus naheliegenden geopolitischen Gründen wies man Rußland in den internationalen Angelegenheiten Osteuropas eine besondere Rolle zu. Die Hauptrichtung seiner Außenpolitik war im Bündnisvertrag mit Österreich von 1726 festgelegt, zugleich bestanden freundschaftliche Beziehungen zu Großbritannien und Dänemark. Zum einen war Rußland darauf bedacht, die baltischen Erwerbungen gegen einen möglichen Angriff der von Frankreich dazu aufgestachelten Schweden zu verteidigen, zum anderen fürchtete man das gleichfalls von Frankreich unterstützte Osmanische Reich. Kaufmännische Erwägungen prägten die Beziehungen zu England. Der Handel mit Schiffsmaterialien (Pech, Hanf, Eisen, Bauholz, Masten, Segeltuch) war für beide Seiten äußerst wertvoll und wurde schließlich 1734 durch einen Vertrag geregelt, in dem England äußerst günstige Bedingungen eingeräumt bekam.

Als es 1733 darum ging, zu erreichen, daß der von Rußland favorisierte Kandidat August III. von Sachsen auf den Thron Polens gewählt und ein französischer Kandidat ausgeschlossen wurde, griffen die Russen gemeinsam mit Österreich aktiv in die Angelegenheit ein. Doch waren die Ziele begrenzt, und beim Friedensschluß im Westen wurde Rußland übergangen. Im Jahre 1736 zog es erneut gegen die Türkei zu Felde, mußte aber im Belgrader Frieden von 1739 trotz der von ihm errungenen Siege wegen der Niederlage seines Verbündeten Österreich die von ihm eroberten Gebiete aufgeben. Es hatte sich erwiesen, daß das von Peter geschaffene russische Heer gegen die Türken erfolgreicher gewesen war als die Streitkräfte Habsburgs.

Am Österreichischen Erbfolgekrieg (1740–1748) nahm Rußland nicht teil, doch veranlaßten die Siege Friedrich II. von Preußen das Land, sein Bündnis mit Österreich zu festigen, um für den Fall eines Angriffs gegen seine baltischen Besitzungen seine eigene Stellung zu stärken. Als Ergebnis der Allianz von 1746 zwischen den Kaiserinnen Elisabeth von Rußland und Maria Theresia von Österreich ging Rußland aus der sogenannten diplomatischen Revolution von 1756 als eine der führenden Mächte hervor. An die Stelle der Erbfeindschaft zwischen Frankreich und Österreich trat eine von Rußland gestützte Allianz zwischen beiden Ländern, deren Ziel es war, Preußen zu schlagen und aufzuteilen. Im Siebenjährigen Krieg, der ausbrach, als Friedrich II. 1756 in Sachsen einfiel, bewiesen russische Heere, daß sie fähig waren, den preußischen Streitkräften standzuhalten. Russische Siege wie die bei Groß Jägersdorf (1757) und Kunersdorf (1759), die Besetzung Ostpreußens, der kurze Vorstoß auf Berlin im Jahre 1760, all das diente dazu, das Selbstvertrauen der Russen zu stärken. Ihr Land war zu einem vollständig integrierten Mitglied des europäischen Staatensystems geworden.

2

Die russische Gesellschaft im Jahre 1762

In seinem Streben, Rußland zu modernisieren, hatte sich Peter I. außerdem bemüht, sein Land schon nach außen westlicher wirken zu lassen. Offiziere wie Mannschaften bekamen Uniformen nach westlichem Schnitt, Adlige und Stadtbürger wurden veranlaßt, sich den Bart zu scheren, und mußten der Mode folgen, der am Hofe Ludwigs XIV. gehuldigt wurde, das heißt, Brokatwesten und Perücken tragen. Von ihren Gattinnen wurde erwartet, daß sie die komplizierten Frisuren, Röcke und bestickten Unterröcke trugen, wie sie im Westen der letzte Schrei waren. Damen der Oberschicht wurden aus der Abgeschlossenheit herausgeholt, die zu moskowitischen Zeiten ihr Schicksal gewesen war, und Peter erlegte den Angehörigen des Hochadels die Pflicht auf, steinerne Paläste in seiner neuen Hauptstadt zu errichten und dort Bälle und Gesellschaften zu geben, die allerdings angesichts der Gewohnheit des Zaren, männliche wie weibliche Gäste zu übermäßigem Alkoholgenuß anzuregen, nicht ganz so elegant ausfielen wie jene in Versailles.

Vor Zar Peter war die Rangfolge in der Gesellschaft, den Streitkräften und der Bürokratie in äußerst schwerfälliger und komplizierter Weise geregelt gewesen. Das als *mestnitschestwo* bekannte Rangsystem hatte verlangt, daß niemand im öffentlichen Dienst unter einem Mann arbeiten durfte, dessen Rang geringer war als der des eigenen Vaters. Reibereien, die auf dies komplizierte Vorrang-System zurückgingen, wirkten sich auf die Schlagkraft des Militärs nachteilig aus, gab es doch keine Möglichkeit, einem noch so guten Soldaten das Kommando über eine Armee einzuräumen, sofern ihr jemand angehörte, dessen Vater höher gestanden hatte als der des Betreffenden. Als gegen Ende des 17. Jahrhunderts ausländische Offiziere und Infanterieregimenter ins Land kamen, erwies sich das System als immer hinderlicher, so daß es schließlich 1682 außer Kraft gesetzt wurde. Da aber keine Gesellschaft und erst recht kein Militär ohne irgendeine Art von Struktur existieren kann, die eine vorgegebene Rangordnung widerspiegelt, führte Peter 1721 die sogenannte Rangtabelle mit vierzehn Stufen ein. Sie legte für ganz Rußland die Hierarchie in den Landstreitkräften, der Marine, in der Beamtenschaft und im Hofdienst fest. Anstelle altüberkommener russischer Rang- und Dienstbezeichnungen – die ohnehin großenteils schon nicht mehr benutzt wurden – führte er neue, hauptsächlich aus dem Deutschen übernommene Titel ein. Der ersten Rangstufe gehörten Feldmarschall, Flottenadmiral und Kanzler an, der vierzehnten und niedrigsten unter anderem Fähnrich, Schiffskommissar und Hofdiener.

Ein ganz besonderes Merkmal des russischen Systems war es, daß ein Mann, der die unterste (vierzehnte) Stufe in der Rangtabelle erreichte, als Offizier der Streitkräfte automatisch dem Erbadel angehörte, mit allen dazu gehörenden Privilegien und unabhängig davon, welcher Gesellschaftsschicht er entstammte. Wer diese Rangstufe in der Zivilverwaltung erreichte, wurde in den persönlichen Adelsstand erhoben; den Erbadel verlieh man ihm mit dem Erreichen der achten Rangstufe. Er war außerordentlich begehrt, schloß er doch das Nichtadligen und

Angehörigen des persönlichen Adels nicht zustehende Recht ein, Grundbesitz mit zugehörigen Leibeigenen zu erwerben. Allerdings konnte unter Peters Herrschaft mancher Nichtadlige, dem solcher Grundbesitz einst zum Lohn für geleistete Dienste überschrieben worden war, diesen behalten.

Selbstverständlich kannten auch andere Länder diesen Rangtabellen vergleichbare Ordnungen, doch richtete sich der Vorrang in England oder Frankreich zum Beispiel üblicherweise nach der gesellschaftlichen Stellung. Mithin hing dort die Position, die jemand bei Hofe einnahm, mehr von seinem Titel ab (Fürst, Herzog, Graf) als von seinem Dienstgrad (Hauptmann, Oberst, General). In jenen Ländern besaßen die Höflinge meistens keinen Dienstgrad, da dort der Adel nicht zum Heeresdienst verpflichtet war. In Rußland hingegen hatte ein Baron, Graf oder Fürst (ein Erbtitel, den nicht einmal der Zar verleihen konnte) keinerlei Vorrang vor Dienstgraden, die vor der gesellschaftlichen Stellung rangierten. Mit Hilfe der Rangtabelle konnte in den Erbadel aufsteigen, wer im Dienst der Regierung eine entsprechend hohe Position erreichte. Auf diese Weise bekam zwar so mancher Veteran, der in untergeordneter Stellung alt und grau geworden war, den Erbadel, doch führte das System nicht dazu, daß eine große Zahl auf diese Weise Geadelter hohe Ämter erreichte. Trotz allem, was häufig über Peter I. berichtet wird, war er nicht gegen den Adel eingestellt, sondern wollte lediglich in möglichst wirksamer Weise die Fähigkeiten von Menschen nutzen, auch solcher, die dem Adel angehörten.

Während seiner kurzen Regierungszeit hatte Peter III. eine überaus wichtige Veränderung in der Beziehung zwischen Adel und Staat eingeführt. Ein am 18. Februar 1762 herausgegebener Erlaß befreite die Angehörigen des

Adels ausdrücklich von der Verpflichtung, dem Staat zu dienen. Wohl wurde von ihnen erwartet, daß sie das weiterhin wenigstens einige Jahre lang taten, sei es in militärischer oder gegebenenfalls ziviler Stellung, und in Kriegszeiten durfte niemand den Dienst quittieren, den er übernommen hatte, doch die vom Adel als demütigend empfundene *Verpflichtung* zum Dienst war damit aufgehoben, und so konnte in Friedenszeiten jeder Adlige, der das wünschte, auf seinen Gütern leben und sich dort Verbesserungen der Landwirtschaft oder seinen kulturellen Neigungen widmen, sofern er es nicht vorzog, sich dem Müßiggang hinzugeben. Zwar leisteten Adlige dem Kaiser durchaus weiterhin Dienste, da es sich nur wenige von ihnen leisten konnten, auf das damit verbundene zusätzliche Einkommen zu verzichten, wohl aber änderte der Erlaß vom Februar 1762 ihre Haltung dem Staat gegenüber. Sie betrachteten, ihn nunmehr weniger als unterjochende und alles umfassende Tyrannei denn als Ansammlung von Institutionen, auf die sie Einfluß nehmen, an der sie Kritik üben und die sie sogar umgestalten konnten, wenn sie ihren Bedürfnissen nicht entsprach.

Etwas mehr als die Hälfte der Bauern waren Leibeigene. Ihre Eigentümer, die Grundherren, gehörten gewöhnlich dem Adel an. Zu einer Zeit, da die Leibeigenschaft nahezu überall in Westeuropa verschwunden war, um die Mitte des 17. Jahrhunderts, hatte man sie in Rußland gesetzlich festgeschrieben. Zwar stieß man im 18. Jahrhundert in Schottland noch hie und da auf eine Art Industrie-Leibeigenschaft, wie auch die Leibeigenschaft auch noch in einigen Teilen Frankreichs nahe der deutschen Grenze existierte, doch im wesentlichen dauerte sie hauptsächlich im Osten Europas fort: neben Rußland im ostelbischen Preußen, in den Habsburger Landen, in Ungarn und in Polen.

In der Frage nach Ursprung, Wesen und Entwicklung der Leibeigenschaft in Rußland besteht beträchtliche Uneinigkeit unter Historikern. Grob gesagt gibt es dazu zwei Ansichten. Die Anhänger der einen Lehrmeinung sind überzeugt, die Leibeigenschaft gehe auf wirtschaftliche Bedingungen zurück, nämlich auf die Verschuldung eines Bauern gegenüber dem Landeigentümer, der ihn daraufhin in Schuldknechtschaft nehmen konnte, wie sie in Rußland bereits existierte. Schuldknechtschaft bedeutete die persönliche und freiwillige Versklavung von Menschen (und/oder ihrer Angehörigen) für eine bestimmte Zeit, für die Dauer des eigenen Lebens oder für alle Zeiten. Häufig nahmen von der Armut zur Verzweiflung getriebene Menschen ihre Zuflucht dazu. Der zweiten Theorie nach ist der Ursprung der Leibeigenschaft in Rußland in einem bewußten Vorgehen des Staates zu suchen, und zwar als Ergebnis eines angeblichen Erlasses vom Ende des 16. Jahrhunderts, der den Bauern verbot, das Land, das sie zu jener Zeit bearbeiteten, zu verlassen, und den Landeigentümern das Recht einräumte, sie wieder einzufangen, sofern sie davonliefen.

Hier wird ein äußerst komplexer Tatbestand zwangsläufig vereinfacht dargestellt. Ganz allgemein scheint man heute der Ansicht zuzuneigen, der Staat habe um das Jahr 1580 die im 16. Jahrhundert praktizierte Leibeigenschaft eingeführt, das heißt, das für Bauern geltende Verbot, das Dorf zu verlassen, in dem sie arbeiteten, wie auch den Herrn, für den sie arbeiteten.

Zu jener Zeit bestanden die Streitkräfte der Moskowiter aus einer Reitertruppe dienstverpflichteter militärischer Gefolgsleute (dem späteren Adel), deren Angehörige Grundbesitz als Dienstlehen bekamen. Das sollte sie in den Stand versetzen, ihren Verpflichtungen nachzukommen, zu denen es unter anderem gehörte, daß sie teure Kettenhemden und Waffen aus Metall stellten, ihre Angehörigen unterhielten und dem Ruf des Zaren mit Pferden, bewaffneten Dienern, Proviant für die Männer und Fourage für die Tiere folgten. Landbesitz ohne Menschen, die es bearbeiteten, war nutzlos.

Im Laufe der Zeit begannen die militärischen Gefolgsleute dieses Land, das ihnen zur Erfüllung ihrer militärischen Pflichten als Dienstlehen überlassen wurde, als ihr Eigentum zu betrachten und zu ihrem Vorteil zu nutzen. Dem Druck des Dienstadels folgend, erfüllte der Staat die Forderung, der Bauer sei an den Grund und Boden zu binden. Anfänglich war es nicht möglich, Bauern, denen die Flucht gelungen war und die anfangs binnen fünf, später binnen zehn und fünfzehn Jahren nicht eingefangen wurden, ihren Herren zwangsweise zurückzugeben. Doch im Laufe der Zeit gelang es den Grundeigentümern, Erlasse durchzusetzen, die es ihnen gestatteten, ihre Leibeigenen zurückzubekommen, ganz gleich, wie lange ihre Flucht zurücklag. Schließlich wurde im Gesetzbuch von 1649 die vollständige Leibeigenschaft nicht nur der Bauern, sondern auch ihrer Angehörigen festgeschrieben. Der Entwurf dieser Gesetzessammlung stammte von einer 1648 zusammengetretenen Ständeversammlung aus Vertretern der Kirche, des Adels und der Städte im ganzen Lande. Als Peter I. ab 1714 keine Güter mehr als Dienstlehen vergab und statt dessen Gehälter einführte, wurde jedweder bis dahin auf diese Weise verliehene Grundbesitz wie privates Erbeigentum behandelt. Ihren Höhepunkt erreichte diese Entwicklung mit dem Erlaß Peters III. vom Februar 1762, der den Adel von der Dienstverpflichtung befreite. Die Beziehung zwischen Staat, Adel und Leibeigenen befand sich jetzt im Ungleichgewicht; der Staat konnte (theoretisch) den Adel nicht mehr in die Pflicht nehmen, wohl aber dieser seine Leibeigenen.

Gegen Ende der Regierungszeit Peters I. war die Stellung eines in Privateigentum befindlichen Leibeigenen nahezu identisch mit der eines Sklaven in der Neuen Welt. Der einzige Unterschied bestand darin, daß zwischen Herren und Dienern keine Rassenschranke stand. In Rußland konnte der Leibeigene zum Militärdienst herangezogen werden und mußte dem Staat Steuern zahlen; man konnte ihn mit oder ohne Grundbesitz, mit oder ohne Angehörige kaufen und verkaufen. Gemäß dem Gesetzbuch von 1649 besaß er – außer in Fällen von Hochverrat – kein Recht, gegen seinen Herrn Klage zu erheben. Im 18. Jahrhundert kam es zu einer ganzen Anzahl haarsträubender Fälle, in denen psychopathische Grundeigentümer und adlige Damen eine große Zahl Leibeigener in sadistischer Weise mißhandelten oder gar töteten. Es erwies sich als äußerst schwierig, die Schuldigen vor Gericht zu bringen, weil sich der Adel insgesamt vor sie stellte. Die meisten Gutsherren allerdings verhielten sich wie zurechnungsfähige Menschen und mißhandelten ihre Leibeigenen – jedenfalls nach den Maßstäben jener Zeit – nicht.

Nicht alle Bauern waren Eigentum einzelner Grundherren. Die Kirche besaß riesige Ländereien, die von ihr hörigen Bauern bewirtschaftet wurden; es war nicht zulässig, diese »Kirchenbauern« zu verkaufen, zu verschenken oder aus der Landarbeit herauszunehmen, aber sie konnten etwa Angehörigen der kirchlichen Hierarchie als Diener zur Verfügung gestellt werden.

Bauern, die in Dörfern im Staatsbesitz lebten, waren an diese gebunden. Gelegentlich wurden solche »Staats«bauern zusammen mit einem Grundbesitz von entsprechender Größe als Belohnung hohen Beamten übergeben oder zur Arbeit in der Industrie, bei Bauprojekten, im Verkehrswesen oder beim Militär zwangsverpflichtet. Peter I. steckte Staatsbauern nicht nur in Berg-und Hüttenwerke, er ließ auch zu, daß nichtadlige Unternehmer und Industrielle Dörfer mitsamt den dort angesiedelten Bauern erwarben, die dann auf alle Zeiten als Arbeitskräfte in Industriebetrieben und Manufakturen eingesetzt werden durften. Solche Leibeigenen gingen aber nicht ins Privateigentum des jeweiligen Firmeninhabers über, sondern waren an den Betrieb gebunden, das heißt, sie mußten bei Verkauf des Unternehmens geschlossen mit abgetreten werden. Es kam aber auch vor, daß man Staatsbauern für einen Teil des Jahres an Unternehmen zu Hilfsdiensten wie das Brennen von Holzkohle, Transportleistungen oder auch für die Erzeugung von Lebensmitteln »auslieh«.

In der Industrie tätige Leibeigene nannte man »gebundene« Bauern, die anderen »abkommandierte« Bauern. Daneben gab es »Kron«bauern, die dem Kaiser und seiner Familie gehörten, sowie einige Gruppen, deren Status nicht in jeder Beziehung klar war. Unter ihnen befanden sich beispielsweise die Abkömmlinge von Wehrbauern, die man im 17. Jahrhundert zur Verteidigung der Südgrenze gegen die Raubzüge angesiedelt hatte, bei denen die Tataren Menschen als Sklaven verschleppten. Diese Wehrbauern gaben sich durchweg als Adlige aus, und tatsächlich besaßen manche von ihnen selbst Leibeigene. Auf jeden Fall handelte es sich bei ihnen nicht um Grundhörige, sondern um freie Bauern.

Aus wirtschaftlichen Gründen wie auch um des höheren Sozialprestiges willen erhob der Adel in der ersten Hälfte des 18. Jahrhunderts den Anspruch, diesem Stand das Monopol für den Besitz von Leibeigenen zu übertragen. Mit dieser Forderung setzte er sich zu guter Letzt auch durch, und so mußten spätestens 1754 alle Nichtadligen ihre Leibeigenen verkaufen. Ab 1762 war es nur noch Industriellen und Manufakturbetreibern aus dem Adel gestattet, für ihre Betriebe Dörfer mit Leibeigenen zu erwerben. Was sie bereits besaßen, durften Nichtadlige aber behalten.

Von großer Bedeutung im Bauernleben Rußlands war die Dorfgemeinschaft. Auch über Ursprung, Wesen und Aufgaben dieser Einrichtung der dörflichen Selbstverwaltung waren vielerlei Ansichten im Umlauf. Die männliche Bevölkerung wählte eine Anzahl von »Ältermännern« und Beauftragten. Sie teilten die anfallenden Arbeiten ein, sprachen auf Dorfebene Recht, entschieden, welche der jungen Männer für die Streitkräfte rekrutiert werden sollten, stellten Pässe aus, erteilten Bauern gegebenenfalls die Erlaubnis, das Dorf zu verlassen, um in der Stadt zu arbeiten, trieben dem Grundherrn geschuldete Gelder sowie die Steuer ein, über deren Verwendung sie befanden, stellten neuen Haushalten Land zur Verfügung, arrangierten Eheschließungen und sorgten für Witwen und Waisen.

Darüber hinaus kamen der Dorfgemeinschaft zwei sehr wichtige Aufgaben zu. Sie legte jeweils fest, wieviel Steuern jeder an den Staat zu zahlen hatte, und sorgte dafür, daß jeder Bauernhaushalt über hinreichend Land verfügte, um seiner Steuerpflicht nachkommen zu können. Peter I. hatte 1721 in Rußland eine neue Art von Steuer auf unterster Ebene eingeführt, die an die Stelle der früher erhobenen Herd- und Heimstättensteuer trat: die sogenannte Kopfsteuer. Da sie in erster Linie den Unterhalt der Armee sicherte, wurde sie von allen männlichen Bewohnern des Landes erhoben, unabhängig von ihrem Lebensalter. Die auf die sehr jungen wie auf die alten entfallenden Steuern wurden auf die Haushalte der Dorfgemeinschaft umgelegt. Bevor diese Steuer eingeführt wurde, fand eine Zählung der männlichen Bevölkerung statt, die sich aber als so ungenau erwies, daß eine Überprüfung (Revision) nötig war. Später wurde die alle zehn bis fünfzehn Jahre vorgenommene Wiederholung der Zählung stets als »Revision« bezeichnet. Die Höhe des von einer Dorfgemeinschaft auf der Grundlage von siebzig Kopeken pro Kopf (das entsprach nach damaligem Wert etwa fünfzig Pfennig) zu entrichtenden Betrags wurde anhand der bei einer Zählung jeweils erfaßten Zahl männlicher Bewohner berechnet. Kleinkinder, Greise und auch Männer, die zwischen zwei »Revisionen« starben, wurden mitgezählt. (Welche Kaufkraft siebzig Kopeken damals wirklich hatten, läßt sich nur schwer sagen: So bekam man 1720 dafür ein halbes Tschetwert [rund drei Scheffel, also etwa 100 Liter] Mehl. In den neunziger Jahren des 18. Jahrhunderts konnte man in der Ukraine, die allerdings ungewöhnlich fruchtbar war, für eine Kopeke fünfzig Äpfel kaufen.) Um die Belastung gerecht zu verteilen, legte die Dorfgemeinschaft fest, welcher Betrag auf jeden Haushalt entfiel. Dabei richtete man sich nach der Zahl der ihm angehörenden arbeitsfähigen jungen Männer, nach der Größe des zugehörigen Stückes Land, danach, ob kleine Kinder zu versorgen waren oder nicht, und so weiter. Von Zeit zu Zeit sorgte die Dorfgemeinschaft für eine Neuverteilung von Ackerland, Wiesen und Waldstücken unter den Familien entsprechend deren geänderten Lebensumständen. Auf diese Art und Weise paßte man die Höhe der Besteuerung in etwa den Zahlungsmöglichkeiten an und diese wiederum der Steuerpflicht.

Russische Historiker haben erklärt, die Dorfgemeinschaft als Institution gehe auf die Zeit vor der Leibeigenschaft zurück und sei im Lauf der Jahrhunderte spontan von den Bauern entwickelt worden. Später dann habe man sie den von Grundeigentümern und Staat an sie herangetragenen Aufgaben der Verwaltung, Rechtsprechung, öffentlicher Ordnung, Besteuerung und wirtschaftlichem Ackerbau angepaßt. Eine andere Theorie sagt, die Grundherren hätten diese Organisation mit Unterstützung des Staates eingeführt und am Leben erhalten, damit sie die Bauern überwachen, die ihnen geschuldeten Abgaben sowie die für die Regierung bestimmten Steuern eintreiben und eine Gerichtsbarkeit auf dem Lande ausüben konnten. Die erstgenannte Erläuterung dürfte wahrscheinlicher sein, denn solche bäuerlichen Dorfgemeinschaften gab es nicht nur in Rußland, sondern auch in anderen Ländern. In Rußland aber gewann sie größere Bedeutung, weil angesichts der ungeheuren Entfernungen eine gewisse Selbstverwaltung unumgänglich war. Immerhin konnte man tagelang durch das Land ziehen, ohne eine Menschenseele zu sehen, die Dörfer lagen weit voneinander entfernt, und die Grundeigentümer lebten häufig nicht auf ihren Besitzungen. Auch im Leben der Staatsbauern spielte die Dorfgemeinschaft eine Rolle von vergleichbarer Bedeutung.

Grundeigentümer nutzten ihre Ländereien auf zweierlei Weise: Sie ließen ihre Bauern Geldbeträge zahlen (*obrok*) oder Hand- und Spanndienste (*barschtschina*) leisten – es kam aber auch vor, daß beides verlangt wurde. In der Theorie stand es ihnen frei, den pro Jahr jeweils zu zahlenden Betrag oder die Zahl der Tage pro Woche festzulegen, an denen ein Bauer für sie arbeiten mußte. In der Praxis allerdings waren sie meist durch die im Dorf üblichen Gepflogenheiten und dadurch gebunden, daß ein Bauer von dem, was er erzeugte, nicht nur genug übrigbehalten mußte, um sich selbst zu kleiden und zu ernähren, sondern auch genug Zeit haben mußte, um sein eigenes Stück Land zu bestellen. Um die Mitte des 18. Jahrhunderts waren je männlichen Leibeigenen durchschnittlich zwei Rubel jährlich aufzubringen, während dort, wo Arbeitsleistung üblich war, Bauern jeweils drei Tage in der

Woche für den Grundherrn und drei für sich selbst arbeiteten, während sie am Sonntag ruhten. Allerdings konnte nichts einen Grundeigentümer daran hindern, seine Forderung heraufzusetzen. Leibeigene, die handwerklichen Tätigkeiten nachgingen (beispielsweise in der Metallbearbeitung), spannen, woben oder Transporte durchführten, wie auch solche, die ihr Dorf verlassen durften, um in den Landstädten der Umgebung zu arbeiten, mußten ihren Eigentümern höhere Geldbeträge zahlen. Beispielsweise schickten die Fürsten Kurakin jeden Winter einige ihrer Leibeigenen nach Sankt Petersburg, wo sie sich als Kutscher verdingten. Auf großen Gütern waren unter den Leibeigenen praktisch alle Fertigkeiten vertreten, die nötig waren, eine solche Besitzung zu unterhalten. So gab es Zimmerleute, Schmiede, Pferdeknechte und Hufschmiede. Von Frauen wurde erwartet, daß sie Webwaren beisteuerten, auch lieferten die Leibeigenen ihren Grundherren, die ihren Wohnsitz in nahe gelegenen Provinzstädten hatten, Gemüse, sonstige Lebensmittel und Brennholz ins Haus.

Staatsbauern zahlten die Kopfsteuer von jährlich siebzig Kopeken sowie eine zusätzliche Steuer oder Geldabgabe, die so berechnet war, daß sie finanziell etwa ebenso stark belastet waren wie die Leibeigenen in Privathand, die neben der dem Staat geschuldeten Kopfsteuer Abgaben an ihre Grundherren zahlen mußten. Die von den Staatsbauern aufzubringende Zusatzsteuer betrug vierzig Kopeken pro Jahr.

Zwischen der dünnen Schicht von Edelleuten, der im Jahre 1752 rund 50000 Männer angehörten (in Frankreich waren es in den achtziger Jahren des 18. Jahrhunderts rund 500000), und der gewaltigen Masse von Bauern lag eine kleine Bevölkerungsgruppe, die in Städten lebte. Genaue Zahlen zu nennen ist überaus schwierig,

Schätzungen sprechen von drei bis acht Prozent der Gesamtbevölkerung. Städte im westlichen Sinne des Wortes gab es nur äußerst wenige. Lediglich Moskau und Sankt Petersburg hatten über 100000 Einwohner, einige wenige Städte erreichten zwischen 20000 und 30000, und manche bis zu 10000 Einwohner, während es in vielen Ansiedlungen, die das Stadtrecht besaßen, lediglich 500 bis 1000 Einwohner gab. Von der Gesamtzahl der Stadtbewohner gehörten lediglich rund 250000 (einer anderen Quelle zufolge 171000) den als steuerzahlenden Angehörigen der »Klasse« von Stadtbewohnern Registrierten an, was ihnen gewisse Rechte einräumte, aber auch gewisse Pflichten auferlegte. Die übrige Stadtbevölkerung, deren Zahl bis 1762 höher war als die der registrierten Stadtbewohner, umfaßte Beamte und andere in der Verwaltung Beschäftigte, Angehörige der Streitkräfte, einige Adlige, die ihren Wohnsitz in den Städten hatten und eine schwankende Zahl solcher Menschen, die man in Städten zu jener Zeit brauchte, um dort leben zu können: Wasserträger, Straßenreiniger, Fackelträger, Nachtwächter, Kuchenbäcker, Kutscher, Pferdeknechte, Träger, Viehhändler und Dienstboten aller Art. Ständig kamen und gingen Bauern mit Lebensmitteln, Viehfutter, Brennholz und dergleichen, die sie entweder zum Markt brachten oder ihren Grundherren lieferten.

Die Stadt, wie sie sich Peter der Große vorstellte, war kein einheitliches Ganzes, sondern enthielt mehrere Sektoren der Bevölkerung, deren Position rechtlich unterschiedlich definiert war und die jeweils einer anderen Oberhoheit unterstanden. Edelleute, Geistliche und Ausländer, die in Städten lebten, unterstanden der Gerichtsbarkeit der Zentralregierung, Regierungsbeamte ihrer zuständigen Behörde, Offiziere wie Soldaten dem Kriegskollegium und Leibeigene den jeweiligen Eigentümern.

Lediglich Leibeigene, welche die Genehmigung hatten, in Städten zu arbeiten, oder Staatsbauern mit einer Aufenthaltserlaubnis ihrer »Ältermänner« am Heimatort unterstanden der allgemeinen Gerichtsbarkeit des jeweiligen Gouverneurs, falls sie Schwierigkeiten bekamen. Der Gouverneur war auch für alle »unregistrierten« Menschen zuständig, die sich nur vorübergehend in der Stadt aufhielten.

Der Gruppe der registrierten Stadtbewohner gehörten alle in Handel, Produktion und Handwerk Tätigen an. Die Kaufmannschaft (dieses Wort entspricht am ehesten dem russischen *kupetschestwo*, das auch Industrielle und Unternehmer einschließt) hatte Peter I. in zwei Gruppen oder »Gilden« unterteilt. Sie ähnelten, nebenbei bemerkt, in keiner Weise den entsprechenden berufsständischen Organisationen des Westens, da sie sich nicht mit der Aufteilung auf bestimmte Berufsgruppen, Zulassung von Lehrlingen, der Erzeugung von Waren oder der Überwachung von Qualität und Menge beschäftigten. Es handelte sich einfach um eine sinnvolle gesellschaftliche Unterteilung, die entsprechend dem Kapital erfolgte, das ein Kaufmann besaß, so daß die Regierung jeweils wußte, wer imstande war, Steuern zu zahlen, und wer als hinreichend zuverlässig gelten durfte, um Aufgaben für die Regierung auszuführen. Der ersten Gilde gehörten Bankiers, Großhändler, Ärzte und Apotheker, Kapitäne, Gold- und Silberschmiede sowie Ikonenmaler an; der zweiten alle anderen Handwerker, Einzelhändler und so weiter. Viele der ärmeren Kaufleute trieben keinerlei Handel, sondern waren als Handwerker oder Handelsgärtner tätig. Im Jahre 1742 wurde die Zahl der Gilden von zwei auf drei erhöht.

Die Verwaltung des »Standes« der Stadtbewohner gründete sich auf die Versammlung aller dort registrierten

Männer, die eine Anzahl von Beauftragten in einen Rat oder Magistrat wählten, der sowohl für die Verwaltung wie auch für die Rechtsprechung zuständig war. Registrierte Stadtbewohner zahlten wie die Bauern Kopfsteuer, die allerdings in ihrem Fall achtzig Kopeken ausmachte, und mußten wie Staatsbauern weitere vierzig Kopeken jährlich als Zusatzabgabe an den Staat zahlen. Wie bei letzteren wurde die Steuer für alle bei der letzten Zählung in einer bestimmten Stadt registrierten männlichen Bewohner festgelegt, und die Stadtversammlung teilte alljährlich jedem Haushalt mit, welchen Betrag er seiner finanziellen Leistungsfähigkeit nach aufzubringen hatte.

Kaufleute durften die Stadt ohne Erlaubnis des Magistrats erst verlassen, wenn sie alle fälligen Steuern gezahlt hatten; in eine andere Stadt zu ziehen war verpönt, beraubte man damit doch die eigene Stadt eines zahlungsfähigen Bürgers, der einen über seinen eigentlichen Anteil hinausgehenden Beitrag zu ihrer Steuerlast beitragen konnte. Registrierte Kaufleute waren aber nicht nur wie Leibeigene und Staatsbauern an ihren Wohnort gebunden, ihnen war auch eine ungeheure Fülle von Pflichten auferlegt, die sie auf eigene Kosten für den Staat zu erledigen hatten. Sie trieben Steuern und Abgaben für das Salz-und Branntweinmonopol ein, kümmerten sich um den Transport militärischen Nachschubs, quartierten Soldaten ein, trieben die Sondersteuer für den Bau von Kasernen ein, fungierten als vereidigte Zeugen, Schiedsmänner und so weiter. Bisweilen mußte sich in einer Stadt bis zur Hälfte der Kaufleute zum Nachteil ihres Geschäfts solchen unbesoldeten Verwaltungsaufgaben widmen.

Die Mitglieder der Stadträte oder *magistrati* ganz Rußlands unterstanden dem in Sankt Petersburg ansässigen Hauptmagistrat (*glawni magistrat*), der den Rang eines Kollegiums hatte. Theoretisch saß die örtliche Stadtverordnetenversammlung in allen Angelegenheiten zu Gericht, die Mitglieder der Gilden und die registrierten Einwohner der Stadt betrafen, doch brachten es die zuständigen Gouverneure durchaus fertig, sich über deren Urteile hinwegzusetzen und willkürliche Gewalt über die Kaufmannschaft auszuüben.

Mithin bestand die städtische Gesellschaft in ganz Rußland aus verschiedenen Schichten, und die Stadt als Ganzes ruhte weder auf einer rechtlichen Existenzgrundlage, noch hatte sie einen Zusammenhang. Es gab keinerlei Institutionen, die für ihre Bevölkerung insgesamt zuständig waren, und ein Angehöriger der Kaufmannsgilden hatte mehr mit seinesgleichen in anderen Städten gemeinsam als mit den anderen Bewohnern der eigenen Stadt.

Die Kirche hatte voller Bestürzung auf Peters Neuerungen reagiert. Liturgie und Riten gingen auf griechisch-orthodoxe Ursprünge zurück, da Rußland im 9. Jahrhundert von Ostrom, also Byzanz, aus zum Christentum bekehrt worden war; die Sprache der russischen Kirche aber war das Altslawische, gemeinsamer Vorfahr der heutigen Sprachen Russisch, Ukrainisch, Bulgarisch, Serbisch und anderer, die sich großenteils nach wie vor der auf das griechische Alphabet zurückgehenden kyrillischen Schrift bedienen. Doch während sich die gesprochene Sprache weiterentwickelte, blieb das Altkirchenslawische die Sprache der russischen Kirche und damit auch des geistigen Lebens, etwa so, wie im Westen über lange Zeit hinweg Latein die gemeinsame Sprache von Kirche und Intellektuellen war. Als Ergebnis blieb Rußland von der Kultur des Lateinischen abgeschnitten und, soweit nicht Mönche Werke aus dem Griechischen ins Altkirchenslawische übersetzten, was gewöhnlich zum eigenen Gebrauch geschah, sogar von der Kultur der letztgenannten Sprache. Die russisch-orthodoxe Kirche war davon überzeugt, daß sie allen anderen orthodoxen Glaubensgemeinschaften überlegen war, stand sie doch seit dem Fall Konstantinopels im Jahre 1453 als einzige nicht unter der Oberherrschaft des muslimisch bestimmten Osmanischen Reiches. Außerdem war sie seit dem im Jahre 1448 erfolgten endgültigen Bruch zwischen Ost- und Westkirche von der eigenen Überlegenheit über die römische Christenheit überzeugt und entschlossen, die Gläubigen im Lande vor einer Verseuchung durch den weltlich geprägten forschenden Geist der Menschen aus dem Westen zu bewahren. Wenn damit ein geistiger Stillstand verbunden war, sah man darin keinen zu hohen Preis für die Bewahrung des ewigen Seelenheils.

Noch entschlossener, sich vom Westen und all seinen Märkten fernzuhalten, waren die sogenannten Altgläubigen oder *raskolniki*. Sie hatten sich im 17. Jahrhundert aus Protest gegen eine auf Anweisung des Patriarchen Nikon erfolgte Liturgiereform von der Amtskirche abgewandt, blieben der unveränderten Liturgie treu und vertraten ihrer Ansicht nach die wahre orthodoxe Lehre. Da sie im 17. Jahrhundert heftig verfolgt wurden, flohen diese Schismatiker in die Wälder des Nordostens, nach Sibirien, an die Wolga und schlossen sich den Kosaken an. Eines der Mittel, sich der Verfolgung zu entziehen, bestand darin, daß sie sich in ihren hölzernen Kirchen einschlossen und sie in Brand setzten. Unter Peter dem Großen wurden ihnen hohe Steuerlasten aufgebürdet. Im 18. Jahrhundert bildeten sich unter den Altgläubigen verschiedene Untergruppen heraus, die sich in erster Linie danach unterschieden, ob sie von der orthodoxen Kirche ordinierte Priester anerkannten (die »Priesterlichen«) oder sie alle miteinander als korrupt ansahen, weshalb sie lieber auf die Dienste der Geistlichkeit verzichteten (die »Priesterlosen«).

Wegen ihrer Ansichten zum Leben im Diesseits und Jenseits stand die Kirche den von Peter dem Großen eingeführten Neuerungen in höchstem Grade feindlich gegenüber. So widersetzte sich jeder wahrhaft Gläubige der Weisung, den gottgegebenen Bart zu scheren, und hielt sich von den trunkenen Parodien des kirchlichen Rituals fern, denen sich Peter I. hingab. Auch die Bemühungen des Zaren, in Rußland eine Erziehung und Ausbildung in weltlichen Dingen durchzusetzen, stießen in der Bevölkerung weithin auf Widerstand. Dennoch gelang es ihm, eine Anzahl von Einrichtungen zur Ausbildung jener Techniker zu gründen, die er für das Heer, die neugeschaffene Flotte und die Verwaltung brauchte (nämlich Spezialisten für Festungsbau, Artillerie, Schiffbau, Navigation und Verwaltungsfachleute aller Art). Außerdem vermochte er die Grundlagen für ein Bergbauwesen sowie für eine Metall-, Textil- und Rüstungsindustrie zu legen.

In den Jahren, die auf Peters Tod 1725 folgten, schleppte sich die von ihm geschaffene große Maschine ohne klar vorgegebene Richtung und viel langsamer dahin als zu seinen Lebzeiten. Doch allmählich nahm Rußlands Gesellschaft die neue Ordnung an, die er ihr aufgezwungen hatte. Während sich der Adel auf der einen Seite dem Despotentum beugte, den das politische System des Zaren bedeutete, begann er auf der anderen, die westliche Kultur auszukosten, die mit Gründung der Moskauer Universität 1755 noch leichter zugänglich wurde. Überdies zog er Nutzen aus den zunehmenden Handelskontakten über Peters am Finnischen Meerbusen gelegene neue Hauptstadt Sankt Petersburg wie auch aus dem geistigen Austausch mit dem Westen durch die 1726 gegründete Akademie der Wissenschaften. Viele Russen reisten inzwischen aus eigenem Antrieb in den Westen, um dessen Kultur näher kennenzulernen oder in ihr zu schwelgen. Auch wenn die Regierung des Landes weiterhin Adlige auf westliche Universitäten schickte, hatten die Millionen von Bauern keinerlei Kontakt zu vielen Besonderheiten der von Peter eingeführten neuen Lebensweise, soweit sie ihr nicht sogar feindlich gegenüberstanden. Sie waren in eine Gesellschaftsstruktur eingebunden, welche die Willkürherrschaft einer vom Gesetz definierten Gruppe über eine andere festschrieb.

3

Die ersten Herrschaftsjahre

Als sich Katharina II. im Juni 1762 des Throns bemächtigte, hatte Rußland den langen und kostspieligen Siebenjährigen Krieg gerade hinter sich. Die finanzielle Lage des Landes war katastrophal: Die Abgaben waren nicht eingetrieben worden, die Angehörigen der Streitkräfte bekamen keinen Sold, die Verwaltung befand sich in chaotischem Zustand, die Führung der Kirche war entsetzt über die drohende Säkularisierung ihrer Ländereien, und voll Unruhe erhofften sich die Leibeigenen auf den Kirchengütern, daß man sie aus der Hörigkeit von Kirche und Klöstern befreite und zu Staatsbauern machte. Obwohl es Katharina an jeglicher Erfahrung mangelte, war sie fest entschlossen, als Herrscherin zu wirken, so gut sie konnte, und tatsächlich bewältigte sie die Mehrzahl der Schwierigkeiten, denen sie sich gegenübersah, rasch und voller Tatkraft. Einen Versuch ihres obersten Ministers, Nikita Panin, ihre Macht zu beschneiden, durchkreuzte sie. Er hatte beabsichtigt, einen Rat ins Leben zu rufen, der ihre Erlasse hätte gegenzeichnen müssen. Bestehen sollte dieser zwar aus von ihr ernannten Persönlichkeiten, doch könnte sie diese nicht entlassen. Nicht nur persönlicher Ehrgeiz war die Triebfeder Panins und der wenigen hohen Beamten, die seine Ansichten teilten, sie fürchteten auch den Einfluß, den Günstlinge unter der Herrschaft einer Frau zu erlangen vermochten. Dabei dachten sie an die Situation, wie sie unter Katharina I., Kaiserin Anna und Kaiserin Elisabeth bestanden hatte, als Männer und nicht Institutionen die Macht in Händen hielten. Doch Katharina durchschaute Panins Plan, und einige jener, bei denen sie sich Rat holte, wiesen darauf hin, welche Gefahren es mit sich bringen würde, Menschen, die man nach ihrer Ernennung nicht mehr aus ihrer Position entfernen konnte, mit zuviel Macht auszustatten. Wie einer ihrer Freunde sagte: »Ein kaiserlicher Berater würde Untertanen in zu große Nähe des Souveräns gelangen lassen, so daß diese möglicherweise die Hoffnung hegten, die Macht mit dem Souverän teilen zu können.« Im Dezember 1762 zeigte sich, daß Panins Plan fehlgeschlagen war.

Die schwieriger zu lösenden Aufgaben, denen sich Katharina gegenübersah, wie beispielsweise die Frage der Streitkräfte und der Kirche, übergab sie zur Lösung speziell dafür eingerichteten Ausschüssen aus Beamten und Fachleuten, wobei sie stets sorgfältig darauf achtete, daß in jedem von ihnen einige ihrer Anhänger vertreten waren, damit Beamte, die ihr möglicherweise feindselig gegenüberstanden, neutralisiert wurden. Die Aufgabe, die Kopfsteuer einzutreiben, wurde vom Militär auf dafür neuernannte Zivilbeamte übertragen. Die Verwaltung wurde rasch überarbeitet; im Jahre 1764 wurde die im Verhältnis zur Größe des Landes verschwindend geringe Zahl an Beamten erhöht, und um der Bestechlichkeit entgegenzuwirken, deren Gehalt verdoppelt. Die Zahl der Korruptionsprozesse stieg auf einen nie zuvor erreichten Höhepunkt – dazu gehörte auch der Prozeß gegen einen der höchsten Beamten des Landes, den Generalprokuror A. Glebow. Für Beamte mit langer Dienstzeit wurden Pensionen eingeführt, in der Hoffnung, daß sie dann nicht mehr versucht sein würden, ihre Altersvorsorge zu Lasten der Öffentlichkeit zu betreiben. Ein neuer Generalprokuror, Fürst A. A. Wjasemski, bekam seine Ernennung im Jahre 1764. Er wurde Katharinas rechte Hand in der Verwaltung Rußlands und erwies sich als getreuer und fähiger Diener, bis er 1792 in den Ruhestand trat. Er war über die allen Regierungsinstitutionen beigegebenen Prokuroren gesetzt, deren Anzahl Katharina beträchtlich vermehrte und denen er auf Betreiben Katharinas klarmachte, daß es ihre Pflicht sei, auch gegen die Entscheidungen hochrangiger Beamter vorzugehen, sofern der Verdacht bestand, daß sie dabei gesetzwidrig handelten.

Darüber hinaus führte Katharina eine bedeutende Veränderung in den Aufgaben der Provinzgouverneure ein, die jetzt offiziell für das Wohlergehen der ihnen unterstellten Provinz verantwortlich waren und unmittelbaren Zutritt zur Kaiserin hatten, die sie ermutigte, Reformvorschläge zu unterbreiten. Ihre Aufgabe war es, für Verbesserungen in Wirtschaft, Gesellschaft und Rechtswesen zu sorgen.

Schon bald bekam die Allgemeinheit die Folgen von Katharinas Interesse an der politischen Literatur ihrer Epoche zu spüren. Wie alle ihre Vorgänger im 18. Jahrhundert war sie sich voll und ganz darüber klar, in welch chaotischem Zustand sich Rußlands Gesetze befanden. Die letzte Kodifizierung ging auf das Jahr 1649 zurück. Zu jener Zeit hatte die aus Vertretern der Kirche, des Adels und der Städte bestehende Ständeversammlung ein Gesetzbuch entworfen, das der Zar billigen mußte, bevor es Gesetzeskraft erlangen konnte. Da seither Tausende neuer Verordnungen ergangen waren, häufig ohne klaren Hinweis auf frühere Gesetze zum selben Gegenstand, wußten weder Gerichte noch Untertanen, welche Gesetze galten. Das führte zu ständigen Prozessen, sich lang hinziehenden Einspruchsverfahren und endlosen Schikanen.

Überdies waren Gesetze sehr ungenau formuliert, so daß ihre Auslegung oft nicht leicht war.

Das Rechtswesen war in Rußland vernachlässigt worden. Im Unterschied zum übrigen Europa, wo die Universitäten seit dem Mittelalter Rechtsfakultäten besaßen, gab es keine Überlieferung einer juristischen Ausbildung. Erst nach Gründung der Moskauer Universität im Jahre 1755 begann man Rechtswissenschaft zu lehren, wobei man sich auf das römische Recht oder die damals in Europa im Schwange befindlichen Naturrechtstheorien gründete. Die Unterrichtssprache war anfänglich Latein oder Deutsch. Das eindeutig russische Recht wurde erst ab 1767 gelehrt. Keiner der hohen Regierungsbeamten, die Katharina umgaben, besaß eine juristische Ausbildung, und die Kaiserin selbst wußte verständlicherweise nur, was sie sich angelesen hatte.

Um aus diesem Chaos herauszukommen, wagte sie ein originelles Experiment und berief eine große Ständeversammlung ein, die eine neue Gesetzessammlung erarbeiten sollte. Sie bestand aus Vertretern des Adels, der Städte, der freien Bauern, der Kosaken und der Fremdvölker (Tataren, Kalmücken, Kosaken, Baschkiren, Mordwinen, Tschuwaschen, Tscheremissen, Wotjaken und sogar der weitab wohnenden Jakuten), der Regierungsorgane und der Kirche. Angesichts von Katharinas im wesentlichen weltlich geprägtem Denken überrascht es nicht, daß die Geistlichkeit als Gesellschaftsgruppe nicht vertreten war; lediglich der von Peter I. zur Verwaltung der Kirche eingerichtete »Heilige Synod« wurde aufgefordert, in seiner Eigenschaft als Regierungsorgan einen Vertreter zu entsenden. Zwar waren auch von früheren Herrschern bereits Ausschüsse aus Bürokraten eingesetzt worden, die Teile eines Gesetzeswerkes entworfen hatten, und anschließend waren Vertreter von Adel und Städten in die

Hauptstadt beordert worden, mit denen der Herrscher Teile dieser Entwürfe durchging. Allerdings hatten diese kleinen und eher privaten Zusammenkünfte in keinem Fall zu etwas geführt.

Katharina nun tat etwas völlig Neues: Sie berief eine gewählte repräsentative Körperschaft ein, die Ähnlichkeit mit den alten moskowitischen Landständen hatte, wie jene Versammlung, die das Gesetzbuch von 1649 erarbeitet hatte. Da sie aber nicht wollte, daß dieser gewählten Körperschaft eine politische Rolle in der Regierung des Landes zukam (wie sie die Landstände des 17. Jahrhunderts besessen hatten), wurde diese Versammlung nicht »Landstände« genannt, sondern »Große Kommission für die Zusammenstellung eines Gesetzbuchs«, was die Kontinuität mit der Arbeit der früheren Kommissionen des 18. Jahrhunderts und den Bruch mit dem Vorläufer aus dem 17. Jahrhundert hervorhob. Es ist auch möglich, daß Katharina von den Vorstellungen beeinflußt war, die der französische Philosoph Diderot in seiner *Encyclopédie* unter dem Artikel *représentants* vertreten hatte, in dem er betont, ein Souverän müsse der Stimme seines Volkes in Gestalt von dessen Vertretern Gehör schenken.

Im Dezember 1766 wurde bekanntgegeben, daß Deputierte für eine Gesetzgebende Kommission gewählt werden sollten. Diese Nachricht belebte sogleich das politische Leben im ganzen Lande. Jeder Adlige war in den Kreisen wahlberechtigt, in denen er Grundbesitz hatte; weibliche Landeigentümer besaßen eine Stimme, die sie über einen Stellvertreter abgeben durften, wobei sie an den Wählerversammlungen der Adelsklasse im jeweiligen Kreis selbst nicht teilnehmen durften. Dabei wurde als erstes ein »Adelsmarschall« gewählt, der die Wahl leitete. In ähnlicher Weise wurden in den Städten alle registrierten Einwohner zusammengerufen, um ein »Stadthaupt« zu wählen, das dann als Wahlleiter fungierte. Als die Mitglieder der Kaufmannsgilden in einigen Städten das Recht zur Teilnahme an den Wahlen auf die Kaufleute einzugrenzen versuchten, erklärte der Senat dies Vorgehen für unwirksam und ordnete eine Neuwahl an. Die Staatsbauern aller Provinzen beteiligten sich in indirekter Wahl an diesem Verfahren. Auch waren die Gruppen von Wahlmännern aufgefordert, »Anweisungen« für ihre Vertreter abzufassen, in denen sie ihre Hoffnungen und Beschwerden formulieren konnten.

Ende Juli 1767 trat die Gesetzgebende Kommission in Moskau zusammen. Sie bestand aus 29 Deputierten von Regierungsorganen, 142 des Adels, 209 der Städte sowie rund 200 der Staatsbauern und anderer gesellschaftlicher Gruppen (unter ihnen 54 Deputierte von Fremdvölkern.) Sogleich wurde der Kommission als Richtschnur für ihre Debatten eine von Katharina selbst verfaßte »Instruktion« vorgelegt.

Zweifellos war es zu jener Zeit ungewöhnlich, daß herrschende Monarchen öffentlich ihre Ansicht über die Art kundtaten, wie eine Regierung aufgebaut sein müsse, und es gibt keinerlei Hinweise auf die Gründe, die Katharina dazu veranlaßt haben, diese neuartige Vorgehensweise zu wählen. Gewiß, Friedrich II. von Preußen hatte seine eigenen politischen Grundsätze veröffentlicht, und möglicherweise sah sie sich veranlaßt, ihm nachzueifern. Wie auch immer ihre Gründe ausgesehen haben mögen, sie legte in 20 Kapiteln und 526 Artikeln ihre Ansicht dazu dar, wie das Land regiert wurde und künftig regiert werden sollte. Allerdings handelt es sich dabei keineswegs um ihre eigenen Gedanken. Inspirieren ließ sich Katharina bei ihrer Analyse des Wesens von Regierung und Gesellschaft über weite Strecken hinweg von Montesquieus

Schrift »Über den Geist der Gesetze«. Dieser französische Staatsphilosoph war Autor eines der einflußreichsten im 18. Jahrhundert veröffentlichten Werke und gehörte zu den ersten, welche die Struktur von Gesellschaften und die politischen Rechte der Menschen in ihrer Beziehung zur jeweiligen Staatsform analysierten. Ebenso zog Katharina die unlängst veröffentlichte Arbeit eines italienischen Juristen, Cesare Beccaria, mit dem Titel »Von den Verbrechen und Strafen« (1763) heran. Dies Werk greift das Strafrecht, wie es damals in allen Ländern gehandhabt wurde, in äußerst überzeugender Weise an. Eine andere ihrer Quellen war das »Traktat über Politische Institutionen«. Dies Werk, in dem Baron Bielfeld die Grundsätze des deutschen Kameralismus zusammenfaßte, ließ Katharina 1768–1775 ins Russische übersetzen.

Wenn auch dem Inhalt nach Katharinas »Instruktion« nicht von ihr selbst stammt, geht doch die Anordnung des Materials, das sie mehrere Male gründlich umformulierte und vielen ihrer Berater zur Stellungnahme vorlegte, auf sie zurück. Als Ergebnis dieser Bewertung ließ sie in der endgültigen Fassung einige der radikalsten Passagen aus, insbesondere ihre Kritik an der Leibeigenschaft.

Dieses wichtige Dokument müssen wir uns etwas näher ansehen, da man diese »Instruktion« häufig mißverstanden hat. Manche Zeitgenossen sahen darin eine Gesetzessammlung, und viele spätere Historiker waren sogar überzeugt, es handele sich dabei um den Entwurf einer Verfassung für Rußland. Die nicht besonders gut gegliederte »Instruktion« läßt erkennen, welche der Werke, die Katharina kurz zuvor gelesen hatte, darin ihre Spuren hinterlassen haben. Bisweilen scheint sie sich zu widersprechen, dann wieder führt sie mit voller Absicht unterschiedliche Standpunkte an (beispielsweise in der Frage, ob sich der Adel am Handel beteiligen dürfe), in anderen

Fällen wieder unterläßt sie es, Gedanken aus dieser und jener Quelle einfließen zu lassen.

All das macht die »Instruktion« zu einem Gemisch aus Aussagen über den einstigen und den anzustrebenden Zustand Rußlands, darüber, welche Regierung und welches Rechtswesen das Land haben und wie die Gesellschaft ganz allgemein aufgebaut sein müßte. Ein Nachtrag von 1768 befaßt sich mit der »Polizei« (allgemeine Fragen der öffentlichen Ordnung, der öffentlichen Gesundheit und der Verwaltung des Stadtlebens), und ein zweiter Nachtrag mit den Einkünften und Ausgaben des Staates.

Die »Instruktion« beschäftigt sich also mit politischen, rechtlichen, gesellschaftlichen und wirtschaftlichen Fragen. An ihrem Anfang steht die Erklärung, daß Rußland ein europäischer Staat sei, zweifellos eine Art Manifest an die Adresse jener, die der Ansicht waren, Rußland stehe einem asiatischen Despotenstaat näher als einer europäischen Monarchie. Anschließend definiert Katharina die Regierung des Landes: »Der Souverän herrscht unumschränkt; denn keine andere Macht als die in seiner einzigartigen Person ruhende kann mit dem Nachdruck handeln, welcher der Ausdehnung eines solchen riesigen Reiches entspricht.« (Art. 9) Diese Aussage der »Instruktion« gehört zu jenen, die spätere Historiker zu der Aussage veranlaßt haben, damit verkehre Katharina das von Montesquieu Gemeinte in sein Gegenteil. Dieser hatte erklärt, jede Regierungsform beruhe auf einem Grundprinzip. In einer Monarchie sei das die Ehre, in einer Republik die Tugend und in einem despotischen System die Angst. Bei den Monarchien unterschied er zwischen verschiedenen Formen. Eine davon nannte er »gemäßigte« Monarchie und definierte sie als eine Staatsform, in der die Existenz von »Grundgesetzen«, die den Herrscher bänden und die er nicht ändern könne, seine Macht einschränkten. In einer solchen »gemäßigten« Monarchie wache ein »Depositar« (ein Korpus von Grundrechten) über die Gesetze, und die Existenz gesellschaftlicher Einrichtungen begrenze die Macht des Herrschers. Das seien beispielsweise die gemeinsamen Rechte von Adel, Städten oder der Kirche, über die sich der Herrscher nicht hinwegsetzen könne. Auch lenkte Montesquieu die Aufmerksamkeit seiner Leser auf die Existenz »gemäßigter« Monarchien, deren Hauptgrundsatz »politische Freiheit« sei, womit er sich offenkundig auf England bezog. Diese politische Freiheit gewährleistete seiner Aussage nach die Trennung von Exekutive (Monarch), Judikative (Gerichte) und Legislative (Parlament). Despotische Systeme sah er hauptsächlich in den Ländern des Ostens: in Persien oder dem Osmanischen Reich der Türken sowie in sehr großen Staaten, die sich nur schwer regieren ließen, wenn die Macht zu sehr zersplittert war. Zu ihnen zählte er auch Rußland.

Trotz Katharinas Bewunderung für Montesquieu, mit dessen Gedanken sie sich über mehrere Jahre hinweg eifrig beschäftigt hatte, konnte sie nicht hinnehmen, daß er das riesige Reich Rußland als »despotisch regiert« einstufte, mit der Begründung, nur in dieser Form lasse sich dort die Macht wirksam ausüben. Sie wendete das, was der große französische Lehrmeister über die Monarchie gesagt hatte, auf die Despotie an und erklärte, Rußland sei eine absolute Monarchie, weil sich ein so großes Reich ausschließlich mit Hilfe eines Systems regieren lasse, in dem der Souverän allein herrscht, dabei aber Grundgesetzen unterworfen ist, deren Einschränkungen seiner Machtfülle er bereitwillig akzeptiert.

Die Vorstellung von »Grundgesetzen« oder »Grundrechten« war im 18. Jahrhundert sehr in Mode, auch wenn nicht so recht klar war, was damit eigentlich gemeint war. Auf keinen Fall handelte es sich um eine schriftlich niedergelegte Verfassung, sondern um grundlegende Überlieferungen, die in der jeweiligen Gesellschaft so tief verwurzelt waren, daß ihnen nicht einmal ein so absoluter Monarch wie Ludwig XIV. zuwider handeln würde, es sei denn, er hätte einen außerordentlich schwerwiegenden Grund dafür.

Absolute Herrscher achteten also eine ganze Reihe von Überlieferungen und Einrichtungen. Dazu gehörte gewöhnlich die Duldung der in einem Lande vorherrschenden Religion, beispielsweise der römische Katholizismus in Frankreich oder die »Staats«religion des Anglikanismus in England. Entsprechendes galt für die Thronfolge, von der im Frankreich der Bourbonen Frauen ausgeschlossen waren, nicht aber in den habsburgisch beherrschten Ländern; oder für die überlieferten Rechte und Privilegien bestimmter gesellschaftlicher Gruppen – des Adels, aber auch bestimmter Städte (beispielsweise der freien Reichsstädte auf dem Gebiet des Heiligen Römischen Reiches).

Katharina wollte zeigen, daß im Falle Rußlands von einem despotisch regierten asiatischen Land, in dem die Angst herrsche, keine Rede sein konnte, sondern daß es sich um eine absolute Monarchie in Montesquieus Sinn handelte, in der gewisse »Grundgesetze« geachtet wurden. So erklärte sie, trotz seiner gewaltigen Ausdehnung, aufgrund deren der Herrscher eine absolute Machtfülle besitzen müsse, um es wirksam regieren zu können, sei das russische Reich kein despotisches System. In anderer Hinsicht hingegen hielt sich die Kaiserin eng an Montesquieu. Sie setzte sich für ein »Depositar« der Gesetze ein, das heißt eine Einrichtung, die dafür zu sorgen hat, daß neu verkündete Gesetze nicht den im Staat schon bestehenden »Grundgesetzen« zuwiderliefen. Freiheit definierte sie als das Recht, »alles zu tun, was die Gesetze zulassen«, und

Gleichheit sah sie darin, daß »alle Bürger den gleichen Gesetzen unterworfen« waren.

Entgegen der in Rußland üblichen Praxis ging Katharina in Einzelheiten auf Wesen und Anwendung der Gesetze sowie den Aufbau des Rechtswesens ein. Gesetze waren ihrer Definition nach »alle grundlegenden Institutionen, die keinesfalls eine Veränderung erfahren dürfen, und deren Zahl kann nie groß sein«. Hier bezog sie sich offenkundig erneut auf die »Grundgesetze«, etwas, das man heute Verfassungsrechte nennen würde. Dabei ging es beispielsweise um Rechte, welche die Frage der Religion oder der Thronfolge regelten. Hinter den Gesetzen standen »zeitgebundene Erwägungen, die von den Umständen abhängen«, das heißt Vorschriften für die Ausführung des im Gesetz Niedergelegten. Wir würden das heutzutage als exekutives Handeln bezeichnen. Zum Schluß gab es noch »Verfügungen« oder Anweisungen, die zur Bewältigung bestimmter dringlicher Situationen erlassen wurden. Ursprung der Gesetze, Vorschriften und Verfügungen war selbstverständlich der Souverän, der sie allein erließ, doch sollten alle Gesetze einfach und klar sein und keinen Raum für zweifelhafte Auslegungen lassen.

In Einzelheiten beschäftigte sich Katharinas »Instruktion« mit einer Analyse des Verbrechens. Dabei wurde zwischen Verbrechen gegen die Religion und die guten Sitten unterschieden, die es beispielsweise erforderten, daß man den Täter von den Vorteilen ausschloß, welche die Religion bot, oder ihn öffentlich demütigte; als nächstes gab es Verbrechen gegen den Frieden oder die öffentliche Sicherheit, die als Strafe Einkerkerung, körperliche Züchtigung oder – im Falle von Mord – die Todesstrafe verdienten; schließlich Verbrechen gegen das Eigentum, die mit Geldstrafen zu ahnden waren.

Nirgends als in ihrer Definition des Begriffs Hochverrat

zeigt sich deutlicher, daß sich Katharina einer rationalen und gesetzlich geregelten Ordnung fügte. Anfangs unterscheidet sie zwischen Sakrileg und Majestätsbeleidigung. Zwar herrscht der Souverän durch Gottes Gnade, da er aber selbst nicht göttlicher Natur ist, bedeutet ein Vergehen gegen ihn oder sein Bild auch kein Sakrileg. Die Herstellung von Falschgeld war nach Katharinas Ansicht nicht gleichbedeutend mit Hochverrat, sondern galt als »Diebstahl am Staat«. Worte, von Gedanken ganz zu schweigen, bedeuteten kein Verbrechen, solange sie nicht von Taten begleitet würden. Hier fügte Katharina hinzu, daß die Verbreitung satirischer Schriften in Monarchien als Vergehen einzustufen sei, nicht aber als Verbrechen. Bei dagegen gerichteten Verleumdungsklagen habe man sich sehr zurückzuhalten, könne doch eine strenge Zensur »nichts als Unwissenheit erzeugen und [bewirken], daß die Gehversuche eines Genies gehemmt und der Wille zu schreiben unterdrückt« werde.

Offenkundig spielte Gerechtigkeit in ihrem Denken eine bedeutende Rolle, denn Katharina geht überaus ausführlich auf die Rolle des Richters, die Bedeutung von Zeugenaussagen und die Art von Beweisen ein, die erforderlich seien, um zu einem Urteil zu gelangen. Hier finden wir in ihrer Ablehnung der Folter Anklänge an Montesquieu wie an Beccaria: »Die Anwendung der Folter widerspricht allen Forderungen von Natur und Vernunft: Die Menschlichkeit lehnt sich dagegen auf und verlangt lautstark nach ihrer vollständigen Abschaffung.« Als Beispiel nennt sie ein »bedeutendes Volk«, das »ohne spürbare Nachteile« die Folter abgeschafft habe. Wahrscheinlich meint sie damit Großbritannien.

Obwohl die Kaiserin nicht über eine juristische Ausbildung verfügte, besaß sie ein Gespür für die Bedeutung eines ordentlichen Gerichtswesens und die Notwendigkeit, an die Stelle von Willkür ein rechtmäßiges Verfahren zu setzen. Kein Bürger durfte in einem Land mit »einer gemäßigten Regierung« (also in einer absoluten Monarchie, deren Herrscher die Grundgesetze achtete – und als eine solche sah Katharina Rußland an oder wollte zumindest, daß andere es so sahen) ohne die vom Recht vorgeschriebene Vorgehensweise um Leben, Freiheit oder Eigentum gebracht werden. Dabei war nicht ausgeschlossen, daß Angehörige unterschiedlicher Gesellschaftsschichten (Edelleute, Stadtbewohner oder Bauern) ihre Klage vor unterschiedlichen Gerichten vorbringen und von diesen abgeurteilt und unterschiedlich bestraft werden konnten. Richter, hieß es, dürften nicht das Recht haben, die Gesetze auszulegen. Dazu sei ausschließlich der Souverän befugt, stehe er doch über dem Gesetz. Richter seien gehalten, nach dem Buchstaben des Gesetzes zu urteilen, denn nur so sei zu erreichen, daß eine bestimmte Straftat überall und jederzeit auf die gleiche Weise geahndet werde. Sofern eine strenge Befolgung des Buchstabens des Gesetzes zur Ungerechtigkeit führe, werde der Souverän als Gesetzgeber die nötigen neuen Gesetze erlassen. Der Herrscher selbst dürfe aber, schloß sie, keinesfalls selbst Richter sein.

In der Frage der Gesellschaftsstruktur vertrat Katharina den Standpunkt, es müsse »Menschen geben, die regieren, und andere, die gehorchen«. Als Adlige sah sie die Abkömmlinge jener an, die sich in der Vergangenheit mehr als andere ausgezeichnet hatten, vor allem im Militärdienst. Doch da ein Staat, in dem es keine Gerechtigkeit gebe, zum Untergang verurteilt sei, lasse sich Adel sehr wohl auch durch bürgerliche und nicht ausschließlich durch militärische Tugenden erlangen, von Richtern und Beamten gleichermaßen wie von Soldaten. Frei seien auch die »Menschen in der Mitte«. Zu ihnen gehörten jene, die in den Städten wohnten, ein Handwerk ausübten, Handel trieben, sich mit Künsten und Wissenschaften beschäftigten, wie auch all jene, die nicht adlig geboren, aber in weltlichen oder kirchlichen Schulen herangebildet worden seien, sowie alle Nichtadligen, die als Beamte oder in anderer Funktion in Regierungsbehörden tätig seien.

Kein Kapitel der veröffentlichten »Instruktion« ging speziell auf die Frage der Leibeigenen ein, wohl aber wurde ihr Kapitel 11, das sich mit der Sklaverei beschäftigt, kräftig beschnitten, nachdem ein erster und weit längerer Entwurf mehreren von Katharinas Beratern vorgelegen hatte. In der veröffentlichten Fassung legte die Kaiserin dar, ein Herrscher müsse es vermeiden, Menschen zu versklaven, es sei denn, unabweisbare Umstände zwängen ihn dazu, und das bürgerliche Recht müsse Schutz vor dem Mißbrauch von Sklaven bieten. Schließlich erklärte sie, wobei sie Montesquieu zitierte, eine große Zahl von Sklaven dürfe nicht auf einmal oder durch ein allgemeines Gesetz befreit werden. Die unveröffentlichten Entwürfe des Kapitels 11 existieren noch und zeigen, daß Katharina in die »Instruktion« ursprünglich einen – gleichfalls auf Montesquieu zurückgehenden – Vorschlag eingearbeitet hatte, dem zufolge man Leibeigenen gestatten müsse, so viel Eigentum zu erwerben, daß es ihnen möglich sei, ihre Freiheit zu erkaufen, und daß ihre Knechtschaft auf sechs Jahre zu beschränken sei. Außerdem regte sie ein Gesetz an, das Leibeigenen, die einmal die Freiheit erlangt hatten, das Recht zubilligen sollte, nie wieder in den Zustand der Hörigkeit zurückkehren zu müssen.

Der Nachtrag über die Polizei lehnt sich ziemlich eng an das deutsche kameralistische Denken an, das heißt, an die Regierungskunst, wie sie im Verlauf des 17. und des 18. Jahrhunderts an den Höfen der deutschen Kleinstaaten erarbeitet worden war. Dabei ging man von der Voraussetzung aus, daß bei der Organisation von Regierung und Gesellschaft der Staat die Hauptrolle spiele und er seine Ziele durch genaueste Festlegung aller Arten von Tätigkeit erreichen könne. Gemäß Katharinas »Instruktion« war es Aufgabe der Polizei, dafür zu sorgen, daß Gottesdienste in angemessener Weise stattfinden konnten, moralische Grundsätze eingehalten wurden (es galt Luxus zu vermeiden, die Trunksucht in Grenzen zu halten, Vorschriften zum Betrieb öffentlicher Bäder, über die Abhaltung öffentlicher Lustbarkeiten und so weiter zu erlassen), sie mußte auf Hygiene achten (Reinheit des Wassers, Qualität von Speisen und Getränken), Krankheiten eindämmen, Maße und Gewichte kontrollieren, sich um Fragen im Zusammenhang mit Vieh und Weideland, um Bauvorschriften, Brandverhütung und -bekämpfung kümmern, gegen bürgerliche Unruhen und das Räuberwesen vorgehen, die Einstellung, Entlassung und Bezahlung von Dienstboten überwachen, für die Armen und Kranken sorgen, wobei die Arbeitsfähigen zur Arbeit gezwungen werden sollten, und den Lebensunterhalt Gebrechlicher sicherstellen. Die Polizei sollte nicht das Recht haben, schwere Strafen zu verhängen, und durfte lediglich bei Vergehen im Schnellverfahren Recht sprechen und Geldstrafen auferlegen, nicht aber bei Verbrechen.

Der letzte Anhang beschäftigt sich mit dem, was Katharina die »Verwaltung der Finanzen« nannte. Allem Anschein nach hat sich die Kaiserin bei der Ausarbeitung dieses Teils ihrer »Instruktion« von einigen Gedanken Adam Smiths beeinflussen lassen. Sie waren ihr möglicherweise durch Vermittlung des russischen Juristen S. I. Desnizki zur Kenntnis gelangt, der in Glasgow bei Smith studiert hatte und der Kaiserin Denkschriften vorlegte. Sie analysiert die Posten, für welche Staatseinnahmen nötig sind, beispielsweise öffentliche Ordnung, versorgungswirtschaftliche Einrichtungen, Aufwendungen des Hofes und Verteidigungsausgaben. Dann wendet sie sich den Einkommensquellen zu, nämlich Steuern, sowie den Quellen des Wohlstandes: Bevölkerung, Landwirtschaft, Ausbeutung von Naturvorkommen und Handel. Den Abschluß bildet ihre hoffnungsvolle Erklärung, »der Gesamtbetrag der Ausgaben möge tunlichst die Höhe der Einnahmen nicht übersteigen«.

Nach der formalen Einsetzung der Gesetzgebenden Kommission Ende Juli 1767 wurde die »Instruktion« der Kaiserin den Deputierten laut vorgetragen. Man kann sich vorstellen, welche Wirkung ein solches Dokument auf Heeresoffiziere von ziemlich niedrigem Rang und äußerst bescheidener Bildung – manche waren sogar Analphabeten – gehabt haben muß, auf Händler, deren Horizont auf ihre eigene Provinz begrenzt war, auf Bauern und die Deputierten nahe am Urzustand lebender Völkerschaften aus Sibirien. Sie alle hatten schriftliche Klagen ihrer Wähler mitgebracht, entsprechend den *cahiers de doléances*, welche die Abgeordneten zu den Generalständen in Frankreich 1789 vorzulegen gehalten waren. Oft handelte es sich dabei um äußerst beredte Berichte über die Ungerechtigkeit und die Ausbeutung, der sich Angehörige aller Klassen ausgesetzt sahen, sie waren aber gewöhnlich in einer Sprache verfaßt, die die anregenden Gedanken der Aufklärung nicht widerspiegelte. Jetzt, unter der Wirkung der von der Kaiserin verfaßten »Instruktion«, wurde es möglich, über eine Vielzahl politischer Vorstellungen mit Hilfe der Begriffe zu reden, die die Kaiserin in die Debatte geworfen hatte, wobei sie selbst hinter ihren eigenen Aussagen verborgen blieb. Die »Instruktion« machte die Deputierten mit Vorstellungen von Recht und Gesetzen, Justiz sowie menschlichem und bürgerlichem Verhalten vertraut, wie sie in Rußland nie zuvor öffentlich verkündet worden waren. Die Debatten bei den verschiedenen Sitzungen wurden in vielen Fällen durch Deputierte belebt, die diesen oder jenen Absatz aus Katharinas »Instruktion« zitierten, um Gedanken zu untermauern, die nicht die allgemeine Billigung fanden.

Dennoch brachte die Gesetzgebende Kommission keine Gesetzessammlung zustande. Ihre Sitzungen verliefen schwerfällig, ihre Arbeit war schlecht organisiert; zumal man den für die Vorbereitung erforderlichen Zeitaufwand deutlich unterschätzt hatte. Eine Anzahl von Entwürfen für Teile eines Gesetzeswerkes wurden ausgearbeitet, doch hatte die Kommission noch nichts davon endgültig verabschiedet, als im Oktober 1768 ein Krieg zwischen Rußland und dem Türkischen Reich ausbrach. Katharina vertagte die Vollversammlung, da viele der Deputierten des Adels zum Heeresdienst gerufen wurden und die Kaiserin samt ihrer Regierung alle Energien auf die Kriegführung konzentrieren mußte. Eine Anzahl von Unterausschüssen arbeitete bis in die erste Hälfte der siebziger Jahre weiter, doch allmählich lief sich die Sache tot. Dennoch lieferten die Debatten im Plenum wie auch die Diskussionen in den Unterausschüssen Entwürfe zu Gesetzen, in denen es um die Rechte von Adel, Stadtbevölkerung, Kosaken und Bauern ging. Das in den Klagelisten enthaltene Material versorgte die Kaiserin (wie auch spätere Historiker) mit einer ungeheuren Fülle von Angaben über die Bedürfnisse, Wünsche und Ansichten der Bevölkerung, auf die sie sich bei ihrer späteren Gesetzgebung stützen konnte. Außerdem ermöglichen es uns die Gesetzesentwürfe, in der russischen Gesellschaft bestehende unterschiedliche Meinungsströmungen zur Frage der Leibeigenschaft, zu den Rechten der Bauern und Adligen, zum Status der Kosaken und zu vielen anderen gesellschaftlichen und politischen Fragen nachzuvollziehen.

Während Katharinas gesamter Regierungszeit wurde kein vollständiges neues Gesetzeswerk vorgelegt. Wohl aber gab sie Teile davon heraus, wie beispielsweise das Statut zur Lokalverwaltung von 1775, die Gesetze zur Handelsschiffahrt sowie die Salzgesetze von 1781 (in denen es um das staatliche Salzmonopol ging), die Polizeiverordnung von 1782, die Gnadenurkunden (Satzungen) an den Adel und die Städte von 1785 sowie die Statuten zur Volksbildung von 1786. Sie alle trugen weitgehend dazu bei, die bestehenden Gesetze des Landes zu modernisieren und in ihnen bestehende Lücken zu füllen. Auf einige dieser Gesetze wird später noch in Einzelheiten eingegangen. Manche von ihnen beziehen sich ganz ausdrücklich auf Teile der »Instruktion« der Kaiserin. Wie Katharina am 1. Oktober 1777 an Voltaire schrieb, als sie ihm ein Exemplar des Statuts zur Lokalverwaltung von 1775 übersandte:

> »... das Gebäude unserer Gesetze wächst schrittweise: Die Instruktion für das Gesetzbuch ist sein Fundament. Ich schickte sie Euch vor zehn Jahren. Ihr werdet sehen, daß diese neuen Vorschriften nicht hinter deren Grundsätzen zurückbleiben, sondern sich eher aus ihnen ergeben; bald werden ihnen Vorschriften über das Finanzwesen, den Handel und die Polizei folgen, an denen wir seit zwei Jahren arbeiten. Anschließend wird es keine große Mühe kosten, ein Gesetzbuch herauszubringen.«

Die Tatsache, daß als Ergebnis der Arbeit der Gesetzgebenden Kommission keine vollständige Gesetzessammlung zustande kam, ließ Zeitgenossen wie spätere Historiker vermuten, Katharina habe andersgeartete Gründe gehabt, die Abgeordneten aus den verschiedenen Ständen zusammenzurufen. Man nannte sie eitel (was der Wahrheit entsprach), und viele nahmen an, Hauptziel ihrer »Instruktion« wie auch der Gesetzgebenden Kommission sei es gewesen, ihren »aufgeklärten« Briefpartnern im Westen Sand in die Augen zu streuen und sie mit der Vortäuschung politischen Fortschritts im zurückgebliebenen Rußland zu blenden. Man nahm an, sie habe die Kommission einberufen, um ihren Anspruch als legitime Herrscherin zu festigen, und sah in ihr daher ein Erzheuchlerin, die sich über den Unterschied zwischen Theorie und Praxis nur allzu klar war, ohne daß sie einen ernstgemeinten Versuch unternommen hätte, das Los ihres Volkes zu verbessern. Viele spätere Historiker sahen diese Deutung durch eine ins Auge springende Tatsache bestätigt: daß die leibeigenen Bauern in der Kommission nicht vertreten waren.

Doch es gab auch Menschen, die die Überzeugung vertraten, der Gedanke, das Volk im Zusammenhang mit der Abfassung der Gesetze zu befragen, sei ebenso wie viele der in der »Instruktion« niedergelegten Grundsätze als Hinweis darauf zu sehen, daß Katharina zu Anfang ihrer Regierungszeit eine »liberale« Phase durchlebt habe und später autoritär – nach der Französischen Revolution sogar reaktionär – geworden sei. All diese Deutungen muß berücksichtigen, wer eine überzeugende Synthese aus ihren Vorstellungen und ihren Vorgehensweisen gewinnen möchte.

Die Annahme, ein so kostspieliges und zeitaufwendiges Unterfangen (man denke daran, daß die Kaiserin die zahlreichen Entwürfe ihrer »Instruktion« mit eigener Hand schrieb) habe hauptsächlich den Zweck verfolgt, den Intellektuellen des Westens Sand in die Augen zu streuen, läßt die Vermutung zu, daß eben diese Intellektuellen eine eher übersteigerte Meinung von sich selbst hatten. Katharina war ohne weiteres imstande, deren Wertschätzung zu erringen, indem sie mit ihnen in Briefwechsel trat, wie das bei Voltaire und Falconet der Fall war, oder einem von ihnen die Bibliothek abkaufte und sie in dessen Besitz ließ, wie bei Diderot; indem sie d'Alembert und Beccaria nach Rußland einlud (beide lehnten ab) oder indem sie Melchior von Grimm, den Herausgeber der *Correspondance littéraire et politique*, der geschwätzigen, wohlinformierten privaten Nachrichtenbörse über neue Strömungen in Literatur, Dichtung, Drama und Politik, zu ihrem persönlichen Vertreter in Paris ernannte. Eines so gewaltigen Unternehmens, wie es die Große Kommission für die Zusammenstellung eines Gesetzbuchs bedeutete, bedurfte es dazu nicht.

Mit der Frage der Vertretung der Leibeigenen wird der ganze Komplex der politischen Vertretung im 18. Jahrhundert in Ländern angesprochen, die über entsprechende Institutionen verfügten, wie das beispielsweise in Großbritannien, den Niederlanden, Polen und Schweden der Fall war. Der Überlieferung nach waren in parlamentarischen Einrichtungen drei Gesellschaftsgruppen oder »Stände« vertreten: Adel und Kirche (in Frankreich der Erste Stand) sowie das, was in Frankreich der Dritte Stand hieß und in England den »Gemeinen« entsprach (die im Unterhaus vertretenen Commons). Man darf nicht vergessen, daß die amerikanische und Französische Revolution eine große Zeitenwende bedeutete und daß man Parlamente vom Typ des alten Systems (*ancien régime*), in denen auf Eigentumsinteressen gestützte gesellschaftliche Gruppen vertreten waren, von den neueren Einrichtungen unterscheiden mußte, in denen mit Hilfe des Grundsatzes der allgemeinen Wahl die Ansichten einzelner auf ganz natürliche Weise zum Tragen kamen.

In jenem alten System gab es oft keine systematisch erarbeiteten Vorschriften für Einberufung und Wahl der Mitglieder parlamentarischer Vertretungen. Sofern diese aus mehr als einer Kammer bestanden, war es möglich, daß die Mitglieder der Oberen oder Adelskammer von allen Adligen oder lediglich von adligen Familienoberhäuptern gewählt wurden, es konnte aber auch sein, daß man alle Adligen aufrief, sich persönlich dort einzufinden. Städte waren durch die Spitzen der Gilden oder anderer Vereinigungen vertreten; oder diese Vereinigungen – nicht aber die Einwohner – wählten Delegierte, die sie vertreten sollten. Es galt als selbstverständlich, daß nur Menschen von einer gewissen gesellschaftlichen Position Berater des Herrschers in einem Parlament sein und sich an der Gesetzgebung beteiligen konnten. Kehrseite der Aussage »keine Steuern ohne Parlamentssitz« war »kein Parlamentssitz ohne Steuern«. Nur wer Steuern zahlte, durfte sich an Entscheidungen über Steuern beteiligen. Ein solches Gewicht konnte ausschließlich die Meinung eines freien Menschen haben, das heißt, eines solchen, dessen Ansichten nicht von der Notwendigkeit diktiert wurden, einem Arbeitgeber oder Eigentümer nach dem Munde zu reden und der nicht um seinen Lebensunterhalt und den seiner Angehörigen fürchten mußte. Um sich zur Wahl stellen zu können, mußte man über einen (adligen oder städtischen) Status sowie über Eigentum verfügen. In Schweden beispielsweise, dem einzigen Land, das einen aus Bauern bestehenden »Vierten Stand« kannte, wählten ausschließlich die auf Staatsgütern lebenden Bauern Abgeordnete, nicht aber jene, die auf dem Grund und Boden von Adligen lebten, denn die von ihnen vertretenen Positionen konnten durch die Abhängigkeit vom Grundeigentümer verfälscht werden, auch wenn sie persönlich frei waren. In ähnlicher Weise hatte im England des 18. Jahrhunderts kein Dienstbote eine Stimme.

Überdies vertrat man gemeinhin die Ansicht, daß Abgeordnete eine »Vertretung« ausübten, das heißt, für gesellschaftliche Gruppen und in deren Namen sprachen, nicht aber ihre eigenen Ansichten als Individuen ausdrückten. Mithin vertraten die Abgeordneten der holländischen Städte das umliegende Land, und in Dänemark wurde der Stand der Bauern mit der Begründung abgeschafft, sie würden von den Adligen vertreten. Ein Rest dieser Auffassung findet sich im heutigen Großbritannien, wo ein gewähltes Unterhausmitglied nicht nur die Menschen vertritt, die für ihn gestimmt haben, sondern alle Bewohner seines Wahlkreises, ganz gleich, ob sie ihn gewählt haben oder nicht; und es wird vorausgesetzt, daß er in seinem Wahlkreis gemäß seiner unabhängigen Einschätzung der Lage im Interesse der von ihm vertretenen Menschen handelt, auch wenn dieser Aspekt seiner Aufgaben als Ergebnis der immer starreren Parteidisziplin deutlich an Bedeutung eingebüßt hat.

So muß man die von Katharina 1767 einberufene Gesetzgebende Kommission im Zusammenhang mit den im 18. Jahrhundert gängigen Vorstellungen von Vertretung sehen und sie mit ähnlichen Einrichtungen in anderen Ländern vergleichen. In England stimmte zu jener Zeit bei Unterhauswahlen nur ein Bruchteil der Bevölkerung ab, und in vielen Wahlkreisen gab es keine Gegenkandidaten. In den ländlich geprägten Grafschaften besaßen das Stimmrecht ausschließlich Grundeigentümer bis hinab zum 40-Shilling-Mann – jemand, der aus seinem Grundbesitz jährlich einen Betrag von vierzig Schilling erwirtschaftete. Landarbeiter hatten kein Stimmrecht.

In den Provinzstädten Englands wurde das Wahlrecht äußerst unterschiedlich gehandhabt. Häufig war es auf die Mitglieder der Stadtgemeinde beschränkt, die ihrerseits dem Druck eines politischen Magnaten am Ort ausgesetzt waren. Mehr als zwei Fünftel der aus Provinzstädten stammenden Unterhausabgeordneten waren von jeweils weniger als hundert Wählern entsandt worden. Diesem System haftete also nichts Demokratisches an, und es scheint keinen Grund zu der Annahme zu geben, daß das System, für das sich Katharina 1766 entschied, modernen Vorstellungen von demokratischer Vertretung und nicht den historischen Überlieferungen Rußlands und der zu jener Zeit anderswo geübten Praxis entsprechen müsse.

Bei Licht betrachtet war das Spektrum der in der Gesetzgebenden Kommission Vertretenen äußerst breit. Die Staatsbauern, die dem Buchstaben nach insofern frei waren, als ihr Grundeigner der Staat war, sollten in Wahlkreisen von der Größe einer Unterprovinz durch indirekte Wahl Deputierte bestimmen. Alle Haushaltsvorstände in den Städten waren gehalten, ihre Deputierten gleichfalls in indirekter Wahl zu wählen, wohingegen alle in einem bestimmten Kreis lebenden Adligen (jede Provinz bestand aus mehreren Kreisen) aufgefordert waren, einen Deputierten zu wählen. Die Aufgabe hieß nicht, sich zwischen Kandidaten zu entscheiden, die unterschiedliche Ansichten oder politische Grundsätze vertraten, sondern einfach, einen geeigneten Vertreter auszuwählen, der in der Gesetzgebenden Kommission etwas zu den Bedürfnissen einer bestimmten Gemeinschaft zu sagen hatte und der Kaiserin im Hinblick auf Rußlands Probleme und die Art ihrer Lösung raten sollte. Die letzte Entscheidung lag bei ihr. Als Anreiz bekamen alle Gewählten eine Besoldung, damit sie imstande waren, ihre Ausgaben in einer ihrem Rang angemessenen Weise zu bestreiten, und als Auszeichnung eine Denkmünze.

Zum Schluß sei angemerkt, daß nichts an der Gesetzgebenden Kommission in dem politischen Sinne »liberal« war, in dem wir das Wort heute verwenden. Zu keiner Zeit war vorgesehen, daß diese Kommission über Rußlands

Regierungsform oder eine Eingrenzung der absoluten Macht der Herrscher des Landes diskutierte. Schließlich hatte Katharina in ihrer »Instruktion« keinen Zweifel daran gelassen, daß sie im Absolutismus die einzige für Rußland geeignete Regierungsform sah. Während ihrer Regierungszeit gab es nie eine »liberale« und schon gar keine konstitutionelle Phase. Doch gibt es selbstverständlich Abstufungen des Absolutismus, und zum Eindruck von Liberalismus kann es einfach dadurch kommen, daß eine absolute Regierung nicht ganz so willkürlich handelt wie ihre Vorgänger und sich weniger in die Alltagsangelegenheiten der Landeskinder einmischt. Katharina verfuhr weit weniger willkürlich als Peter I.

4

Der erste türkische Krieg

Bei der Thronbesteigung Peters III. im Jahre 1762 stand Rußland im sogenannten Siebenjährigen Krieg (1756–1763) noch als Österreichs und Frankreichs Verbündeter im Kampf gegen Preußen. Unverzüglich führte der neue Zar einen Kurswechsel herbei, entzog den Österreichern seine Truppen und schloß im April 1762 Frieden mit Preußen. Mit ihrem Staatsstreich wurde Katharina Erbin dieser Situation. Da Rußland bei seinen einstigen Verbündeten inzwischen höchst unbeliebt war, blieb sie von den Verhandlungen ausgeschlossen, die zu den Friedensverträgen von Hubertusburg und Paris führten und mit denen 1763 der Siebenjährige Krieg ein Ende fand. Rußland sah sich nunmehr in einer gefährlichen Isolation, wodurch Katharina gezwungen war, die allgemeinen Grundsätze der Außenpolitik des Landes neu zu bedenken und zu überlegen, welche Bündnisse sie eingehen sollte.

Die Ziele von Rußlands Außenpolitik ergaben sich aus der geopolitischen Lage des Landes, wurden aber darüber hinaus von traditionellen Animositäten einerseits und freundschaftlichen Bindungen andererseits beeinflußt. Seit dem 16. Jahrhundert hatte sich Rußland bemüht, seine Grenzen in drei Richtungen auszudehnen: Im Nordwesten hatte es eine Öffnung zur Ostsee gesucht, um seinen Außenhandel von der Knebelung durch die livländischen Ritter (und später Preußen, Polen und Schweden) zu befreien. Das war Peter I. schließlich 1721 mit der Annexion Livlands und Estlands gelungen. Im Westen bemühte sich das Land, seine Herrschaft über weißrussische und ukrainische Gebiete erneut zu festigen, die einst Bestandteil des mittelalterlichen Fürstentums der Kiewer Rus gewesen waren. Später hatten sie die Oberhoheit der Großfürsten von Litauen anerkannt, die ihrerseits in einer dynastischen Union mit den Königen Polens verbunden oder unter Polens unmittelbare Oberhoheit gelangt waren. Im Süden hatte sich Rußland jahrhundertelang gegen die Nachfahren der mongolischen Herrscher, die Krimtataren, zur Wehr setzen müssen, die regelmäßig in russisches Gebiet eindrangen und alljährlich Tausende von Gefangenen auf Konstantinopels Sklavenmärkte verschleppten.

In dem Maße, in dem das Land erstarkte, war aus der Verteidigung Schritt für Schritt Angriff geworden. Rußland hoffte, am Schwarzen Meer eine sichere Stellung zu gewinnen, auch wenn damit kein Zugang zum Mittelmeer verbunden war, da die Türken an den Dardanellen den Weg dorthin versperrten. Dreimal hatte Peter der Große vergeblich versucht, wenigstens am (gleichfalls von den Türken beherrschten) Asowschen Meer einen dauerhaften Stützpunkt zu errichten. Erfolg hatte das Unternehmen erst 1739, doch war damit das umliegende Gebiet noch nicht ungefährdet. So verstärkten Gemeinschaften von Kosaken wie beispielsweise die der Donkosaken, der Kosaken aus der Ukraine oder Kleinrußland und der Saporoger Kosaken die militärischen Linien, die aus Ansiedlungen von Wehrbauern bestanden und die unaufhaltsam vorrückende Südgrenze Rußlands absteckten.

Auch aus Handelsgründen war der Besitz eines

Zugangs zur Ostsee, der zu jener Zeit polnischen Gebiete im Westen sowie des Territoriums im Süden wünschenswert, war das doch gleichbedeutend mit der Beherrschung einer Anzahl für den Binnen- und Außenhandel bedeutsamer Wasserstraßen. Mit der Eroberung Livlands war Peter I. der große Hafen Riga an der Mündung des Flusses Düna in die Hände gefallen, über den aus den Wäldern Nordwestrußlands und Polens stammende Erzeugnisse wie Bauholz, Schiffsmasten, Pech, Hanf, Teer sowie Flachs und Felle ausgeführt wurden. Solche Waren konnte man jetzt unmittelbar verschiffen, insbesondere an die Seemächte Westeuropas, nämlich England, Frankreich und die Vereinigten Provinzen der Niederlande. Auch Estland bot mit der Hafenstadt Reval einen nützlichen Seestützpunkt. Zwar entwickelte sich Sankt Petersburg im Laufe der Zeit zu einem größeren Hafen, doch war dieser nicht ganzjährig eisfrei. Mit der Eroberung der Gebiete im Westen einher ging die Herrschaft über den Oberlauf des Dnjepr und seiner zahlreichen Nebenflüsse. Da sie auch für die Wirtschaftsentwicklung des Gebietes zentrale Bedeutung hatte, wollte man – auch wenn der Fluß wegen seiner Stromschnellen nicht schiffbar war – letztlich die Herrschaft über seinen gesamten Lauf sowie über seine Mündung ins Schwarze Meer bekommen. In ähnlicher Weise würde der Besitz der zu jener Zeit in türkischer Hand befindlichen Mündungsgebiete von Bug und Dnjestr Rußland in den Stand setzen, die Bedingungen der Warenausfuhr aus dem damaligen Südpolen und der türkischen Moldava (heute Moldawien) zu diktieren. Keins dieser Ziele war bei der Thronbesteigung Katharinas II. erreicht.

Als sich Peter III. im Jahre 1762 aus dem Siebenjährigen Krieg zurückzog, unterzeichnete er neben einem Friedensvertrag auch im Hinblick auf den Krieg, den er gegen

Dänemark zu führen gedachte, einen separaten Beistandsvertrag mit Preußen, den Katharina aber nicht ratifizierte. Der lange Krieg hatte Rußland ausgelaugt. In einer undatierten Notiz, die aus der Mitte der sechziger Jahre stammen dürfte, schrieb die Kaiserin: »Der einzige Vorteil, den der Friedensvertrag Rußland bietet, ist Frieden. Die Finanzen des Landes sind so erschöpft, daß Jahr für Jahr ein Fehlbetrag von sieben Millionen Rubeln aufläuft ... Die Armee hat seit acht Monaten keinen Sold bekommen.« Allem Anschein nach war eine Politik des Friedens angezeigt, damit das Land neue Kräfte sammeln konnte.

Der Mann, den Katharina im Oktober 1763 dazu bestimmte, ihre Außenpolitik zu leiten, Nikita Panin, war Oberhofmeister des Großfürsten Paul, also sein Erzieher. Da er Rußland einst als Botschafter in Dänemark und anschließend in Schweden vertreten hatte, kannte er das politische Umfeld im Baltikum auf das genaueste. Ohne seine Anstellung bei dem jungen Großfürsten aufzugeben, die gleichbedeutend war mit einer sicheren Position am Hofe und der Möglichkeit, im Palast zu wohnen, wurde er offiziell zugleich ranghöchstes Mitglied des Kollegiums der Auswärtigen Angelegenheiten.

Zu Beginn der sechziger Jahre des 18. Jahrhunderts war Preußen das einzige Land von einiger Bedeutung, das bereit war, mit Rußland freundschaftliche Beziehungen zu pflegen. Frankreichs Haltung war trotz der kurzen Annäherung, zu der es im Siebenjährigen Krieg zwischen beiden Mächten gekommen war, traditionell feindselig, und Österreich hatte sich von Rußland, das im Krieg die Seiten gewechselt hatte, völlig abgekehrt. Trotz der Feindseligkeiten der jüngsten Vergangenheit pflegte England im Hinblick auf die durch den Handelsvertrag von 1734 geregelten engen Handelsverbindungen freundschaftliche Kontakte zu Rußland. Den Handel mit Eisen und Schiffsmaterialien hatte nicht einmal der Krieg unterbrochen, obwohl beide Länder auf der Seite des jeweiligen Gegners gekämpft hatten.

Allerdings war England nicht bereit, der wichtigsten Bedingung zuzustimmen, die Katharina in Gesprächen über einen Bündnisvertrag stellte: Sie forderte die Unterstützung der Briten für den Fall eines Krieges gegen ihren gefährlichsten Gegner, nämlich die Türkei. Obwohl die Briten das im Falle eines Krieges gegen seinen gefährlichsten Gegner, nämlich Frankreich, von Rußland ebenfalls erwarteten, waren sie unter keinen Umständen bereit, der russischen Forderung nachzugeben. Der Grund dafür muß in erster Linie darin gesehen werden, daß sie den sogenannten Levantehandel, also ihren Handel mit dem Osmanischen Reich, nicht dadurch gefährden wollten, daß sie sich erkennbar auf die Seite von dessen Feinden schlugen. Auch als Katharina von ihrer Forderung Abstand nahm und für ein Vorgehen in Polen und Schweden lediglich finanzielle Unterstützung verlangte, weigerten sich die Briten mit dem Hinweis, das Parlament werde einer Zahlung von Hilfsgeldern in Friedenszeiten nicht zustimmen.

Unter diesen Umständen ließ sich Katharina schließlich unter dem von Friedrich II. ausgeübten Druck im Jahre 1764 dazu bewegen, einen Beistandsvertrag mit Preußen abzuschließen, bei dem sich beide Mächte verpflichteten, einander für den Fall eines Angriffs durch eine fremde Macht mit Hilfsgeldern und bei einem Angriff durch zwei fremde Mächte mit Truppen zu unterstützen. Dieser Vertrag steckte in groben Umrissen den Rahmen von Katharinas Außenpolitik für die nächsten sechzehn Jahre ab. Die von Nikita Panin entwickelte Politik stützte sich weitgehend auf Verteidigung, und er hoffte im Laufe der Zeit ein

»Nordisches System« zu entwickeln, dem beizutreten Großbritannien, Schweden, Polen und Dänemark aufgefordert werden sollten. Es sollte ein Gegengewicht gegen den sogenannten katholischen Block bilden, den die mit Österreich verbündete Familienallianz aus Frankreich und Spanien bildete. Die Bedingungen des russisch-preußischen Vertrags von 1764 sahen vor, daß beide Mächte zur Beilegung von Schwierigkeiten, die sich in Polen und Schweden ergaben, zum gegenseitigen Nutzen zusammenarbeiten sollten. Polen wie Schweden waren zu jener Zeit eingeschränkte Monarchien, das heißt, ihr König war nicht vollständig souverän, da eine repräsentative Institution wie beispielsweise ein Reichstag oder Parlament seine Macht begrenzte.

Für die Durchsetzung von Panins Politik war es von größter Bedeutung, daß die prorussische Partei in Schweden die Macht gewann und behielt. Seit Einführung der eingeschränkten Monarchie im Jahre 1720 hatten in Schweden entweder die »Mützen« (die prorussische Adelspartei) oder die »Hüte« (die profranzösische Partei) die Regierung gestellt. Beide widersetzten sich gleichermaßen allen Versuchen des schwedischen Königs Adolf Friedrich und noch mehr denen seiner Gattin Luise Ulrike, der Schwester Friedrichs II. von Preußen, die absolutistische Monarchie aufs neue einzuführen. Auch Rußlands Politik zielte darauf ab, das zu verhindern, denn man war ganz allgemein der Ansicht, ein absoluter Herrscher werde eher versuchen, mit militärischer Gewalt die Gebiete zurückzuerobern, die Schweden in den Verträgen von 1721 und 1743 an Rußland verloren hatte. Im Jahre 1763 waren die profranzösischen »Hüte« an der Macht, und der russische Botschafter gab sich gemeinsam mit dem britischen Gesandten große Mühe, einen Keil in die französisch-schwedische Allianz zu treiben und Schweden in

Panins »Nordisches System« einzubinden. Schließlich gehörte es zu Großbritanniens Grundsätzen, gegen Frankreich tätig zu werden, wo immer das möglich war. Mit Hilfe beträchtlicher Bestechungen verhalfen die beiden Diplomaten den »Mützen« bei den Reichstagswahlen von Januar 1765 zu einem überwältigenden Sieg. Fürs erste durften sich Rußland und die mit ihm befreundeten Mächte Großbritannien und Dänemark darauf verlassen, daß der Absolutismus in Schweden nicht wieder eingeführt wurde.

Die Regierung des mit Litauen vereinigten Polen unterschied sich im Europa des ausgehenden 18. Jahrhunderts grundsätzlich von allem, was in anderen Ländern üblich war. Erstens bestand das Land aus zwei Teilen, dem Königreich Polen und dem Großfürstentum Litauen. So kam es, daß zwar einige Institutionen, wie beispielsweise der Reichstag (Sejm), von beiden gemeinsam, manche Positionen aber doppelt besetzt waren – so das Amt des Oberbefehlshabers der jeweiligen Streitkräfte in Polen und Litauen. Auf den Thron gelangte der König dieses häufig als »gekrönte aristokratische Republik« bezeichneten Landes nicht auf dem Erbwege, sondern durch Wahl. Auch die Abgeordneten des Reichstags wurden von den Angehörigen des polnischen und litauischen Adels gewählt. Diese verhältnismäßig große Gruppe bildete etwa ein Zehntel der Gesamtbevölkerung (und damit eine weit größere Wählerschaft, als es sie damals in England gab). Das Parlament, also der Reichstag, wählte einen Ständigen Rat, der zwischen den Sitzungen des Reichstags zusammentrat, sowie einige der höchsten Beamten. Der König ernannte andere dieser höchsten Beamten, konnte aber keinen von ihnen seines Amtes entheben.

Einzigartig in diesem gemeinsamen Staat Polen-Litauen war das sogenannte *liberum veto*. Es gab jedem einzelnen

Reichstagsabgeordneten das Recht, gegen eine Entscheidung auch dann Einspruch einzulegen, wenn diese von einer Mehrheit getragen wurde. Letztlich bedeutete das, daß alle Reichstagsbeschlüsse einstimmig gefaßt werden mußten, damit sie in die Praxis umgesetzt werden konnten. Sprach sich auch nur ein einziger Abgeordneter dagegen aus, wurde er für ungültig erklärt, und damit waren auch alle während der jeweiligen Reichstagssitzung getroffenen Entscheidungen hinfällig. Unglücklicherweise fand sich immer ein Abgeordneter, der entweder aus grundsätzlichen Erwägungen heraus, häufiger aber, weil man ihn bestochen hatte, sein Veto gegen einen Beschluß einlegte. So kam es, daß die polnische Regierung von einer Krise zur nächsten taumelte, während de facto eine kleine Gruppe äußerst begüterter aristokratischer Großgrundbesitzer das Land beherrschte. Sie umgaben sich mit einem großen Gefolge aus armen adligen Schmarotzern, und ihre (mit Leibeigenen reichlich ausgestatteten) Ländereien waren größer als so manche englische Grafschaft. *Eine* Möglichkeit zur Umgehung des *liberum veto* gab es, das war die sogenannte »Konföderation« (Zusammenschluß). Dazu genügte es, daß sich einige Adlige, die gewisse Ziele durchsetzen wollten, zusammentaten. Sodann wurde der Reichstag als Konföderierter Reichstag einberufen und hatte nunmehr die Möglichkeit, mit Hilfe eines Mehrheitsvotums Entscheidungen herbeizuführen, die sich umsetzen ließen. Hatte ein solcher Zusammenschluß seinen Zweck erfüllt, löste er sich wieder auf, und Polen kehrte zum Zustand seiner konstitutionellen Anarchie zurück.

Ein so geartetes System mußte mächtige Nachbarn förmlich dazu verlocken, sich in Polens innere Angelegenheiten einzumischen – angefangen bei der Königswahl. Österreich legte ebenso wie Preußen, Rußland und das seit langem mit Polen verbündete Frankreich Wert darauf, daß ein König gewählt wurde, der ihnen in der Außenpolitik oder bei Kriegen von Nutzen sein konnte. Seit 1716 hatte Peter der Große die Verfassung von Polen-Litauen garantiert, was in der Praxis darauf hinauslief, daß Polen seine Verfassung ohne Zustimmung Rußlands nicht ändern konnte. Als nun im Oktober 1763 der König von Polen starb, der zugleich als August III. Kurfürst von Sachsen war, entfalteten die Herrscher der verschiedenen Länder allerlei Aktivitäten, um möglichst ihren Kandidaten auf den Thron zu bringen.

Österreich (das zu jener Zeit mit Frankreich verbündet war) unterstützte die Kandidatur eines anderen Mitglieds des sächsischen Herrscherhauses, doch Katharina war der Auffassung, Polens neuer König werde weniger unabhängig und weniger imstande sein, sich der russischen Politik zu widersetzen, wenn er außerhalb Polen-Litauens keinen Stützpunkt im Heiligen Römischen Reich hatte, wo seine Macht größer wäre als dort. Daher gab sie der Wahl eines gebürtigen Polen den Vorzug. Sie hatte bereits einen Kandidaten parat, nämlich ihren einstigen Geliebten, Stanisław Poniatowski. Da dieser aus einer der einflußreichsten Familien Polens stammte, durfte er im Lande mit beträchtlicher Unterstützung rechnen. Schon am 2. August 1762, nicht lange nach ihrer Thronbesteigung, hatte Katharina dem einstigen Liebhaber geschrieben: »Ich schicke Graf Keyserling sogleich als Botschafter nach Polen, damit Ihr dort König werdet.«

Da Friedrich II. von Preußen nach dem Siebenjährigen Krieg ebenfalls ein wenig isoliert und verstimmt war (er fühlte sich von den Briten im Stich gelassen), spielte er Katharina nur zu gern in die Hände, konnte er doch auf diese Weise einen österreichischen Kandidaten fernhalten. So sorgten beide Mächte mit vereinten Kräften und einer Kombination aus Bestechung und Gewalt dafür (auf Wunsch der Anhänger Poniatowskis waren russische Truppen in Polen einmarschiert), daß am 26. August 1764 Stanisław Augustus zum König von Polen gewählt wurde.

Wohl bedeutete das einen ersten Triumph für Katharina, doch überspannte sie den Bogen. Nicht zufrieden damit, daß der von ihr Ausersehene auf den Thron gelangt war, ein Mann, mit dem sie persönliche wie politische Beziehungen verbanden, versuchte sie in Polen eine ihr ergebene politische Partei auf die Beine zu stellen, indem sie die Verfassung des Landes manipulierte. Dazu machte sie sich die Tatsache zunutze, daß es im katholischen Polen große religiöse Minderheiten gab, und zwar außer Protestanten (Calvinisten wie Lutheraner) Angehörige der russisch-orthodoxen Glaubensgemeinschaft. Letzteres war für ihre Zwecke wichtiger, unterstanden jene doch in religiösen Fragen Rußlands orthodoxer Kirche. Viele der Menschen, die als Angehörige der religiösen Minderheiten Polens im 17. und 18. Jahrhundert Schritt für Schritt um alle politischen Rechte gebracht worden waren, lebten in Ost-Litauen (dem heutigen Weißrußland) und in Südostpolen (der heutigen Ukraine). Das betraf insbesondere das Recht, Abgeordnete zum Reichstag zu wählen wie auch das passive Recht, sich in hohe Ämter der Verwaltung, des Militärs oder der Gerichtsbarkeit wählen zu lassen. Als nun Katharina einen Feldzug zur Beseitigung der religiösen Diskriminierung in Polen unternahm, rechnete sie damit, daß Friedrich II. die Sache der Protestanten unterstützen werde. All das geschah im Namen der Aufklärung, die sich die Säkularisierung des Staates auf die Fahnen geschrieben hatte und sich als geistige Bewegung scharf gegen jede Form organisierter Religion wandte, insbesondere gegen die katholische Kirche.

Es gab in Polen verschiedene politische Gruppierungen,

deren sich Katharina bedienen konnte. Eine davon befürwortete eine Verfassungsreform, weil diese eine starke Regierung gewährleisten würde, und hatte in religiösen Fragen keinen fest umrissenen Standpunkt. Die Angehörigen einer anderen Gruppe wollten von keiner politischen Reform etwas wissen und waren nicht bereit, die zahlreichen Privilegien der Katholiken aufzugeben. Zum Schluß gab es noch jene, die zwar eine Verfassungsreform anstrebten, aber nicht bereit waren, religiösen Minderheiten Zugeständnisse zu machen. Zwischen diesen Gruppen taktierte Katharina. Sie bestand auf weitreichenden politischen Rechten für die religiösen Minderheiten, und zwar auf solchen, die ein offiziell katholisches Land keinesfalls gewähren konnte. Sie brachte sogar die Regierung König Georgs III. von England dazu, ihre Forderung nach Rechten für Protestanten und Orthodoxe in Polen zu unterstützen, von denen in Großbritannien Nonkonformisten und Katholiken ausgeschlossen blieben.

Als Ergebnis von Katharinas beständigem Drängen, dem die Anwesenheit russischer Truppen im Lande Nachdruck verlieh, entlud sich die Spannung. In Bar, einer Stadt im tiefen Süden der polnischen Ukraine, wurde 1768 unter Anführung konservativer polnischer Großgrundbesitzer eine »Konföderation« gebildet, und schon bald tobte in Polen nicht nur ein Bürgerkrieg; das Land befand sich zugleich im Krieg mit dem Ausland. Russische Truppen überschwemmten es, und ein Zwischenfall an der Grenze zwischen der polnischen Ukraine und dem Osmanischen Reich lieferte den Türken den Vorwand, den sie brauchten, um den Russen den Krieg zu erklären. Nicht nur beunruhigte es sie, daß diese in einem Land, das sie als Pufferstaat zu betrachten gewohnt waren, mit außerordentlicher militärischer Macht auftraten, sie wurden auch von Frankreich ermutigt, das traditionell mit

Polen und dem Osmanischen Reich verbündet und durch die russische Angriffslust in gleicher Weise beunruhigt war.

Da keine weitere Macht beteiligt war, beschränkte sich der notorische Geizhals Friedrich II. auf eine widerwillige jährliche Zahlung von Hilfsgeldern. Er hatte sich bemüht, den Krieg zu vermeiden, indem er Katharinas Forderungen zugunsten der religiösen Abweichler in Schranken hielt. So führte sie den Krieg allein, mit zwei Heeren, von denen das eine in Polen zum Dnjestr vordrang und das andere den Dnjepr entlang bis zur Halbinsel Krim vorstieß.

Das größte Aufsehen aber erregte das Erscheinen der russischen Ostseeflotte im Mittelmeer, ein Ereignis, das den Ländern des Westens das volle Ausmaß der russischen Militärmacht bewußt machte. Ohne Großbritanniens Mitwirkung wäre das Unternehmen nicht durchführbar gewesen. Da der britischen Regierung bekannt war, daß Frankreich die türkischen Kriegsbemühungen unterstützte und den polnischen Konföderierten von Bar verbale Unterstützung angedeihen ließ, gestattete sie der russischen Flotte nicht nur das Anlaufen englischer Häfen (Hull und Portsmouth), sondern auch die Nutzung britischer Flottenstützpunkte im Mittelmeer (Gibraltar und Menorca).

Einer der vielen britischen Kapitäne und Seeoffiziere, die in der russischen Flotte dienten, Samuel Greig, war für deren Entwicklung verantwortlich und zählte zu den bedeutendsten russischen Admirälen. Ein Geschwader nach dem anderen segelte 1769 und 1770 aus der Ostsee und durch den Ärmelkanal (die Briten gaben Frankreich zu verstehen, daß eine Einmischung unerwünscht war). Schließlich erreichte die Flotte Livorno im Großherzogtum Toskana, einen der Stützpunkte, deren sich Rußland bediente. Ihr größerer Teil nahm unter dem Oberkommando Alexej Orlows (Bruder von Katharinas Liebhaber Grigori, der keine Erfahrung als Seeoffizier besaß) Kurs auf Griechenland. Dort wurde der Versuch unternommen, die Griechen im Namen der Freiheit und der orthodoxen christlichen Lehre zur Auflehnung gegen ihre türkischen Beherrscher zu bewegen. Auf dem griechischen Festland blieb der Erfolg dieser Unternehmung bescheiden, doch auf einigen Inseln schüttelte man das türkische Joch ab und unterstellte sich Rußland. Kreuz und quer verfolgten die russischen Schiffe die der Türken durch die Ägäis, bis es schließlich am 25. Juni 1770 gelang, sie in der Schlacht von Tschesme (Çesme), bei der sich britische Offiziere besonders hervortaten, größtenteils zu vernichten. Auch wenn sich diese Schlacht möglicherweise auf den Ausgang des Krieges nicht unmittelbar ausgewirkt hat, muß man sie gleichwohl als eine der entscheidenden Schlachten in der russischen Geschichte dem von Peter dem Großen 1709 bei Poltawa über die Schweden erfochtenen Sieg an die Seite stellen, bewies sie doch, daß die von Peter geschaffene Ostseeflotte mächtig genug war, die Verfolgung von Rußlands Zielen im Mittelmeer zu unterstützen.

Auch zu Lande blieb Rußland im Jahre 1770 siegreich. Unter General P. A. Rumjanzow (am Hofe munkelte man, er sei in Wirklichkeit ein Sohn Peters des Großen) drangen seine Streitkräfte nach Moldau vor und bezwangen im Juli bei Larga ein großes türkisches Heer. Diesem Sieg folgte am 21. Juli bei Kagul ein weiterer bedeutender Triumph über ein noch größeres türkisches Heer. Nunmehr waren die Fürstentümer Moldau und Walachei von russischen Truppen besetzt. Doch begann das Ausmaß der russischen Siege nicht nur die Feinde des Landes zu beunruhigen, sondern auch seine Freunde. Hinzu kam, daß Ereignisse an anderen Orten das Vordringen der russischen Streitmacht verlangsamten.

Erstens verlor Rußland seinen Einfluß auf Schweden. Im Reichstag von 1769 unterlagen die »Mützen« den »Hüten«. Zwar wirkte sich das nicht sogleich aus, doch bei einem Aufenthalt in Paris erreichte Kronprinz Gustav 1771 die Nachricht vom Tode seines Vaters, König Adolf Friedrich – für den neuen schwedischen König eine glänzende Gelegenheit, ein Abkommen mit den Franzosen zu schließen, die inzwischen zu dem Ergebnis gekommen waren, daß Schweden nur dann etwas gegen Rußland ausrichten könne, wenn man die Macht von dessen König stärkte. Gustav schien diese Ansicht zu teilen, und so beschloß die französische Regierung, seine Bemühungen um eine Abschaffung der bisherigen Verfassung zu unterstützen und die Rolle der Krone zu stärken. Auch Friedrich II. von Preußen war nicht ohne weiteres bereit, den Friedensbedingungen zuzustimmen, die Rußland den Türken gestellt hatte, solange man ihm nicht irgendeinen Ausgleich gewährte, der geeignet war, das seiner Ansicht nach gestörte Gleichgewicht der Mächte wiederherzustellen. Zu diesen Bedingungen der Russen gehörte in erster Linie neben der Unabhängigkeit der Donaufürstentümer Moldau und Walachei die der Krim (die gerade von russischen Soldaten besetzt wurde), des weiteren außer der Abtretung einer Insel in der Ägäis die der Häfen Kertsch und Jenikale an Rußland, da diese die Durchfahrt vom Asowschen ins Schwarze Meer beherrschten. Mittels zweier Zusammenkünfte mit Kaiser Joseph II. übte Friedrich II. 1769 und 1770 Druck auf seine Verbündete Katharina aus, der dies Liebäugeln mit dem österreichischen Kaiser zeigen sollte, es sei keineswegs sicher, daß er all ihre Ziele unterstützen würde. Was er fordern wollte, wußte der Preußenkönig schon seit langem: den zwischen Brandenburg und Ostpreußen liegenden Teil polnischen Gebietes sowie die Freie Stadt Danzig. Damit brächte er Polen um einen Ostseehafen und hätte die Möglichkeit, den polnischen Handel zu beherrschen.

Auch Österreich zeigte sich vom Ausmaß der russischen Siege mehr und mehr beunruhigt. Insbesondere widersetzte es sich der Absicht, die Donaufürstentümer Moldau und Walachei der türkischen Einflußsphäre zu entziehen, ganz gleich, ob sie von Rußland besetzt, als »unabhängig« erklärt oder Polen zugesprochen würden als Entschädigung für seine anderweitigen Gebietsverluste. Diese Besorgnis führte dazu, daß im Juli 1771 Österreich ein streng geheimes Abkommen mit dem Osmanischen Reich unterzeichnete. Darin verpflichtete es sich, diesem als Gegenleistung für türkische Hilfsgelder und Gebietszugeständnisse zu Hilfe zu kommen.

Ende 1770 hatte Katharina erkannt, daß sie ihre Friedensbedingungen würde korrigieren müssen, da weder ihr Verbündeter Preußen noch das ihr schon immer feindlich gegenüberstehende Österreich bereit sein würden, ihr einen umfangreichen Gebietserwerb zu gestatten (obwohl ausschließlich Rußland Krieg führte). In trotz des liebenswürdigen Tones äußerst entschiedenen Gesprächen, die im Dezember 1770 zwischen Katharina und dem Bruder Friedrichs II., Prinz Heinrich von Preußen, in Sankt Petersburg stattfanden, wurde der Gedanke verfolgt, Preußen zu einem Ausgleich auf polnischem Boden zu verhelfen. Rußland würde, sofern man ihm gleichfalls beträchtliche Landgewinne an der Grenze zu Polen zugestand, seine Forderung nach Gebietsabtretungen durch die Türkei vermindern. Im Verlauf des Jahres 1771 gab Katharina, nachdem sie von der Existenz des Geheimvertrages zwischen Österreich und der Türkei erfahren hatte, die Absicht auf, Moldau und die Walachei aus dem Osmanischen Reich herauszulösen, und ließ statt dessen durchblicken, daß auch Österreich auf Kosten Polens auf einen Ausgleich rechnen könne, wenn es zulasse, daß Rußland zu Lasten der Türkei Gebietsansprüche geltend machte. Jetzt sah sich Österreich in einer Zwickmühle: Sollte man sich an das im Juli 1771 mit den Türken geschlossene Abkommen halten und gegen Rußland kämpfen, um ihnen beizustehen, ohne daß eine andere europäische Macht Österreich dabei half? Oder sollte man die Türken im Stich lassen und sich auf die Seite Preußens schlagen, um für russische Siege über die Türken mit polnischem Territorium belohnt zu werden? Anfang 1772 schließlich entschied sich Österreich, die Türken ihrem Schicksal zu überlassen. Erste Übereinkünfte zwischen Preußen und Rußland wurden 1772 im Januar und zwischen Rußland, Preußen und Österreich im März erzielt. Unterzeichnet wurde der endgültige Vertrag, der die erste Teilung Polens besiegelte, am 25. Juli 1772. Rußland bekam Weißrußland sowie das Gebiet am gesamten Lauf der Düna entlang; Preußen mußte zwar auf Danzig verzichten, erhielt aber Westpreußen und das Ermland. Damit verfügte es über die ersehnte Landverbindung zwischen Ostpreußen und den übrigen preußischen Territorien, während Polen von der Ostsee abgeschnitten war. Österreich wurde in Galizien reichlich bedacht.

Trotz der Besetzung der Krim im Sommer 1771 hatte Rußland jetzt viele Gründe, den Frieden zu wünschen. In Moskau und Südrußland war es zu einem äußerst schweren Ausbruch der Pest gekommen, die wohl türkische Truppen aus Konstantinopel nach Moldau und in die Walachei eingeschleppt hatten. Dieser möglicherweise letzten großen Pestepidemie auf europäischem Boden, die von August bis Dezember 1771 dauerte, fielen in Moskau etwa 55 000 und im ganzen russischen Reich 120 000 Menschen zum Opfer. Als man in Moskau Quarantänehäuser einrichtete und andere medizinische Vorkehrungen traf, kam es zu Panik und Aufruhr, wobei ein Pöbelhaufen im September 1771 den Erzbischof ermordete. Da der Krieg eine erhebliche Belastung für die Menschen und eine beträchtliche Anspannung der Finanzen des Landes bedeutete, unterzeichneten die russischen und türkischen Befehlshaber im Mai 1772 einen Waffenstillstand. Doch als die Türken von einer weiteren Schwächung der russischen Position erfuhren, wurden die darauf folgenden Friedensverhandlungen unterbrochen.

Schwedens neuer König Gustav III., durch die Teilung Polens auf die Gefahr aufmerksam geworden, die eine schwache Regierung für sein Land bedeutete, beschloß erneut, den Absolutismus einzuführen, bevor sich Rußland von den Folgen des Krieges mit der Türkei erholen konnte und in der Lage war, sich gegen Schweden zu wenden.

Am 8. August 1772 hob er die bestehende Verfassung auf und setzte die im Reichstag vertretenen führenden Köpfe der Stände fest. Da Gustavs Staatsstreich zu einem Krieg im Baltikum führen konnte, verschärften die Türken ihre Friedensbedingungen, und so verging der Winter 1772/73 in banger Erwartung. Doch das gekonnte diplomatische Vorgehen der Mächte, denen daran lag, den Frieden im Baltikum zu bewahren, nämlich Großbritanniens, Dänemarks und Preußens, sorgte dafür, daß es nicht zu einem Krieg im Norden kam. Das gab Katharina die Möglichkeit, sich 1773 erneut auf einen Feldzug gegen die Türken zu konzentrieren, der aber enttäuschend verlief. Daher wurden für das folgende Jahr neue Pläne geschmiedet. Doch mit dem Tod von Sultan Mustapha III. und der Thronbesteigung durch seinen Bruder Selim änderte sich 1774 die Lage abermals. Der russische Oberkommandierende, General Rumjanzow, bekam nunmehr die Vollmacht, unmittelbar in Verhandlungen mit dem Befehlshaber der türkischen Streitkräfte einzutreten, sofern sich eine Gelegenheit dazu ergab. Katharina war angesichts des im Oktober 1773 in Westsibirien ausgebrochenen Kosakenaufstandes mehr denn je auf einen Frieden angewiesen, war es doch denkbar, daß man Truppen dorthin entsenden mußte, um ihn niederzuschlagen (vgl. Kap. 5).

Diesmal hatte sie Glück. Auf einen am 9. Juni 1774 errungenen glänzenden russischen Sieg bei Kosludschi folgte von türkischer Seite die Bitte um Verhandlungen. Nach Friedensgesprächen zwischen den beiden militärischen Befehlshabern wurde am 10. Juli 1774 der für Rußland sehr vorteilhafte Friede von Kütschük Kainardschi unterzeichnet. Damit war der Krieg beendet. Rußland erhielt Asow, Kertsch, Jenikale, Kinburn sowie den Küstenstreifen am Schwarzen Meer zwischen Dnjepr und Bug zugesprochen, die Krim sollte von den Türken unabhängig werden und als Fürstentum einen eigenen Herrscher bekommen (aber unter der geistlichen Oberhoheit des Sultans bleiben). Außerdem zahlten die Türken eine hohe Kriegsentschädigung, und Rußland durfte fortan Handelsschiffe durch den Bosporus und die Dardanellen ins Mittelmeer schicken sowie selbstverständlich Kriegsschiffe zur Verwendung im Schwarzen Meer bauen.

Eine Klausel dieses Vertrages sollte im 19. Jahrhundert noch große Bedeutung erlangen und schließlich 1854 zum Ausbruch des Krimkrieges führen. Sie gestattete es dem russischen Botschafter in Konstantinopel, zugunsten einer orthodoxen christlichen Kirche, welche die Russen einrichten durften, und »jener, die darin dienen ... vorstellig zu werden«. Zwar räumte die Klausel den Russen lediglich das Recht ein, im Interesse einer bestimmten Kirche im Osmanischen Reich zu intervenieren, keineswegs aber im Namen aller Christen oder auch nur aller orthodoxen Christen, doch wurde sie später deutlich großzügiger ausgelegt.

Obwohl Rußland an der Nordküste des Schwarzen Meeres nur eine Art Brückenkopf gewonnen hatte, genügte dieser für eine vorwärtsgerichtete Politik. Der Hafen Asow gewährte Zugang zum Schwarzen Meer, und wenn auch die der russischen Festung von Kinburn gegenüberliegende türkische Festung Otschakow nach wie vor die Dnjeprmündung beherrschte, war diese doch breit genug, um den Bau einer Flotte zu gestatten. Katharina erfaßte sogleich, in welch starker Position sich Rußland nunmehr befand. Für den Fall, daß die Türken ihrer Verpflichtung nicht nachkamen, die Unabhängigkeit der Krim zu achten, konnte Rußland über das Meer Druck auf das Osmanische Reich ausüben. Nicht nur hatte sich in jenem Gebiet das Kräftegleichgewicht zugunsten Rußlands verschoben, das Land hatte außerdem als Ergebnis seiner Siege bei den unter türkischer Herrschaft lebenden Griechen Ansehen (und eine große Zahl tüchtiger Freibeuterkapitäne) gewonnen. Nach der Ratifikation des Vertrages von Kütschük Kainardschi wurde 1775 eine offizielle Gesandtschaft nach Konstantinopel geschickt; außerdem wurden zwei Fregatten zu Handelsschiffen umgerüstet, die mit dem Ziel Mittelmeer in Marsch gesetzt wurden. Man ernannte, was nach den Vertragsbedingungen zulässig war, auf einigen griechischen Mittelmeerinseln russische Konsuln; gewöhnlich waren das Griechen in russischer Uniform, die sich einem französischen Bericht zufolge in unverschämter Weise wichtig taten. Doch auch sie waren Instrumente der russischen Politik.

Die anderen europäischen Mächte waren sich der Bedeutung des russischen Sieges voll und ganz bewußt. Ihnen allen war klar, daß die Unabhängigkeit der Krim kaum von langer Dauer sein würde und die strategische Situation am Schwarzen Meer inzwischen Rußland begünstigte.

5

Die Krise der siebziger Jahre

Staat wie Gesellschaft müssen im Krieg zusätzliche Belastungen aller Art ertragen. Für die Leibeigenen kamen sie zu dem über Jahre hinweg empfundenen Groll wegen der Ungerechtigkeit ihrer Situation hinzu. Bei Katharinas Thronbesteigung im Jahr 1762 war es auf verschiedenen Gütern zu einer Reihe von Leibeigenen-Aufständen gekommen, besonders oft auf solchen, die sich im Eigentum der Kirche befanden. Diese Art von Aufstand ging gewöhnlich mit der Thronbesteigung eines neuen Herrschers einher, weckte ein solches Ereignis doch stets die Hoffnung, Güter mit Leibeigenen würden aus der Hand privater Eigentümer in Staatsbesitz übergehen. (Es verdient festgehalten zu werden, daß die Bauern zu keinem Zeitpunkt *vollständige* Freiheit von *jeglicher* Herrschaft verlangten; das äußerste, was sie sich an Freiheit vorzustellen vermochten, bestand darin, beim Herrscher »registriert«, also Staatsbauern zu werden.)

Vier Ereignisse der sechziger Jahre trugen zur Unruhe unter der Bauernschaft bei. Das erste von ihnen war der von Peter III. im Februar 1762 herausgegebene Erlaß, der den Adel von der bis dahin bestehenden Verpflichtung befreite, dem Staat zu dienen. Die Leibeigenen begriffen sogleich, daß logischerweise auf die Aufhebung dieser Staatshörigkeit die Befreiung der Leibeigenen aus der

Adelshörigkeit hätte folgen müssen – immerhin war letztere lediglich deshalb eingeführt worden, damit der Adel die Möglichkeit hatte, seiner Dienstpflicht gegenüber dem Staat nachzukommen. Es war durchaus natürlich, daß die Leibeigenen mit dem Erlaß eines diesbezüglichen Gesetzes rechneten. Als es ausblieb, mutmaßten sie, die »bösen« Adligen hätten Mittel und Wege gefunden, es zu unterdrücken oder nicht an die Öffentlichkeit gelangen zu lassen. In den Dörfern kursierten Gerüchte über geheime Erlasse, und es kam hier und da zu Aufständen, die niedergeschlagen werden mußten.

Es konnte nicht ausbleiben, daß das zweite wichtige Ereignis der sechziger Jahre diese Unruhe zusätzlich schürte. Im Jahre 1764 kam es zu einer bedeutsamen Änderung im Status der Bauern auf den Kirchengütern. Der Gedanke, sie der Kirche mitsamt dem Einkommen zu entziehen, das ihr aus dem Grundbesitz zufloß, und ihre Güter dem Staat zu überschreiben, war bereits unter Kaiserin Elisabeth geäußert worden, bisher aber nicht zur Ausführung gelangt. Katharina II. hatte dies Vorgehen bei ihrer Thronbesteigung hinausgeschoben, da sie bei dieser Gelegenheit das Versprechen abgegeben hatte, die Interessen der orthodoxen Kirche zu schützen. Doch die Geldknappheit, zu der es nach den beträchtlichen Aufwendungen im Zusammenhang mit dem Siebenjährigen Krieg kam, veranlaßte sie ebenso wie ihre ablehnende Haltung gegenüber dem Mönchstum dazu, die Säkularisierungspolitik erneut ins Auge zu fassen, und so schritt man schließlich im Winter 1764 zur Tat. Etwa eine Million auf Kirchengütern lebende Bauern wurden von der Herrschaft der Geistlichkeit befreit und die Verwaltung dieser Güter in die Hände eines Wirtschaftskollegiums gelegt. Die Bauern galten fortan als »Wirtschaftsbauern« und stellten sogleich alle Hand- und Spanndienste für die Kirche ein. Statt beispielsweise beim Bau oder Unterhalt von Kirchen oder Klöstern, im Transportwesen oder bei der Bestellung landwirtschaftlicher Flächen der Kirche mitzuwirken, führten sie die Kopfsteuer von 70 Kopeken und eine weitere Geldabgabe von eineinhalb Rubeln an den Staat ab. Die Regierung nutzte die Gelegenheit, die Zahl von Mönchs- und Nonnenklöstern von 572 auf 161 zu verringern; zugleich wurde festgelegt, welcher Betrag jedem von ihnen aus den beschlagnahmten Einkünften zufließen sollte. Ebenso wurden die für den Unterhalt der Metropoliten, Erzbischöfe und Bischöfe, der Metropolitenkirchen, Bistümer und Gemeindekirchen vorgesehenen Beträge festgelegt. Das verbleibende Einkommen verschwand im Staatsschatz. Es ist keineswegs unverständlich, daß die Überführung einer so großen Zahl von Bauern aus privater Hand in die des Staates neue Hoffnungen in den Leibeigenen wecken mußte.

Da der einzelne ganz allgemein rechtlos war, ein für die russische Gesellschaft zu jener Zeit kennzeichnender Zustand, hatte man bereits 1760 unter Kaiserin Elisabeth ein Gesetz erlassen, das schwer auf allen Gemeinschaften lastete. Es gestattete, jeden – ob Stadtbewohner, Staatsbauer, Bauer auf Kirchengütern oder Leibeigener – samt Frau und unmündigen Kindern als Siedler nach Sibirien zu schicken. Dazu genügte die Entscheidung der Ältesten der Gemeinde, der man jeweils angehörte, oder, bei Leibeigenen in Privathand, die des Gutsbesitzers. In all solchen Fällen stellte die Regierung eine Quittung aus, die gegen die Umlage für die nächste Rekrutenaushebung aufgerechnet werden konnte. Die bislang zugänglichen Belege liefern uns keinen Hinweis darauf, in welchem Umfang diese Vollmachten in den jeweiligen Gemeinschaften oder von den Besitzern Leibeigener genutzt wurden, da die Unterlagen über Trupps, die nach Sibirien in Marsch gesetzt worden waren, nicht im einzelnen aufführen, ob es sich bei deren Angehörigen um rechtskräftig für schuldig befundene und verurteilte Straftäter oder um von ihrer Gemeinschaft oder ihrem Eigentümer fortgeschickte »Zwangsaussiedler« handelte. Wohl aber ist bekannt, daß noch zu Anfang unseres Jahrhunderts unter Berufung auf dieses Gesetz Bauern ihresgleichen aus den Dörfern in die Verbannung schickten. (Man darf ein solches Abschieben nach Sibirien aber keinesfalls mit der zur damaligen Zeit im englischen Strafrecht vorgesehenen Deportation gleichsetzen, da weder Zwangsaussiedler noch Sträflinge Zwangsarbeit verrichten mußten. Damit sie in der Lage waren, neue landwirtschaftliche Ansiedlungen zu gründen, bekamen sie Land und Werkzeug und blieben auf einige Jahre von Steuern befreit. Vergleichbar aber waren wohl die Schrecken der Seereise nach Australien und der Reise über Land nach Sibirien – wie auch die Sterblichkeit vergleichbar war.)

Eine Verfügung aus dem Jahre 1765 vergrößerte die bereits beträchtliche Macht der Grundeigentümer noch, ermächtigte sie doch die Besitzer von Leibeigenen, Aufsässige zur Zwangsarbeit in Einrichtungen des Admiralitätskollegiums zu schicken und sie nach einigen Jahren zurückzufordern. Auch hier wissen wir nicht, in wie vielen Fällen von dieser Möglichkeit Gebrauch gemacht wurde, doch sah der englische Gefängnisreformer John Howard, der Rußland zweimal bereiste, in den achtziger Jahren des 18. Jahrhunderts auf den Werftanlagen von Kronstadt Leibeigene, die man in diesem Zusammenhang dorthin geschickt hatte.

Vor allem aber brachen in den frühen sechziger Jahren ernste Unruhen unter den zur Arbeit in der Metallindustrie im Ural »abkommandierten« Bauern aus, insgesamt rund 144000 Männern. Sie waren vor allem über die lange

Abwesenheit von ihren Heimatdörfern erbost, die damit zusammenhing, daß die Entfernung dorthin bis zu fünfhundert Werst (jeweils hin und zurück) betrug. Eine Reise von gut tausend Kilometern konnte zu jener Zeit ohne weiteres zwei Monate dauern. Es gehört zu den frühen Belegen für Katharinas ernsthaftes Interesse an der Bauernfrage, daß sie im Dezember 1762 den Fürsten A. A. Wjasemski beauftragte, den Ursachen der Unruhe unter den »abkommandierten« Bauern nachzugehen. Das führte dazu, daß man ihnen 1764 mehr Freiheiten mit Bezug darauf einräumte, wie sie ihre Arbeit organisierten, auch wurden sie nicht weiterhin zur Arbeit in Unternehmen »abkommandiert«.

Zwar kam es in den sechziger Jahren nur zu wenigen großen Aufständen, doch wurden 1767 immerhin siebenundzwanzig Unruhen auf privaten Gütern gezählt, wobei die Grundeigentümer in zahlreichen Fällen ermordet wurden. Viele solcher Erhebungen mußten von Soldaten niedergeschlagen werden, und die Kosten dafür wurden den Leibeigenen aufgebürdet. Obwohl sich diese Unruhen meistens gegen besonders grausame Gutsherren richteten, ist es ohne weiteres möglich, daß sie auch durch die Nachricht von der Einberufung der Gesetzbuch-Kommission hervorgerufen wurden oder gar durch die Themen, über die diese debattierte (vgl. Kap. 3).

Obwohl die Leibeigenen in größter Nähe zu den Gemeinschaften von Staatsbauern lebten, die Deputierte in die Kommission wählten, erging an sie keine Aufforderung zu einer solchen Wahl. Zweifellos drangen Gerüchte über bevorstehende »Gesetzesänderungen« zu ihnen durch, doch was inzwischen an Veränderungen stattfand, fiel nicht zu ihren Gunsten aus.

Im Mai 1767 kam es auf den Gütern der Familie eines Kaiserlichen Sekretärs zu schweren Aufständen. Da die

Leibeigenen ihre Bittschriften der Kaiserin persönlich überreichten, womit sie gegen geltendes Recht verstießen, wurden sie bestraft, wie das Gesetz es vorsah. Allerdings bekamen mehrere höhere Beamte den Auftrag, andere Gutsherren zu »ermahnen«, die ihre Leibeigenen übermäßig ausgebeutet oder mißhandelt und auf diese Weise zur Auflehnung gereizt hatten. Auf einer Reise nach Kasan, die Katharina im Frühjahr 1767 den Lauf der Wolga entlang unternahm, wurden ihr an die sechshundert Bittschriften überreicht. Immer wieder haben Historiker erklärt, sie seien von Leibeigenen übergeben worden, die ihren Herren Schikanen zur Last legten, doch hat Katharina selbst erklärt, die meisten habe sie aus den Händen freier Bauern empfangen, die sich beklagten, daß ihnen zuwenig Land zur Verfügung stehe. Nur wenige seien von Leibeigenen übergeben worden, die sich über ihre Herren beschwerten, »und diesen wurden sie mit der Aufforderung zurückgegeben, künftig keine solchen Bittschriften vorzulegen«. Doch angesichts der auf dem Lande herrschenden Unruhe entschloß sich Katharina, nicht zu warten, bis die Gesetzgebende Kommission die Frage der Klage von Leibeigenen gegen ihre Herren neu regelte, sondern das bestehende Gesetz zu überarbeiten.

Seit Anfang des Jahrhunderts war es untersagt, Bittschriften dem Herrscher persönlich vorzulegen, in welcher Angelegenheit auch immer. Bis zu Katharinas Thronbesteigung im Jahre 1762 waren in dieser Frage fünfzehn Erlasse ergangen. Leibeigenen verbot das Gesetz von 1649 jegliche Klage gegen ihre Eigentümer, sofern sie nicht melden wollten, daß sich diese an einer Verschwörung gegen den Staat oder die Person des Zaren beteiligten.

In einem Erlaß vom 22. August 1767 regelte die Kaiserin die beiden Punkte, daß sich Leibeigene mit Bittschriften unmittelbar an die Kaiserin wandten und darin über ihre Eigentümer Klage führten. Nunmehr war es ihnen gestattet, Bittschriften an die Kaiserin zu richten, vorausgesetzt, sie hielten sich an den dafür vorgeschriebenen Weg (bestimmte Regierungsbeamte). Entwertet wurde dieses Zugeständnis allerdings durch den Verweis auf den Artikel des Gesetzes von 1649, das es Leibeigenen nur dann gestattete, Klagen über ihre Herren vorzutragen, wenn es um Fälle von Verrat oder Anschläge auf das Leben des Zaren ging. Als Strafe für jeden, der es »wagte, widerrechtlich Bittschriften vorzulegen«, sah das Gesetz Züchtigung mit der Knute und Verbannung zur Zwangsarbeit in den Silberbergwerken von Nertschinsk in Sibirien vor.

Nach der Art seiner Formulierung zu urteilen, hatte der Erlaß vom 22. August 1767 vorläufigen Charakter und war auf die Einzelfälle aus jüngster Zeit zugeschnitten. Er sollte lediglich so lange in Kraft bleiben, bis die Gesetzgebende Kommission einen neuen Entwurf vorgelegt hatte. Da dieser aber auf sich warten ließ, gewann die Gültigkeit des Erlasses Dauer. Bedauerlicherweise fehlen Untersuchungen über Umfang und Art und Weise seiner Anwendung, doch hat er zweifellos den Eindruck der Ungerechtigkeit noch verschärft, unter der die Leibeigenen litten.

Aus verschiedenen Randbemerkungen und privaten Notizen Katharinas, ebenso wie aus dem Originalentwurf zum 11. Kapitel ihrer »Instruktion« an die Gesetzgebende Kommission (das sich mit der Frage der Leibeigenschaft beschäftigt) geht hervor, daß sie die Leibeigenschaft mißbilligte. Nur allzu deutlich sah sie, wie sehr der Status von Leibeigenen, die als Dienstboten tätig waren, dem Zustand der Sklaverei ähnelte. Auch war ihr durchaus bewußt, daß Mißhandlungen durch adlige Gutsbesitzer die Leibeigenen zur Revolte treiben konnten. Eine undatierte Notiz an den Generalprokuror, Fürst Wjasemski, läßt ihre Ansicht mit wünschenswerter Deutlichkeit erkennen: Die Stellung der Leibeigenen sei so bedenklich, schrieb sie, daß lediglich Frieden und Einrichtungen, die für Menschlichkeit sorgten, eine allgemeine Bewegung verhindern könnten, die zum Ziel habe, »ein unerträgliches Joch« abzuschütteln. »Sofern wir nicht bereit sind, dieser Grausamkeit Einhalt zu gebieten und eine für Menschen unerträgliche Lage zu verbessern, werden sie es früher oder später selbst tun.« Der Aufgabe, die Beziehung zwischen Grundeigentümern und Leibeigenen durch ein Gesetz zu regeln, entzog sich Katharina freilich. Es ging über die Macht ihrer Regierung hinaus, die Schwierigkeiten zu meistern, die jeder Versuch mit sich brachte, zwischen Leibeigene und ihre Herren zu treten. Das hing damit zusammen, daß kein Beamter oder sonstiger Mitarbeiter der Regierung in diesem Punkt über Erfahrung verfügte – nur die Gutsbesitzer selbst. Die Kaiserin unterstützte eine Anzahl von Versuchen ihr näher bekannter adliger Grundeigentümer, auf Ländereien der Krone neue, auf Erbpacht gegründete Beziehungen einzuführen, doch Bemühungen dieser Art schlugen meistens fehl. Das lag unter anderem daran, daß sich die leibeigenen Bauern selbst heftig den Veränderungen widersetzten. Ihr eigentliches Ziel bestand darin, Staatsbauern zu werden. Auf eigenen Grundbesitz und die Auflösung der Dorfgemeinschaften waren sie nicht erpicht.

Bis zur Zeit von Katharinas Herrschaft war das moralische Recht auf Besitz von Leibeigenen nie in Frage gestellt worden. Nicht Belohnung für geleistete Dienste war ursprünglich der Grund für die Überlassung an einen bestimmten Grundbesitz gebundener Bauern gewesen, vielmehr sollte sie dem Adel die Möglichkeit geben, die Dienste zu leisten, die der Zar von ihm forderte. Mit Hilfe dieser Bauern ließen sich Lebensunterhalt und Waffen für die Kriege aufbringen, und ihre Arbeit gab den Großgrundbesitzern die Muße, dem Zaren mit Rat zur Seite zu stehen. Wohl kam es im Verlauf des 17. Jahrhunderts allmählich zu einem Wandel in der Beziehung zwischen Zar und militärischen Dienern, an dem auch Peters Reformen Anteil hatten (vor allem hatte er ihnen bei der Einführung eines Soldes für Offiziere im Jahre 1714 gestattet, ihre Leibeigenen zu behalten), doch änderte das nichts an der Ansicht des Adels, er habe nicht nur einen verbrieften Anspruch auf den ihm zur Verfügung gestellten Grund und Boden, sondern auch auf die dazu gehörigen Arbeitskräfte.

Um die Mitte des 18. Jahrhunderts jedoch begannen einige russische Adlige (vor allem Fürst D. A. Golizyn, der viele Jahre als Diplomat in Paris und Den Haag gelebt hatte), die moralische Berechtigung der Leibeigenschaft in Frage zu stellen. Auslöser dafür waren in erster Linie Katharinas »Instruktion« an die Gesetzgebende Kommission und die Gedanken der Aufklärung. Katharina selbst eröffnete 1765 eine öffentliche Debatte über diese Frage, als sie anregte, die Freie Ökonomische Gesellschaft (eine Vereinigung, deren Entstehung sie unterstützt hatte, um eine genauere Erkundung von Landwirtschaft und Handwerk zu fördern, und die bis zur Oktoberrevolution bestand) möge eine Art Aufsatzwettbewerb veranstalten. Mit dieser damals bei Akademien beliebten Art geistiger Übung ließ sich erreichen, daß bestimmte Themen öffentlich diskutiert wurden. Rousseaus Abhandlung über die Frage, ob die Wiederherstellung der Wissenschaften und Künste etwas zur Läuterung der Sitten beigetragen habe, entstand beispielsweise als Beitrag zu einem solchen von der Akademie von Dijon ausgeschriebenen Wettbewerb.

Die von Katharina vorgelegte Preisfrage lautete: »Was

ist für die Gesellschaft nützlicher – daß der Bauer Grund und Boden oder lediglich bewegliche Habe besitzt, und wie weit sollten seine Eigentumsrechte über das eine oder andere gehen?« Einer der 160 Beiträge, die dazu eingingen, stammte von Voltaire, doch lediglich sieben waren von Russen vorgelegt worden – ein unübersehbarer Hinweis auf die in jener Frage vorherrschende Meinung in der Öffentlichkeit des Landes. Preisgekrönt wurde die Arbeit eines Franzosen – Beardé de l'Abbaye –, die auch in russischer Übersetzung erschien. Obwohl dieser die Wirklichkeit der Leibeigenschaft in grellen Farben malte, befürwortete er dennoch nur eine Schritt für Schritt vorgehende Befreiung und wollte Grund und Boden in den Händen der Gutsherren lassen.

Diese neue, gegen die Leibeigenschaft gerichtete Bewegung rief ungesäumt eine Gegenströmung hervor. Zum erstenmal hielten es die Befürworter der Leibeigenschaft für erforderlich, diese zu verteidigen. Dazu hoben sie sowohl deren moralischen Wert wie auch deren wirtschaftliche Rechtfertigung hervor. Ersterer, hieß es, bestehe in der patriarchalischen und menschlichen Fürsorge des Gutsherrn für seine Bauern, die wie Kinder unfähig seien, auf eigenen Füßen zu stehen, und letztere darin, daß Grundbesitz ohne daran gebundene Arbeitskräfte für den Eigentümer nutzlos sei.

Allerdings schienen auch viele Bauern Freiheit ohne Grundbesitz für nutzlos zu halten. So sagten die Leibeigenen I. D. Jakuschkins, eines der an der Verschwörung gegen Nikolaus I. vom 14. Dezember 1825 Beteiligten: »Wir gehören euch, aber der Grund und Boden gehört uns.« Kern des Problems war im 18. Jahrhundert wie auch später, zur Zeit der Befreiung der Leibeigenen im Jahre 1861, daß es außergewöhnliche Investitionen, ausgeklügelte Finanzierungsmethoden und einen beträchtlichen

Verwaltungsaufwand erfordert hätte, den Bauern so viel Grundbesitz zu übertragen, daß sie davon leben konnten, ohne zugleich die Grundeigentümer in den Ruin zu treiben. Ohne deren Einkommen aus den Ländereien aber wäre es der Regierung nicht möglich gewesen, Offizieren und Beamten vergleichsweise karge Gehälter zu zahlen.

Ein einziges Mal wagte Katharina in die Angelegenheiten von Grundeigentümern und Leibeigenen einzugreifen, und zwar 1765 in den Provinzen Livland und Estland. Unter schwedischer Verwaltung war die von den Leibeigenen zu leistende Arbeit in Büchern festgehalten worden, die als *bakkenbuchi* bezeichnet wurden. Auf einer Reise durch die baltischen Provinzen, die sie 1764 unternahm, hatte sich Katharina von der dort herrschenden deutschen Ordnung beeindruckt gezeigt. Doch war der Lebensstandard der Bauernschaft außerordentlich niedrig, zumal Bauern dort das Gut nicht verlassen durften, um anderswo ihren Lebensunterhalt zu verdienen und dem Grundeigentümer dafür einen Geldbetrag zu zahlen. Man vergesse nicht, daß es für Katharina viel einfacher war, in den winzigen baltischen Provinzen mit einer Gesamtbevölkerung von rund 350000 einzugreifen, als in Rußland. So konnte sie 1765 mit dem dortigen Adel eine stillschweigende Abmachung treffen, derzufolge er seine herkömmlichen Institutionen behalten durfte, vorausgesetzt, er erklärte sich bereit, die von den Leibeigenen zu erbringende Arbeitsleistung neu festzulegen und ihnen das Recht einzuräumen, in Fällen von Mißhandlung durch den Gutsherrn oder bei Auseinandersetzungen mit ihm das unterste ordentliche Gericht anzurufen.

Die russischen Beamten unterstützten ihre Vorgehensweise in den baltischen Provinzen, war ihnen doch jede Gelegenheit willkommen, die Vorrechte dieser eher europäisch geprägten Teile des Reiches zu beschneiden.

Die Frage der Leibeigenen kam auch in den Debatten der Gesetzgebenden Kommission zur Sprache, freilich im Zusammenhang mit den Rechten des Adels auf Grundeigentum sowie des Rechts von Bauern, in Städten Handel zu treiben. Einzelne Adlige sprachen sich dafür aus, Leibeigenen Grund und Boden in Pacht mit langer Laufzeit zu überlassen, oder erklärten gar, man solle ihnen die Freiheit geben. Die Kommission zeigte sich in hohem Maße verblüfft von einer Anregung aus Regierungskreisen, der Adel solle das Recht haben, »Leibeigenendörfer« in »freie Dörfer« umzuwandeln. Niemand verstand so recht, was dahinterstand oder wie der Status der einzelnen Leibeigenen in diesen im Besitz der Grundherrn befindlichen »freien Dörfern« aussehen sollte. Bei diesem Vorschlag scheint es sich um einen Versuchsballon Katharinas und ihrer engsten Berater gehandelt zu haben, mit dem sie erkunden wollte, wie die Kommission zur Frage einer Verbesserung des Geschicks der Leibeigenen stand.

Häufig haben Historiker erklärt, die in den sechziger Jahren des 18. Jahrhunderts auf dem Lande herrschende Unruhe sei weithin auf die große Zahl von Staatsbauern zurückzuführen gewesen, mit denen Katharina jene belohnte, die ihr bei der Erlangung der Macht behilflich gewesen waren. In Wirklichkeit war die Zahl der in jenen Jahren verschenkten besiedelten Ländereien ziemlich gering. Die Männer, die ihr auf den Thron verholfen hatten, bedachte sie im Jahre 1762 mit insgesamt 18 275 Bauern oder »Seelen«, von 1762 bis 1772 waren es etwa 48 000. (In amtlichen Dokumenten Rußlands hießen an den Grundbesitz gebundene Bauern wie auch als Dienstboten tätige Leibeigene gewöhnlich »Seelen«.) Doch befanden sich unter ihnen weder Staatsbauern noch Bauern von einstigen Kirchengütern. Grundstücksgeschenke der Kaiserin trugen nicht zu den Aufständen bei, die 1773 im Südwesten aufflammten, auch wenn man das bisweilen behauptet hat.

Der Kriegsausbruch im Jahre 1768 brachte die Kaiserin von ihren Reformprojekten ab. Rußland besaß weder genug Menschen noch eine hinreichend geschulte Verwaltung, als daß es imstande gewesen wäre, in Kriegszeiten große Reformen auf den Weg zu bringen. Der Krieg drückte die einfachen Menschen des Landes in höchstem Grade, vor allem die Bauern, ob Leibeigene oder Staatsbauern. Als erstes kam es zu einer verstärkten Einberufung in die Streitkräfte. Im Frieden wurde in Katharinas Regierungszeit gewöhnlich jeder fünfhundertste Mann einberufen, und von 1762 bis 1767 hatte sie von einer Aushebung ganz absehen können. Zur ersten Rekrutierung ihrer Regierungszeit kam es 1767, als jeder dreihundertste Mann einberufen wurde. Drei Aushebungen wurden bei Kriegsausbruch verfügt, und von Oktober bis Dezember 1768 rund 50000 Männer eingezogen. Insgesamt wurden im Verlauf von fünf Jahren 323360 Männer rekrutiert, ein gewaltiger Aderlaß unter den Arbeitskräften des Landes, der überdies in den Dörfern stets für Bitterkeit und Unruhe sorgte.

Außerdem führte der Krieg zu einem scharfen Anziehen der Steuerschraube. Zwar blieb die Kopfsteuer von 70 Kopeken pro männliche Person unverändert, doch wurde die von allen steuerpflichtigen Bauern – mit Ausnahme der Leibeigenen – zu entrichtende Zusatzabgabe von einem auf zwei Rubel pro Jahr angehoben. Der Abgabepreis für alkoholische Getränke stieg von 2,34 Rubel pro Eimer (gut 12 Liter) auf drei Rubel, und eine ganze Anzahl indirekter Steuern wurde erhöht oder neu eingeführt.

Dennoch müssen die Gründe für die Aufstände, die in den Jahren 1773 und 1774 ganz Südostrußland erfaßten, an anderer Stelle gesucht werden. In allererster Linie wurden sie durch die angespannte Situation in der kleinsten aller Kosakengemeinschaften ausgelöst, den Jaikkosaken. Unter ihnen war es bereits über der Frage der Zuweisung der Fischereirechte zu einem tiefen Zerwürfnis zwischen der Führungsschicht und den einfachen Männern gekommen. Ihren Zorn erregte ein 1771 ergangener Erlaß, der verlangte, daß diese Kosakengemeinschaft eine bestimmte Anzahl von Männern für ein Korps abzustellen habe, das unter dem Namen »Moskauer Legion« neu gegründet und im Krieg gegen die Türkei eingesetzt werden sollte. Damit sahen sie die Gefahr heraufziehen, »reguläre Soldaten« zu werden, und das widersprach der herkömmlichen Auffassung der Kosaken vom Dienst am Zaren. Außerdem fürchteten sie, daß sie dann gezwungen wären, sich den Bart abzunehmen, womit sie gegen ihre religiösen Grundsätze hätten verstoßen müssen, waren sie doch zum großen Teil Altgläubige. Als Eingaben an das ferne Sankt Petersburg ergebnislos blieben, entlud sich im Januar 1772 die Spannung in einer Meuterei, in deren Verlauf der russische Befehlshaber (deutscher Nationalität) getötet wurde. Sofort bekam eine Abteilung regulärer russischer Soldaten den Auftrag, die Revolte niederzuschlagen, was im Juni 1772 gelang. Nach den üblichen langwierigen Untersuchungen wurden die Rädelsführer der aufrührerischen Kosaken zu den üblichen Strafen verurteilt: Dienst in gewöhnlichen Armee-Einheiten, körperliche Züchtigung, Verbannung nach Sibirien, teils zu Zwangsarbeit, teils zur Ansiedlung. Außerdem bekamen die Kosaken eine hohe Geldstrafe auferlegt. Die körperlichen Züchtigungen wurden im Juli 1773 öffentlich in Jaizki Gorodok vorgenommen.

Die Kosakengemeinschaft vom Jaik empfand eine kaum verhüllte Wut und Rachegelüste. Ein Funke genügte, eine zweite Erhebung auszulösen, und diesen lieferte das

Erscheinen eines »Thronanwärters« unter ihnen, eines desertierten Donkosaken namens Jemeljan Pugatschow, der sich als Peter III. ausgab, den ermordeten Gatten Katharinas. Seit Erlöschen der ersten russischen Dynastie (der Nachkommen Ruriks) im Jahre 1598 waren in Rußland immer wieder »Thronanwärter« auf den Plan getreten, welche die Hoffnungen des Volkes auf etwas Besseres als die sattsam bekannte Gegenwart befriedigten. Fast alle behaupteten sie, einen legitimen Herrschaftsanspruch zu besitzen, und erklärten, die bösen Bojaren hätten sie um den Thron gebracht, bevor sie sich als die wahren Freunde des einfachen Volkes erweisen konnten, die sie waren. Die einen gaben sich als Alexej aus, Sohn Peters des Großen, der angeblich auf wunderbare Weise die von seinem Vater über ihn verhängte Hinrichtung überlebt hatte; andere als den 1741 als Säugling entthronten Kaiser Iwan VI., der 1764 dem Versuch seiner Gefangenenwärter, ihn zu ermorden, entkommen sei, und wieder andere behaupteten, Peter III. zu sein, der lediglich ein halbes Jahr regiert hatte. Es hieß, er sei den Ränken seines ruchlosen Weibes entronnen, die mit Hilfe der Bojaren den Ukas unterdrückt hatte, von dem man munkelte, er habe darin die Bauern von der Adelshörigkeit erlöst.

Eine hinreichend breite Unterstützung für einen Aufstand gegen die etablierte Macht zu finden war in Rußland äußerst schwierig, es sei denn, er erfolgte im Namen einer Macht, die ebenso legitim zu sein schien. Als daher Jemeljan Pugatschow die Fahne des Aufruhrs am Jaik entrollte, tat er das im Namen von Peter III. Auch wenn er nicht der erste war, der sich als Katharinas toten Gemahl ausgab – diesmal *wollten* ihm die Kosaken Glauben schenken.

Als der Aufstand im September 1773 begann, legte Jemeljan als Programm ein Manifest vor, das den Jaikkosaken aus dem Herzen sprach. Er sicherte ihnen zu, sobald er ihr Zar sei, die Einschränkungen ihres Dienstes aufzuheben, ihnen freien Zugang zu Fischgewässern und Weideland zu gestatten, Waffen und Munition zur Verfügung zu stellen und eine feste Besoldung zu gewährleisten. Zu Pugatschows ersten Anhängern gehörten tatsächlich Kosaken, aber auch Angehörige von Fremdvölkern, nämlich Tataren und Kalmücken. Anfangs fühlten sich die russischen Bauern von ihm nicht besonders angesprochen, doch wuchs seine Gefolgschaft rasch an, weil Kosaken und kleinere Gruppen regulärer Soldaten (die ihre Offiziere erschossen oder aufhängten) in großer Zahl zu ihm überliefen. Außerdem stießen Bauern zu ihm, die für eine gewisse Zeit zur Beschäftigung in Industrieunternehmen »abkommandiert« waren, sowie solche, die man diesen Betrieben auf Dauer zugewiesen hatte.

In Westsibirien, von wo der Aufstand seinen Ausgang nahm, gab es nicht viele in der Landwirtschaft tätige Leibeigene in Privathand. Beispielsweise machten sie in der Provinz Orenburg lediglich etwa ein Fünftel der bäuerlichen Bevölkerung aus. Nachdem Pugatschow über mehrere schwach besetzte kleine Befestigungen am Jaik einen mühelosen Sieg errungen hatte, wandte er sich Orenburg zu, der größten Stadt Westsibiriens. Von diesem Zentrum aus wurden die Jaikkosaken regiert. Da sein Versuch, die Stadt zu nehmen, fehlschlug, machte er sich daran, sie auszuhungern und auf diese Weise zur Übergabe zu zwingen.

Unterdessen wurden aus dem fernen Sankt Petersburg, wo man sich nach wie vor auf die Hauptaufgabe konzentrierte, die Türken zu schlagen, Regierungstruppen in jenes Gebiet abkommandiert, die den ursprünglich als belanglos eingeschätzten Aufstand beenden sollten. Doch die ersten Verbände, die dort eintrafen, wurden geschlagen. Das gab Pugatschow die Möglichkeit, die Revolte in die Provinzen Ufa und Baschkirien zu tragen. In letzterer erinnerte man sich auch in den Jahren 1735 bis 1740 noch an den erbitterten und wilden Kampf der halbnomadischen Baschkiren gegen die Russen, die das Gebiet erobert hatten und dort siedeln wollten. Da dort unter der Oberfläche tiefer Haß gegen die von den neuen Herren errichteten Berg- und Hüttenwerke brodelte, griffen die Baschkiren die metallerzeugenden Betriebe im Ural an, während Pugatschows Unterführer eine Anzahl wichtiger Festungen und Provinzstädte belagerten. Doch als zur Verstärkung Regierungstruppen eintrafen, erlitten Pugatschows Streitkräfte im März 1774 vor Orenburg eine so vernichtende Niederlage, daß die seit einem halben Jahr andauernde Belagerung der Stadt aufgehoben werden mußte. Pugatschow floh mit einigen seiner Getreuen nach Baschkirien und sammelte dort neue Anhänger unter der einheimischen Bevölkerung sowie unter russischen Fabrik-Leibeigenen und »abkommandierten« Bauern. Unvermutet tauchte er im Juli 1774 mit einer Streitmacht von etwa 20000 Mann vor der Stadt Kasan an der Wolga auf. Als sie den Rebellen am 12. Juli nahezu kampflos in die Hände fiel, wurde sie ausgeplündert und zum großen Teil zerstört; die Männer wurden getötet und die Frauen gefangengenommen.

Doch die Regierungstruppen unter dem Befehl des Obristen Michelson, eines der vielen baltendeutschen Offiziere in der russischen Armee, waren nicht weit. Nach kräftezehrenden Eilmärschen stellte er Pugatschow an eben diesem 12. Juli 1774 bei Kasan und besiegte ihn. Unbeeindruckt zog sich dieser zurück, ordnete seine Streitkräfte neu und stellte sich noch einmal zur Schlacht, wurde diesmal aber endgültig in die Flucht geschlagen.

Da bloße zwei Tage zuvor, am 10. Juli, der Friede zwischen Rußland und dem Osmanischen Reich unterzeichnet worden war, hatte die russische Armee die Möglichkeit, weitere Kräfte gegen die Aufrührer ins Feld zu schikken. General Peter Panin, Bruder des Mannes, der an der Spitze des Kollegiums der Auswärtigen Angelegenheiten stand, bekam den Auftrag, alle notwendigen Maßnahmen zu koordinieren, und der spätere Feldmarschall A. S. Suworow befehligte die Abteilungen, die Pugatschow aufstöbern sollten. Keiner von beiden aber hatte Anteil an dessen schließlichem Untergang.

Pugatschow, der mittlerweile die Hoffnung aufgegeben hatte, je in Moskau zum Zaren gekrönt zu werden, kehrte, dem Lauf der Sura südwärts folgend, in den Landesteil zurück, den er am besten kannte, wo man aber auch am besten wußte, wer er wirklich war. Dort verstärkte er seine Bemühungen um die leibeigenen Bauern, in der Hoffnung, bei ihnen Unterstützung zu finden. Er forderte sie auf, ihre Herren zu töten und ihrem »Kaiser« zu folgen, bei dem sie Freiheit und den »Alten Glauben« finden würden. Der bunt zusammengewürfelte Haufen zog von einer Provinzstadt zur anderen, stürmte die Branntweinläden, brachte Geld und Getreide an sich, brandschatzte und plünderte, erschlug die Adligen (ihre Frauen wurden gefangengenommen und vergewaltigt) und zwang die Bevölkerung, ihrem »Zaren« den Treueid zu leisten.

Hart auf den Fersen folgte ihnen Oberst Michelson. Schließlich holte er Ende August 1774 die Rebellen, die nur noch ein ungeordneter Haufen waren, nahe Zarizyn an der Wolga (später Stalingrad, jetzt Wolgograd) ein und schlug sie vernichtend. Pugatschow gelang es mit einigen Getreuen zu entkommen, doch das große Abenteuer war vorüber. In der Hoffnung, auf diese Weise die eigene Haut retten zu können, beschlossen auf der Flucht in die unwegsamen Gebiete um den Elton-See einige seiner Gefolgsleute, ihn an die Ordnungskräfte zu verraten. Sie ergriffen ihn und übergaben ihn dem Kommandanten der zaristischen Streitkräfte in Jaizki Gorodok, von wo der Aufstand seinen Ausgang genommen hatte.

Doch damit war der Fall Pugatschow noch nicht vollständig ausgestanden. Sein flammendstes Manifest, das er am 31. Juli 1774 herausgegeben hatte, war entlang der Wolga und der Sura von Dorf zu Dorf getragen worden. In diesem Gebiet gab es zahlreiche kleine Güter, die von ihren Eigentümern selbst bewirtschaftet wurden. Daher lebten die Gutsherren sozusagen Wand an Wand mit ihren Leibeigenen. Diese erhoben sich auf den Aufruf hin und brachten ihre Grundherren um oder nahmen sie gefangen, um sie ihrem »Zaren Peter III.« in eigener Person auszuliefern. Bis weit in den Herbst dauerten die Unruhen an, während die Rebellenführer in Baschkirien, die nach wie vor die Ziele ihrer eigenen Völkerschaft verfolgten, den Kampf bis in den November fortführten.

Dieser Aufruhr war der letzte und zugleich politisch am weitesten entwickelte aller großen Kosaken- und Bauernaufstände, die sich durch Moskowiens und Rußlands Geschichte ziehen. Die Unruhe, die in den sechziger Jahren des 18. Jahrhunderts auf dem Lande zu spüren gewesen war, hatte sich in Aufständen entladen, die einzelnen Grundherren auf bestimmten Gütern gegolten hatten. Ihnen lag weder ein gemeinsames Muster zugrunde, noch waren aus ihnen weit ausgreifende Bewegungen entstanden. Eine Ausnahme bildeten Kirchengüter, auf denen sich nach Katharinas eigenen Angaben bei ihrer Thronbesteigung 150000 Bauern in offener Rebellion befanden, sowie die »abkommandierten« Bauern im Ural, unter denen es 1762 und 1763 in vielen Berg- und Hüttenwerken zu Zwischenfällen gekommen war. Doch Pugatschow begnügte sich nicht mit dem Hinmetzeln von Grundherren und Beamten, er wollte eine andere Regierung für

Rußland, an deren Spitze die Gestalt Zar Peters III. stehen sollte, der sich erhoben hatte, um den Thron von seiner sittenlosen Gemahlin zurückzufordern. So gab Pugatschow von Anfang an Manifeste heraus, in denen er seine politischen Ziele verkündete. Mit ihnen wandte er sich an Kosaken, Angehörige der verschiedenen Fremdvölker, in der Industrie tätige Leibeigene, Bauern, die zur Arbeit in Industriebetriebe abkommandiert waren, Staatsbauern und Leibeigene sowie eine Kategorie, die in gewisser Weise alle Vorgenannten umfaßte, nämlich die Altgläubigen.

Seine politische Zielsetzung war nicht immer einheitlich, da sich manche der widerstreitenden Interessen nicht ohne weiteres unter einen Hut bringen ließen. So verlangten beispielsweise die Nichtrussen die Zerstörung der Hüttenwerke, während die Industriearbeiter sie in eigene Regie übernehmen wollten.

Eigentliche politische Absicht Pugatschows und des engeren Kreises seiner Gefolgsleute war – soweit es ihnen gelang, das klar zu formulieren – die Ablehnung des russischen Staates in der Form, wie ihn Peter der Große gegründet hatte. Der Boden sollte denen gehören, die ihn bearbeiteten. Weder sollte es Steuern geben noch reguläre Streitkräfte oder eine Einberufung zum Heer. Niemand sollte gezwungen sein, sich den Bart zu scheren noch sich europäisch zu kleiden. Auch sollte es weder Adel noch Regierungsbeamte, ausländische Offiziere oder Uniformen geben. Es war vorgesehen, Regierung und Gesellschaft als große Kosakengemeinschaften zu organisieren, in denen die Kosaken die bevorrechtigte Klasse bilden würden und jeder die Freiheiten des Kosakentums genießen und das Recht haben sollte, seine Anführer zu wählen. Im wesentlichen war das eine rückwärtsgewandte politische Bewegung. Sie wurzelte im Alten Glauben sowie in der alten Überlieferung der unmittelbaren Beziehung zwischen Zar und Volk, die beide noch aus der Zeit vor Peter dem Großen stammten. Doch so unkompliziert die politischen Umrisse dieses Arkadiens sein mochten, sah sich der Generalstab des Aufstandes dennoch gezwungen, in den Gebieten, die man zu gegebener Zeit besetzen würde, angesichts der Notwendigkeit weiträumiger militärischer Operationen selbst eine Regierung und Verwaltung einzusetzen. Also ernannte Pugatschow sein eigenes Kriegskollegium und bediente sich dabei derselben Bezeichnung wie Peter I. für die von ihm in Sankt Petersburg eingerichtete Institution. Seine ranghöchsten Gefolgsleute legten sich die Namen wohlbekannter Minister Katharinas bei; so trat Sarubin Tschika in Anlehnung an den Präsidenten des Kriegskollegiums in Sankt Petersburg, Graf Tschernyschow, als Feldmarschall Graf Iwan Tschernyschow auf, und Owtschinikow nannte sich Graf Panin, nach dem für die auswärtigen Angelegenheiten Zuständigen. Pugatschows »Kriegskollegium« hatte den Auftrag, genau Buch zu führen über Einnahmen und Ausgaben sowie über die Bestände an Proviant für die Männer und Fourage für die Tiere, außerdem mußte es genaue Aufzeichnungen über die Verteilung von Waffen und militärischen Gütern machen. Es führte eine ausgedehnte Korrespondenz mit den Behörden, die eingerichtet wurden, um die von der Herrschaft der Zentralregierung »befreiten« Gebiete zu verwalten. Eingerichtet wurden sie im allgemeinen nach dem überlieferten russischen Muster der kommunalen Selbstverwaltung von Dorfgemeinschaften oder selbstgewählter Kosaken-Institutionen. Auch oblag dem »Kriegskollegium« die Rekrutenaushebung und Besteuerung (denn diese spiegelbildliche Regierung übernahm viele Praktiken von der zaristischen Verwaltung); es war für die Kriegsgefangenen zuständig, und es rief die von ihm zerschlagenen Verwaltungsstrukturen für seine eigenen Zwecke neu ins Leben.

So manche bemerkenswerte Führungspersönlichkeit unterschiedlichster Herkunft trat für kurze Zeit an die Spitze der Streitkräfte der Aufständischen, und die von dieser Bewegung geführten Verwaltungsunterlagen wirken um so verblüffender, wenn man bedenkt, daß viele dieser Männer, unter ihnen auch Pugatschow selbst, Analphabeten waren. Einzelne seiner Anhänger hatten der Gesetzgebenden Kommission angehört, was die Vermutung nahelegt, daß tatsächlich eine Beziehung zwischen den dort verhandelten Fragen und der Volksbewegung bestand. Leider wissen wir nicht, ob die Weigerung des Adels, eine Verminderung der den Leibeigenen auferlegten Arbeitslast auch nur zu erwägen, die Abgeordneten empörte, oder ob sie sich vom Schwung der in Katharinas »Instruktion« und in einigen der Reden anderer Deputierter durchschimmernden aufklärerischen Ideen hatten mitreißen lassen.

Auf jeden Fall waren die Bauernführer nicht fähig, ihre Anhänger zu einer schlagkräftigen militärischen Truppe zusammenzufassen, von einer glaubwürdigen Verwaltung ganz zu schweigen. Den Bauern fehlte jede militärische Erfahrung, und ihre Bewaffnung bestand gewöhnlich aus nichts anderem als Spießen oder Mistgabeln. Lediglich die Kosaken verfügten über Pferde und zweckdienliche Waffen, und im allgemeinen sahen sie auf die Bauern herab, so wie es meistens der Fall ist – Krieger haben nun mal für die Menschen, die mühevoll das Land bearbeiten, nichts übrig außer Verachtung. Die Bewegung wurde durch den Mangel an Disziplin geschwächt, und Trunksucht, Begehrlichkeit sowie der Wunsch nach Rache an denen, die einst als Herren und Meister aufgetreten waren, untergruben diese noch weiter. Auch litt Pugatschows Glaubwürdigkeit als Zar darunter, daß er mit der Tochter eines Mit-Kosaken »die Ehe schloß« und ihr einen vollständigen Hofstaat mit Ehrendamen einrichtete, obwohl er in seiner Existenz als Pugatschow bereits Frau und zwei Kinder hatte und als »Kaiser Peter III.« mit Katharina II. »verheiratet« war. Zu Dutzenden wurden in Gefangenschaft geratene Offiziere hingerichtet, und als Michelson im August 1774 Pugatschows Geleitzug von Flußschiffen bei Zarizyn abfing, konnte er zahlreiche für Pugatschows Harem vorgesehene adlige Frauen und Mädchen befreien. Ein Historiker der jüngeren Zeit hat geschätzt, daß bei diesem Aufstand bis zu vier oder fünf Prozent der Angehörigen des russischen Adels ermordet wurden, gewöhnlich auf äußerst unmenschliche Weise. »Von den 1572 adligen Opfern (im Unterschied zu Beamten) einschließlich Frauen und Kindern, wurden 42 Prozent erhängt, 40 Prozent zu Tode geprügelt oder gefoltert, 9 Prozent erschossen, 5 Prozent erstochen, 4 Prozent geköpft und ein Prozent ertränkt.«

Die Brutalität, mit der die Ordnungskräfte vorgingen, war der Barbarei der Aufständischen durchaus vergleichbar. Bei der Befreiung der von Pugatschows Streitkräften besetzten Gebiete nahmen sie neben Tausenden von Bauern und Kosaken auch zahlreiche Priester, kleine Beamte und Stadtbewohner sowie gelegentlich auch Offiziere fest, die mit den Rebellen – gewöhnlich unfreiwillig – gemeinsame Sache gemacht hatten, und kerkerten sie in Orenburg, Kasan und anderen Städten in Behelfsgefängnissen ein. Des Mordes für schuldig Befundene wurden schwer mit der Knute gestraft und/oder zur Zwangsarbeit nach Sibirien geschickt; manche wurden auch hingerichtet. In einer von Graf Peter Panin herausgegebenen Proklamation wurde jedem schwerste Verstümmelung angedroht, der nicht bereit war, die Namen von Mördern und deren

Komplizen preiszugeben. Dabei war sich Panin durchaus darüber klar, daß er keinerlei Möglichkeit hatte, seine Drohungen wahr zu machen. Seiner eigenen Berechnung nach wurden dennoch 324 Aufrührer hingerichtet, 399 wurden mit der Knute gestraft und büßten ein Ohr ein, und an etwa 7000 weiteren wurde irgendeine Art körperlicher Züchtigung vollzogen, wie beispielsweise »Auspeitschen am Wippgalgen«. Doch längst sahen sich diejenigen militärischen Befehlshaber, die über einen gewissen Weitblick verfügten, durch die außergewöhnliche Zahl der Beteiligten zur Mäßigung veranlaßt. So ließ man die Mehrzahl der nach der Befreiung von Kasan im Juli 1774 10000 Gefangenen ohne Bestrafung laufen, nachdem man sie erneut den Treueid hatte ablegen lassen. Obendrein gab man ihnen fünfzehn Kopeken für die Heimreise.

Etliche von Pugatschows höheren Offizieren waren im Verlauf der Kämpfe in Gefangenschaft geraten und hingerichtet worden. Die verbleibenden Rädelsführer, unter ihnen auch Pugatschow selbst, wurden nach Moskau gebracht und verhört (allerdings nicht gefoltert). Ende 1774 machte man ihnen den Prozeß. Fünf von ihnen wurden zu einer in der damaligen Zeit in ganz Europa üblichen barbarischen Form der Hinrichtung, der Vierteilung, verurteilt, die übrigen achtzehn zu verschiedenen Arten der Verstümmelung, körperlicher Züchtigung, Verbannung als Siedler oder als Zwangsarbeiter. Anfang Januar 1775 wurden die Strafen vor einer stummen Zuschauermenge vollstreckt. Auf einen geheimen Befehl hin, der von Katharina selbst kam, wurden alle zur Vierteilung Verurteilten, unter ihnen auch Pugatschow, zuvor enthauptet, um ihnen unmäßige Qualen zu ersparen. Anschließend machte man dem Henker Vorhaltungen, weil er damit angeblich einen Fehler begangen hatte, und erst in unserem Jahrhundert ließ sich ermitteln, daß Katharina hinter den Kulissen persönlich eingegriffen hatte. Daß sie sich dazu größter Geheimhaltung befleißigen mußte, wirft ein bezeichnendes Licht darauf, wie es um die absolute Macht der Selbstherrscherin bestellt war.

Katharina drang darauf, daß alle Spuren der *Pugatschowschtschina* – wie dieser Aufstand seither im Russischen hieß – so bald wie möglich getilgt wurden, wollte sie doch vermeiden, daß dessen Schrecken ihre Schatten auf die Feier des großen Sieges über das Osmanische Reich warfen. Daher wurden die meisten der noch in Moskau inhaftierten Gefangenen ohne Bestrafung entlassen, und am 17. März 1775 verkündete ein Erlaß eine Generalamnestie für jeden, der sich in irgendeiner Weise am Aufstand beteiligt hatte. Noch anhängige Verfahren wurden zu Ende geführt und verhängte Strafen gemildert; einige Offiziere jedoch blieben dem Militär-Strafrecht unterworfen. Der Regierung lag daran, daß die ganze tragische Episode in Vergessenheit geriet, auch wenn man nach wie vor dafür sorgen mußte, die Industrie wieder in Gang zu bringen und diejenigen unter den Adligen zu entschädigen, die alle Habe verloren hatten, sowie die Frauen, deren Gatten getötet worden waren.

Kein anderer Volksaufstand, zu dem es irgendwo im Europa des 18. oder 19. Jahrhunderts gekommen war, hatte solche Ausmaße angenommen. Gewöhnlich wird die *Pugatschowschtschina* in der sowjetischen Geschichtsschreibung als Bauernkrieg hingestellt, doch kam die Mehrheit der daran Beteiligten nicht aus dem Bauernstand. Die Zahlen, die in diesem Zusammenhang genannt werden, schwanken stark. Ein sowjetischer Historiker hat erklärt, es hätten sich etwa drei Millionen Menschen daran beteiligt und zwei Fünftel von ihnen seien Bauern gewesen. Diese Zahl dürfte eher für die Gesamtbevölkerung des

Gebietes gelten, auf das der Aufstand im Verlauf eines Jahres übergriff. Einem amerikanischen Historiker zufolge waren rund 200000 Menschen daran beteiligt, und eine unvollständige Liste von rund 4000 Gefangenen zeigt folgende Zusammensetzung: 22 Prozent davon gehörten den Fremdvölkern an, 27 Prozent waren Kosaken und 29 Prozent Bauern, unter ihnen Staatsbauern und Leibeigene, die in der Industrie arbeiteten oder als Dienstboten in Privathaushalten tätig waren. Die Zahl der Opfer war hoch, vor allem unter den Aufständischen. Von den auf etwa 22000 geschätzten Gesamtverlusten dürften gut und gern bis zu 18000 auf die Aufständischen entfallen. Auch die materiellen Verluste waren beträchtlich. Die Stadt Kasan wurde zum großen Teil niedergebrannt; in vielen anderen Städten waren schwere Schäden zu beklagen, und der auf Zerstörung und Plünderung der Hüttenwerke und anderer Metallbetriebe zurückgehende Schaden wurde auf über fünf Millionen Rubel geschätzt. Manche landwirtschaftlichen Güter in Privatbesitz wurden vollständig zerstört.

Bedeutete der Aufstand eine ernsthafte Bedrohung für den russischen Staat? Er fand nicht nur zu einer Zeit statt, da Rußland gezwungen war, alle Mittel für den fortdauernden Krieg gegen die Türkei aufzubieten, sondern kurz zuvor hatte auch noch eine schwere Pestepidemie in Moskau und im Süden des Landes gewütet. Dennoch: Trotz des auf die Zentralregierung ausgeübten Drucks ging von der *Pugatschowschtschina* in keinem Augenblick eine ernsthafte Bedrohung für deren Stabilität aus. Zu keiner Zeit hat Pugatschow den Versuch unternommen, mit seiner zusammengewürfelten Soldateska ins Herz des Landes vorzudringen, zum eigentlichen Mittelpunkt der Leibeigenschaft (in Moskau freilich befürchtete manch einer, daß es dazu kommen würde). Pugatschow beschränkte sich auf die Randgebiete des Südwestens, und lediglich in den allerletzten Monaten des Aufstandes, von Juli 1774 bis zu seiner Gefangennahme im September, gelang es ihm, unter der leibeigenen Bauernschaft im Gebiet um die Wolga herum eine Massenbewegung in Gang zu bringen. Die zahlenmäßige Überlegenheit seiner Truppen ermöglichte es ihm, einige unzulänglich verteidigte Städte zu besetzen, doch wo sich Städte – oder auch nur Fabriken – mutig und umsichtig verteidigten, kam er nicht weiter, und seine Macht über die Städte, durch die er zog, war nicht von langer Dauer. Seine Truppen, schlecht bewaffnete und undisziplinierte Bauern, konnten regulären Soldaten nicht einmal dann standhalten, wenn sie diesen an Zahl haushoch überlegen waren. An kleinen Außenposten liefen gelegentlich Kosaken und Soldaten zu ihm über, doch insgesamt stand das Militär treu zur Regierung. Außerdem bedeutete mangelnde politische Einigkeit eine Erschwernis für Pugatschow, denn schon bald nach der bei Kasan erlittenen Niederlage verließen ihn seine baschkirischen Verbündeten und zogen sich auf ihr eigenes Gebiet zurück, um dort den Kampf weiterzuführen.

Betrachtet man den Aufstand im Gesamtzusammenhang, kann die Schlußfolgerung nur lauten, daß es sich nicht in erster Linie um einen Bauernkrieg gehandelt hat, sondern um eine von den Jaikkosaken ausgelöste Revolte. Sie lebten am weitesten von der Zentralregierung entfernt und waren die ursprünglichste und am meisten rückwärts gewandte aller Kosakengemeinschaften. Sie wollten die altüberlieferten Freiheiten der Kosaken sichern und »aus allen Kosaken machen«. Ihnen lag nichts daran, einen Bauernaufstand auf breiter Front ins Rollen zu bringen. Sie hatten ihre eigenen Ziele im Auge und führten den Krieg ursprünglich auf ihrem eigenen Gebiet, nämlich in der Umgebung Orenburgs, sowie auf dem Gebiet der mit ihnen verbündeten Baschkiren. Als sie sich schließlich ihre Niederlage eingestehen mußten, kehrten sie in ihre Heimat am Jaik zurück. Es ist mehr als unwahrscheinlich, daß ihre Unzufriedenheit je offen ausgebrochen wäre, hätte nicht zufällig ein zweifellos charismatischer Anführer mit hochfliegenden Plänen ihren Weg gekreuzt.

Selbstverständlich war sich die Regierung der Tatsache bewußt, daß vor allem die Kosaken hinter der Bewegung standen, und so sorgte sie dafür, daß Schuldige wie Unschuldige an die Kandare gelegt wurden. Der Fluß Jaik wurde in Ural und die Stadt Jaizki Gorodok in Uralsk umbenannt und einem von der Regierung benannten Beamten unterstellt. Die Donkosaken, die der Regierung die Treue gehalten hatten (möglicherweise, weil sie von Anfang an durchschaut hatten, daß Pugatschow keineswegs Peter III. war), büßten ihre Autonomie zum Teil ein, doch wurden ihre höheren Offiziere dem russischen Adel gleichgestellt. Die Bestrafung der Saporoger Kosakengemeinschaft, die sich in keiner Weise am Aufstand beteiligt und statt dessen tapfer gegen die Türken gekämpft hatte, fiel härter aus als die aller anderen. Das Osmanische Reich hatte die Gebiete an Rußland abtreten müssen, die zwischen denen der Gemeinschaft und dem Schwarzen Meer lagen, und so brauchte man für deren Verteidigung die Saporoger Kosaken nicht mehr. Da diese Kosakengemeinschaft im Gegenteil deren Besiedlung und wirtschaftliche Entwicklung behinderte, löste der mit harter Hand durchgreifende neue Oberkommandierende der Streitkräfte, G. A. Potemkin, sie 1775 auf. Ihr Hetman und die höheren Offiziere wurden im Klostergefängnis von Solowezki am Weißen Meer interniert. Die einfachen Mitglieder der Gemeinschaft durften zwar bleiben, wo sie waren, wurden aber in den amtlichen Listen nicht mehr als Kosaken geführt.

6

Die Umgestaltung der Kommunalverwaltung und des Rechtswesens

Um das Ende des Krieges gegen das Osmanische Reich und die Niederschlagung des Pugatschow-Aufstandes zu feiern, gab Katharina am 17. März 1775 ein Manifest heraus, in dem sie ganz bewußt die Wiederkehr glücklicherer Zeiten betonte. Nicht nur erließ sie für die am Pugatschow-Aufstand (vgl. Kap. 5) Beteiligten eine Amnestie, sie schaffte auch 32 Steuern ab, darunter die zur Finanzierung des Krieges erhobenen Sondersteuern sowie eine Anzahl von Steuern, die schon früher erhoben worden waren. Daß ihr die Volksgesundheit am Herzen lag, läßt sich daran erkennen, daß sie die von Peter I. eingeführte Steuer auf Badehäuser ausdrücklich aufhob. Eine Amnestie für alle in den zurückliegenden Jahren begangenen Straftaten wurde ausgerufen und für alle im Verlauf der vergangenen zehn Jahre unentdeckt gebliebenen Verbrechen Straflosigkeit zugesichert. Auch die Streitkräfte gingen nicht leer aus: Adligen, die als einfache Soldaten gedient hatten, wurde das Privileg eingeräumt, bei Vergehen entsprechend ihrer gesellschaftlichen Stellung bestraft zu werden, und nichtadlige einfache Soldaten bekamen das Recht zugestanden, körperliche Züchtigungen ausschließlich nach einem vorausgehenden Prozeß ertragen zu müssen. Eine Amnestie wurde auch für Deserteure und davongelaufene Staatsbauern erlassen, die binnen Jahresfrist zurückkehrten, nicht aber für Leibeigene. (In ihrem ursprünglichen Entwurf hatte Katharina auch Leibeigene aufgeführt, doch stieß dieser, als sie ihn dem Staatsrat vorlegte, auf so heftigen Widerstand, daß sie sich überreden ließ, diesen Punkt zu streichen.)

Zwar diente das Manifest dazu, die Vergangenheit aufzuarbeiten, es wies aber auch den Weg in die Zukunft. Seit der Einberufung der Gesetzbuch-Kommission hatte Katharina auf Mittel und Wege gesonnen, die Verwaltung auf örtlicher Ebene zu verbessern. Das lag einerseits im Interesse der Regierung, sollte aber auch die Ursachen für die von den Deputierten in der Kommission vorgetragenen Klagen beseitigen. Im Vordergrund hatten dabei die gewaltigen Entfernungen gestanden, die man zurücklegen mußte, um Prozesse zu führen, die Unsicherheit, das Räuberunwesen, das Fehlen einer Polizei auf dem Lande wie auch die Klage, daß es, vor allem in den Landstädten, keinerlei Ausbildungseinrichtungen gab. Vom Standpunkt der Regierung aus ließ die Art und Weise, wie die jeweilige Lokalverwaltung angesichts von Pugatschows Horden zusammengebrochen war, die Notwendigkeit, die Verwaltung in den Provinzen zu stärken, noch dringlicher erscheinen.

Es gibt Hinweise darauf, daß Katharina mit mehreren Beratern in den Jahren zwischen dem Ausbruch des türkischen Krieges (1768) und der Unterzeichnung des Friedensvertrags (1774) weiterhin nach Möglichkeiten gesucht hatte, die Frage der kommunalen Verwaltung zu lösen. Erschwert wurde das dadurch, daß qualifiziertes Personal fehlte und die Ausgaben in Grenzen gehalten werden mußten. Sie beschäftigte sich mit einer Reihe ihr vorgelegter Pläne und befaßte sich außerdem gründlich mit dem in Rußlands baltischen Provinzen praktizierten Rechtssystem, das auf deutsche Vorbilder zurückging. Sie verfiel auf die Lösung, für die kommunale Verwaltung ein System zu wählen, das sich auf die Zusammenarbeit der freien Stände des Reiches stützte, also des Adels, der Stadtbevölkerung und der freien oder Staatsbauern. Sie sollten eine Anzahl von Wahlämtern besetzen, von denen vielen ein zeitweiliger Rang in der Rangtabelle eingeräumt werden sollte. Daß Inhaber solcher Ämter besoldet wurden, war für Adlige als Anreiz zum Dienst in den Provinzen gedacht, für Stadtbewohner oder Bauern bedeutete es eine Verringerung der Bürde, welche die Führung des Amtes bedeutete. Um so vorzugehen, mußte man den gesellschaftlichen Aufbau des Landes verändern, die Persönlichkeits- und Eigentumsrechte der verschiedenen Klassen definieren und die Bedingungen des Dienstes festlegen. Diese Ziele ließen sich nur langfristig verwirklichen, denn ihre Umsetzung würde viel Zeit in Anspruch nehmen, doch wurde im Jahre 1772 in den beiden bei der ersten Teilung Polens an Rußland gefallenen Provinzen Mógilew und Polozk, aus denen später Weißrußland wurde, ein Modellversuch unternommen.

Katharina arbeitete intensiv an der Verwirklichung ihres neuen Planes. Sie faßte viele Entwürfe mit eigener Hand ab (einige Kapitel wurden bis zu elfmal gänzlich umgeschrieben) und verbrachte viel Zeit in Klausur mit ihren Hauptberatern. Zu ihnen gehörten der Generalprokureur Fürst A. A. Wjasemski und ein baltischer Edelmann, Graf Jacob Sievers, der England gut kannte und möglicherweise die Aufmerksamkeit der Kaiserin auf Sir William Blackstones Werk *Commentaries on the Laws of England* (Kommentare zu den Gesetzen Englands) gelenkt hatte, das jetzt anstelle von Montesquieus Schrift »Über den Geist der Gesetze« auf ihrem Nachttisch lag und zweifellos ihr Denken in Fragen des Gesetzes und der Verwaltung beeinflußte (Sievers hatte auch entscheidenden

Anteil daran, daß Hogarths Gemälde in Rußland bekannt wurden). Das neue Statut für die Eigenverwaltung der Provinzen des russischen Reiches, ein Werk von rund 215 Seiten, wurde am 2. November 1775 erlassen.

Voraussetzung für ihre Verwirklichung waren die Dezentralisierung und Vervielfachung von Verwaltungsbehörden und Gerichtshöfen. Dazu war es nötig, die Aufgaben aufzuteilen, das heißt, unterschiedliche Einrichtungen für Verwaltung, Finanz- und Rechtswesen zu schaffen. Getrennte Institutionen zur Bearbeitung von Angelegenheiten des Adels, der Kaufmannschaft und der Stadtbewohner sowie der Staatsbauern waren einzusetzen und gewählte Vertreter jener gesellschaftlichen Stände zu ernennen, deren Beteiligung für ein ordnungsgemäßes Funktionieren der neuen Einrichtungen erforderlich war.

In der Praxis hieß das vor allem, daß die ursprünglich 25 Provinzen in über 40 Gouvernements mit jeweils zwischen 300000 und 400000 steuerpflichtigen männlichen Bewohnern aufgeteilt wurden. Jedes von ihnen sollte in Verwaltungsbezirke (Kreise) mit einer Einwohnerzahl von 20000 bis 30000 unterteilt werden; die einstige Unterprovinz wurde abgeschafft. Im Grundsatz sollte fortan keine Verwaltungsbehörde mehr als eine Tagesreise von einer Stadt, einem Dorf oder einer Ansiedlung entfernt sein. Die Verwaltung lag in Händen eines Gouverneurs, dem ein Verwaltungsrat zur Seite stand. Dem stellvertretenden Gouverneur oblag die Verwaltung des Finanzwesens, wozu auch die Einziehung der Kopfsteuer, der indirekten Steuern und der von den Staatsbauern zu zahlenden Abgaben gehörte. In jeder Kreisstadt wurden Zweigbüros eingerichtet. Eine oder mehrere Provinzen wurden einem Statthalter (namestnik) als hochrangigem oberstem Exekutivbeamten unterstellt.

Unter der Oberaufsicht des Gouverneurs wurde ein

ganzes Netz von Gerichten ins Leben gerufen; in der jeweiligen Provinzhauptstadt befand sich der zentrale Zivil- und Kriminalgerichtshof, gegen dessen Entscheidungen der Senat in Sankt Petersburg angerufen werden konnte. Nach unten verzweigte sich das Gerichtssystem: Für den Adel gab es ein oberes, ein mittleres (auf Kreisebene) und ein unteres Landgericht, für die Stadtbewohner ein oberes Gericht und eins auf Kreisebene, die »magistraty« genannt wurden, und für die Staatsbauern ein oberes und ein unteres Gericht niederer Ordnung (das im summarischen Verfahren Recht sprach). Die Angehörigen des jeweiligen Standes durften in all diese Gerichte »Beisitzer« wählen. Sie durften nicht über »schuldig« oder »unschuldig« entscheiden, sondern sie waren Berater des Richters.

Ein weiteres Gericht war das sogenannte Gewissensgericht, das in gewissem Umfang höchstwahrscheinlich auf das englische Vorbild eines *Equity court* zurückging (ein Gericht, bei dem das Billigkeitsprinzip im Vordergrund steht). Ein solches gab es in England ausschließlich in Gestalt einer der Kammern des Londoner *Chancery Court*; Katharina hingegen richtete in jeder Provinz ein Gewissensgericht ein. Zur Begründung erklärte sie: »England ist ein kleines Land. Dort bedeutet es keine große Unbequemlichkeit, Prozesse in London zu führen. Doch es ist unpraktisch, Angelegenheiten von allen Enden der Erde in die Hauptstadt zu schleppen, und so werden alltägliche Sachverhalte besser vor örtlichen Gerichten verhandelt.« Katharinas Gewissensgerichte waren für alle Stände zuständig, wobei man aus dem jeweiligen Stand nach Bedarf sachkundige Beisitzer hinzuwählte. Sie sollten sich mit Fällen von Zauberei, Sexualvergehen, Irrsinn und mit straffälligen Jugendlichen beschäftigen, sie konnten aber auch Strafsachen verhandeln, die mehr als eine gesellschaftliche Klasse betrafen, und mit Einverständnis beider Parteien auch als Schiedsstelle dienen. Außerdem konnte jeder, der länger als drei Tage in Haft war, ohne daß man Anklage gegen ihn erhoben hatte, ein solches Gericht anrufen und seine Freilassung auf Kaution verlangen (außer in Fällen von Mord, Hochverrat, Straßenräuberei und so weiter). Das war in Rußlands Strafgerichtsbarkeit ein Novum und ging wahrscheinlich auf die dem englischen Rechtswesen zugrunde liegende Vorstellung von *habeas corpus* – gerichtliche Anordnung eines Haftprüfungstermins – zurück, über die sich Katharina anhand von Diderots *Encyclopédie* Notizen gemacht hatte.

Auf der untersten Ebene lagen die Aufgaben der Polizei in den Händen eines Stadtvogts (*gorodnitschi*), der über eine kleine Truppe Bewaffneter gebot, und auf dem Lande in denen eines Landschaftsordners (*semski isprawnik*), dessen Aufgabe am ehesten der eines englischen Friedensrichters vergleichbar ist. Er unterstand den unteren Landgerichten mit jeweils zwei vom Adel am Ort und von den Staatsbauern gewählten sachkundigen Beisitzern. Weder Stadtvogt noch Landschaftsordner konnten aus eigener Machtvollkommenheit Straftäter verurteilen oder Strafen auferlegen, sondern mußten sie dem untersten Gericht vorführen, auf dem Lande also dem unteren Landgericht und in den Städten dem Kreismagistrat.

Das Statut enthielt entsprechend der zu jener Zeit in Europa allgemein anerkannten Lehrmeinung der Polizeiwissenschaft auch Anweisungen, die das Wohl des Volkes insgesamt betrafen. Diese Gedanken hatte Katharina zum Teil in den Anhang ihrer »Instruktion« aufgenommen, der sich mit der Frage der Polizei beschäftigte (vgl. Kap. 3). Der Begriff »Polizeistaat« hat heute einen negativen Beigeschmack, da in ihm die Vorstellung mitschwingt, die Polizei stehe über dem Gesetz und beherrsche die Gesellschaft. Doch im 18. Jahrhundert war *état policé* die übliche Beschreibung des wohlgeordneten Staatswesens, und die Wissenschaft, die dazu diente, die Mittel des Staates zu ordnen und zum Nutzen der Allgemeinheit einzusetzen, war auf dem ganzen europäischen Kontinent unter dem deutschen Begriff »Polizeiwissenschaft« bekannt, oder als »Kameralismus« – ein Hinweis auf die »Kammer«, in der alle bedeutenden Entscheidungen des Landesherrn über Politik und Wirtschaft seines Landes fielen. Daß die Völker Europas auch dafür den deutschen Begriff (nämlich »Kameralismus«) verwendeten, lag daran, daß man diese Wissenschaft an den Höfen der deutschen Kleinstaaten im Heiligen Römischen Reich zu höchster Vollendung entwickelt und am häufigsten angewendet hatte. Doch zu den einflußreichsten Vertretern dieser Lehre gehörte Nicolas de la Mare, einst Mitarbeiter La Reynies, den König Ludwig XIV. zum Polizeileutnant von Paris ernannt hatte, um in der Stadt für öffentliche Ordnung zu sorgen. Peter I. hatte bereits einige der Gedanken der Kameralisten übernommen, insbesondere deren Sorge um die öffentliche Gesundheit und die Ordnung in den Städten. Katharina war mit deutschen wie auch französischen Veröffentlichungen auf diesem Gebiet vertraut, außerdem existierten in der zweiten Hälfte des 18. Jahrhunderts in Mitteleuropa viele Beispiele für eine erfolgreiche Anwendung der kameralistischen Vorstellungen, die sie ohne weiteres beeinflußt haben können.

Mit Wohlfahrtsaufgaben wurden die Ausschüsse für öffentliche Fürsorge betraut, die der Verwaltungsrat des Gouverneurs in jeder Provinzhauptstadt einrichtete. Diese Ausschüsse bestanden jeweils aus dem Gouverneur und zwei Beisitzern des höheren adligen Landgerichts, des Stadtgerichts (Magistrat) und des Bauerngerichts. Aufgabe der Fürsorgeausschüsse war es, auf der Ebene von Kreis und Provinz für die Einrichtung von Schulen, Krankenhäusern, Armenhäusern, Arbeitshäusern und Besserungsanstalten zu sorgen. Schließlich führte das Statut die gesellschaftlichen Einrichtungen auf, die im Jahre 1785 weiterzuentwickeln waren (vgl. Kap. 10). Dabei ging es um die alle drei Jahre durch einen gewählten »Adelsmarschall« einberufene Adelsversammlung, die alle adligen Beamten für die Gemeindeverwaltungen wählte. Der Adelsmarschall saß auch einem Ausschuß vor, dessen Aufgabe die Versorgung adliger Witwen und Waisen in den Provinzen war. Ähnliche Einrichtungen wurden für Stadtbewohner unter einem »Stadthaupt« (*gorodskaja golowa*) geschaffen.

Die Einführung eines so umfangreichen Reformprogramms kostete Zeit, Geld und Arbeitskraft. In zehn Jahren hatte sich die Zahl der Provinzen von 25 auf 41 vermehrt, und bei Katharinas Tod im Jahre 1796 waren es 50. Die Zahl der Kreise hatte sich von 169 auf 493 erhöht. Da die Mehrzahl der Ämter mit einem Gehalt verbunden war, stiegen die Kosten für die kommunale Verwaltung gewaltig an. Die Gehälter sollten auf der einen Seite einen Ansporn zum Dienst in den Provinzen und Landstädten bieten und zum anderen der Bestechlichkeit einen Riegel vorschieben. So stiegen die Kosten für die Lokalverwaltung von 1774 bis 1796 von 1,7 Millionen auf nahezu 11 Millionen Rubel. In ähnlicher Weise nahm die Zahl der ständig oder zeitweise in Wahlämtern Beschäftigten zu – von gut 12000 im Jahre 1774 auf rund 27000 im Jahre 1796. Mehr als zehntausend dieser Ämter wurden durch Wahl besetzt, wofür theoretisch über 4000 Adlige, 3800 Kaufleute und Stadtbewohner sowie 2700 Bauern zu wählen waren. Den Adligen und Stadtbewohnern wurde für die Dauer ihres Dienstes ein Rang in der Rangtabelle zugewiesen. Entsprechend stieg die Zahl der Kanzleiangestellten, Kopisten, Wärter, Dienstleute, Hausangestellten und so weiter. Dennoch beschäftigte man angesichts der Größe des Landes und der Bevölkerungszahl in der Verwaltung der Provinzen Rußlands nur sehr wenige Menschen, vergleicht man deren Zahl beispielsweise mit den Werten für Preußen oder Österreich.

Langsam und stetig wurden im Verlauf von etwa zwanzig Jahren die Anweisungen des Statuts befolgt. Provinzen mußten aufgeteilt und Kreise geschaffen werden, es war zu entscheiden, welche bestehenden Städte oder gar Dörfer in den Rang von Kreisstädten erhoben werden sollten, neue Gerichte und Ämter mußten eingerichtet werden. Im Verlauf jener zwanzig Jahre entwickelte Katharina die übrigen Bestandteile ihrer Politik, die Verwaltung der Städte und die Organisation der gesellschaftlichen »Stände«, die zur Hilfe bei der Ausführung ihrer Politik herangezogen werden sollten.

Der nächste wichtige Programmpunkt ihrer Gesetzgebung war die Polizeiverordnung von 1782. Sie legte einerseits fest, wie der Aufbau der Polizei in Städten auszusehen hatte, und bestimmte andererseits das Gesetz im Hinblick auf eine ganze Anzahl zivil- und strafrechtlich relevanter Tatbestände, wie beispielsweise Schmuggel und den Verkauf verfälschter Waren.

Große und kleine Städte sollten unter der Verwaltung des Stadtvogts, dem ein Polizeiausschuß beigegeben war, in Viertel und Reviere unterteilt werden. Diese für die Aufrechterhaltung der öffentlichen Ordnung zuständigen Männer mußten außerdem eine ganze Reihe von Aufgaben erfüllen, die in der heutigen Welt zwischen verschiedenen Ministerien aufgeteilt wären, wie beispielsweise Überwachung des Gesundheitswesens, Kontrolle öffentlicher Bäder, Überwachung der öffentlichen Moral, Straßenbeleuchtung, Einhaltung der Baufluchtlinien,

Brandverhütung und -bekämpfung, Lebensmittelüberwachung, Eichung und Überprüfung von Maßen und Gewichten, Überwachung des Arbeitsmarktes. All diese Aufgaben wies die damalige Polizeiwissenschaft der Polizei zu. Einem sowjetischen Wissenschaftler aus jüngerer Zeit zufolge genehmigte diese Polizeiverordnung die Abhaltung öffentlicher Versammlungen und die Bildung von Zusammenschlüssen in Rußland und legte Bedingungen dafür fest.

Die Polizei bekam die Vollmacht, geringfügige Vergehen selbst zu ahnden. Dazu gehörten beispielsweise Trunkenheit auf der Straße oder der Diebstahl von Waren mit einem Wert von weniger als zwanzig Rubeln. Sie durfte lediglich niedrige Geldstrafen oder kurze Haftstrafen verhängen (nicht aber Züchtigungsstrafen). Kompliziertere Fälle wurden Gerichten übergeben, vor denen mündlich verhandelt wurde, wobei die Verhandlung höchstens einen Tag dauern durfte. Man darf nicht vergessen, daß es keine zentrale Polizei gab. Jede größere und kleinere Stadt hatte ihre eigene Polizei, die dem jeweiligen Gouverneur und Verwaltungsrat unterstand. Obwohl Besucher von außerhalb der Polizei gemeldet werden mußten, war sie kein Sicherheitsorgan, sondern eine Körperschaft der kommunalen Verwaltung, der die Aufgabe zugewiesen war, auf vielen Gebieten die öffentliche Ordnung aufrechtzuerhalten.

Die Frage, wie gut diese neue Verwaltung funktionierte, läßt sich kaum zutreffend beantworten, da detaillierte Untersuchungen fehlen. Die Zentren der neuen Provinzen und die meisten der Kreisstädte zu bestimmen brachte im großen und ganzen keine besonderen Schwierigkeiten mit sich. Häufig widmete man den Möglichkeiten der Wirtschaftsentwicklung eine gewisse Aufmerksamkeit, doch in manchen Bereichen Rußlands waren Siedlungen, die dem Buchstaben des Gesetzes nach als Städte eingestuft wurden, so klein, daß sie dafür nicht in Frage kamen, während auf benachbarten Ländereien möglicherweise größere Dörfer lagen, die dem Staat oder privaten Grundherren gehörten. So kam es in einigen Fällen vor, daß letzteren Güter abgekauft wurden, was deren Leibeigene mit einem Schlag den Status von Staatsbauern verlieh, die in Städten lebten. Es kam vor, daß Staatsbauern-Dörfer über Nacht in Kreisstädte umgewandelt wurden, in manchen Fällen gegen den ausgesprochenen Wunsch der Bewohner, die weiterhin Bauern und nicht Städter sein wollten.

Verschiedene dieser Schwierigkeiten gingen nicht so sehr darauf zurück, daß die mit der Umsetzung des Statuts Betrauten willkürlich vorgegangen wären, sondern weil dessen Wortlaut in vielen Fällen den Gegebenheiten in Rußland nicht Rechnung trug. So wurde vorausgesetzt, daß es in allen Kreisen die erforderliche Anzahl gebildeter Adliger und Stadtbewohner gab, die imstande waren, alle vorgesehenen Wahlämter und sonstigen Positionen zu besetzen, doch gab es häufig in einer Provinz nur überaus wenige Adlige, die dort wohnten, oder in einer Stadt wohnten keine Kaufleute, die der ersten Gilde angehörten. Außerdem waren viele Angehörige der Kaufmannschaft in den – oft nicht mehr als zweihundert Einwohner zählenden – kleinen Ansiedlungen, die als Kreisstädte dienen sollten, Analphabeten. In manchen Fällen willigte Katharina ein, daß Adlige in städtische Ämter gewählt wurden, und, insbesondere in Sibirien, Popensöhne, Angehörige des Kaufmannsstandes oder gar Staatsbauern Positionen bekleideten, die eigentlich Adligen vorbehalten waren.

Mit der Reform der kommunalen Verwaltung und der Einrichtung der neuen Gerichte im Jahre 1776 wurde den bereits überlasteten russischen Beamten eine neue schwere Bürde auferlegt. Während Katharinas gesamter Regierungszeit war die Qualität der ihr zur Verfügung stehenden Beamtenschaft, wie auch die der Mitarbeiter, die den Beamten zur Hand gingen (Bürohilfskräfte, Kopisten und so weiter), oft sehr gering. Unter den älteren Adligen von niederem militärischem Rang, welche die unteren Stufen der Bürokratie besetzten, war das Analphabetentum weit verbreitet, aber auch unter den jungen Adligen, die sich, bevor der Erlaß von 1762 sie von der Dienstverpflichtung befreite, bei Erreichen des dafür vorgesehenen Alters beim Heroldmeister-Kontor meldeten, der Einrichtung, die ihnen eine Anstellung in den Streitkräften oder als Beamte zuwies. Von den 435, die sich in jenem Jahr zum Dienstantritt meldeten, waren 74, das sind 17 Prozent, außerstande, das Manifest zu lesen; 32 der Analphabeten waren älter als zwanzig Jahre, und von ihnen wiederum zählten sieben zwischen fünfzig und sechzig. (Übrigens besaß über die Hälfte dieser 74 Land, aber keine Leibeigenen.) Im Jahre 1767 ließen von den 1528 Unterzeichnern der Instruktionen auf Kommunalebene, die durch adlige Deputierte in der Gesetzgebenden Kommission vorgetragen wurden, 178 andere für sich unterschreiben oder machten ein Zeichen. Nicht nur waren viele Adlige Analphabeten, manche tranken auch oder waren Menschenschinder und konnten, wenn sie über gute Beziehungen verfügten, den ganzen Kreis tyrannisieren.

Katharinas Gesetzgebungsprogramm stellte immer höhere Anforderungen an die personell unterbesetzte Beamtenschaft, und verzweifelt schrieb sie am 19. Oktober 1783 an Potemkin, daß sie nicht wisse, wohin sie sich wenden solle. »Ich wage nicht, Männer aus dem Militär zu nehmen … Ich habe mich bei Hofe umgesehen und bitte

Euch, mir zu raten, wen ich entsprechend seinem Rang und Dienstalter in die Position eines Geheimen Staatsrates erheben kann; ich weiß, daß die Auswahl nicht groß ist, doch bisweilen kann man im Senat einen Lückenbüßer mit wohlbekanntem Namen verwenden. Doch muß ich gestehen, daß es mir lieber wäre, wenn es bessere Leute gäbe ...«

In den ersten Jahren nach der Verkündigung der Reform erschien es einer Anzahl hochrangiger Offiziere vorteilhaft, als Gouverneur in den Provinzen tätig zu werden, doch im großen und ganzen diente der Hochadel lieber in den Streitkräften und in der Hauptstadt, in der Nähe des Hofes. Als Ergebnis war die Qualität der Beamten – meist Offiziere mittleren Ranges vom Hauptmann bis zum Major, die aus dem aktiven Dienst ausgeschieden waren – mittelmäßig, vor allem, als der erneute Kriegsausbruch von 1787 wieder Menschen forderte. Diese Männer, in ihrer überwiegenden Mehrzahl ohne jede wie auch immer geartete juristische Ausbildung und ohne Gefühl für Rechtmäßigkeit und ein dem Gesetz entsprechendes Vorgehen, Männer, die an das Befehlssystem und die Brutalität gewöhnt waren, die im Heer an der Tagesordnung waren, eigneten sich kaum dazu, ihre Aufgaben so zu erfüllen, wie sich das die Theoretiker einer guten Zivilverwaltung in ihren Schriften vorstellten. Selbst auf den höheren Ebenen, wo man gebildetere Adlige fand, die eher zum Dienst am Publikum bereit waren, fiel es schwer, an willkürliche Entscheidungen gewöhnten Offizieren klarzumachen, daß sie sich an Verfahrensregeln halten mußten, nicht Fälle einem Gericht entziehen und einem anderen zuweisen oder sich in die Rechtsprechung unterer Gerichte einmischen konnten, wenn sie das für richtig hielten.

Überdies lauerten im Hintergrund stets die wohlvertraute russische Gepflogenheit, Verwandte zu begünstigen, und die Bestechlichkeit. Aus schriftlich abgefaßten Erinnerungen und gelegentlich auch aus Werken der allgemeinen Literatur wird deutlich, daß es schwierig war, Menschen die Vorstellung vom Dienst am Publikum nahezubringen, denen der Dienst für die Regierung so lange als Mittel dafür gegolten hatte, sich oder ihre Familien zu bereichern. Dessenungeachtet gab es ehrliche Richter, fähige Gouverneure, tatkräftige Adlige, Kaufleute und Bauern. Das Leben wurde leichter, sobald man die Möglichkeit hatte, Schwierigkeiten auf örtlicher Ebene zu bewältigen, statt sich auf die ferne Hauptstadt verweisen zu lassen, und viele Gouverneure bemühten sich, Provinzstädte mit neuen steinernen Bauten zu verschönern und ein etwas lebhafteres gesellschaftliches Leben in Gegenden erblühen zu lassen, die einst kulturelle Wüsteneien gewesen waren.

Auch läßt sich beim gegenwärtigen Stand der Forschung nur sehr schwer sagen, wie gut die Gerichte funktionierten. Zweifellos machten sie den Menschen in den Provinzen das Leben leichter, brauchten diese doch nicht mehr Hunderte von Kilometern zum nächsten Gericht zu reisen. Die Wartelisten für Prozesse scheinen sich deutlich verkürzt zu haben, auch wenn es offenkundig Verzögerungen gab, sobald Rechtsmittel eingelegt wurden. Am Ende von Katharinas Regierungszeit, im Jahre 1796, sollen dem Senat mehr als 11 000 unerledigte Fälle vorgelegen haben. Zwar wirkt diese Zahl sehr hoch, doch entsprach sie in etwa dem Arbeitspensum eines Jahres, und das war angesichts des bei Verfahren in Rußland üblichen Papierkriegs und im Vergleich mit Zahlen anderer Länder nicht unmäßig viel. Andererseits ist es möglich, daß die Qualität der Rechtsprechung nicht deutlich zunahm. Noch 1775 gab es in ganz Rußland keine einzige Einrichtung zur Juristenausbildung, und der erste Professor für russisches Recht, der an der einzigen Universität des Landes, nämlich der von Moskau, Vorlesungen auf russisch hielt, war der 1767 berufene Simon Desnizki, der bei Adam Smith in Glasgow studiert hatte. Später, von 1778–1780, war er auf Katharinas Aufforderung für die Übersetzung von Blackstones Kommentaren zu den Gesetzen Englands ins Russische zuständig. In der Mehrzahl der Strafrechtsfälle erfolgte die Klageerhebung nicht durch den Staat, sondern durch den Geschädigten, der außerdem die Kosten des Verfahrens zu tragen hatte (was zu jener Zeit auch in England üblich war). Auch gab es keine ausgebildeten Verteidiger. Das Verfahren fand ausschließlich schriftlich statt, und die Parteien waren auf die Dienste einer Art Sachwalter angewiesen, sogenannter *strjaptschije*. Diese Quasi-Anwälte faßten Dokumente ab und plädierten für ihre Mandanten; ihre Ausbildung erfolgte ausschließlich auf praktischer Ebene. Viele russische Adlige hatten in der zweiten Hälfte des 18. Jahrhunderts an ausländischen Universitäten Jura studiert, doch genügte deren Zahl bei weitem nicht, die neuen Gerichte mit Personal zu versorgen.

Wenig ist darüber bekannt, wie das neu eingeführte Gewissensgericht funktionierte. Bisher sind nur zwei Untersuchungen über seine Arbeit vorgelegt worden. Viele Historiker aus dem Westen haben die Vermutung geäußert, es sei unter der Regierung Pauls I. (1796–1801) aufgelöst worden. Dabei haben sie aber wohl übersehen, daß diejenigen, für die das zutraf, unter Alexander I. wieder eingeführt wurden. Die Gewissensgerichte, in die jeweils zwei Beisitzer aus dem gesellschaftlichen Stand gewählt wurden, gegen dessen Angehörige man verhandelte, ließen sich, insbesondere in unentwickelten ländlichen Gebieten, in denen nur wenige Adlige lebten, möglicherweise leichter einrichten als »ordentliche« Gerichte. Mit Sicherheit scheinen sie in Fällen tätig geworden zu sein, die strenggenommen nicht in ihre Zuständigkeit fielen, wie beispielsweise Verbrechen bis hin zum Mord. So hat sich der Verfasser der jüngsten Untersuchung zur Institution des Gewissensgerichts über die große Zahl von Verbrechen geäußert, die vor einem von ihnen verhandelt wurden, und zwar »Diebstahl, Fälscherei, Inzest, Vergewaltigung, Brandstiftung, Vernachlässigung eines unehelich geborenen Kindes, dreizehn Mordfälle, wobei es in dreien darum ging, daß ein Adliger seine Leibeigenen zu Tode gefoltert hatte«.

Die Gewissensgerichte verhandelten auch gegen Minderjährige oder Geistesschwache. Bei ihrer Entscheidung berücksichtigten sie im allgemeinen mildernde Umstände und verurteilten schuldig befundene Angeklagte zu milderen Strafen als andere Gerichte. Aus den gesichteten Unterlagen geht hervor, daß die Zahl der vor ihnen verhandelten Fälle immer mehr zunahm. Beispielsweise stieg sie in Sankt Petersburg von 32 im Jahre 1780 auf 244 im Jahre 1793. Man mag die Hauptstadt als Sonderfall ansehen, aber die Zahl der vor anderen Gerichten verhandelten Fälle liegt ähnlich. Allerdings gibt es nur sehr wenige Gerichtsakten, aus denen hervorgeht, daß in Haft Genommene verlangten, entsprechend den Anweisungen des Statuts vor Gericht gestellt oder binnen drei Tagen auf freien Fuß gesetzt zu werden. Bisher sind für das 18. Jahrhundert lediglich drei Fälle und im 19. Jahrhundert ein Fall bekanntgeworden. Möglicherweise verstanden Menschen aus einer niedrigen Gesellschaftsschicht und mit unterentwickelten geistigen Fähigkeiten nicht, was es mit der Einrichtung des *habeas corpus* in russischer Verkleidung auf sich hatte, oder sie wußten nicht, wie sie das Verfahren in Gang setzen konnten. Da es aber keine Strafverteidiger gab, konnte einen Angeklagten niemand beraten. Dennoch funktionierten die Gewissensgerichte bis weit ins 19. Jahrhundert hinein recht ordentlich und wurden erst in den vierziger Jahren allmählich abgeschafft. Es verdient erwähnt zu werden, daß Katharina selbst sehr großes Zutrauen zum Nutzen des Gewissensgerichts hatte, denn sie schrieb am 20. September 1777 an Voltaire: »Die Erfahrung der beiden vergangenen Jahre hat uns gezeigt, daß das gemäß meinen Vorschriften eingesetzte Gewissensgericht dem Winkeladvokatentum den Todesstoß versetzt hat«, und später bemerkte sie ihrem Sekretär gegenüber: »Das Gewissensgericht ist der Puls, der den Stand der Moral in einer Provinz anzeigt.«

So gut wie nichts ist über die Arbeitsweise der höheren und unteren Bauerngerichte bekannt. Bekanntlich hatten Staatsbauern das Recht, für diese Gerichte Beisitzer aus ihren Reihen zu wählen, und es sieht ganz so aus, daß sie in Wirklichkeit häufig Adlige wählten. Die Gerichte sollten in erster Linie in Fällen tätig werden, in denen Bauern gegen Bauern klagten, und viele davon, wenn nicht die meisten, dürften innerhalb der Dorfgemeinschaft von den Ältermännern unter Rückgriff auf das Gewohnheitsrecht geregelt worden sein. Klagten Bauern gegen Angehörige anderer Stände wie Adlige oder Stadtbewohner, kam die Angelegenheit möglicherweise vor das Gewissensgericht. In einem der wenigen Fälle, über die schriftliche Berichte vorliegen, ging es um zwei Leibeigene, die den Gutsbesitzer wegen sexueller Belästigung verklagten.

Bei ihrer Reform der Gerichtshöfe hatte sich Katharina der Hoffnung hingegeben, die Zahl der Fälle, in denen Parteien Rechtsmittel einlegten, werde zurückgehen, und die meisten zivil- und strafrechtlichen Fälle könnten an Ort und Stelle entschieden werden. Diese Annahme erwies sich als irrig. Nach wie vor wurden Fälle vor den falschen Gerichten verhandelt, das heißt Stadtbewohner traten vor Adelsgerichten auf, oder, noch überraschender, Adlige vor Stadtgerichten; Staatsbauern erschienen vor Adelsgerichten, und mitunter standen sogar Leibeigene als Kläger oder Beklagte vor Gericht. Für die Allgemeinheit war das ganze System der Verhandlung vor einem Gericht, das sich (zum Teil) aus Angehörigen des eigenen Standes zusammensetzte, wodurch es für verschiedene Stände unterschiedliche Gerichte gab, offensichtlich zu kompliziert, und in den vielen Fällen, in denen Kläger und Beklagter verschiedenen Gesellschaftsschichten angehörten, verschärften sich die Schwierigkeiten noch. Grundsätzlich sollten die Verfahren vor dem Gericht für den gesellschaftlichen Stand stattfinden, dem der Beklagte angehörte, doch in der Praxis kamen sie vor Gerichte, die für den Stand des Klägers oder Beklagten oder für keinen von beiden vorgesehen waren.

Am wenigsten weiß man über die Tätigkeit der Stadtvögte und Landschaftsordner. Da letztere der Adel wählte, gehörten sie üblicherweise dem Erbadel an, doch ist nicht einmal das sicher. So kam es vor, daß die Krone in Gebieten, in denen nur wenige Adlige ansässig waren, einen Landschaftsordner einfach aus den Reihen der »Menschen von Stand« ernannte, und das konnte ohne weiteres auch jemand sein, der in der Rangtabelle lediglich die Position 9 einnahm, für die kein Erbadel vorgesehen war, so daß er nur den persönlichen Adel besaß. Aufgabe des Landschaftsordners war es, auf Aufforderung durch Gutsherren von Bauern oder Leibeigenen begangenen Verstößen nachzugehen, sofern es sich nicht um solche handelte, die sich mit Hilfe des Standes- oder Gewohnheitsrechts aus der Welt schaffen ließen.

Ein bezeichnendes Beispiel für die Willkür, der man bei russischen Beamten immer wieder begegnete, fiel Jeremy

Bentham auf, als er 1787 seinen Bruder Samuel besuchte, der zu jener Zeit für den Fürsten Potemkin tätig war und als Obrist in russischen Diensten im Rang eines Erbadligen stand. Der für den Kreis zuständige Landschaftsordner, Tscherikow, wollte Samuel (der sich gerade außerhalb befand) festnehmen, weil dieser einigen Kaufleuten, wie es hieß, zweihundert Rubel schuldete. Als sich Jeremy weigerte, für die angebliche Schuld seines Bruders aufzukommen, stellte ihn der Landschaftsordner unter Hausarrest. Sogleich legte Jeremy beim Generalgouverneur der Provinz Mógilew Protest ein. Aus seinem weiteren Bericht gewinnt man den Eindruck, daß ihn dieser wie auch der zuständige Gouverneur zuvorkommend behandelte, wo sich der Landschaftsordner anmaßend verhalten hatte und weit über seine Vollmachten hinausgegangen war. Offenkundig erstreckte sich Potemkins Schutz auch auf Jeremy Bentham.

Lange neigte man zu der Annahme, gewisse Beamte seien, weil sie dem Adel angehörten, automatisch und stets in dessen Interesse tätig geworden, und die Stadtvögte, denen von der Krone die achte Rangstufe, das heißt der Erbadel, zugewiesen wurde, hätten dementsprechend die Interessen der Stadt denen des Adels untergeordnet. Eine solche Darstellungsweise aber würde die Art, wie die Dinge tatsächlich abliefen, in unzulässiger Weise vereinfachen. Häufig hat man in dem Landschaftsordner ein Werkzeug des Adels gesehen, dessen Aufgabe es war, Ordnung unter den Leibeigenen zu halten. Doch zeigte sich an den verschiedenen von Adligen an die Gesetzgebende Kommission weitergeleiteten Instruktionen, daß der Adel die Hoffnung hegte, der Landschaftsordner werde die beständigen Streitereien über Grundstücksgrenzen zwischen Adligen ebenso eindämmen wie das bedenkenlose Vorgehen Adliger, die ihre Bauern dazu anstifteten, Feldfrüchte, Heu und Holz von Äckern, Wiesen und aus Wäldern ihrer Nachbarn zu stehlen. Auf der anderen Seite durfte man nicht annehmen, daß sich ein außerordentlich vermögender Moskauer Kaufmann von einem einfachen Heeresmajor herumkommandieren lassen würde, nur weil dieser in die Position eines Stadtvogts gelangt war. Außerdem würde er es nicht allzu häufig mit Fällen zu tun bekommen, in denen Adlige und Stadtbewohner im Streit lagen.

Viele der im Zusammenhang mit dem Statut von 1775 eingerichteten Fürsorgeausschüsse nahmen ihre Aufgabe ernst. Man kann sie als ersten Versuch der Regierung ansehen, eine Art nichtkirchliches System der sozialen Fürsorge einzurichten und die Gesellschaft zur Mitarbeit daran heranzuziehen. Jedem Ausschuß stand ein Etat von 15 000 Rubeln zur Verfügung, von dessen Zinsen er seine Tätigkeit finanzieren mußte. Einige Hafenstädte wie Sankt Petersburg oder Riga traten auch einen gewissen Prozentsatz der Hafensteuern an die Ausschüsse ab. Zu diesen Beträgen kamen freiwillige Spenden des Adels und der Kaufmannschaft am Ort und sogar von wohlhabenden Bauern. Der äußerst tüchtige Ausschuß von Sankt Petersburg hatte bis zum Jahre 1781 mit Hilfe privater und behördlicher Zuwendungen sein Kapital auf über 31 000 Rubel vergrößert. Es belief sich 1803 auf 561 590 Rubel, von denen 5 000 Rubel aus der englischen Kolonie der Stadt und 5 000 von den anderen dort lebenden Ausländern stammten. Das Gesamtkapital der Ausschüsse in 41 Provinzen war von anfänglich insgesamt 615 000 auf über fünf Millionen Rubel in Assignaten und nahezu 800 000 Rubel in Silber gestiegen. Die Reaktion der Gesellschaft auf die Ermunterung von oben, sich aktiv an der öffentlichen Wohlfahrt zu beteiligen, war also deutlich ausgeprägter, als russische Historiker des 19. Jahrhunderts einzuräumen bereit waren.

Die Gesetze von 1775 enthielten auch genaue Anweisungen für die Einrichtung medizinischer Dienste in den Provinz- und Kreisstädten, deren Notwendigkeit die große Pestepidemie, die 1771 in Moskau gewütet hatte, in nur allzu trauriger Weise gezeigt hatte. Auch die Pocken brachen immer häufiger aus, und schon 1768 hatte Katharina einen bedeutsamen Schritt gegen diese verheerende Krankheit unternommen, als sie sich mit großem öffentlichem Pomp vom englischen Spezialisten Dr. Dimsdale impfen ließ. Ihrem Beispiel folgten viele Angehörige des Adels, und 1768 wurden in Sankt Petersburg, 1771 in Kasan, 1772 in Irkutsk und in vielen anderen Städten Impfhospitäler eingerichtet. Auch in den Ansiedlungen von Leibeigenen und Staatsbauern fand die Impfung allgemeine Verbreitung.

Das Statut von 1775 sah für jede Provinz und jeden Kreis einen approbierten Arzt, einen Wundarzt nebst zwei Gehilfen und zwei Lehrlingen sowie einen Apotheker vor. Neue Friedhöfe wurden außerhalb der Stadtgrenzen und entgegen der vorherrschenden Windrichtung angelegt, um einer Luftverseuchung vorzubeugen. Auch sollten die Fürsorgeausschüsse für Krankenhäuser zuständig sein, die außerhalb und flußabwärts der Städte zu errichten waren. Katharina legte bis ins Detail fest, daß Krankenzimmer geputzt und gelüftet und die Patienten mit frischen Laken, Wasserkrügen und einer Glocke auf dem Nachttisch versorgt werden mußten, damit sie Hilfe herbeirufen konnten. Bereits 1767 war ein nach Paul benanntes Krankenhaus in Moskau errichtet worden (es existiert bis auf den heutigen Tag). Ein zweites Krankenhaus, das Katharinen-Hospital, wurde 1775 errichtet und bestand bis in die Mitte unseres Jahrhunderts. Im Jahre 1778 besichtigte es der Erzdiakon William Coxe, und aus seiner Beschreibung geht hervor, daß man Katharinas Anweisungen bis hin zur

Glocke auf dem Nachttisch buchstabengetreu befolgt hatte. Jedem Patienten stand ein eigenes Bett zur Verfügung, von denen ein rund vierundzwanzig Quadratmeter großer Raum neun enthielt. Im letzten Jahrzehnt des 18. Jahrhunderts ließ Fürst D. M. Golizyn, der im Verlauf seiner vielen Dienstjahre als Botschafter in Wien Katharina manche Angaben über österreichische Wohlfahrtseinrichtungen gemacht hatte, in Moskau auf eigene Kosten das Golizyn-Hospital errichten.

Darüber hinaus versuchte Katharina mit ihrem »Statut«, das russische Strafrecht zu modernisieren, indem sie Gefängnisse einrichten ließ, in denen Menschen untergebracht wurden, die auf ihre Verhandlung oder auf den Abtransport in die Verbannung warteten. Außerdem richtete sie Arbeits- und Armenhäuser ein, in denen Mittellose für ihren Lebensunterhalt arbeiten konnten. Die letztgenannten Institutionen unterstanden den Fürsorgeausschüssen und sollten einmal wöchentlich inspiziert werden. Ferner entwarf die Kaiserin einen Plan für den Bau und die Verwaltung von Gefängnissen. In ihnen sollten Männer und Frauen getrennt voneinander untergebracht werden, Untersuchungshäftlinge nicht mit Verurteilten in Berührung kommen und Vorkehrungen für die medizinische Versorgung getroffen werden. Auch hier wiederum findet sich kein Wort über körperliche Züchtigungen. Verstöße gegen die Gefängnisdisziplin sollten durch Einschluß in eine besondere Zelle geahndet werden. Dieser Plan wurde nie ausgeführt, doch floß ein Teil des darin Vorgesehenen in den Bau des in Sankt Petersburg errichteten neuen Gefängnisses ein, das später von dem englischen Gefängnisreformer des 18. Jahrhunderts, John Howard, besucht und im großen und ganzen gutgeheißen wurde.

Obwohl die Durchsetzung der Reform von 1775 Zeit

brauchte und auf viele unerwartete Hindernisse stieß und obwohl, wie so häufig bei Katharina II., Absicht und Verwirklichung auseinanderklafften, gehört das neue Statut zu den Leistungen, für die sie mit Recht berühmt wurde. Wie solide das Reformwerk war, läßt sich daran erkennen, daß der allgemeine Aufbau der Verwaltung bis zu den Reformen Alexanders II. im Jahre 1864 und die von Katharina vorgenommene Aufteilung der russischen Provinzen mehr oder weniger bis zur Oktoberrevolution des Jahres 1917 überdauerte. Der Gesellschaft Rußlands wurde ein Gesetzesrahmen vorgegeben, innerhalb dessen sie sich entwickeln konnte. Zum erstenmal in seiner Geschichte drang der russische Staat auf die lokale Ebene vor, schuf Verbindungswege zwischen allen Klassen und der Zentrale und eröffnete die Möglichkeit, zu weiteren Reformen anzuregen und Recht und Gesetz zu bewahren.

7

Bewaffnete Neutralität und Annexion der Krim

Von 1774 bis 1787 hatte Rußland Frieden im Innern und an seinen Grenzen. Weder 1774 noch 1775 wurden Rekruten ausgehoben, und zwischen 1776 und 1781 wurde nur jeder fünfhundertste Mann zu den Waffen gerufen. Doch der Friede mit dem Osmanischen Reich stand auf tönernen Füßen. Das hing in erster Linie damit zusammen, daß sich die Türken letztlich weder mit der Unabhängigkeit des Khanats Krim noch mit dem Zufahrtsrecht russischer Handelsschiffe ins Schwarze Meer und ins Mittelmeer abgefunden hatten. Sie fürchteten, und das durchaus zu Recht, daß zum einen nach Aufnahme diplomatischer Beziehungen mit Rußland die Anwesenheit einer großen russischen Gesandtschaft in Konstantinopel den Russen Gelegenheit geben werde, auf türkischem Gebiet Spionage zu treiben, und daß es sich bei den »Kauffahrern« in Wahrheit um verkappte Kriegsschiffe handeln könne.

Mehrfach schien der Kriegsausbruch unmittelbar bevorzustehen. Unruhen, die auf der Krim ausbrachen, veranlaßten Katharina im November 1776 dazu, die Halbinsel erneut besetzen zu lassen und anschließend einen Khan ihrer Wahl einzusetzen. Mit seinem willkürlichen Vorgehen aber stieß dieser unter der Bevölkerung auf so großen Widerstand, daß sich seine Untertanen 1778 gegen ihn erhoben. So besetzten russische Truppen in jenem Jahr die Krim erneut und brachten ihren eigenen Kandidaten auf den Thron. Noch war das Osmanische Reich nicht zum Eingreifen entschlossen, doch als Ende 1778 zwischen Österreich und Preußen Querelen wegen der Erbfolge im Kurfürstentum Bayern auftraten, wurde die Lage in Europa unübersichtlicher. Sollte sich die Auseinandersetzung zu einem Krieg zwischen Österreich und Preußen ausweiten, konnte das mit Preußen verbündete Rußland in ihn mit hineingezogen werden. Damit wäre es verwundbarer gegenüber einem von den Türken in der Krimfrage ausgeübten Druck geworden.

Doch Frankreich, von alters her mit den Türken verbündet, war nicht bereit, sie zu einem Krieg mit Rußland zu ermuntern. Immerhin befand es sich über der Frage des Aufstandes der amerikanischen Kolonien bereits in den ersten Stadien einer Auseinandersetzung mit England, die im Juni 1778 zum Ausbruch eines Krieges zwischen Frankreich und England führte. Der französische Außenminister, Graf de Vergennes, wollte unter allen Umständen verhindern, daß England – wie im Siebenjährigen Krieg – wieder einen Verbündeten auf dem europäischen Kontinent fand, der Frankreich nötigen würde, zu Lande wie auf den Meeren zu kämpfen. So gab er sich größte Mühe, zwischen Russen und Türken in den strittigen Punkten zu vermitteln, wie auch, mit Rußlands Hilfe, zwischen Preußen und Österreich. Nahezu zur gleichen Zeit, im Frühjahr 1779, unterzeichneten das Osmanische Reich und Rußland das Abkommen von Ainalikawak, mit dem die Differenzen einstweilen auf friedliche Weise beigelegt wurden, und Rußland erklärte sich zum Rückzug von der Krim bereit. Als der Bayerische Erbfolgekrieg zwei Monate später, im Mai 1779, mit dem zwischen Friedrich II. und Maria Theresia geschlossenen Friedensvertrag von Teschen endete, war die Drohung eines Krieges von Europa genommen, ganz in Vergennes' Sinne. Bald mußte Großbritannien sowohl gegen Frankreich als auch gegen Spanien kämpfen, und zwar nicht in Europa, sondern auf den Weltmeeren und dem amerikanischen Kontinent.

Allerdings gaben die Briten die Hoffnung nicht auf, einen Verbündeten auf dem europäischen Festland zu finden; sie hatten sich eine Weile vor dem Ausbruch des Krieges mit Frankreich an Rußland gewandt, in der Hoffnung, von dort Söldner zum Kampf auf amerikanischem Boden zu bekommen, wie auch Schiffe, die unter britischem Kommando kämpfen würden. Die erste Forderung wurde von Katharina 1775 unumwunden zurückgewiesen; sie empfand es als im höchsten Grade kränkend, daß man von Rußland erwartete, es werde seine Soldaten als Söldner in fremde Dienste schicken, wie das verschiedene deutsche Kleinstaaten taten. Außerdem bestand Anfang der siebziger Jahre nach wie vor die Schwierigkeit, daß zwischen Großbritannien und Rußland ein förmliches Abkommen geschlossen werden mußte. Beide Länder verband das gemeinsame Interesse am Handel mit Schiffsmaterialien, in erster Linie Erzeugnissen des Waldes, gehörte doch Rußland zu den Haupterzeugern alles Erforderlichen. Von Archangelsk am Weißen Meer wurden große Mengen Bauholz ausgeführt, noch mehr aber von Riga an der Ostsee. Die zu Schiffsmasten bestimmten langen Stämme aus den russischen und polnischen Wäldern wurden die Düna hinabgeflößt und in erster Linie auf englische und holländische Schiffe verladen, welche die anderen europäischen Seemächte damit versorgten. Der anglo-russische Handel war 1766 endlich in einem Handelsvertrag festgeschrieben worden, doch bildete nach wie vor die sogenannte Türkei-Klausel einen Stolperstein auf dem

Weg zu einer engeren politischen Zusammenarbeit. Rußland wünschte für den Fall eines Krieges gegen das Osmanische Reich den Beistand der Briten, doch waren diese dazu nach wie vor nicht bereit, weil sie ihren umfangreichen Handel im Nahen Osten nicht gefährden wollten. (Beispielsweise stand der britische Botschafter in Konstantinopel nicht auf der Gehaltsliste der englischen Regierung, sondern wurde von der Britischen Levante-Handelskompanie besoldet.)

Dadurch, daß im Juni 1778 der Krieg gegen Frankreich ausbrach, in den ein Jahr später auch Spanien eintrat, brauchte Großbritannien eine Verstärkung seiner Flotte noch dringender und unternahm erneut Bemühungen in dieser Richtung. Dabei ging man so weit, Rußland für den Fall eines Krieges mit der Türkei zumindest eine Unterstützung mit Hilfsgeldern zuzusagen. Doch Katharina wollte Rußland keinesfalls in den zwischen den Briten auf der einen und den bourbonischen Mächten und Amerika auf der anderen Seite ausgebrochenen Konflikt hineinziehen, der sie nicht unmittelbar betraf. Sie betrachtete die Art, wie Georg III. seine Beziehungen zu den Amerikanern regelte, mit einer gewissen gutmütigen Herablassung. Eine Verminderung von Großbritanniens Macht bereitete ihr keine Sorgen, und Frankreich brauchte sie nicht zu fürchten, solange sie mit einer der deutschen Großmächte in Mitteleuropa, Preußen oder Österreich, verbündet war. Im Gegenteil bot ihr die besondere Art des amerikanischen Unabhängigkeitskrieges, der vom Standpunkt Europas aus ausschließlich zur See stattfand, da alle Landoperationen auf das amerikanische Festland begrenzt blieben, die Möglichkeit, in europäischen Angelegenheiten für Rußland eine bestimmende Stellung zu erringen. Immerhin verfügte sie über eine Flotte, mit der man zumindest der Zahl der Schiffe nach rechnen mußte, wenn schon nicht unbedingt im Hinblick auf ihre Seetüchtigkeit oder die Fähigkeit der russischen Besatzungen.

Von jeher hatten die Briten in Kriegszeiten neutrale Schiffe auf hoher See gestoppt und ihre Ladung beschlagnahmt, wenn es sich um Eigentum des Feindes (in diesem Fall also französisches, amerikanisches oder spanisches) oder um Kriegs-Konterbande handelte, das heißt um Lieferungen für Heer oder Marine. Bisweilen wurde dieses Vorgehen auch bei Lebensmittellieferungen angewendet. In solchen Fällen wurde als Strafe für den Transport von Gütern, der im Auftrag des Feindes erfolgte, das Schiff ebenfalls eingezogen. Überdies beschlagnahmte Großbritannien die gesamte neutrale Ladung, die sich an Bord aufgebrachter feindlicher Schiffe befand, mit der Begründung, diese sei »infiziert«. Immer wieder hatten die wichtigsten Seehandelsnationen, also Holland, Dänemark, Schweden und viele andere Mächte, die zu jener Zeit neutral waren, dieses Verhalten der Briten angegriffen. Zwar brachten die neutralen Mächte Verständnis dafür auf, daß man Feindeigentum bisweilen beschlagnahmte und daß auch Kriegs-Konterbande der Beschlagnahme unterlag, sofern man die Bestimmungen sehr eng auslegte – keinesfalls aber ein neutrales Schiff, das solche Ladung transportierte. Jetzt beschloß Rußland, mit Hilfe seiner Flotte und als Vertreter der neutralen Mächte deren (und selbstverständlich seinen eigenen) Handel zu schützen. Zu dieser Rolle sah sich Katharina verlockt, weil der Krieg Rußland die Möglichkeit einer verstärkten Ausfuhr von Schiffsmaterialien bot.

Bei Kriegsausbruch brachte Großbritannien Schiffe neutraler Mächte, die Schiffsmaterialien für die Feindmächte Frankreich und Spanien an Bord hatten, als »gerechtfertigte Prise« auf und konfiszierte sie mitsamt ihrer Ladung – sogar russische Schiffe. Holländer wie

Russen protestierten dagegen mit der Begründung, daß sie in Kriegszeiten berechtigt seien, solche Güter zu befördern. (Auch Schweden und Dänemark legten Protest ein; allerdings waren ihre diesbezüglichen Rechte nicht so klar durch Verträge abgesichert.) Dabei stützten sich die Holländer auf den anglo-holländischen Handelsvertrag von 1674, und die Russen auf den anglo-russischen Handelsvertrag von 1766. Um nicht den Eindruck übermäßiger England-Feindlichkeit zu erwecken, nutzte Katharina die Beschlagnahme eines russischen Schiffs durch Spanien, um im März 1780 die »bewaffnete Neutralität« ihres Landes zu verkünden. Dabei legte sie fest, welche Grundsätze einem neutralen Handel zugrunde lagen und unter welchen Voraussetzungen Waren von der Beschlagnahme durch beide kriegführende Parteien verschont zu bleiben hatten. Die damit zusammenhängenden völkerrechtlichen Grundsätze waren unter dem Schlagwort »Frei Schiff, frei Gut« (auch in der Form »die Flagge deckt das Gut«) allgemein bekannt, und sie besagten, daß im Seekrieg auch feindliches Eigentum als Ladung auf einem neutralen Schiff neutral war und nicht als Feindesgut beschlagnahmt werden durfte. In ähnlicher Weise erweiterte Katharina die Definition dessen, was im Handelsvertrag Rußlands mit England, der einen Handel mit Schiffsmaterialien ausdrücklich zuließ, als Konterbande angesehen wurde, und dehnte die Anwendbarkeit dieser Klausel auf alle neutralen Mächte aus.

Dieses Vorgehen bot für Rußland zwei Vorteile. Erstens konnte der Hauptimporteur von Schiffsmaterialien aus Rußland (neben England war das Holland) weiterhin russische Häfen anlaufen und für den Verkauf an Frankreich und Spanien vorgesehene Schiffsmaterialien an Bord nehmen. Zweitens konnte man andere Nationen ermuntern, ihre Schiffe unter der russischen Flagge registrieren zu lassen, wodurch die russische Handelsmarine größer würde. Die ersten Mitglieder der im März 1780 ins Leben gerufenen neutralen Liga waren Rußland, Schweden und Dänemark-Norwegen. Sowohl Frankreich wie Spanien erklärten sich zur Anerkennung der für die Behandlung neutraler Schiffe formulierten Grundsätze bereit, und schließlich traten auch Österreich, Preußen und Portugal der neutralen Liga bei. Alle diese Mächte konnten sich Vorteile davon erhoffen: Die beiden erstgenannten genossen den Schutz der von Rußland, Schweden und Dänemark in der Nordsee eingerichteten Marinepatrouillen, Preußen konnte seine Schiffe nach Holland ausflaggen, und Österreich erhob keine Einwände gegen eine Registrierung von Schiffen in Ostende, segelten sie in dem Fall doch unter der Flagge der Österreichischen Niederlande.

England reagierte auf zweierlei Weise. Erstens erneuerte es seine Versuche, Rußland zu einem Bündnis zu bewegen, wozu es Katharina nicht nur Unterstützung für den Fall eines russisch-türkischen Krieges, sondern sogar die Baleareninsel Menorca anbot. (Sie befand sich seit dem 1713 geschlossenen Frieden von Utrecht im Besitz Großbritanniens, sollte es aber nicht mehr lange bleiben, denn sie fiel 1782 an die französisch-spanische Expeditionsstreitmacht.) Zweitens fand England im Dezember 1780 einen Vorwand, Holland den Krieg zu erklären, das wegen der Größe seiner Handelsflotte vom Standpunkt Großbritanniens aus das gefährlichste Mitglied der neutralen Liga war. Als solches würde es den Schutz der Marinepatrouillen der Russen genießen, um mit Frankreich und Spanien Handel in Schiffsmaterialien zu treiben. Allerdings hatte es zu keinem Zeitpunkt auch nur im entferntesten in Katharinas Absicht gelegen, sich in den Krieg verwickeln zu lassen, und so entzog sie sich ihrer

Verpflichtung, den Holländern beizustehen, mit der Begründung, sie seien dem Abkommen zur bewaffneten Neutralität erst im Dezember 1780 in Sankt Petersburg beigetreten. Zu jenem Zeitpunkt aber hätten sie sich bereits mit Großbritannien im Kriegszustand befunden, ohne daß die Nachricht davon Rußland erreicht hatte, und daher könne man sie nicht mehr als neutral ansehen.

Damals hatte Katharinas Außenpolitik bereits eine andere Richtung eingeschlagen, die eng mit ihren 1774 errungenen Siegen und dem Erwerb eines Stützpunkts am Schwarzen Meer zusammenhing. Von ihrem Anfangserfolg ermutigt, begann sie sich für das später als »Griechisches Projekt« bekannte Unternehmen stark zu machen. Dabei ging es um nicht weniger als die Vertreibung der Türken aus Europa. Ein großer Teil der Bevölkerung in dem Gebiet, über welches das Osmanische Reich in Europa herrschte, hing der orthodoxen Religion an. Das galt vor allem für viele Länder auf dem Gebiet des heutigen Griechenland, auf den Inseln der Ägäis, im heutigen Bulgarien und Rumänien, sowie für zahlreiche der Gebiete, die einen Teil des kürzlich zerfallenen Jugoslawien ausmachten. Kirche wie Bevölkerung jener Länder suchten finanzielle Unterstützung und religiöse Führung eher bei Rußland.

Doch ging es bei dem Griechischen Projekt um mehr als nur die Befreiung der Völker orthodoxen Glaubens vom Joch des Islam. Dazu gehörte auch die Wiedereinnahme von Konstantinopel für die orthodoxe Christenheit, die Schaffung eines Throns für Katharinas zweiten Enkel, der passenderweise den Taufnamen Konstantin trug, und möglicherweise auch die Errichtung eines Königreichs Dacien, das aus den Donaufürstentümern Moldau und Walachei für ihren Liebhaber, G. A. Potemkin, herausgeschnitten werden sollte. Für eine solche Politik war die zwischen Rußland und Preußen bestehende Allianz wertlos, und Katharina begann sich Hoffnungen auf eine solche mit Österreich zu machen, vor allem, nachdem Kaiser Joseph II. ihr im Mai 1780 einen Besuch abstattete, wobei die beiden Herrscher die Grundlagen zu einer späteren Verständigung legten. Stets hatte der Habsburger gehofft, Rußland von seinem Bündnis mit Preußen abbringen zu können, doch zu Lebzeiten seiner Mutter, der Kaiserin Maria Theresia, war er nicht befugt gewesen, allein über die österreichische Außenpolitik zu bestimmen. Es war Katharina II. durchaus klar, daß sie, solange sie mit einer der beiden deutschen Großmächte verbündet war, die andere nicht zu fürchten brauchte. Außerdem würde Österreich für den Fall eines neuen Krieges gegen die Türkei und einer weiteren Expansion im Süden einen geeigneteren Partner abgeben als Preußen, hatte es doch nicht nur eine gemeinsame Grenze mit der Türkei, sondern gleichfalls Eroberungsgelüste.

Maria Theresias Tod im November 1780 befreite Kaiser Joseph von den Beschränkungen, die sie ihm auferlegt hatte, und im Juni 1781 wurde ein Abkommen geschlossen, das vorsah, im Fall eines Krieges gegen die Türkei gemeinsame Sache mit Rußland zu machen. Es blieb bis Juni 1783 geheim und stärkte Katharinas Position sehr, als sie ihre nächste Gebietserwerbung plante, nämlich die Annexion der Halbinsel Krim. Für sie war es wichtig, bei dieser größeren Veränderung im Kräftegleichgewicht vollendete Tatsachen zu schaffen, solange Frankreich mit Großbritannien im Kriege lag, so daß keine der beiden Mächte zu einer Einmischung bereit und in der Lage war. Katharina wie Joseph II. waren als Vermittler zwischen den kriegführenden Parteien, Frankreich und Spanien auf der einen Seite und Großbritannien auf der anderen, angerufen worden, doch niemand nahm diese Vermittlung sehr ernst. Katharina faßte ihre Pläne im Herbst 1782, und im April 1783 bekam Potemkin den Befehl zum Abmarsch auf die Krim. Im Juli war die Halbinsel von Rußland besetzt.

Nun mußte noch dafür gesorgt werden, daß die durch diesen Übergriff aufgebrachten Türken Rußland nicht den Krieg erklärten. Dazu übte Katharina Druck auf den österreichischen Verbündeten aus. Joseph II. sah sich in einer Zwickmühle: Entweder zwang er Katharina, die Krim aufzugeben, und verlor damit seinen russischen Verbündeten, oder er nahm deren Annexion durch Rußland hin, ohne dafür eine Entschädigung zu bekommen. Er entschied sich für letztere Lösung. Keine andere Macht war in der Lage, offen zu protestieren. Zwar waren im Januar 1783 zwischen Frankreich und England Friedensvereinbarungen unterzeichnet worden, doch der eigentliche Friedensvertrag wurde erst im September jenes Jahres besiegelt. Beide Mächte sahen sich außerstande, ihren Konflikt hintanzustellen und Rußland gemeinsam die Stirn zu bieten.

Das Khanat der Krim bedeutete für Rußland eine größere Erwerbung. Immerhin bestand es nicht nur aus der eigentlichen Halbinsel, sondern verfügte auch über ein ausgedehntes Hinterland, das nunmehr den 1774 erworbenen Gebietsstreifen mit dem Don und dem Kuban verband, so daß das Asowsche Meer zu einem russischen Binnensee wurde. Die Gebiete der Kosakengemeinschaften waren nur äußerst dünn besiedelt gewesen, und Städte hatte es dort nicht gegeben. Die Provinz, die wegen ihrer Beziehungen zur griechischen Antike in »Taurien« umbenannt wurde (der Überlieferung nach hatte dort Agamemnons Tochter Iphigenie Zuflucht gefunden), besaß neben mehreren seit längerem bestehenden Städten, die als Regionalzentren dienten, die herrliche Bucht von Achtiar, an der schon bald der bedeutende Flottenstützpunkt Sewastopol angelegt wurde. Zur Zeit der Annexion durch Rußland gab es auf der Krim viel ungenutztes Land, denn viele ihrer christlichen Einwohner waren 1778 nach Rußland ausgewandert, während sich in den Jahren zwischen dem (1774 geschlossenen) Vertrag von Kütschük Kainardschi und der russischen Annexion von 1783 islamische Tataren, deren Zahl verschiedentlich zwischen 150000 und 300000 geschätzt wurde, auf türkischem Gebiet angesiedelt hatten. Obwohl sich die russischen Behörden bemühten, die bodenständige tatarische Elite mit einer gewissen Zuvorkommenheit zu behandeln (ihr Adel wurde in den Rußlands integriert, das russische System der Lokalverwaltung gemäß dem 1775 erlassenen Statut mitsamt dem Wahlrecht auf das neue Gebiet ausgedehnt und den Tataren islamischen Glaubens vollständige Religionsfreiheit gewährt), wanderten die Tataren weiterhin in großer Zahl in die Türkei ab, so daß sie durch Russen ersetzt werden mußten.

Die wirtschaftliche Entwicklung des Südens machte nun rasche Fortschritte. Neurußland und die Gebiete der Saporoger Kosaken wurden unter dem Generalgouverneur Fürst G. A. Potemkin zur neuen Provinz Jekaterinoslaw (Katharinas Ruhm) zusammengefaßt. Da die Grenze jetzt sicher war, bestand keine Notwendigkeit mehr, das Gebiet durch Wehrbauern besiedeln zu lassen, und riesige Teile unbewohnten Landes wurden an russische Magnaten und Adlige, ja sogar an tatarische Fürsten oder jeden anderen verschenkt oder verkauft, der sich als fähig erwies, deren Kolonisierung voranzutreiben. Potemkin hieß geflohene Leibeigene willkommen, ohne deren Herkunft allzu genau zu untersuchen, und hätte sogar englische Sträflinge aufgenommen, die jetzt nicht mehr in die amerikanischen Kolonien deportiert werden konnten (der erste Sträflingskonvoi nach Botany Bay in Australien lief erst 1787 aus einem englischen Hafen aus). Anfänglich gab es Schwierigkeiten, als neu ins Land gekommene russische Grundeigentümer den einheimischen tatarischen Bauern die in Rußland übliche Leibeigenschaft aufzuerlegen versuchten, doch Rußlands Regierung unterband diese Vorgehensweise. Allerdings erklärte sie sich 1796 auf Druck russischer Grundeigentümer bereit, der Forderung nachzugeben, daß sich Bauern nicht ohne Erlaubnis aus den Dörfern entfernen durften, in denen sie registriert waren. Neueren sowjetischen Forschungen zufolge bedeutete aber diese Umkehrung der einstigen Potemkinschen Politik, freie wie flüchtige Siedler aufzunehmen, weder den Verlust der persönlichen Freiheit noch eine Ausweitung der Leibeigenschaft im Sinne des Wortes auf dies Gebiet.

Potemkin errichtete nicht nur Städte; er baute auch eine Flotte auf, und Katharina sprach, wobei sie an die Beziehung zwischen Venedig und der Adria dachte, von der »Vermählung der russischen Flotte mit dem Schwarzen Meer«. Zuerst wurde in Cherson im Mündungsgebiet des Dnjepr ein Flottenstützpunkt angelegt, doch erwies er sich für einen Hafen als ungeeignet und bot keinen Schutz vor der türkischen Festung von Otschakow. Daher wurden die Anlagen 1784 nach Sewastopol verlegt. Im Jahre 1783 bestand die russische Schwarzmeerflotte aus 41 großen und 18 kleinen Schiffen; weitere 8 Linienschiffe mit 66 Bordgeschützen waren im Bau. Zwar kamen noch viele kleinere Kanonenboote, Kutter und unbewaffnete kleine Schiffe hinzu, doch war die russische Flotte den türkischen Seestreitkräften zahlenmäßig unterlegen. Die Lieferung von Material für den Bau von Schiffen wie für die Ausrüstung der Flotte belebte die Wirtschaft Weißrußlands, des Gebiets, das bei der ersten Teilung Polens an Rußland gefallen war. An diesem Handel, der über die Wasserstraße des Dnjepr abgewickelt wurde, war Potemkin persönlich interessiert, betrieb er doch von seinen weißrussischen Gütern in Kritschow aus, die zu jener Zeit Samuel Bentham für ihn bewirtschaftete, einen blühenden Handel mit Schiffsmaterialien.

Es wäre allerdings falsch zu glauben, daß Katharinas Vorgehen im Süden in Rußlands politischen Kreisen auf einhellige Billigung gestoßen wäre. Selbstverständlich erhoben sich Stimmen gegen das Griechische Projekt, die sich gegen den Erwerb »nutzloser Wüstengebiete« im Süden und gegen die Annexion der Krim aussprachen, weil das nach Ansicht vieler erneut zum Krieg gegen die Türkei führen würde. Graf Nikita Panin, der seit Katharinas Machtergreifung im Jahre 1762 an ihrer Seite die Außenpolitik beherrschend mitbestimmt und sich bedingungslos für das (von ihm selbst 1764 eingefädelte) Bündnis Rußlands mit Preußen eingesetzt hatte, versuchte 1781 mit Zähnen und Klauen, den Abschluß des Geheimabkommens mit Österreich zu verhindern. Fragen der Außenpolitik verflochten sich mit persönlichen Querelen über den Einfluß auf die Kaiserin. Kampfbereit stand Potemkin, der das neue Griechische Projekt der Kaiserin voller Begeisterung vorantrieb, Panin als Sprachrohr der Partei am Hofe gegenüber, die sich auf Rußlands angestammte Gebiete beschränken wollte. Ihren Höhepunkt erreichte die Auseinandersetzung im September 1781, als die Kaiserin Panin aus seinem hohen Amt im Kollegium der Auswärtigen Angelegenheiten entfernte. Statt seiner war jetzt ihr einstiger Sekretär, Graf A. A. Besborodko, bis zu ihrem Tode für die Außenpolitik verantwortlich. Von Stund an war das Bündnis mit Österreich Grundbestandteil von Katharinas Außenpolitik und blieb es bis zum Ende.

Politische Notwendigkeit wie natürliche Neugier drängten sie dazu, ihrer Neuerwerbung einen Besuch abzustatten. Sie hatte im russischen Reich bereits mehrere Reisen unternommen, um sich mit den Lebensbedingungen des Volkes vertraut zu machen und ihm Gelegenheit zu Bezeugungen seiner Treue und Ergebenheit zu bieten. Bei ihrem Besuch der baltischen Provinzen im Jahre 1764 hatte sie sich sehr von der dort herrschenden Ordnung beeindruckt gezeigt; im Jahre 1767 reiste sie wolgaabwärts bis Kasan, einer Stadt, die weit orientalischer wirkte als jede, die sie zuvor gesehen hatte, und von deren exotischer Atmosphäre und Wohlstand sie sich überaus angetan zeigte. Quartier nahm sie im Hause eines reichen Kaufmanns, das zu ihrer Verblüffung über neun hintereinanderliegende Räume verfügte, deren Wände alle mit Seide bespannt waren und in denen vergoldete Sofas und Sessel standen.

Ihre gelegentlichen Besuche in Moskau gaben ihr Gelegenheit, unterwegs zu sehen, welche Verbesserungen es auf dem Lande gab. Bei ihrer Reise von Petersburg nach Moskau im Jahre 1775 verglich sie, was sie sah, mit den Bedingungen, die acht Jahre zuvor geherrscht hatten. »Vor Jahren«, schrieb sie an einen ihrer regelmäßigen Korrespondenten im Ausland, »konnte man kleine Kinder barfuß im Schnee durch die Dörfer laufen sehen; jetzt tragen alle einen Mantel über ihrer Kleidung und haben Stiefel an den Füßen. Die Häuser sind nach wie vor aus Holz, aber größer und meistens zweistöckig.«

Im Jahre 1780 bereiste sie Weißrußland und den Norden Rußlands, um die gemäß dem Statut von 1775 geschaffenen Einrichtungen zu inspizieren, und 1785 besichtigte sie das Kanalsystem von Wischni-Wolotschok, das die Newa mit der Wolga verband und einen Teil der Wasserstraße zwischen Moskau und Sankt Petersburg bildete. Einen Teil des Weges legte sie in Kutschen zurück, einen anderen auf reich verzierten Flußschiffen. Des Willkommens durch die Bevölkerung sicher, hatte sie den französischen, englischen und österreichischen Botschafter eingeladen, sie auf der Reise zu begleiten. Der französische Botschafter, Graf de Ségur, hat eine lebendige Beschreibung der Bauern geliefert, die sich Katharina näherten, sie »Mütterchen« nannten und furchtlos und ohne Vorbehalte mit ihr redeten. Gleichfalls beschrieben hat er die Unmenge kleiner Boote, die auf dem Ilmensee die Flußschiffe umringten. Sie waren voller Bauern, die verschiedene Instrumente spielten und bei Einbruch der Dunkelheit ihre wehmütigen Lieder sangen.

Potemkin hatte Katharina schon eine ganze Weile zu einem Besuch im Süden ihres Reiches gedrängt, und schließlich brach sie im Januar 1787 auf, erneut von den Botschaftern Englands, Frankreichs und Österreichs begleitet, denen die Leistungen ihres auserwählten Günstlings vorgeführt werden sollten. Da man im Winter aufbrach, verlief die Reise dank luxuriöser Schlitten weit einfacher und angenehmer; Bärenfelle und Biberfellmützen boten Schutz gegen die Kälte. Nach kurzem Aufenthalt in Smolensk zog die Gesellschaft nach Kiew weiter, wo sie an Bord einer Flotte prunkvoll eingerichteter Flußschiffe ging, um den Dnjepr hinabzufahren. Es ging langsam voran; die Schiffe legten oft an, und so konnten die Reisenden an Land gehen und am Ufer entlangwandern. »Städte und Dörfer, Landsitze und Bauernhütten«, schrieb der französische Botschafter, »waren so mit Blumengebinden und eleganten architektonischen Verzierungen verschönt und herausgeputzt, daß sie den herrlichen Eindruck gleichsam über Nacht errichteter Paläste und von Feenhand hervorgebrachter Parks erweckten.« In der Nähe größerer Städte wurden Truppen zusammengezogen, die sich in hervorragender Ordnung präsentierten. Südlich von Perejaslawl, wo das rechte Dnjeprufer zu Polen-Litauen gehört, traf Katharina in Kanew mit ihrem einstigen Liebhaber Stanisław Augustus zusammen, den sie zum König von Polen gemacht hatte. Dann ging die Fahrt flußabwärts nach Krementschug weiter, wo sich sozusagen Potemkins Hauptquartier befand. Von dort wurde die Reise nach Kajdak fortgesetzt, und dort bezwang die Gesellschaft die erste der berühmten Stromschnellen jenes Flusses. Geführt wurden die Schiffe von Angehörigen der Bruderschaft der Dnjepr-Lotsen, die Potemkins Faktotum M. L. Falejew 1785 ins Leben gerufen hatte und die bis 1917 bestand.

Hohes Lob zollt Ségur Potemkins Regie, die stets dafür sorgte, daß die Schiffe für die Nacht nahe einem malerisch gelegenen Städtchen oder Dorf anlegten, und ganze Viehherden sowie Scharen fröhlich singender Bauern herbeizauberte. Sehe man freilich, schrieb er,

> »... von allem ab, was an dem von ihm Geschaffenen künstlich war, läßt sich auch die Wirklichkeit erkennen; bei der Übernahme dieser ungeheuer großen Provinz durch Rußland (1774) lebten dort lediglich 204000 Einwohner; unter seiner Verwaltung ist die Bevölkerung in wenigen Jahren auf 800000 angewachsen ... Ein Franzose, der seit drei Jahren hier lebt, hat mir berichtet, daß er bei seinen alljährlichen Reisen durch die Provinz blühende Dörfer an Orten vorfand, die er als wüst und leer kennengelernt hatte. So erstreckt sich zwischen Kajdak und Cherson eine ungeheure grüne Fläche, auf der Rinder-, Pferde- und Schafherden weiden.«

In Kajdak erfuhren die Reisenden, Joseph II. sei bereits in Cherson eingetroffen und reise der Kaiserin auf dem

Landwege entgegen. Katharina, die sich unter keinen Umständen an Zuvorkommenheit übertreffen lassen wollte, eilte ihrem erlauchten Gast entgegen. Bald darauf legte sie in Gegenwart des Kaisers den Grundstein für die neue Stadt Jekaterinoslaw (heute Dnjepropetrowsk), die nach den neuesten Erkenntnissen der russischen Stadtplanung errichtet werden sollte. Die von Potemkin entworfenen detaillierten Pläne sahen eine Universität, ein Theater und eine Kirche von gewaltigen Ausmaßen vor.

Das im Verlauf von lediglich neun Jahren in Cherson Erreichte beeindruckte Ségur zutiefst. An die Festungsanlage, die eine Garnison von 24000 Mann aufnehmen konnte, wurde letzte Hand gelegt. Die Stadt besaß öffentliche Gebäude, stattliche Kirchen und 2000 Wohnhäuser. Ihre Geschäfte quollen von Waren aus Abendland und Morgenland über. Im Hafen lagen rund 200 Schiffe vor Anker, auf der Werft waren zwei Kriegsschiffe fertiggestellt, und eine Fregatte stand kurz vor dem Stapellauf. Die Nachteile des Hafens waren seine ungesunde Lage im Sumpfgebiet und die geringe Wassertiefe, die es erforderlich machte, die Schiffe zu leichtern, bevor sie den Dnjepr hinauffahren konnten. Lediglich das Erscheinen eines Geschwaders türkischer Schiffe, die am gegenüberliegenden Ufer der Dnjeprmündung bei Otschakow ankerten, hinderte Katharina daran, der russischen Festung von Kinburn einen Besuch abzustatten.

Ende Juni bereiste eine kleinere Gesellschaft die Krim. Mit einer Eskorte von 1200 tatarischen Reitern zog die Kaiserin nach Bakhtschisarai, wo sich der Hof im Palast der tatarischen Khane einquartierte. So residierte jetzt eine Kaiserin, die ins Haus der Romanows eingeheiratet hatte, an dem Ort, wo der letzte Sproß aus Dschingis-Khans Geschlecht geherrscht hatte.

Der einzigartige Blick, den man von den Bergen oberhalb der Bucht von Sewastopol auf die 25 Kriegsschiffe der neuen russischen Flotte hatte, beeindruckte und beunruhigte Joseph II. wie den französischen Botschafter. Katharina nahm die Parade ihrer Flotte von Bord eines Schiffes ab und führte dann ihren Gästen neben den neuen Lagerhäusern und Werftanlagen zwei Krankenhäuser sowie die Einrichtungen für die Garnison und die Verwaltung der neuen Stadt vor. Ségur war verblüfft, daß man in lediglich vier Jahren soviel erreicht hatte. Stolz und Bewunderung erfüllten Katharina, straften doch Potemkins Leistungen nicht nur das ihn kritisierende müßige Gerede bei Hofe Lügen, sondern auch die von Mund zu Mund weitergetragene boshafte Behauptung, seine Dörfer bestünden aus bemalten Pappwänden, und seine glücklichen Bauern seien jedesmal dieselben, die man von einem Ort zum anderen transportiere, damit sie vor der Kaiserin und ihren Gästen immer wieder auftreten konnten. Bekanntlich kennt man noch heute jegliche Art von Schönfärberei, mit der man die sich dahinter verbergende Armseligkeit vertuschen will, als »Potemkinsche Dörfer«. Gewiß, Potemkin rückte die neue Provinz vor den Augen seiner Kaiserin ins beste Licht, doch konnte er auf wirkliche Ergebnisse verweisen. Das belegen nicht nur die Äußerungen des französischen Botschafters, es wird auch von der späteren sowjetischen Forschung bestätigt. Die Türken gaben sich mit Sicherheit keinen Täuschungen über die Stärke von Potemkins neuer Flotte hin, dic zwar über weniger Schiffe verfügte als ihre eigene, aber von ihrem Ankerplatz lediglich zwei Tage hätte segeln müssen, um ins Herz des Osmanischen Reiches vorzudringen.

Tatsächlich hatten die Türken mit wachsender Besorgnis zugesehen, wie Potemkin für den Besuch der Kaiserin immer mehr Truppen zusammenzog, und seine vorwärtsdrängende Politik, die darauf abzuzielen schien, die Türken aus Europa zu vertreiben, versetzte sie in immer größere Unruhe. Allerdings fand diese Absicht Rußlands weder bei seinem Verbündeten Joseph II. noch in Frankreich Unterstützung. Den Türken schien die Zeit für einen Präventivschlag mehr als reif, und der König von Schweden suchte ohnehin nach einem Vorwand, Rußland zu einem Zeitpunkt den Krieg zu erklären, da eine Auseinandersetzung mit den Türken dessen Kräfte band. Sein in Sankt Petersburg residierender Gesandter war nicht eingeladen worden, die Kaiserin auf ihrer Reise in den Süden zu begleiten, und vertrieb sich die Zeit damit, seinem König boshaften Klatsch über die angeblich betrügerische Art von Potemkins Errungenschaften weiterzuberichten. König Gustav von Schweden hoffte, die Türkei werde Rußland den Krieg erklären, solange sich Katharina im Süden befand, denn er setzte seine Hoffnungen auf einen Staatsstreich in Sankt Petersburg, der zu einer Revolution, wenn nicht zum Sturz der Kaiserin führen konnte, sofern sie sich nicht in der Hauptstadt aufhielt. Da aber die Türken die Kaiserin fern vom Kriegsschauplatz wissen wollten, warteten sie mit ihrer Kriegserklärung, bis sie nach Norden zurückgereist war. Als sie im August 1787 in Sankt Petersburg eintraf, schickten sie nach dem russischen Gesandten und setzten ihn in der Festung Yedikule fest, im »Schloß der Sieben Türme« – die in jenem Lande übliche Art, den Krieg zu erklären.

8

Katharinas Einfluß auf Rußlands Kulturleben

Ein der Entfaltung absoluter Monarchien gemeinsames Merkmal war die Konzentration des Kulturlebens um den jeweiligen Hof. Zeugnisse dafür hatte es sogar in England gegeben, bis die Revolution von 1688 dem Absolutismus des Königs Einhalt gebot. Unter den Tudors und Stuarts hatten der Hof oder große Herren in seinem Dunstkreis Dichter, Stückeschreiber, Musiker und Schauspieler beschäftigt, und die Ausgaben für sie machten einen beträchtlichen Etatposten der Krone aus. Mit dem Übergang der Königswürde auf das Haus Hannover nahm die kulturelle Rolle des Hofes in England zum Teil ab (doch war König Georg I. klug genug, sie zu nutzen, wenn sie ihm politische Vorteile zu bieten schien), und das zu einer Zeit, da man im übrigen Europa dem von Ludwig XIV. ins Leben gerufenen Vorbild nacheiferte. Das galt durchaus auch für Peter I., und zwar mehr, als gewöhnlich eingeräumt wird.

Bei Katharinas Thronbesteigung im Jahre 1762 hatte das französische Vorbild aus dem 17. Jahrhundert in ganz Europa mehr oder weniger ausgedient, sei es – wie bei Friedrich II. von Preußen oder Kaiser Joseph II. – aus finanziellen Gründen, sei es, weil sich Europas gekrönte Häupter nach einem eher privaten Leben in häuslicher Bequemlichkeit sehnten. Katharina hingegen war von klein auf dazu angehalten worden, das glänzende und geordnete Hofleben zu bewundern, das ihrem heimatlichen Stettin in ebenso auffälliger Weise abging wie dem abgewirtschafteten Hof von Kaiserin Elisabeth und Peters III., ihrer Vorgänger auf dem Thron. Hinzu kam, daß es außer am Hof in Sankt Petersburg oder Moskau nahezu nirgends im Lande Theatervorstellungen, Konzerte, Ballett- und Opernaufführungen oder dergleichen gab. Damit unterschied sich Rußland von den anderen Ländern Europas, bot doch in Paris, London, Venedig oder Madrid eine blühende private Unterhaltungsindustrie alles, wonach Adel und einfachem Volk der Sinn stand.

Unverzüglich machte sich Katharina daran, dem Hof seine zentrale Rolle wieder zuzuweisen. Sie überarbeitete die Rangstufen und das Protokoll, sorgte für passende Unterhaltung und gewährte neben Oper und Ballett auch den öffentlichen Theatern, die in französischer und russischer Sprache spielten, finanzielle Unterstützung. Schließlich ließ sie in Sankt Petersburg in unmittelbarer Nachbarschaft zum Winterpalais in der Eremitage ihr eigenes Privattheater errichten, zu dem Höflinge und Offiziere mit ihren Damen freien Eintritt hatten, ja sogar Bedienstete, sofern sie nicht Livree trugen.

Katharinas Leidenschaft zu schreiben wurde der Öffentlichkeit zum erstenmal durch ihre »Instruktion« bekannt. Doch kaum waren bei Ausbruch des Krieges gegen die Türkei die Plenarsitzungen der Großen Kommission für die Zusammenstellung eines Gesetzbuchs aufgegeben worden, als sie sich – anonym – mit einem weiteren Erzeugnis aus ihrer Feder zu Wort meldete. Es sollte dem geistigen Leben ihrer Wahlheimat seinen dauerhaften Stempel aufdrücken.

Zu Anfang des Jahres 1769 erschien die erste Nummer einer nicht besonders umfangreichen satirischen Wochenzeitschrift mit dem Titel *Wsjakaja Wsjatschina* (Allerlei oder Von jedem etwas). Selbstverständlich hatte es auch vorher Zeitschriften gegeben, aber keine hatte sich so getreulich an das Muster der englischen Vorbilder *The Tatler* oder *The Spectator* gehalten, die mit ihrem gutmütigen Spott nicht etwa einzelne Personen verhöhnten, sondern allgemein verbreitete Laster und Schwächen aufspießten. Niemand hat je eine befriedigende Erklärung dafür gefunden, warum sich Katharina gerade zu einer Zeit, da sie zu einem Krieg getrieben worden war, veranlaßt sah, in aller Öffentlichkeit die Schwächen der russischen Gesellschaft anzuprangern: Unwissenheit, Aberglaube, Korruption, unmenschliche Behandlung von Bauern und Bewunderung für alles Französische. Erst um die Mitte des 19. Jahrhunderts, als mehrere unveröffentlichte Bruchstücke auftauchten, die sie offenkundig für *Wsjakaja Wsjatschina* geschrieben hatte, erkannte man, daß zwischen ihr und dieser Zeitschrift eine Beziehung bestand. Die darauf zurückgehende Vermutung der Historiker, Katharinas Beteiligung daran sei im 18. Jahrhundert allgemein bekannt gewesen, muß man im Rückblick als unwahrscheinlich werten. Man hätte es als viel zu gefährlich und unterhalb der Würde der Kaiserin angesehen, daß sie sich in die Niederungen des Journalismus begab.

Hinter der Zeitschrift wurde ein hoher Beamter vermutet, einer der Sekretäre der Kaiserin, G. Kosizki, und das genügte, der Öffentlichkeit zu signalisieren, daß die Kaiserin dem Gegenstand wohlwollend gegenüberstand. Unter dem Namen »Oma« forderte die Herausgeberin Kinder und Enkel auf, der von ihr vorgegebenen neuen Richtung zu folgen, und diese ließen sich nicht lange bitten. Mit einem Schlag trat 1769 eine ganze Reihe satirischer Zeitschriften auf den Plan. Die bekanntesten von ihnen waren die von N. I. Nowikow herausgegebene *Truten* (Die

Drohne), *Adskaja Potschta* (Die Höllenpost), die der Romanautor F. Emin herausgab und die sich zum Teil am französischen *Dialogue entre le diable boiteux et le diable borgne* (Zwiegespräch zwischen dem hinkenden und dem einäugigen Teufel) orientierte, sowie Smes (Vermischtes), deren Herausgeberschaft nach wie vor nicht mit Sicherheit bekannt ist. Der Inhalt dieser satirischen Zeitschriften waren zum großen Teil Nachdrucke aus *The Spectator*, *The Rambler* und *The Tatler*, die auf dem europäischen Kontinent in Gestalt ins Französische und Deutsche übersetzter Sammelwerke große Verbreitung fanden. Der bloße Name der russischen Zeitschriften *Truten* oder *Schiwopisez*, die den Eindruck erwecken, als stehe der Herausgeber außerhalb der Ereignisse und beschreibe die Vorgänge, ohne selbst daran beteiligt zu sein, spiegelt Titel und Haltung der Herausgeber der englischen Vorbilder.

Auch brachten die Zeitschriften speziell für sie verfaßte und auf die russischen Bedingungen zugeschnittene Beiträge. Beispiele dafür sind die in *Truten* enthaltenen Angriffe gegen die »Gallomanie«, also das Bestreben junger, geckenhafter Höflinge, möglichst für Franzosen gehalten zu werden, oder die ebenso bissigen Attacken der Zeitschrift gegen die Besitzer von Leibeigenen, die ihre Leute ausbeuteten und mißhandelten. Auch hier ist die wirkliche Urheberschaft einiger Artikel bis auf den heutigen Tag ungewiß; man hat sie Nowikow selbst, aber auch dem Dramatiker Denis Fonwisin oder dem Autor A. Radischtschew zugeschrieben. Die Zeitschriften griffen auch einander sowie zwangsläufig auch ihren gemeinsamen Vorfahren *Wsjakaja Wsjatschina* auf das heftigste an. Im 19. Jahrhundert, zu einer Zeit, da man allgemein annahm, die Beteiligung der Kaiserin an *Wsjakaja Wsjatschina* sei seinerzeit weithin bekannt gewesen, legte man die gegen die Zeitschrift gerichteten Angriffe als Hinweise auf eine offene Opposition gegen die Politik der Kaiserin und ihre absolute Herrschaft aus. Hinter ihnen vermutete man vor allem Nowikow, vor allem, weil man ihm zwanzig Jahre später einen gänzlich anders gearteten Verstoß zur Last legte und ihn dafür ins Gefängnis warf (vgl. Kap. 15). Lange glaubte man sogar, Katharina habe 1770 die Einstellung von Nowikows Zeitschrift *Truten* wegen deren kritischer und angeblich »oppositioneller« Haltung verfügt. Es stimmt, daß sie, was die angemessene Form der Satire betrifft, eine andere Ansicht vertrat als Nowikow. Sie zog der heftigeren Art des Angriffs gegen erkennbare Einzelpersonen die (in *The Spectator* vorgegebene) gemäßigte Art der Satire vor, die sich gegen das »Laster« allgemein richtete. Auf keinen Fall gibt es Hinweise darauf, daß sie die Einstellung irgendeiner dieser Zeitschriften verfügt hätte.

Die Vielfalt, in der all diese Zeitschriften wie auf einen Schlag erschienen, war zu groß für das sehr kleine Lesepublikum im damaligen Rußland, dessen Zahl durch die Abwesenheit vieler am Krieg gegen die Türkei beteiligter Offiziere ohnehin vermindert war. Das führte dazu, daß sie alle, einschließlich *Wsjakaja Wsjatschina*, etwa nach Jahresfrist eingingen. Als *Truten* nach einem Jahr nicht mehr erschien, nannte Nowikow als Grund dafür die geringe Förderung, die er bekam. Doch gründete er unverzüglich eine neue Zeitschrift, *Schiwopisez* (Der Maler), für die ihm Katharina anfänglich einen Zuschuß von zweihundert Rubeln gewährte. Dieser erst vor kurzem veröffentlichte Hinweis darauf, daß die Kaiserin Nowikow weiterhin unterstützte, wirft ein durchaus anderes Licht auf das Bild, das die Historiker üblicherweise von dem jungen radikalen Autor (Nowikow war erst fünfundzwanzig Jahre alt) entwarfen, der eine alternde und verlebte Herrscherin herausforderte (Katharina war im Jahre 1769 vierzig Jahre alt und hatte während der vergangenen neun Jahre mit ihrem Liebhaber, Graf G. Orlow, zusammengelebt). Viele der Zeitschriften, unter ihnen Nowikows *Truten* und *Schiwopisez*, erschienen später in Buchform neu, ohne daß die äußerst lax gehandhabte Zensur in irgendeiner Weise eingegriffen hätte, und sie verkauften sich gut.

Eine Zensur im heutigen Sinne des Wortes, also eine, die im ganzen Land von einer zentralen Behörde unter Anwendung völlig gleicher ideologischer und politischer Maßstäbe ausgeübt wird, gab es in Wirklichkeit gar nicht. In den sechziger Jahren des 18. Jahrhunderts existierten in Rußland keine Privatdruckereien. Das lag nicht etwa daran, daß das Gesetz sie ausdrücklich verboten hätte: Es war einfach niemand darauf verfallen, solche Betriebe einzurichten. Über Druckpressen verfügten neben dem Heiligen Synod (er besaß offiziell das Monopol für die Veröffentlichung religiöser Schriften, sowohl im von Peter I. eingeführten moderneren Russisch als auch in Altkirchenslawisch, das für die liturgischen Werke der russisch-orthodoxen Kirche Verwendung fand) Einrichtungen wie Senat, Kadettenkorps, Ingenieurschule, die Universität Moskau und einige andere Institutionen, von denen die Akademie der Wissenschaften die wichtigste war. Diese Druckereien übten eine Selbstzensur aus, nicht in dem Sinne, daß sie Texte, die sie zu veröffentlichen gedachten (ob im Original oder als Übersetzung) einer Zensurstelle oder einem außenstehenden Zensor vorlegen mußten, sondern indem sie selbst befanden, ob man mit der Veröffentlichung solcher Werke Obrigkeit, Religion oder öffentlichen Anstand beleidige. Man weiß, daß sich die Kaiserin in seltenen Fällen selbst ins Mittel gelegt hat, um dafür zu sorgen, daß Kränkungen von Einzelpersonen im Ton gemildert wurden. Zur Begründung wies sie darauf hin, man könne sie mit einem solchen Angriff in Verbindung bringen, da alle Druckpressen in Besitz offizieller

Einrichtungen waren. Diese Macht übte sie selten aus, doch selbstverständlich lag es letztlich bei der Kaiserin, wenn es darum ging, die Veröffentlichung oder Verbreitung von etwas zu verhindern, was ihrer Einschätzung nach die Regierung oder die Moral untergraben konnte (beispielsweise Verleumdungen oder gefälschte Gesetzestexte), und darum, Einfuhr und Verbreitung von Literatur zu untersagen, die »Obrigkeit, Religion und öffentlichen Anstand« beleidigte.

Bei einer der Sitzungen des Senats, an denen Katharina 1763 teilnahm, hatte sie ihre Machtfülle genutzt, um den Verkauf der französischen Ausgabe von Jean-Jacques Rousseaus (bereits in Frankreich verbotener) Abhandlung über die Erziehung mit dem Titel *Emile* zu untersagen, wie auch den eines in französischer Sprache abgefaßten Berichts über das Leben ihres ermordeten Gemahls Peter III. Aller Wahrscheinlichkeit nach ging das Verbot aber nicht darauf zurück, daß Rousseaus Erziehungstheorien Katharina nicht zusagten, sondern auf die von ihm vorgetragenen Ansichten zur Religion, denen er in diesem Werk in der langen Darlegung mit dem Titel »Glaubensbekenntnis des savoyischen Vikars« Ausdruck verlieh. Dabei handelte es sich um eine äußerst kühne und von den etablierten christlichen Kirchen ausnahmslos verurteilte Darstellung religiöser Glaubensgrundsätze, die sich nicht auf die christliche Offenbarung stützten, wie sie die etablierte Kirche sah, sondern auf das natürliche Empfinden des einzelnen. Doch als Katharina ihre Position auf dem Thron als gefestigter ansah, konnte sie sich eine großzügigere Sicht der Dinge leisten, und so erschienen in den nächsten Jahren Übersetzungen von Teilen aus *Emile* (einschließlich des bewußten Glaubensbekenntnisses) wie auch der meisten anderen Werke Rousseaus. Sogar seine bedeutendste politische Abhandlung, der »Gesellschaftsvertrag«, erschien in Riga, dem Zentrum des geistigen Lebens in den baltischen Provinzen, und für Russen, die des Deutschen mächtig waren, in einer deutschen Übersetzung.

In dem Bestreben, auch die Russen am Gedankengut der Aufklärung teilhaben zu lassen, die weder französische noch deutsche Texte lesen konnten, rief Katharina sogar eine Gesellschaft für die Übersetzung fremdsprachiger Bücher ins Leben, die sie mit 5000 Rubeln jährlich unterstützte, einer wahrhaft beachtlichen Summe. Sie bestand bis 1783. Viele anerkannte Autoren und junge Intellektuelle jener Zeit, ob dem Adel oder Bürgertum angehörend, konnten sich mit der Übersetzung griechischer und lateinischer Dichtungen oder historischer und philosophischer Texte, von Literatur oder von Werken zur Wirtschaftstheorie ein wenig Geld verdienen. An diesem Programm beteiligten sich auch hohe Herren bei Hofe, sei es, daß sie 1767 gemeinsam mit Katharina an der Übersetzung des von dem französischen Philosophen Marmontel verfaßten *Bélisaire* mitwirkten, sei es, daß sie wie General Paul Potemkin, der Rousseaus Briefroman »Die neue Heloise« übersetzte, allein arbeiteten. Geistige Betätigung kam bei Hofe in Mode und trug zur Steigerung der Zahl subventionierter Übersetzungen bei. Binnen fünfzehn Jahren wurden 112 Übersetzungen veröffentlicht, weitere 129 waren 1783 in Arbeit, dem Jahr, da der neu gegründeten russischen Akademie für Sprache dieses ganze Programm übertragen wurde. Die Auswahl der von Katharina geförderten Bücher spiegelt neben ihren Vorlieben und Ansichten auch ihren Hang zur englischen Literatur; außerdem gab es eine große Anzahl von Werken historischer Autoren (Livius, Tacitus) und anderer klassischer Literatur (Homer, Cicero), aber auch zeitgenössischer Historiker (Robertson, Hume) und französische Gegenwartsliteratur (Corneille, Voltaire). Von großer Bedeutung waren auch Schriften zu Politik und Verwaltung. Beispiele dafür sind Montesquieus »Über den Geist der Gesetze« oder William Blackstones »Kommentare zu den Gesetzen Englands«. Fieldings »Joseph Andrews« und Swifts »Gullivers Reisen« zeigen, in welche Richtung Katharinas eigener Geschmack ging. Theologische Schriften befanden sich nicht unter diesen Werken.

Man darf nicht vergessen, daß es in Rußlands Lesepublikum zu jener Zeit einen beträchtlichen deutschsprachigen Anteil gab. Trotz der Anziehungskraft, die von der französischen Kultur ausging und der weitverbreiteten Kenntnis des Französischen in Adel und Großbürgertum war Deutsch in Rußland noch stark vertreten. Menschen so unterschiedlicher gesellschaftlicher Herkunft wie Fürst A. A. Wjasemski und Denis Fonwisin, der führende Lustspieldichter des Landes, sprachen Deutsch, bevor sie Französisch lernten. Das hing damit zusammen, daß unter Peter I. und Anna Iwanowna am Hofe ein beträchtlicher deutscher Einfluß herrschte und viele Russen in der deutschen Sprache unterwiesen wurden; außerdem lebte in Sankt Petersburg eine große deutsche Kolonie, teils Deutsche, teils Baltendeutsche in russischen Diensten. Mittelpunkt beider Gruppen bildete mehr oder weniger die lutherische Kirche und Schule von St. Peter. Viele Russen studierten an deutschen Universitäten, und zahlreiche Deutsche waren an Moskaus Universität und Akademie der Wissenschaften tätig – tatsächlich spielten Deutsche im kulturellen Leben Rußlands eine weit bedeutendere Rolle als Franzosen. Die häufig wiederholte Behauptung, der russische Hof habe in Katharinas Regierungszeit eher französisch als russisch gesprochen, entspricht nicht der Wahrheit. Sie geht auf Angriffe der satirischen Zeitschriften oder Denis Fonwisins in seinem gegen die Gallomanie gerichteten Stück »Der Brigadier« zurück. Solche Angriffe aber waren zu jener Zeit in den meisten Ländern an der Tagesordnung, unabhängig davon, wie die Wirklichkeit aussah. Überdies sprachen führende russische Staatsmänner und Höflinge französisch mit Ausländern, die sich besuchsweise im Lande aufhielten und von denen man nicht erwarten durfte, daß sie des Russischen mächtig waren. Doch ihre private und dienstliche Korrespondenz mit führenden Ministern und Beamten (sowie ihren Liebhabern) führte Katharina zu jener Zeit – von wenigen Ausnahmen abgesehen – in russischer Sprache. Neben der Steigerung der Zahl von Übersetzungen ins Russische kennzeichnete auch ein Aufblühen der literarischen Produktion im Lande jene Epoche. Beispiele dafür sind Sumarokows, Knjaschnins und Fonwisins Dramen, Cheraskows und Derschawins Lyrik sowie Lomonossows literarische, historische und naturwissenschaftliche Werke, die ausnahmslos auf russisch abgefaßt waren.

Katharina selbst schrieb die meisten ihrer literarischen Arbeiten in russischer Sprache und nur einzelne in Französisch. Englisch konnte sie nicht, obwohl es gelegentlich heißt, sie habe es lesen können. Jedenfalls stand sie mit keinem englischen Schöngeist in unmittelbarer brieflicher Verbindung, wohl aber korrespondierte sie mit Voltaire und Diderot regelmäßig, mit d'Alembert gelegentlich und von 1774 bis zu ihrem Tode mit Baron Melchior von Grimm. Die von Diderot und d'Alembert herausgegebene *Encyclopédie* hatte in ihrer Zeit als Großfürstin zu ihren Lieblingswerken gehört, und als man deren Veröffentlichung in Paris nicht zuließ, erbot sie sich, dafür zu sorgen, daß sie in Rußland gedruckt und weiterhin veröffentlicht werden konnte. Die Herausgeber zogen es vor, ihr Anerbieten nicht anzunehmen, auch wies d'Alembert ihr Angebot zurück, als Lehrer des Großfürsten Paul nach Rußland zu kommen. Diderot hingegen besuchte Rußland im Oktober 1773, dankbar für die großzügige finanzielle Unterstützung, die ihm Katharina gewährt hatte. Er blieb etwa ein halbes Jahr und traf sehr oft mit der Kaiserin zusammen. Für seine Gespräche mit ihr bereitete er Denkschriften zu politischen und gesellschaftlichen Themen vor, die auf uns gekommen sind und einen sehr lebhaften Eindruck von den weit ausgreifenden Gesprächen zwischen der Herrscherin und ihm vermitteln. Später erklärte Katharina, er habe auf sie den Eindruck eines theoretisch veranlagten, aber nicht besonders alltagstauglichen Menschen gemacht, doch fühlte sie sich in seiner Gesellschaft wohl, sorgte großzügig für seine Behaglichkeit und kam für seine Reisekosten auf. Bei seiner Rückkehr nach Frankreich erwies sich Diderot außerdem als hilfreich bei der Erledigung von Katharinas Aufträgen auf künstlerischem und literarischem Gebiet, auch wenn Baron von Grimm ihr Hauptkorrespondent und Vertrauter war. Voltaire wurde von Katharina nicht besonders ermutigt, sie zu besuchen. »Sagen Sie ihm«, schrieb sie 1778 an Grimm, »daß Käte aus der Ferne besser aussieht.«

Die von Amts wegen im Besitz von Regierungsinstitutionen befindlichen Druckpressen scheinen der russischen Literatur gut bekommen zu sein. Der erste Antrag auf Einrichtung einer eigenständigen Druckerei kam 1771 von einem Angehörigen der deutschen Kolonie, der für die deutschen Bewohner Sankt Petersburgs einen deutschsprachigen Verlag betreiben wollte, statt auf Werke zurückgreifen zu müssen, die in Riga gedruckt oder aus Deutschland eingeführt wurden. Die Erlaubnis wurde gewährt, ebenso wie der Betrieb einiger weiterer privater Druckereien. Die Situation änderte sich grundlegend, als Katharina einen ihrer für die kulturelle Entwicklung Rußlands wichtigsten Erlasse herausgab. Ein am

15. Januar 1783 von ihr erlassener Ukas gestattete es jedem, aus welcher gesellschaftlichen Schicht auch immer, zu jeder Zeit eine Druckpresse zu betreiben. Dazu war es lediglich nötig, sie bei der örtlichen Polizeibehörde anzumelden. Historiker haben sich schwergetan, diesen Erlaß zu erklären, schien er doch rein äußerlich das geistige Leben in gefährlichem Maße zu liberalisieren, weil die Überwachung durch den Staat aufgegeben wurde und man die Entscheidung, welche russischen und übersetzten Werke veröffentlicht werden sollten, in die Hände möglicherweise subversiver Elemente legte. Die von vielen ihrer Verleumder kolportierte Behauptung, Katharina habe das geistige Leben unterdrückt, ist angesichts eines solch unabweisbaren Belegs für das Vertrauen, das sie in die Reaktion der Öffentlichkeit auf ihre Herrschaft setzte, kaum haltbar. Es ist durchaus möglich, daß ihr Vorgehen in Wahrheit auf wirtschaftliche Erwägungen zurückging, denn zu jener Zeit arbeiteten wegen des sehr beschränkten Marktes private wie auch Regierungs-Verlage mit Verlust, und möglicherweise war Katharina froh, dem privaten Unternehmertum die Kosten für den Druck ihres Übersetzungsprogramms aufhalsen zu können.

In jenem Ukas von 1783 finden sich auch genaue Angaben über die Zensur. Sie sollte den Polizeimeistern am Ort übertragen werden, von denen man erwartete, daß sie Manuskripte von Texten, die privat betriebene Druckereien in Umlauf zu bringen gedachten, daraufhin lasen, ob darin die Person des Herrschers oder die orthodoxe christliche Lehre verächtlich gemacht oder gegen die Gebote des Anstandes verstoßen wurde. Dieser Rahmen ist ziemlich weit gefaßt, da sich in einem absoluten Regime jede Äußerung zur Art der Regierung als »Verächtlichmachung der Person des Herrschers« auslegen läßt. Doch wurde die Zensur recht großzügig gehandhabt, so daß die

Veröffentlichung einiger offener Angriffe gegen tyrannische Herrschaftsformen möglich war – soweit diese der Vergangenheit angehörten oder an anderen Orten existierten.

Alles in allem scheint sich in der Erlaubnis, Schriften zu verlegen und zu drucken, zusammen mit der wenig streng gehandhabten Zensur ein persönlicher Grundsatz Katharinas widerzuspiegeln, nämlich ihr Wunsch, dafür zu sorgen, daß gesellschaftliche Kräfte auf möglichst vielen Gebieten tätig wurden, statt daß der Staat steuernd eingriff und Zuschüsse zahlte. Zu jenem Zeitpunkt ihrer Herrschaft war die Kaiserin der Ausübung ihrer Macht völlig sicher, da sie sich von der Mehrheit der Bevölkerung des russischen Reiches anerkannt sah. Daher fürchtete sie auch keinen Mißbrauch dieser Erlaubnis, der zu einer Flut aufrührerischer Literatur hätte führen können. Inzwischen sind wir als Menschen, die in Demokratien leben, so sehr an die Begriffe Regierung und Opposition gewöhnt, daß wir uns nur schwer ein System vorzustellen vermögen, das weder eine »Opposition« in Gestalt ständiger Kritik an der Art der Regierung kennt (absolute Monarchie, Oligarchie, Republik oder, wie im Vereinigten Königreich von Großbritannien, die »Krone im Parlament«) noch in Gestalt einer Kritik an einzelnen Entscheidungen der Regierung (Bündnisse, Kriege, Steuern, Ein- und Ausfuhrzölle oder öffentliche Wohlfahrt), eben weil sie die Regierung ist.

Der Ukas von 1783 führte in ganz Rußland zu einer Vervielfachung der Zahl von Druckpressen. Manche wurden von Adligen auf ihren Gütern betrieben, andere von Bauern oder Stadtbewohnern, andere wiederum standen in Verbindung zu den neu eingerichteten Ausschüssen für öffentliche Fürsorge in den Provinzen. Sie wirkten zusammen mit den Reformen von 1775 an der Belebung der

Provinzen mit. Eine neue Zeitschrift wurde im fernen Tobolsk herausgegeben (das sich auch eines Theaters rühmte), Gouverneure, die das Risiko nicht scheuten, unterstützten Veröffentlichungen einheimischer Talente, einschließlich weiblicher Autoren, und gerade zu jener Zeit wurden die ersten Versuche unternommen, für die Sprachen einiger der in Rußland lebenden Fremdvölker wie Mordwinen oder Tscheremissen Schriftalphabete zu entwickeln.

Auch die Russische Akademie für Sprache wurde 1783 gegründet. Als es darum ging, das Direktorium zu besetzen, bewies Katharina eine im Europa des 18. Jahrhunderts äußerst ungewöhnliche Originalität. Sie hatte mit der Fürstin Katharina Daschkow, ihrer glühenden Mitstreiterin bei der Machtergreifung von 1762, bereits eine Frau an die Spitze der russischen Akademie der Wissenschaften gestellt, was große Verblüffung ausgelöst hatte. Die Fürstin Daschkow war zwar keine Naturwissenschaftlerin, verfügte aber über hervorragende Verbindungen, war weit gereist und mit den führenden geistigen Größen Frankreichs, Englands, Schottlands und Deutschlands bekannt. Diese energische und unternehmungslustige Dame wirkte belebend auf die Akademie der Wissenschaften, und so lag es nahe, sie auch zur Leiterin der neugegründeten Akademie für Sprache zu ernennen. Sie sorgte dafür, daß die Regeln der russischen Grammatik und Rechtschreibung festgelegt wurden, und zog die führenden russischen Autoren der Epoche zur Mitarbeit am ersten Wörterbuch der russischen Sprache heran, das ab 1788 erschien.

Katharina selbst nahm großen Anteil an der Entwicklung der Sprache und der zwischen verschiedenen Sprachen bestehenden Beziehungen. Ihre Studien zur vergleichenden Etymologie veranlaßten sie bisweilen zu merkwürdigen Herleitungen, denn sie sah in praktisch allen Sprachen einen slawischen Einfluß. Beispielsweise schien ihr eine Ähnlichkeit zwischen dem russischen »Gatimalo« und »Guatemala« in Mittelamerika zu bestehen. Sie umgab sich mit Wörterbüchern des Finnischen, Tscheremissischen und Wotjakischen und beauftragte ihre Botschafter im Ausland, ihr Glossare der Bedeutung verschiedener Wörter zugänglich zu machen. Auf diese Weise hoffte sie, bald den Nachweis dafür erbringen zu können, daß die Namen der meisten Flüsse und Täler in Frankreich, Spanien und Schottland slawischen Ursprungs waren. Besonders lobenswert erschien ihr an der Großfürstin Olga von Kiew, die im 10. Jahrhundert regiert hatte, daß sie die allgemeine Verwendung des Slawischen durchgesetzt hatte. »Denn es ist wohlbekannt«, schrieb Katharina, »daß durch Weisheit und Fürsorge der obersten Herrscher die Völker und deren Sprachen gedeihen.«

Die Akademie für Sprache förderte auch Zeitschriften, zu denen Katharina selbst lange Aufsätze über die russische Geschichte beisteuerte, in den achtziger Jahren eins ihrer Hauptinteressengebiete. In ihren historischen Schriften, die eher für die Allgemeinheit als für Spezialisten bestimmt sind, ja, sogar für Kinder, bemüht sie sich gewissenhaft darum, Fakten und Legenden voneinander zu scheiden. Dennoch sind sie äußerst naiv und rechtfertigen unkritisch die festverwurzelte absolute Regierung.

Auch das Theater setzte Katharina als Mittel zur Bildung der Massen ein. Regelmäßig wohnte sie selbst den Aufführungen des Hoftheaters bei, das Stücke von Molière, Voltaire, Diderot, Sheridan und anderen zeitgenössischen europäischen Autoren wie auch die Tragödien und Komödien russischer Autoren wie Sumarokow spielte. Mehrfach wurde Fonwisins satirisches Lustspiel »Der Brigadier« aufgeführt, wie auch sein noch satirischeres Stück »Der Minderjährige«, das 1782 in Moskau Premiere hatte. Man lud den Autor ein, das erstgenannte Stück der Kaiserin, dem Großfürsten und in Salons von ganz Sankt Petersburg laut vorzulesen, der Engländer John Parkinson sah 1792 im fernen Tobolsk eine Aufführung dieses Stücks, und Alexander Woronzows Leibeigenen-Theater spielte in den neunziger Jahren »Der Minderjährige«. Katharina selbst verfaßte Stücke auf russisch, die einen ausgesprochen lehrhaften Zweck verfolgten, und obwohl sie anonym verlegt und aufgeführt wurden, wußte man allgemein, daß sie von der Kaiserin stammten. Sie verfaßte selbst Stücke oder schrieb die anderer Autoren um (beispielsweise solche von Christian Fürchtegott Gellert oder gar Shakespeares »Die Lustigen Weiber von Windsor«). Sie machte sich über Aberglauben, schwatzsüchtige alte Weiber und in den achtziger Jahren über die Freimaurerei lustig, die im 18. Jahrhundert nach Rußland gelangt und in einer bestimmten Gruppe des hohen und mittleren Adels Mode geworden war, vor allem in den Streitkräften, zum Teil aber auch unter nichtadligen Autoren und Dramatikern.

Auch die Musik wurde bei Hofe gepflegt. Katharina verfaßte die Libretti für eine Anzahl von Opern, die zu Besuch weilende Komponisten, wie beispielsweise der Spanier Martín y Soler, die Italiener Sarti und Paisiello sowie russische oder ukrainische Musiker wie Paschkewitsch und Sokolowski vertonten. Die russische Chor- und Instrumentalmusik des ausgehenden 18. Jahrhunderts ist als Ergebnis der Vermischung des italienischen Stils mit Elementen der russischen Kirchen- oder Volksmusik von unverwechselbarer Schönheit.

Bildung gehörte nach Katharinas Ansicht zu den wirksamsten Möglichkeiten, die Menschen (und damit die Gesellschaft insgesamt) zu bessern. Ihre Erziehungspolitik durchlief mehrere Phasen (vgl. Kap. 9), und auch auf diesem Gebiet veröffentlichte sie zahlreiche Schriften. So schrieb sie 1781 eine durchgehend weltlich geprägte »Russische Fibel für die Unterweisung der Jugend« (*rossiskaja asbuka*), von der in zwei Wochen 20000 Exemplare abgesetzt wurden. In den 210 moralischen Maximen, aus denen sie besteht, wird Gott lediglich zweimal erwähnt. Plato, Aristoteles und Konfuzius werden als Autoritäten angeführt, Christus hingegen nicht. Auch schrieb Katharina Erzählungen für ihre Enkel, die ersten je in Rußland veröffentlichten Werke, die speziell für Kinder verfaßt wurden, und eine von ihnen war zugleich das erste ins Englische übersetzte Werk eines russischen Autors.

Katharinas aktive Mitwirkung auf diesem Gebiet hatte auch beträchtlichen Einfluß auf die Entwicklung der russischen Kunst und Architektur. Sie war durchaus auf dem laufenden über künstlerische Entwicklungen in anderen Ländern, und während ihrer Regierungszeit studierten zahlreiche russische Baumeister und Maler im Ausland. Außerdem bemühte sie sich darum, ausländische Künstler zum Aufenthalt in Rußland zu bewegen. In der Architektur bevorzugte sie einen etwas weniger überladenen Stil als das von Kaiserin Elisabeth so geliebte Rokoko, nämlich den auf Palladio zurückgehenden Klassizismus. Tatsächlich sind Rußland und Großbritannien die beiden Länder, in denen der mit den Gebrüdern Adam in Verbindung gebrachte Stil die größte Wertschätzung und weiteste Verbreitung fand. Ursprünglich hatte Katharina den französischen Architekten Charles Louis Clérisseau nach Rußland eingeladen, der für die beiden Brüder Adam in Rom Entwürfe gezeichnet hatte. Zwar baute er schließlich doch nicht für Katharina, doch beeinflußten seine Zeichnungen römischer Ruinen und der ornamentalen Kunst Roms ihren Geschmack. Der ausländische Architekt, der am engsten mit Katharina zusammenarbeitete, war der in Rom lehrende Charles Cameron, ein Anhänger des englischen Königs Jakob II., der 1779 nach Rußland kam. Er errichtete für Katharina die Cameron-Galerie in Zarskoje Selo und die für ihren persönlichen Gebrauch vorgesehenen Räume. Auch baute er den Palast von Pawlowsk, den sie dem Großfürsten Paul zugebilligt hatte. Ein weiterer Exponent des Klassizismus war Giacomo Quarenghi, der 1780 eintraf. Seine Arbeit gefiel Katharina ausnehmend, wie sie ihrem Vertrauten Baron von Grimm nach Frankreich schrieb:

> »Dieser Quarenghi bringt wunderbare Dinge hervor; die ganze Stadt ist mit seinen Gebäuden angefüllt; er errichtet die Bank, die Börse, zahlreiche Geschäftshäuser, Läden und Privathäuser, und seine Bauten sind wirklich die besten. Für mich baut er ein Theater in der Eremitage, das in zwei Wochen fertig sein wird und von innen wirklich zauberhaft aussieht...«

Unter den vielen erstklassigen russischen Architekten war E. I. Starow möglicherweise der herausragendste. Er errichtete für Potemkin das glänzende Taurische Palais, das später vielen russischen Herrenhäusern auf dem Lande als Vorbild diente. Sankt Petersburgs Erscheinungsbild wurde immer glänzender, und daß man die Ufer der Newa und der verschiedenen Kanäle mit Granitplatten belegte, trug sehr zur Eleganz und Bequemlichkeit der Hauptstadt bei.

In Moskau gingen nicht viele Bauten auf Katharina zurück. Der Plan für einen riesigen Palast im Inneren des Kreml, den der begabte russische Architekt V. I. Baschenow bauen sollte, wurde nie verwirklicht – möglicherweise ist das auch besser so, denn um dafür Platz zu machen, hätte man einen großen Teil des aus dem Mittelalter stammenden Kreml abreißen müssen. Viele hochgestellte Persönlichkeiten aber ließen sich aufwendige Paläste bauen, von denen heute der Paschkow-Palast (ein Teil der Lenin-Bibliothek in Moskau) womöglich der herausragendste ist.

All diese Gebäude mußten eingerichtet und wohnlich gemacht werden, und so kam es unter Katharinas Herrschaft zu einer ungeheuren Entwicklung der ornamentalen Künste. Man produzierte Spiegel, Möbel, Bronzeplastiken, Porzellan, Wandbespannungen, Gobelins aus Brokat, und so weiter. Katharina selbst führte Porzellan ein und ließ von Josiah Wedgwood 1774 ein Speiseservice speziell für sich entwerfen, das aus mehr als 900 Teilen bestehende sogenannte »Frosch-Service«. Da es für einen Palast mit dem treffenden Namen Kekereksinski bestimmt war, zierte ein Frosch-Medaillon jedes Stück. Auch hier wieder war das englische Vorbild beliebt und wurde häufig kopiert. Im Jahre 1774 errichtete der Engländer Francis Gardner eine Porzellanfabrik in Rußland und entwarf Speiseservice für die russischen Ritterorden St. Andreas und St. Georg.

Auf einem Gebiet war der englische Einfluß unter Umständen hervorstechender als auf jedem anderen: bei der Anlage von Parks. Katharina entschied sich gegen den peinlich genau ausgerichteten französischen Stil und für den englischen Geschmack mit seinen Rasenflächen, Bäumen und Durchblicken. Über viele Jahre hinweg war John Bush, der im Londoner Stadtteil Hackney eine Pflanzschule betrieben hatte, ihr Obergärtner, und seine Nachfolge trat 1795 sein Sohn Joseph an. Es ist ein Hinweis auf die gesellschaftliche Stellung dieser herausragenden Landschaftsgärtner bei Hofe, daß die Baronin Dimsdale im Tagebuch ihrer Reise nach Rußland im Jahre 1781 schrieb: »Es erstaunte mich, eines Abends in Mr. Bushs Haus den Fürsten Potemkin und dessen zwei Nichten zu sehen ... Sir James Harris (der britische Botschafter) sowie der Minister des kaiserlichen Hofs und der portugiesische Botschafter gehörten gleichfalls der Tafelrunde an, der ein ganz ausgezeichnetes Diner im englischen Geschmack aufgetischt wurde ...« Bush war zusammen mit anderen herausragenden Gärtnern für die Pflege der riesigen Gewächshäuser zuständig, in denen die Russen den vorherrschenden klimatischen Bedingungen zum Trotz Pfirsiche, Nektarinen, Weintrauben und vor allem Apfelsinen und Zitronen zogen.

Die Kaiserin förderte auch Malerei und Bildhauerei. Sie kaufte ausländische Sammlungen, die auf den Markt kamen, unter ihnen jene, die einst Sir Robert Walpole gehört hatte, und legte den Grundstock für die Sammlung, die sich jetzt in der Eremitage des Winterpalais von Sankt Petersburg befindet. Auf ihre Initiative ging auch eines der Wahrzeichen der Hauptstadt zurück, nämlich das große Standbild Peters des Großen, der »Bronzereiter« aus Puschkins Gedicht. Ein französischer Bildhauer, Falconet, den man ihr empfohlen hatte, arbeitete mehrere Jahre daran. Den riesigen Granitsockel schaffte man aus Finnland herbei, und schließlich wurde die Statue 1781 mit ihrer lakonischen Widmung »Peter dem Ersten Katharina die Zweite« enthüllt. Der Bedarf an Porträts und Büsten der Kaiserin, ihrer Höflinge und Militärführer setzte eine immer größere Zahl von Bildhauern und Malern aus dem In- und Ausland in Lohn und Brot – viele der russischen Künstler stammten übrigens aus Leibeigenenfamilien.

Rußland blieb sich in seiner Lebensweise, seinen gesellschaftlichen Gewohnheiten sowie der Art treu, wie sich seine Menschen ernährten und kleideten. Doch trafen

Besucher des Landes zur Zeit Katharinas im Leben der Oberschicht auf vieles, das sie aus anderen europäischen Hauptstädten kannten. Auch wenn der Rahmen einzigartig war, folgte man den gleichen Moden, machte Konversation über die gleichen Themen, las die gleichen Bücher und führte die gleichen Stücke und Opern auf. Die Kluft, die zu Beginn des 18. Jahrhunderts Rußland und Westeuropa voneinander getrennt hatte, stand im Begriff, sich immer mehr zu schließen.

9

Katharinas Bildungspolitik

Es gehörte zu den grundlegendsten Überzeugungen der Aufklärung, daß sich die Gesellschaft durch Erziehung bessern ließe. Katharina bildete in dieser Hinsicht keine Ausnahme und legte großes Gewicht auf Bildung und Erziehung. Allerdings stieß die Verwirklichung eines solchen Vorhabens in Rußland auf eine Reihe landesspezifischer Schwierigkeiten. Erstens hatte die orthodoxe Kirche ihre Aufgabe nie darin gesehen, Laien zur Bildung zu verhelfen, und sich darauf beschränkt, Mönche – und in gewissem Umfang Priester – heranzubilden. Das Land hatte keine bedeutenden Lehrorden, wie es die Benediktiner, Jesuiten, Augustiner oder die Lehrorden der römisch-katholischen Kirche für Frauen waren. Ebensowenig gab es dort bedeutende Bildungsstätten vom Range der englischen *public schools* Eton oder Winchester, die einst von König oder Kirche ins Leben gerufen worden waren. Im 17. Jahrhundert besaß Rußland keine Universität. Zu jener Zeit wurden Bildung und Erziehung von der Ukraine aus verbreitet, einem Land, das sich Rußland im Jahre 1667 zusammen mit Kiew einverleibte. In jener Stadt hatte man 1632, als sie noch zu Polen gehörte, die erste Griechische und Slawische Akademie gegründet. Man hatte sich bei ihrer Einrichtung unter anderem von der Notwendigkeit leiten lassen, orthodoxe Mönche und

Priester so auszubilden, daß diese bei theologischen Debatten mit römisch-katholischen Geistlichen mithalten konnten. Ihre pädagogischen Grundsätze orientierten sich am Vorbild der jesuitischen Lateinschulen und wurden auch von der ersten 1687 in Moskau gegründeten Moskowitischen Slawisch-Lateinisch-Griechischen Akademie übernommen. Zur gleichen Zeit lebte als Ergebnis der mit dem Patriarchen Nikon zusammenhängenden Glaubensspaltung das Interesse am Studium der klassischen Sprachen wieder auf, und man bemühte sich, Angehörige der Elite für die Ämter auszubilden, die sie später ausfüllen sollten. Verglichen mit anderen Ländern freilich gab es auf diesem Gebiet in Rußland seinerzeit nur ein sehr geringes Ausmaß an Privatinitiative wie auch insgesamt nur eine spärliche Initiative des Staates.

Letzterer trat auf den Plan, als Peter der Große erkannte, wie groß Rußlands Bedarf an Fachleuten auf dem Gebiet technischer Verfahren war, und zwar sowohl beim Militär wie auch im zivilen Bereich. Er gründete eine Anzahl von Fach- und allgemeinbildenden Schulen, an denen seine neuen Führungskräfte ihre Ausbildung erhalten sollten. Nicht jedes seiner Experimente verlief erfolgreich, und nicht alles, was er unternahm, war von langer Dauer, doch hatte er die Grundlagen geschaffen, auf denen andere aufbauen konnten. Im Jahre 1755 wurde die Universität Moskau gegründet, eine durch und durch säkulare Einrichtung ohne theologische Fakultät. Da die Lehrer meist Nichtrussen waren, wurden die Vorlesungen in lateinischer oder deutscher Sprache gehalten.

Um die Mitte des Jahrhunderts bestand ein beträchtliches Interesse an den Theoretikern der zeitgenössischen Pädagogik (Comenius, Montaigne, Locke, Fénelon, Rousseau, La Chalotais). Die Werke von einigen waren ins

Russische übersetzt worden, gebildete Russen waren aber auch imstande, die Mehrzahl von ihnen auf französisch zu lesen. Selbstverständlich gab es keine bestimmte »Aufklärungs«-Theorie zur Bildung und Erziehung; und die extremste von ihnen, die Rousseaus, eignete sich am wenigsten als Grundlage eines staatlichen Bildungswesens, da sie darauf beruhte, daß jeder Lehrer nur ein einziges Kind zu betreuen hatte.

Zu Beginn ihrer Regierungszeit ging es Katharina mehr um einzelne Schulen als um ein vollständiges Bildungswesen. Zu ihrem Interesse an Bildung und Erziehung gesellte sich – wie bei Iwan I. Bezkoj, ihrem wichtigsten Mitarbeiter auf diesem Gebiet – die Überzeugung, daß es wünschenswert sei, den dritten Stand auszuweiten. Er sollte künftig nicht nur Kaufleute und Händler umfassen, sondern auch Anwälte, Ärzte, Baumeister, Apotheker und so weiter. Hinzu kamen die Theorien der »Populationisten«, in deren Augen Stärke und Wohlergehen eines Staatswesens von der Zahl seiner Einwohner abhingen. Einen ersten Hinweis auf die Art der beabsichtigten Bildungspolitik lieferte 1764 die Veröffentlichung eines von Bezkoj konzipierten Werks, in dem er niederlegte, welchen allgemeinen Bildungs- und Erziehungsgrundsätzen Katharina zu folgen gedachte. Es trug den Titel »Allgemeiner Plan für die Heranbildung junger Leute beiderlei Geschlechts«. Angestrebtes Ziel war die Schaffung einer »neuen Art von Mensch«. Sie sei, hieß es, ausschließlich durch Anwendung neuer Lehrmethoden sowie dadurch möglich, daß man Kinder vom fünften Lebensjahr an vor allen verderblichen Einflüssen des Elternhauses bewahre. Bezkoj sprach sich (auch bei Mädchen) gegen eine eingeengte und auf den Beruf spezialisierte Erziehung aus. Ihm schwebte ein allgemeiner Bildungsplan vor, der eher das Interesse des Kindes wecken als es zum Auswendiglernen zwingen sollte. Geist, Herz und Leib seien gleichermaßen zu erziehen, und vor allem müsse den Schülern ein hohes moralisches Pflichtgefühl gegenüber der Gesellschaft und ihren Mitmenschen anerzogen werden.

Erstmals erprobt wurde die konkrete Anwendung dieser Grundsätze in den von Katharina und Bezkoj 1764 in Moskau und 1770 in Sankt Petersburg eingerichteten Findelhäusern, die das Recht hatten, ausgesetzte und unehelich zur Welt gekommene Kinder aufzunehmen. Bezkoj bot sogar Geld dafür, daß man ihm Säuglinge brachte. Aus ihnen hoffte er seine »neuen Menschen« heranziehen zu können, ihrer sittlichen Pflichten bewußte Bürger, die eine Vielzahl wichtiger Handwerksberufe beherrschten und ihre Aufgabe in der Gesellschaft an der Stelle auszufüllen vermochten, an die Gott sie berufen hatte. Ebenfalls gehörten zu diesen Findelhäusern für stationäre Pflege eingerichtete Krankenhäuser, die mittellosen Frauen eine Zuflucht boten, ohne daß Fragen gestellt wurden. Kinder aus diesen Findelhäusern sollten ungeachtet ihres gesellschaftlichen Ursprungs frei sein (es sei denn, jemand konnte nachweisen, daß Kinder von Leibeigenen »unter falscher Flagge« dorthin gebracht worden waren, doch in solchen Fällen kämpfte Bezkoj mit Zähnen und Klauen, um seine Findelkinder behalten zu dürfen). Unglücklicherweise erreichte in seinen Findelhäusern die Säuglingssterblichkeit einen ebenso katastrophal hohen Wert wie in solchen Heimen anderer Länder, weil sie nicht darauf eingerichtet waren, Kleinkinder aufzuziehen, weshalb man sie – vorausgesetzt, sie überlebten ihre Ankunft – Ammen oder Ziehmüttern auf dem Lande übergeben mußte. Allerdings geht aus späteren Beschreibungen von Reisenden vielerlei Nationalitäten hervor, daß die Heime einige ihrer anfänglichen Schwierigkeiten überwanden und die Kinder beiderlei Geschlechts dort gesund und glücklich waren. Damit trugen diese Heime geringfügig zu Rußlands drittem Stand bei.

Der nächste bedeutsame Schritt auf dem Gebiet der Erziehung und Bildung war die Gründung einer Einrichtung, die sich vorgenommen hatte, die neue russische Frau hervorzubringen. In Sankt Petersburgs Smolna-Kloster richtete man die Kaiserliche Erziehungsgesellschaft für adlige Fräulein ein, eine Internatsschule, die sich im großen und ganzen an das Vorbild der von Madame de Maintenon in Frankreich gegründeten Ausbildungsstätte von St. Cyr anlehnte. Ihr angeschlossen war eine Bildungsanstalt für Mädchen aus den niederen Schichten. Beide nahmen sehr junge Mädchen auf, die dort, vor Unwissenheit und Roheit des Familienlebens bewahrt, zwölf Jahre verbrachten. Man wendete die gleichen Erziehungsgrundsätze an wie in den Findelhäusern, doch gab es zwischen den Lehrplänen für adlige und nichtadlige Mädchen Unterschiede. Das Institut für adlige Fräulein bestand bis zur Oktoberrevolution von 1917, doch war die Art der Wissensvermittlung dem Wandel der pädagogischen Moden unterworfen. In beiden Bezkoj unmittelbar unterstehenden Einrichtungen, also den Findelhäusern wie dem Smolna-Institut, waren körperliche Strafen strengstens untersagt. Nicht einmal das Gesinde durfte gezüchtigt werden, damit die feinfühligen Kinder nicht unter dem Anblick eines Schmerzes litten, der anderen zugefügt wurde.

Als wohltätige Einrichtungen waren die Findelhäuser auf private Spenden angewiesen und genossen etliche spezielle finanzielle Privilegien. Dazu zählte beispielsweise der Betrieb einer Sparkasse und einer Pfandleihe sowie das Monopol für den Verkauf von Spielkarten. Weitere Einkünfte erzielten sie aus Unternehmertätigkeit und mit den Erzeugnissen der eigenen Werkstätten. Zwar standen die Findelhäuser letztlich unter der Schirmherrschaft der Kaiserin, doch waren sie unabhängig und unterstanden keinem der Departements der Regierung. Das Smolna-Institut wurde unmittelbar von der Kaiserin finanziert, die obendrein für die Erziehung und Ausbildung mancher armen adligen und nichtadligen junger Mädchen aufkam. Auch Bezkoj trug sein Scherflein dazu bei. Keine »prüden oder koketten Geschöpfe sollte das Smolna-Institut [heranbilden], sondern liebenswürdige und fähige Frauen, die imstande sind, ihre Kinder aufzuziehen und einen Haushalt zu führen«. Gleichzeitig sollten sie Damen von Welt sein und die Regeln der Etikette, gute Umgangsformen und Fremdsprachen beherrschen.

Gelegenheit zur Bildung boten in den sechziger und frühen siebziger Jahren neben privaten Internatsschulen spezielle Fachschulen (wie beispielsweise die kaufmännische Schule in Moskau) und einige größere Bildungseinrichtungen. Zu ihnen zählten die der Akademie der Wissenschaften und der Moskauer Universität angegliederten Schulen, wie auch das Gymnasium von Kasan. Als der Krieg gegen die Türkei vorüber war und Katharina sich ihrem Projekt der Umgestaltung der Provinzverwaltung zuwandte, traten Bildung und Erziehung erneut in den Vordergrund. Auch wenn noch keine Erziehungspolitik auf nationaler Ebene systematisch betrieben wurde, erlegte doch das Statut von 1775 den Fürsorgeausschüssen die Einrichtung von Schulen in den Städten einer jeden Provinz auf. Finanziert werden mußten sie aus den Zinsen der dem jeweiligen Ausschuß für Wohlfahrtszwecke zugewiesenen 15000 Rubel. Auch hieß es im Statut, daß die Einkünfte aus Geldstrafen, die für bestimmte Verstöße verhängt worden waren, an die Schulen gehen mußten. Dorfschulen waren nicht vorgesehen.

Die allgemeine Unterstützung von Bildung und Erziehung führte zu weiteren Entwicklungen auf privater und öffentlicher Ebene. Am bemerkenswertesten unter den privaten Gründungen waren die in Sankt Petersburg auf Initiative einer Gruppe von Freimaurern – unter ihnen N. I. Nowikow – ins Leben gerufenen Schulen St. Alexander und St. Katharina. Arme Kinder aus der Hauptstadt sollten sie kostenlos besuchen dürfen. Die Mittel dafür kamen aus privaten Schenkungen und den Erlösen, die sich Nowikow aus dem Verkauf einer Zeitschrift – »Morgenlicht« – erhoffte, die er gerade herauszugeben begann. Die Schulen warben mit beachtlichem Erfolg um Spenden von Wohltätern, zu denen auch die kaiserliche Familie gehörte. So groß war dieser Erfolg, daß später die Schulen die Zeitschrift finanziell unterstützten statt umgekehrt, wie ursprünglich vorgesehen.

Auch in anderen Provinzen erzielten tatkräftige Gouverneure gute Ergebnisse. Es gelang Graf Jakob Sievers, Katharinas Berater bei der Ausarbeitung des Statuts von 1775 und inzwischen Statthalter der beiden neuen Provinzen Nowgorod und Twer, bis 1779 in allen elf Städten der letztgenannten Provinz Schulen einzurichten. Auch wenn diese über keine eigenen Gebäude verfügten und sich mit Räumen in Regierungsbauten begnügen mußten, lernte immerhin eine Reihe von Kindern das Lesen, Schreiben und Rechnen sowie den Katechismus. In Pskow hatte der Adel Geld für eine Schule zur Verfügung gestellt, das aber für den Bau eines Schulhauses nicht reichte. Katharina, die das Gebiet 1780 besuchte, stellte Geld für die Schule, ein Seminar, ein Waisenhaus und ein Armenspital zur Verfügung. Zwar war in all diesen Schulen entsprechend den von Bezkoj 1764 festgelegten Grundsätzen die körperliche Züchtigung untersagt, doch existierte nach wie vor keine allgemeingültige Bildungspolitik für das Reich als Ganzes. Zuviel hing von der Einzelinitiative am Ort ab.

Gelegentlich stiftete ein reicher Kaufmann oder ein wohlhabender Staatsbauer hier und da eine Schule. Am bemerkenswertesten war die Einsatzbereitschaft des Moskauer Kaufmanns Larin, der 50000 Rubel aufbrachte, um eine Schule in dem Kronbauern-Dorf einzurichten, in dem er auf die Welt gekommen war – auch Katharina unterstützte sie großzügig. Doch insgesamt gewannen häufig die Bewohner der winzigen und schäbigen Dörfer, die in Rußland als Städte galten, einer Bildung, die über für grundlegende Geschäftsvorgänge erforderliche Fähigkeiten im Lesen, Schreiben und Rechnen hinausging, keinerlei Interesse ab.

Nirgendwo finden sich Katharinas eigene Ansichten zu Bildungsfragen deutlicher formuliert als in einer Instruktion, die sie 1784 für Graf N. I. Saltykow ausarbeitete, den neu ernannten Erzieher ihrer Enkel, den siebenjährigen Alexander und den fünf Jahre alten Konstantin. Auch wenn hier nicht alles zusammengefaßt werden kann, was dieses umfangreiche Dokument von rund dreißig Seiten enthielt, sind verschiedene der darin zu findenden Gedanken wegen des gesunden Menschenverstandes bemerkenswert, der daraus spricht wie auch wegen des Verständnisses für Kinder und wegen der Menschlichkeit, die sich darin spiegelt. Der Kaiserin war die sittliche Erziehung ihrer Enkel und die Entwicklung charakterlicher Fähigkeiten wichtiger als Wissenserwerb. Auf Gesundheitserziehung legte sie großen Wert, und in dieser Hinsicht waren ihre Vorstellungen wahrhaft modern: Sie empfahl, in nur mäßig geheizten Räumen früh zu Bett zu gehen; weder Federbetten noch Nachtmützen wurden geduldet, und zweimal täglich waren die Schlafzimmer zu lüften. Die Kinder mußten sich regelmäßig waschen und mindestens einmal alle vier oder fünf Wochen das russische Dampfbad aufsuchen und sich zur Vorbeugung gegen Erkältungen und Hühneraugen die Füße in kaltem Wasser waschen. Im Sommer sollten sie nicht nur in kaltem Wasser baden, sondern auch schwimmen lernen.

Die Kinder sollten zum Spielen ermuntert werden und »spielerisch lernen«, denn »das Spiel der Kinder ist keine bloße Spielerei, sondern ihre sinnvollste Beschäftigung«. Die Ernährung sollte einfach und bekömmlich sein; zwischen den Hauptmahlzeiten durfte es lediglich Brot geben. Das Frühstück konnte im Sommer aus allerlei Obstsorten bestehen. Eine körperliche Züchtigung kam selbstverständlich nicht in Frage, und Strafen sollten in erster Linie bewirken, daß sich das Kind seines Fehlverhaltens schämte. Tadel war unter vier Augen auszusprechen, Lob hingegen öffentlich. Über die Lerninhalte äußert sich Katharina nicht so sehr in Einzelheiten, doch ist es aufschlußreich zu sehen, daß sich unter den Unterrichtswerken für Rußlands bürgerliches Recht ihre Instruktion für die Gesetzgebende Kommission von 1767 und das Statut zur Lokalverwaltung von 1775 befanden (vermutlich wurde später auch die Städteordnung von 1785 hinzugefügt). Da die Kinder lernen sollten, ihre Muttersprache angemessen in Wort und Schrift zu beherrschen (was allerdings Alexander I. nicht daran hinderte, sich den größten Teil seines Lebens hindurch auf französisch auszudrücken), war Russisch Unterrichtssprache. Außerdem sollten die Kinder zu wohlerzogenem Verhalten gegenüber Älteren, Höherrangigen und dem Gesinde angeleitet werden.

Was Katharina zu dem Entschluß veranlaßte, im Jahre 1782 die Frage der Erziehung auf das ganze Land auszuweiten, ist nicht genau bekannt. Möglicherweise hing ihr Entschluß damit zusammen, daß sie von ähnlichen Maßnahmen in Preußen, Polen und vor allem in Österreich gehört hatte. Die Bildungspolitik seines Landes hatte ihr

Kaiser Joseph II. bei seinem Besuch in Rußland 1780 unmittelbar erläutert. Auch war ihr angesichts ihrer Unzufriedenheit mit der mangelnden Reaktion der russischen Gesellschaft auf die vom Statut aus dem Jahre 1775 gebotenen Möglichkeiten unter Umständen klargeworden, daß sich in Rußland ein Schulwesen auf nationaler Ebene ausschließlich durch den Staat einführen ließ. Ebenso ist es aber auch möglich, daß sie Diderots Rat mehr beachtet hat, als man allgemein annahm: »In jeder großen Stadt ist eine einzige Schule einzurichten; sofern aber mehrere nötig sind, sollten sich alle auf dieselbe Grundlage stützen.« Da es deren Aufgabe sei, gute Staatsbürger heranzubilden, fügte Diderot hinzu, müsse man alle Eltern gesetzlich verpflichten, ihre Kinder zu deren Besuch anzuhalten. Allerdings deckten sich seine Vorstellungen nicht unbedingt mit den heutigen Auffassungen: So erklärte er, Leibesübungen, Singen, Tanzen, Musik und Theater gehörten nicht in staatliche Schulen. Als Berater wählte sich Katharina F. U. T. Aepinus, einen führenden Mathematiker der Akademie der Wissenschaften, der einst Privatlehrer des Großfürsten Paul gewesen war (und mit hohem Können Geheimschriften ausländischer Mächte entzifferte). Aepinius machte sich mit Nachdruck für das System stark, für das sich Österreich nach der Vertreibung der Jesuiten 1774 entschieden hatte. Es stützte sich auf das vom Augustinerabt Felbiger für Friedrich II. in Schlesien eingeführte System und umfaßte drei Stufen: Volksschulen, höhere Schulen und Normalschulen. Eine Reihe methodischer Besonderheiten daran war neu. So wurden beispielsweise alle Kinder zur gleichen Zeit in einem Klassenraum im selben Fach unterrichtet; man setzte Techniken zur Stärkung des Gedächtnisses ein und arbeitete mit Fragen und Antworten, damit die Aufmerksamkeit der Kinder dem Unterrichtsgegenstand gegenüber nicht erlahmte. Außerdem betonten die neuen Theorien das spielerische Lernen, eine entspannte Beziehung zwischen Lehrer und Schüler – die zuvor eher gegeneinander gestanden hatten –, und die Abschaffung der körperlichen Züchtigung.

Von Aepinus' Empfehlungen beeindruckt, setzte Katharina 1782 eine Hauptschulkommission ein und bat Joseph II., er möge ihr jemanden schicken, der einerseits Felbigers Methode beherrsche und zum anderen orthodoxen Glaubens und einer slawischen Sprache mächtig sei. Joseph sandte ihr einen orthodoxen Serben, F. Jankovic von Mirjevo, der zu ihrem wichtigsten Berater in Fragen der Bildungspolitik wurde.

Alles mußte aus dem Nichts aufgebaut werden. Da es keine Lehrer gab, war zuerst eine Lehrerbildungsanstalt einzurichten. Anwärter wurden aus den theologischen Seminaren geholt und in den Fächern unterwiesen, die sie lehren sollten. Da es keine Unterrichtswerke gab, machte sich Jankovic daran, selbst welche zu verfassen, zu übersetzen oder bei fähigen russischen Fachleuten in Auftrag zu geben. Es galt, geeignete Gebäude auszuwählen und für die neue Aufgabe einzurichten, außerdem mußte in einer am Status orientierten Gesellschaft die Stellung des Lehrers festgelegt werden. All diese Aufgaben erledigte die Hauptschulkommission, deren Vorsitz Katharinas einstiger Liebhaber Peter W. Sawadowski hatte.

Schließlich wurde im August 1786 das Statut der staatlichen Schulen erlassen, und aus der Kommission ging die Hauptverwaltung für Schulen hervor. Unter dieser Bezeichnung arbeitete sie, bis sie unter Alexander I. zum Kern des neuen Bildungsministeriums mit Sawadowski als erstem Minister wurde. Dem Statut gemäß war in jeder Provinzhauptstadt eine höhere Schule und in jeder Kreisstadt eine Volksschule einzurichten. Die Bildung sollte nach neuzeitlichen Erkenntnissen erfolgen und umfassend sein. Die Unterrichtssprache war Russisch (obwohl man bei den Kindern von Fremdvölkern offenbar auch mit tatarischen und Turksprachen arbeitete). Der Lehrplan sah nützliche Fächer wie Mathematik, Naturwissenschaft, Geschichte und Erdkunde vor; im Süden kamen die klassischen Sprachen hinzu, und in Gebieten, die an Zentralasien oder China grenzten, Turksprachen oder Chinesisch. Religion wurde zwar unterrichtet, doch Priester waren am Unterrichtsgeschehen nicht beteiligt. Die Schule stand Jungen wie Mädchen aus allen Schichten der Bevölkerung offen. Die Kinder von Leibeigenen brauchten aber die Zustimmung des Grundherrn. Eine Schulpflicht bestand nicht. Schulgeld wurde nicht erhoben, und die Fürsorgeausschüsse bekamen Anweisung, jährlich für 2500 Rubel Freistellen an den höheren Schulen und für 500 Rubel an den Volksschulen zu schaffen. Die Besoldung der Lehrer betrug jährlich 200 bis 250 Rubel und entsprach damit der eines Hauptmanns im Heer. Die Position, die sie in der Rangtabelle zugewiesen bekamen, gab jedem, der an einer höheren Schule unterrichtete, nach zweiundzwanzig Dienstjahren ein Anrecht auf den Erbadel. (Auf diese Weise war Lenins Vater in den Adel aufgestiegen.)

Eine der zahlreichen zur Verfügung gestellten Unterrichtshilfen hieß »Anleitung für Lehrer«. Dieses erste in Rußland veröffentlichte Lehrerhandbuch ging auf das für die österreichische Bildungsreform erarbeitete Werk zurück. Es zeigte, wie man eine aus mehreren Kindern bestehende Klasse führte, waren doch bisher stets nur einzelne Kinder unterrichtet worden. Außerdem erläuterte es das System zum Gedächtnistraining und die Frage-und-Antwort-Methode und brachte den Lehrern nahe, wie sie den Kindern gegenüberzutreten hatten. Vor allem mußte ihnen klar sein, daß bei der Aufgabe, Kinder zu nützlichen Mitgliedern der Gesellschaft heranzuziehen, das persönliche Vorbild des Lehrers von Bedeutung war. Daher, hieß es, müsse von ihnen ein tugendhaftes Betragen sowie ein gerechtes, geduldiges, fürsorgliches und unparteiisches Auftreten erwartet werden. Lehrer müßten auf ihr eigenes Verhalten achten, um auf keinen Fall ein schlechtes Beispiel zu geben. In ähnlicher Weise erläuterte ein anderes Handbuch mit dem Titel »Pflichten als Mensch und Bürger« die Bearbeitung eines ursprünglich für den Gebrauch in Preußen und dem habsburgischen Reich verfaßten Werkes, auf welcher moralischen Grundlage die in Volksschule und höherer Schule vermittelte Erziehung stattzufinden habe. Das Buch trug die Forderung an die Kinder heran, dem Herrscher zu gehorchen, ihre Eltern zu achten, ein anständiges und gesundes Leben zu führen und sich mit dem zu bescheiden, was ihnen das Leben bot. Auch wenn all das mit Zitaten aus dem Neuen und vor allem aus dem Alten Testament gestützt wurde, ist der Geist des Werkes nahezu ausschließlich weltlich (so wird darin der Name Jesus Christus kein einziges Mal erwähnt). Von bemerkenswerter Liberalität war auch die Beschreibung der verschiedenen Regierungsformen – Monarchie oder Republik –, unter denen die Menschen lebten. Das Buch erlebte elf Auflagen, bis es schließlich 1819 verboten wurde – zum einen wegen der darin enthaltenen politischen Ideen, aber auch wegen mangelnder religiöser Aussagen. Doch über drei Jahrzehnte hinweg übte es in den Schulen zweifellos einen intensiven Einfluß aus.

Diese Bildungsreform erforderte einen beträchtlichen Aufwand. In den vierzehn Jahren von 1784 bis 1798 wurden über 400 neue Lehrer ausgebildet; am Ende des Jahrhunderts gab es 315 Schulen mit 790 Lehrern und nahezu 20000 Schülern, schätzungsweise 2000 davon waren Mädchen. Über die Veröffentlichung von Schulbüchern wachte die Hauptschulkommission, die Verträge mit einzelnen Verlegern abschloß; rund vierundvierzig Schulbücher wurden zwischen 1784 und 1800 produziert, wofür der Staat Jahr für Jahr insgesamt 12000 Rubel aufzubringen hatte. Die Auflagen dieser Bücher, für die ein festumrissener Markt bestand, lagen auch deutlich über den üblichen 600 bei Werken, die für das allgemeine Lesepublikum bestimmt waren. Die von Jankovic verfaßte Fibel wurde in über 100000 Exemplaren gedruckt.

Die »Universalnormalschulmeisterin«, wie Melchior von Grimm Katharina nannte, ließ sich nicht dazu bewegen, Bildungsanstalten, die bereits vor Einführung der staatlichen Schulen bestanden hatten, auf die gewohnte Weise weiterarbeiten zu lassen. Folglich richtete sie ihr Augenmerk auf die beiden Kadettenkorps, die für Heer und Marine Offiziere ausbildeten, wie auch auf die anderen Fachschulen, unter ihnen die Ingenieur- und Artillerieschule, die kaufmännischen Schulen und die verschiedenen nach dem Statut von 1775 entstandenen Bildungsanstalten. Zu ihnen gehörten beispielsweise die von Nowikow und seinen Freimaurer-Freunden gegründeten Schulen St. Alexander und St. Katharina in Sankt Petersburg. Des weiteren galt ihre Aufmerksamkeit den Pensionaten, von denen es in Sankt Petersburg in den achtziger Jahren achtzehn gab, der dortigen deutschen lutherischen Schule sowie dem Smolna-Institut für adlige Fräulein. Allenthalben wurden die Lehrpläne auf den neuesten Stand gebracht, der Unterricht an den Fachschulen gestrafft, in allen von russischen Kindern besuchten Volks- und höheren Schulen (die ohnehin inzwischen der Aufsicht der Fürsorgeausschüsse unterstanden) verbesserte man die Qualität des Unterrichts und setzte die Räumlichkeiten gründlich instand. Die Schulen wurden verpflichtet, Lehrplan und Unterrichtsmethoden gemäß dem Statut von 1786 zu übernehmen. Somit war Rußland tatsächlich ein Land geworden, in dem man zu jeder Tageszeit genau wußte, mit welchem Fach sich die Kinder in jeder Schule des Landes gerade beschäftigten.

Etwas mehr Freiheit genossen die in fremden Sprachen unterrichtenden Schulen, doch waren auch sie gehalten, die von der Hauptschulkommission genehmigten Bücher zu verwenden, und ihre Lehrer mußten einen Befähigungsnachweis erbringen. In den baltischen Provinzen blieb Deutsch zwar Unterrichtssprache, doch kam Russisch zusätzlich auf den Lehrplan. Ohne Zustimmung der Fürsorgeausschüsse durfte niemand neue Pensionate oder Internate einrichten.

In der Ukraine führte die Verwirklichung der Reform zu andersgearteten Schwierigkeiten. Im 18. Jahrhundert lag dort der allgemeine Bildungsstand höher als im übrigen Rußland, es gab zahlreiche Parochialschulen, und das Bildungsniveau der Geistlichkeit war durchgehend besser als im übrigen Rußland. Die Gymnasien unterrichteten Latein nach einem von Jesuiten verfaßten Lehrwerk. Nicht nur viele Polen studierten an der Akademie von Kiew, auch viele der besten Anwärter für die Lehrerausbildung in Sankt Petersburg hatten sie absolviert. An der ursprünglich als Ausbildungsstätte für Priester gegründeten Hochschule von Charkow, die aber das ganze Jahrhundert hindurch auch weltlichen Studenten offenstand, waren zeitweise bis zu 700 Studenten eingeschrieben. Vor diesem Hintergrund muß man sehen, daß das neue Bildungsprogramm – das insofern moderner war, als es der alten Vorstellung vom »Humanistischen« weniger Platz einräumte und dafür das »Russische« mehr betonte – in der Ukraine mehr oder weniger zur selben Zeit eingeführt wurde wie die neuen Einrichtungen der Lokalverwaltung entsprechend den Gesetzen von 1775.

Das Statut zur Einrichtung der staatlichen Schulen erweckt durchaus den Eindruck eines durchdachten Programms, das eine Reihe von Jahren konsequent angewendet wurde. Doch wie erfolgte die Umsetzung? Hier sieht sich der Historiker dem Problem fehlenden Materials gegenüber, so daß sich nicht sagen läßt, was in den Schulen tatsächlich geschah. Die Schülerzahlen waren nicht hoch, vor allem in den höheren Schulen, aus denen die Eltern ihre Kinder häufig nahmen, sobald diese imstande waren, einer Tätigkeit als Schreiber oder Kontorist nachzugehen. In Rußland beeinträchtigte das Fehlen qualifizierter Fachkräfte nicht nur das Funktionieren der Regierung, sondern wirkte sich auch nachteilig auf das Unterrichtswesen aus. In kleinen Städten, die nicht imstande waren, für die Einrichtungen der Selbstverwaltung eine hinreichende Anzahl angemessen ausgebildeter Mitarbeiter zur Verfügung zu stellen, standen die Behörden den Schulen häufig ablehnend gegenüber. Da aber die aus ernannten wie gewählten Mitgliedern bestehenden örtlichen Fürsorgeausschüsse unter der Oberaufsicht des Gouverneurs für die Lokalverwaltung der Schulen zuständig waren, brachten sie nur wenig Begeisterung für etwas auf, was in ihren Augen Geldverschwendung bedeutete. In mindestens drei der zwölf Kreisstädte der Provinz Smolensk gab es kaum des Lesens und Schreibens kundige Kaufleute, von Bauern ganz zu schweigen. Die Ausschüsse verfügten nicht über genug Geld, um alle ihnen zugedachten Wohlfahrtsaufgaben erfüllen zu können, und häufig waren die für Schulen vorgesehenen Räumlichkeiten ungeeignet. Auch ist es sehr unwahrscheinlich, daß man in einer Zeit und einer Gesellschaft, in der grausame Strafen durch Staat, Grundeigentümer, Eltern und Ehemänner an der

Tagesordnung waren, das Verbot der körperlichen Züchtigung befolgte. S. T. Axakows Beschreibung seines ersten Besuchs in der staatlichen Schule in Ufa Ende des 18. Jahrhunderts liefert ein nur allzu lebhaftes Bild von der Willkür, mit der man zu körperlichen Züchtigungen griff. Auch war, wie es hieß, das Laster der Trunksucht unter den neuen Lehrern allgemein verbreitet.

Auf der anderen Seite bemühten sich hohe Beamte zumindest anfänglich, die Bildung zu unterstützen, indem sie Abschlußfeiern organisierten und schulische Leistungen öffentlich würdigten. Zweimal nahm Sawadowski, Vorsitzender der Hauptschulkommission, an Abschlußfeiern in Tschernigow teil, und der englische Geistliche John Parkinson, 1790 Reisebegleiter eines jungen englischen Adligen auf dessen Rundreise durch Rußland, beschreibt die Feier, der sie in Astrachan beiwohnten, wie folgt:

> »Heute vormittag nahmen wir an der öffentlichen Prüfung der jungen Menschen teil, die in Astrachans Schulen herangebildet werden. Voller Überraschung sah ich in der ersten Klasse vier Mädchen. Der Gouverneur und viele Bürger waren anwesend ... Insgesamt wurden etwa 200 Schüler geprüft, die in vier Klassen eingeteilt waren. Die erste sagte den Katechismus her, die zweite wurde in Rechnen und Sprachlehre geprüft, die dritte in Geographie und alter Geschichte und die vierte in Geometrie, Bruchrechnen, Algebra und Festungsbau. Denen, die eine Klasse höher gelangten, gab der Gouverneur die erforderlichen Bücher ... Diese Prüfung findet zweimal jährlich statt, und das nicht nur in der Hauptstadt, sondern überall, wo Schulen eingerichtet sind. Die Lehrer waren anschließend zum Diner beim Gouverneur geladen.«

Im April 1793 wurde die staatliche Schule in Jekaterinoslaw in Anwesenheit des Statthalters M. W. Kachowski feierlich eröffnet. Eine Gruppe hoher Beamter inspizierte die »... Schulbibliothek, die Architektenentwürfe, Globen, Landkarten sowie die Abbildungen und Modelle für den Naturkundeunterricht. Gleichzeitig schrieb der Schulleiter die Kinder ein, die man angemeldet hatte; ihre Zahl belief sich bei dieser Gelegenheit auf fünfundzwanzig ...«

Historiker des 19. Jahrhunderts äußerten sich aus verschiedenen und zum Teil widersprüchlichen Gründen äußerst kritisch zu Katharinas Bildungsprogramm. Während konservativ Eingestellte neben dessen weltlicher Ausrichtung die Tatsache verdammten, daß die Kirche an keiner Stelle im Statut genannt wurde und Priester nicht einmal den Katechismus lehren durften, verurteilten es liberal Denkende, weil Katharina, indem sie alles in der Hand des Staates konzentrierte und ihre eigenen Ansichten in Bildungsfragen zum Maßstab machte, nachhaltig verhinderte, daß gesellschaftliche Kräfte Eigeninitiative entwickelten. In jüngerer Zeit hat man sie auch kritisiert, weil sie den Zugang zur Bildung nicht auf die Bauernschaft ausdehnte und – anders als Friedrich II. von Preußen – nicht die Schulpflicht einführte (obwohl man die Wirksamkeit einer solchen Maßnahme bezweifeln darf).

Die Berechtigung des erstgenannten Vorwurfs kann als erwiesen gelten. Wahrscheinlich wollte Katharina die Popen ohnehin um jeden Preis aus den Schulen heraushalten, aber es gab dafür in Rußland noch einen weiteren guten Grund: Die Gemeindepriester besaßen nur ein geringes Maß an Bildung und genossen in der Gesellschaft kein hohes Ansehen. Die anderen Kritikpunkte sind komplexer. Es muß gesagt werden, daß die gesellschaftstragenden Schichten des Landes bis zum Erlaß der Gesetze von 1775 und mehr noch des Statuts über staatliche Schulen von 1786 kaum etwas unternommen hatten, um in den Städten Bildungsmöglichkeiten zu schaffen. Einige der wohlhabenderen Adligen richteten auf ihren Gütern Schulen für einen Teil ihrer Leibeigenen ein (auf den im Besitz der Kaiserin befindlichen Krongütern gab es viele solcher Schulen). Doch sah der Adel insgesamt wenig Grund, Schulen in den Provinzhauptstädten einzurichten, da die meisten Kinder adliger Familien in speziellen Schulen, wie beispielsweise dem Kadettenkorps, oder von Privatlehrern herangebildet wurden. Unterstützung brauchten die auf dem Lande wohnenden besitzlosen Provinzadligen und konnten Initiative erst im größeren Umfang entfalten, als ihnen nach 1775 tatkräftige Gouverneure zu Hilfe kamen. Auch die Angehörigen der Kaufmannsklasse standen einer allgemeinen Bildung gleichgültig gegenüber; wenn sie eine Unterrichtung ihrer Kinder für erforderlich hielten, wurden diese zum Gemeindepriester oder in nicht registrierte Schulen geschickt, die von Offizierswitwen oder abgedankten Unteroffizieren betrieben wurden. Dreh- und Angelpunkt der hier angesprochenen Kritik ist, daß Katharina 1786 die wenigen existierenden Privatschulen übernahm und in das Korsett des staatlichen Schulwesens zwängte, einschließlich der beiden in Sankt Petersburg von Nowikow und seinen Freimaurer-Freunden gegründeten Schulen St. Alexander und St. Katharina. Darin, wie auch in einer 1785 ergangenen Anweisung, alle Schulen zu kontrollieren, die Nowikow in Moskau eingerichtet haben mochte, wo er inzwischen lebte und arbeitete, sieht man einen vorsätzlichen Angriff der Kaiserin gegen die »Privatinitiative« einer gesellschaftlichen Gruppe, deren Vorstellungen ihr fremd waren. Man unterstellt ihr, daß sie in dieser Initiative eine stillschweigende Kritik sah und deshalb dem Tun und

Treiben dieser Menschen einen Riegel vorzuschieben wünschte.

Katharinas Beziehung zu Nowikow zu jener Zeit muß deshalb kurz dargestellt werden. Nowikow verließ Sankt Petersburg, als ihm seine Freimaurer-Freunde 1779 einen auf zehn Jahre lautenden Pachtvertrag für den Moskauer Universitätsverlag verschafften, mit dem er ein ansehnliches Programm allgemeiner und pädagogischer Literatur auf die Beine stellen konnte. Er fühlte sich überdies zu einem bestimmten Zweig der Freimaurerei mit ausgeprägt mystischen und alchimistischen Neigungen hingezogen, nämlich zu den Rosenkreuzern. Propagandist des Rosenkreuzertums war in Moskau ein gewisser I. G. Schwartz, mit dem Nowikow unter der Bezeichnung »Lerngesellschaft der Freunde« eine besondere Studiengruppe an der Universität gründete. Aus diesem Reservoir von Studenten bezog er die Übersetzer und Autoren, die er für die Publikationen seines Verlages brauchte. Ein enger Rosenkreuzer-Freund, I. W. Lopuchin, gründete einen Geheimverlag, dessen sich Nowikow für freimaurerische Werke bedienen konnte, und Nowikow selbst rief eine typographische Gesellschaft ins Leben, die ihm zusätzlich zum Moskauer Universitätsverlag zur Verfügung stand. Seine Tätigkeit hatte nach zeitgenössischen Maßstäben einen außergewöhnlichen Umfang und trug ihm Hunderttausende von Rubeln ein.

Doch nicht Nowikows freimaurerischen Aktivitäten lenkten Katharinas Aufmerksamkeit 1784 auf ihn, sondern die Tatsache, daß er zwei speziell für die Hauptschulkommission verfaßte Bücher veröffentlicht hatte, an denen diese Kommission die Rechte besaß. Auch andere Verleger, die gegen das sehr einträgliche Monopol der Kommission für diese Bücher verstoßen hatten, wurden zur Rechenschaft gezogen und sowohl ihre wie auch

Nowikows Lagerbestände beschlagnahmt (Nowikow wurde aber für seinen Verlust später entschädigt). Es ging also nicht um einen gezielten Angriff gegen Nowikows Person.

Als Katharina jedoch im Dezember 1785 erfuhr, daß er außerdem freimaurerische Literatur und Erbauungsbücher verlegte, beauftragte sie den Gouverneur und den Erzbischof von Moskau, Nowikows Verlegertätigkeit und weltanschauliche Position unter die Lupe zu nehmen. Es erwies sich, daß man gegen seinen Glauben keine Einwände erheben konnte, wohl aber gegen die von ihm verlegten Bücher. Insbesondere mißfiel dem Erzbischof die große Zahl von Schriften, die das aufklärerische Gedankengut der Neuzeit verbreiteten, und er erstellte eine Liste von dreiundzwanzig Büchern, die seiner Ansicht nach den religiösen Glauben untergraben konnten. Von diesen verbot Katharina lediglich sechs, alle mit freimaurerischem Gedankengut. Alle anderen wurden freigegeben, womit sie sich toleranter zeigte als der Erzbischof. Ihr lag lediglich daran, das zu verbieten, was sie als unsinnige »Hervorbringungen« ansah, die geeignet waren, unwissende Menschen irrezuführen.

Die Kaiserin – vielleicht von der Harmlosigkeit dessen, was Nowikow trieb, nicht vollständig überzeugt – forderte den Generalpolizeimeister von Moskau auf, Gerüchten nachzugehen, in denen es hieß, die Moskauer Freimaurer hätten ein Krankenhaus und mehrere Schulen eingerichtet. Wahrscheinlich hing dies Vorgehen mit dem Programm zur Schulreform von 1786 zusammen. Der Polizeichef berichtete, es gäbe weder solche Schulen noch ein solches Krankenhaus, und so kann heute keine Rede davon sein, daß man sie geschlossen habe, um Nowikows Bildungsinitiative ein Ende zu bereiten. Genau das aber haben Historiker behauptet, die Katharinas Anforderung eines Berichts durch den Polizeichef als Beweis für eine Existenz dieser Einrichtungen angesehen haben.

Ein Jahr später indes, im Jahre 1787, wurde Katharinas Aufmerksamkeit erneut auf die Zahl der von Nowikow verlegten Bücher religiösen Inhalts gelenkt. Da er diesmal gegen das Verlagsmonopol des Heiligen Synods verstoßen hatte, ließ sie im Juli 1787 die Anweisung ergehen, daß religiöse Werke ausschließlich durch den Heiligen Synod und die Hauptschulkommission (welche die Katechismen für die Schulen druckte) verlegt werden dürften, außerdem ließ sie sich eine Liste aller Bücher vorlegen, die Nowikow in Moskau sowie in verschiedenen anderen Verlagen in Sankt Petersburg und den Provinzen veröffentlicht hatte. Allein 313 der Titel auf jener Liste waren in Moskau erschienen, und ein Jahr später verlangte Katharina, daß 299 davon dem Verleger zurückzugeben seien; 14 wurden verboten, und zwar, weil sie entweder freimaurerisches Gedankengut verbreiteten (einzelne waren schon früher verboten worden) oder die christliche Lehre beleidigten. Künftig, so ordnete Katharina an, seien Werke religiösen Inhalts vor der Veröffentlichung dem Synod vorzulegen.

Zusammengefaßt läßt sich sagen, daß es keinen Hinweis auf irgendeine Tätigkeit Nowikows auf dem Bildungssektor in jenen Moskauer Jahren gegeben hat, die Katharinas Mißtrauen erweckt haben könnte. Wenn Bücher verboten wurden, geschah das nicht deshalb, weil ihr Autor Voltaire hieß, sondern weil sie von Alchimisten wie Paracelsus stammten.

Schließlich muß noch etwas zu dem Vorwurf gesagt werden, daß Katharina nicht die allgemeine Schulpflicht eingeführt und das Schulwesen nicht auf die Dörfer ausgedehnt hat. Er dürfte auf eine Fehleinschätzung der Mittel zurückgehen, die ihr zum Durchsetzen politischer Ziele zur Verfügung standen. Theoretisch mag es möglich gewesen sein, in den russischen Landstädten eine solche Schulpflicht einzuführen, ratsam aber war das nicht, denn ein reibungsloses Funktionieren eines Großteils der Verwaltung war ohne die bereitwillige Mitwirkung der Bewohner nicht möglich. In den Dörfern waren die Schwierigkeiten anders geartet. Selbst wenn man einmal außer acht läßt, daß es sogar in Dörfern mit Staats- oder Kronbauern unmöglich war, auf politischer Ebene in die Beziehungen zwischen Grundherren und Leibeigenen einzugreifen, wäre es äußerst schwierig gewesen, Schulen einzuführen. Immerhin waren die Entfernungen bisweilen so groß, daß die Kinder das Elternhaus hätten verlassen, in einen größeren Ort ziehen und während der Wintermonate, in denen die Schulen geöffnet waren, dort hätten leben müssen. Den Eltern hätte nicht nur die Arbeitskraft ihrer Kinder gefehlt, sie hätten überdies für deren Unterhalt in der Stadt aufkommen müssen. Außerdem gab es ohnehin kaum genug Lehrer für die Volksschulen und höheren Schulen. Hier kann man weder Preußen noch Österreich als Vergleichsmaßstäbe heranziehen, verfügten doch beide Länder in den religiösen Orden über ausgebildete Lehrkräfte sowie über relativ gut gebildete katholische und evangelische Gemeindegeistliche.

Langfristig gesehen scheinen die neuen Schulen den Menschen, für die sie gedacht waren, durchaus dienlich gewesen zu sein. Nicht nur war ihr Besuch unentgeltlich, sie standen auch allen gesellschaftlichen Gruppen offen, erneut ein durchaus verblüffendes Abweichen vom üblichen Muster der strengen Einteilung der russischen Gesellschaft in Adel, Nichtadlige und Bauern. Die meisten der 1801 angemeldeten Kinder kamen aus dem Adel (33 Prozent). Die Kinder von Stadtbewohnern machten 26 Prozent aus, die von Soldaten 11 Prozent, die von leibeigenen Bauern und von Leibeigenen, die als Dienstboten tätig waren, 11 Prozent, die von anderen Bauern 5,5 Prozent, die von kleinen Beamten und Menschen ohne gesellschaftlichen Status 8 Prozent und die Kinder von Priestern 2 Prozent (hinzu kamen 4 Prozent sonstige).

Zur Einrichtung neuer Universitäten wurde in Katharinas Regierungszeit nichts unternommen. Häufig fiel es schon schwer, genug Studenten zum Besuch der Moskauer Universität zu bewegen. Doch gewährte die Kaiserin vielen eine finanzielle Unterstützung, die zum Studium nach Deutschland, Holland, Frankreich (hauptsächlich ins protestantische Straßburg), England und Schottland geschickt wurden.

Die Gesamtzahl von Kindern, die Ende des 18. Jahrhunderts staatliche Bildungseinrichtungen besuchten – zwischen 60000 und 70000 –, war immer noch sehr gering. Häufig haben Historiker des 19. Jahrhunderts die Langsamkeit bemängelt, mit der Katharinas Bildungsprogramm umgesetzt wurde. Nachdem so viele Länder der Dritten Welt mit unterentwickelter Wirtschaft erkannt haben, wie schwierig es ist, das Analphabetentum auszurotten, können wir im 20. Jahrhundert eher einschätzen, was in Rußland in lediglich fünfzehn Jahren erreicht worden war. Katharina hatte das Fundament gelegt, auf dem Alexander I. weiterbauen konnte.

10

Katharinas Sozialpolitik

Katharina vertrat weder liberale noch demokratische und schon gar keine egalitären Grundsätze. Sie war von der ständisch geprägten Gesellschaftsstruktur überzeugt, die zur Zeit ihrer Herrschaft nahezu überall in Europa an der Tagesordnung war. In ihr gehörten alle Menschen von Gesetzes wegen einem bestimmten Stand an, genossen die mit der Zugehörigkeit zu dieser gesellschaftlichen Gruppe verbundenen Rechte und erfüllten die zugehörigen Pflichten. Doch war die Gesellschaft vor der Französischen Revolution (das *ancien régime*) weit weniger undurchlässig, als man aufgrund dieser Darstellung annehmen könnte, derzufolge für jeden ein bestimmter Status vorgesehen war.

Im damaligen Rußland gab es drei Möglichkeiten, in der Gesellschaft aufzusteigen: durch Mut, Können oder Glück. Einfache Soldaten konnten auf dem Schlachtfeld zum Unteroffizier befördert werden, bisweilen sogar dann, wenn sie von Leibeigenen abstammten. In seltenen Fällen konnten solche Männer auch Offizier werden, gelangten dann aber gewöhnlich nicht über die unterste Rangstufe hinaus. Mitarbeiter in Regierungsbehörden, Schriftsteller, Lyriker, Dramatiker, Baumeister und Ärzte konnten eine Position in der Rangtabelle erlangen, durch die sie den persönlichen Adel oder gar den Erbadel gewannen, was sie in den Stand setzte, Grundbesitz mit Leibeigenen zu erwerben. Beispielsweise stieg G. N. Teplow, Sohn eines Heizers, unter Kaiserin Elisabeth zum hohen Regierungsbeamten auf und wurde in den Erbadel erhoben; unter Katharina II. wurde er Geheimer Staatsrat und Senator. Der Naturwissenschaftler, Dichter, Historiker und Grammatiker N. W. Lomonossow, führendes Mitglied der Akademie der Wissenschaften und einer der Gründer der Moskauer Universität, wurde noch 1748 als entlaufener Bauer eingestuft (sein Vater war wohlhabender Staatsbauer in Archangelsk), doch schon 1753 gehörte er dem Erbadel an und besaß ein Anwesen mit 211 Leibeigenen. Gawriil Dobrynin war Sohn eines Geistlichen und stieg in der Verwaltung auf, in seinem Tagebuch verzeichnet er mit äußerster Befriedigung den Tag, an dem er schließlich den Rang erreichte, der ihm den Erbadel sicherte. Es gibt Fälle von Händlern bäuerlicher Herkunft, wie Sawa Jakowlew, der mit Lieferverträgen für die Regierung ein Vermögen machte und in den Adel aufstieg; und auch nichtadlige Unternehmer in Sibirien, Eigentümer von Berg- und Hüttenwerken, erlangten den Adel.

Katharina stand der Nobilitierung außergewöhnlich wohlhabender Kaufleute sehr wohlmeinend gegenüber. Ihrer Ansicht nach wären sie, sofern sie im Kaufmannsstand blieben, »zu große Fische für den Teich, in dem sie schwimmen«. Bei Gründung der Akademie der Künste im Jahre 1764 wurde den Professoren für Malerei, Bildhauerei und Architektur die achte Rangstufe zugewiesen, zwei Stufen über den Professoren in der Akademie der Wissenschaften, was ihnen Anspruch auf den Erbadel gab. Ausländische Ärzte wie Dr. Rogerson, Katharinas Leibarzt, galten in Rußland als Adlige, während Dr. Dimsdale, der die Kaiserin 1768 gegen Pocken geimpft hatte, zum Baron des russischen Reiches gemacht wurde. Bloßes Glück führte zur Nobilitierung des jungen Bauernburschen, den man dazu ausersehen hatte, den Impfstoff für Katharina zur Verfügung zu stellen.

Der heute übliche Klassenbegriff ist mit Bezug auf die Gesellschaft des *ancien régime* äußerst irreführend. In der neuzeitlichen Politikwissenschaft verwendet man ihn entweder im Marxschen Sinne, um Produktionsverhältnisse zu beschreiben (die Besitzer der Arbeitskraft gehören der Arbeiterklasse an und werden vom Bürgertum als Besitzern des Kapitals ausgebeutet) oder in einem erweiterten Sinn, um unterschiedliche Einkommensstufen sowie Unterschiede auf kultureller Ebene und im Lebensstil auszudrücken. Man spricht dann aber nicht von »Klasse«, sondern von »Schicht« (Oberschicht, Mittelschicht, untere Mittelschicht und so weiter). Im 18. Jahrhundert gehörten die Menschen gesetzlich durchweg der gesellschaftlichen Gruppe an, in die sie hineingeboren wurden, unabhängig davon, wie reich oder arm sie sein mochten. So waren in Rußland manche Fürsten, Nachkommen jener, die einst im Mittelalter das Land beherrscht hatten, arm wie Kirchenmäuse. In Nowgorod lebten unter Katharinas Herrschaft Adlige, die ihr eigenes Land pflügten und weder Leibeigene noch die Kleidung besaßen, die zum Antritt des Regierungsdienstes vorgeschrieben war. Manche Adlige verfügten über keinerlei Grundeigentum, aber von Gesetzes wegen standen jedem von ihnen die gleichen Vorrechte zu wie den begütertsten und höchstrangigen ihrer Standesgenossen.

Diese Vorrechte waren keineswegs ausschließlich gesellschaftlicher Art. Zu ihnen gehörte der Zutritt zu bestimmten Ausbildungsstätten wie beispielsweise dem Kadettenkorps, das künftige Offiziere ausbildete oder dem Smolna-Institut für die Bildung adliger Fräulein. Oft wurden Angehörige des Adels bereits als Kinder in die Garderegimenter aufgenommen, um zu verhindern, daß sie im Erwachsenenalter als Gemeine dienen mußten; nach Ablauf der vorgesehenen Zahl von Jahren wurden sie zu Offizieren befördert. Dieses System hat eine gewisse Parallele in den Praktiken, die schottische Kapitäne in der britischen Marine anwendeten: Sie nahmen Verwandte als Fähnriche an Bord, damit sie rascher den begehrten Rang eines Leutnants zur See erreichten. Auch auf der lokalen Verwaltungsebene wie in der zentralen Bürokratie des Landes blieben bestimmte Aufgaben dem Adel vorbehalten. Diese Vorrechte waren von besonderer Bedeutung für die wachsende Zahl mittelloser oder grundbesitzloser Erbadliger auf den unteren Stufen der Rangtabelle, wie auch für Menschen nichtadliger Herkunft, die lediglich den persönlichen Adel erlangten (vierzehnte bis neunte Rangstufe).

Zwar hatte das Gesetz im formalen Aufbau der gesellschaftlichen Hierarchie Rußlands Vorrang vor Reichtum, doch spielte Geld dort wie auch anderswo eine bedeutende Rolle. Für einen vermögenden Adligen war der Aufstieg in der Rangtabelle wahrscheinlicher als für einen minderbegüterten, er bekam auch mit größerer Wahrscheinlichkeit eine gute Erziehung, eine gutbezahlte Anstellung, wurde bei Hofe »bemerkt« und konnte eher in eine wohlhabende Familie mit guten Verbindungen einheiraten als andere. Beamte behandelten reiche Adlige zuvorkommender, schließlich verfügten diese eher über die Mittel, sie zu bestechen. Daraus ergibt sich, daß alle Adligen zwar vor dem Gesetz gleich waren, keineswegs aber in der Gesellschaft. In ihr hatte Vermögen in gewissem Ausmaß sogar Einfluß auf die von der Rangtabelle vorgegebene starre Hierarchie und konnte das Leben jener erleichtern, die keine Privilegien genossen. Allerdings waren in Rußland Rang, Titel, Vorrechte und Prestige in der Gesellschaft im großen und ganzen nicht käuflich. Es gab nichts dem in Frankreich, Spanien (und sogar England) praktizierten Ämterkauf Vergleichbares. Beispielsweise konnte in Frankreich eine Familie das Amt eines Richters bei einem Gericht als vom Vater auf den Sohn weitervererbbaren Privatbesitz erwerben. Theoretisch begann in Rußland jeder auf der untersten Stufe der Rangtabelle; in der Praxis aber lag der Ausgangspunkt für den Aufstieg bei Wohlhabenden und Wohlgeborenen weiter oben. So war zu jener Zeit die Zugehörigkeit zu einer »gesetzlichen Klasse« zwar von größerer Bedeutung als die zu einer »wirtschaftlichen Klasse«, doch war der Besitz von Geld von Nutzen. Mit den Begriffen der neuzeitlichen Terminologie gesagt, enthielt eine »gesetzliche Klasse« mehr als eine »wirtschaftliche« – und umgekehrt. Alle sahen diese Ordnung der Gesellschaft, die als festes Bollwerk ihrer Stabilität galt, als gegeben an.

An dieser Pyramide änderte Katharina zwar nichts, wohl aber bemühte sie sich in ihrem Bestreben, Rußlands Verwaltung zu modernisieren und alle gesellschaftlichen Kräfte zur Mitarbeit an den im Statut zur Lokalverwaltung von 1775 niedergelegten Reformen zu gewinnen, den verschiedenen gesellschaftlichen Ständen eine feste Form zu geben und die Vorschriften gesetzlich zu regeln, die deren Rechte und Pflichten festlegten. Schwierigkeiten bereiteten ihr von ihrer Thronbesteigung an die Rechte des Adels, hatte doch Peter III. mit dem im Februar 1762 herausgegebenen Erlaß den Adel von der Dienstverpflichtung befreit (vgl. Kap. 2). Es war eine der äußerst wenigen von ihm ergriffenen Maßnahmen, die Beifall gefunden hatten.

Anfänglich hatte es den Adel beunruhigt, daß Katharina den Erlaß Peters III. nicht sogleich bestätigte und statt dessen 1763 einen Ausschuß einsetzte, der die ganze Frage untersuchen sollte. Dessen Bericht legte sie aber später beiseite und wies den Senat an, dem Erlaß gemäß zu verfahren, so daß keine Adligen mehr zur Dienstleistung herangezogen wurden. Als nach dem Siebenjährigen Krieg viele von ihnen die Streitkräfte verließen und sich auf ihre Güter zurückzogen, konnten sie zum erstenmal in der Geschichte des russischen Adels ein Leben in Muße genießen.

Der erste Schritt, mit dem Katharina den Adel als Stand neu gliederte, hing mit den Wahlen zur Gesetzgebenden Kommission im Jahre 1767 zusammen. Sie hatte die Adligen eines jeden Gouvernements aufgefordert, eine Versammlung zu bilden und einen »Adelsmarschall« zu wählen, der dafür sorgen sollte, daß ein gewählter Vertreter in die Gesetzgebende Kommission entsandt wurde. Die Amtsdauer dieses Adelsmarschalls betrug drei Jahre, anschließend wurde ein neuer gewählt. Mithin war die Einrichtung eines Adelsmarschalls und einer Adelsversammlung auf regionaler Ebene, als Katharina ihr Statut von 1775 erließ, bereits fest verankert, auch wenn deren Aufgaben noch sehr verschwommen umrissen waren. Das Statut von 1775 nun wies ihnen bestimmte Aufgaben zu. So hatten sie beispielsweise bei der Wahl von Beamten mitzuwirken, die in den gesetzlich geforderten neuen Einrichtungen der Lokalverwaltung, den Gerichtshöfen und den Fürsorgeausschüssen tätig wurden.

Die Krönung des Programms, mit dem Katharina für eine gewisse Einheitlichkeit innerhalb der Stände sorgen wollte, waren die beiden 1785 von ihr verfaßten Gnadenurkunden an den Adel und die Städte. Viel Arbeit floß in diese Gesetze, und so waren einige Jahre der Vorbereitung nötig. Sie legten neben den Rechten der einzelnen Angehörigen des jeweiligen Standes auch eine recht beschränkte Anzahl politischer Rechte fest, die dem Stand insgesamt gewährt wurden. Mit der Städteordnung wurde ein ausgeklügeltes System der städtischen Selbstverwaltung eingeführt, das die Vorgaben des Statuts von 1775 ergänzte und erweiterte; außerdem enthielt sie Vorschriften für die Handwerkergilden in den Städten.

Die Gnadenurkunde an den Adel bekräftigte eine Anzahl persönlicher Rechte, in deren Genuß der Adel in der Praxis seit der Jahrhundertmitte gekommen war, ohne daß man sie in einem bestimmten Gesetz formuliert hätte. So durfte niemand einen Adligen seines Lebens, seiner Stellung in der Rangtabelle, seines »Standes«, seines Eigentums noch seiner Ehre ohne Gerichtsverhandlung berauben, und jeder Adlige durfte darauf bestehen, daß bei einer Gerichtsverhandlung seinesgleichen (also andere Adlige) über ihn befanden. Solche Verfahren unter Mitwirkung Gleichrangiger hatte es in Rußland selbstverständlich schon immer gegeben, da praktisch alle Richter dem Adel angehörten, doch die mit dem Statut von 1775 eingerichteten neuen Gerichte ermöglichten es dem Adel, »Beisitzer« in die Tribunale zu wählen, die für eine gerechte Behandlung seiner Angehörigen sorgen sollten. Zusätzlich legte die Gnadenurkunde fest, daß kein Adliger mehr einer körperlichen Züchtigung unterzogen werden durfte. Sie bekräftigte die Befreiung des Adels von der Kopfsteuer, aber auch die Verpflichtung, auf seinen Ländereien Truppen einzuquartieren. Die Befreiung von der Verpflichtung zum Dienst in den Streitkräften oder der Verwaltung wurde ebenso bekräftigt wie das Recht, das Land zu verlassen und in ausländische Dienste zu treten. Außerdem bestätigte die Gnadenurkunde eine Reihe von Eigentumsrechten des Adels, wie beispielsweise das Recht, auf seinen Gütern Manufakturen einzurichten sowie ungehindert Wälder und auf dem eigenen Grund und Boden befindliche Bodenschätze (beispielsweise mit

Hilfe von Bergwerken und Steinbrüchen) auszubeuten. Das Recht, »Dörfer zu kaufen«, das heißt, Leibeigene zu besitzen und zu erwerben, wurde gleichfalls bestätigt. Der eigentliche Sinn dieser besonderen Klausel bestand darin, daß ausschließlich der Adel das Recht auf den Besitz von Leibeigenen haben sollte, auch wenn das nicht ausdrücklich gesagt wurde. In Wirklichkeit setzten aber auch weiterhin Nichtadlige in ihren Betrieben Leibeigene ein und kauften gelegentlich welche hinzu. Entgegen einer häufig wiederholten Behauptung blieb aber die Macht des Adels über seine Leibeigenen in jeder Beziehung unangetastet. Zwei gesetzliche Vorgaben schränkten seine Eigentumsrechte an den Leibeigenen-Dörfern ein: Zum einen war er dem Staat dafür verantwortlich, daß seine Leibeigenen die Kopfsteuer entrichteten, außerdem verpflichtete ihn das Gesetz, für arbeitsunfähige Leibeigene zu sorgen. Keinesfalls durfte ihr Eigentümer zulassen, daß sie bettelnd durch das Land zogen.

Überdies bekam der Adel als Korporation gewisse Rechte eingeräumt. Genauer gesagt handelte es sich dabei um die Adelsversammlungen, die nicht nur wie früher in den einzelnen Kreisen, sondern auch in den Provinzen eingerichtet wurden, wo sie einen für die gesamte Provinz zuständigen »Adelsmarschall« wählten. Jeder Adlige, der in einer bestimmten Provinz registriert war, weil er dort Ländereien besaß, hatte das Recht, an der Provinzversammlung teilzunehmen, doch das aktive oder passive Wahlrecht besaß lediglich, wer mindestens den untersten Rang eines Offiziers (den vierzehnten) erreicht hatte. Nicht wählbar waren Adlige, die pro Jahr ein Einkommen von weniger als 100 Rubeln aus ihren Dörfern bezogen. Diese Einschränkungen unterstrichen erneut die Bedeutung von Dienst und Besitz im Leben des Adels. Wer nie in Heer oder Verwaltung gedient hatte, konnte ebensowenig an der gemeinsamen Selbstverwaltung des Adelsstandes mitwirken wie ein junger Mann, der noch keinen Anteil am Eigentum der Vorfahren geerbt hatte. Das bedeutendste dem Adel gewährte »politische« Recht bestand darin, »vorstellig zu werden«, das heißt, jede Adelsversammlung durfte bei Bedrängnis und Beschwerden der Kaiserin Bittschriften ohne das Dazwischentreten von Institutionen persönlich überreichen.

Eine der Hauptaufgaben der Adelsversammlung als Standesvertretung war es, in der jeweiligen Provinz das Adelsregister zu führen. Das war für Rußland neu. Die Register waren zuvor in der Hauptstadt geführt worden, im Heroldmeister-Kontor, einem Departement des Senats, damit man Adlige in ein Regiment oder ein Amt entsenden konnte, sobald sie das Erwachsenenalter erreichten. Nach Abschaffung der Dienstverpflichtung im Jahre 1762 führte das Heroldmeister-Kontor weiterhin die Dienstunterlagen über den Adel, um feststellen zu können, wer nach wie vor verfügbar war, wer den Dienst quittiert und sich auf seine Güter zurückgezogen hatte, oder wer bereit war, aufs neue einen Dienst anzutreten. Oft kostete es große Mühe festzustellen, ob jemand, der dem Adel anzugehören behauptete, tatsächlich Anspruch darauf hatte. Aus den Unterlagen des Heroldmeister-Kontors geht hervor, wie lange es dauern konnte, bis man Belege zusammengetragen hatte, die Auskunft über Abstammung, wirtschaftlichen Status, Grundeigentum, Lebensweise solcher Männer gaben und anderes mehr.

Bis 1785 hatten alle Angehörigen des Adels vor dem Gesetz als gleich gegolten, wenn auch nicht im öffentlichen Ansehen: Das gründete sich auf die in der Rangtabelle erreichte Position. Jetzt wurden neben der von der Rangtabelle festgelegten Hierarchie neue Unterscheidungen eingeführt, denn die Gnadenurkunde teilte den Adel in sechs verschiedene Gruppen auf, je nachdem, ob jemand einen Titel führte, einer sehr alten Familie angehörte, aus dem Ausland stammte, Adelspatente unmittelbar von Katharina oder anderen Herrschern empfangen hatte oder lediglich als Angehöriger der Streitkräfte oder als Zivilist in der Rangtabelle befördert worden war. Zwar handelte es sich in Rußland weiterhin um einen Dienstadel, doch ähnelte er jetzt eher dem der westeuropäischen Länder, da jeder, der als adlig anerkannt werden wollte, zusätzlich zum Dienst noch ein Dokument brauchte, das seine Abstammung bescheinigte.

In den baltischen Provinzen des russischen Reiches war das Adelsregister, die sogenannte *matricula*, stets vom jeweiligen Landtag geführt worden, einer Versammlung des Adels. Die Entscheidung darüber, wer dem Adel angehörte und wer nicht, oblag dort nicht einer Verwaltungsstelle wie dem Hof-Heroldsamt, sondern jener Versammlung. Da mit der Gnadenurkunde im ganzen russischen Reich ein und dasselbe System eingeführt wurde, hatten in den achtziger Jahren die Adelsversammlungen der einzelnen Provinzen alle Hände voll zu tun, die bei ihnen angemeldeten Ansprüche auf Zugehörigkeit zum Adel zu bearbeiten. Manche davon waren überaus zweifelhaft, vor allem, wenn sie aus Teilen des russischen Reiches mit unterschiedlichen gesellschaftlichen Überlieferungen (wie beispielsweise der Ukraine) oder aus den Gebieten kamen, die Rußland bei den polnischen Teilungen annektiert hatte. So kam es, daß die endgültige Entscheidung über viele dieser Ansprüche erst unter der Herrschaft Nikolaus' I. (1825–1855) fiel.

Nur wenig ist über die Arbeitsweise der Adelsversammlungen bekannt. Gewiß traten sie regelmäßig zusammen, um Beamte auf lokaler Ebene zu wählen, und es gibt Hinweise darauf, daß sich zumindest in den früheren Jahren hochstehende Adlige ins Amt eines Adelsmarschalls wählen ließen oder zu einer Tätigkeit in den Einrichtungen der Lokalverwaltung bereit fanden. Auch während der Napoleonischen Kriege spielten diese Versammlungen eine bedeutende Rolle als Zentren, von denen aus der Widerstand gegen die Franzosen mobilisiert wurde. Doch ihr unmittelbares Petitionsrecht an die Kaiserin selbst scheinen sie nicht genutzt zu haben, und man hat ganz den Eindruck, als wären sie als politische Einrichtungen völlig nutzlos gewesen. Es läßt sich schwer sagen, ob die Ursache dafür Teilnahmslosigkeit im Adel selbst oder von der Regierung ausgeübter Druck war.

Mit dem Erlaß der Vorschriften für die Wahlen zur Gesetzgebenden Kommission im Jahre 1767 änderte Katharina in gewissem Umfang die »Schicht«-Struktur der Städte, in denen Kaufmannschaft, Stadtbürger und unregistrierte Stadtbewohner lebten. Wer ein Haus im Gebiet der Stadt besaß, in der er ansässig war, hatte unabhängig von seiner gesellschaftlichen Stellung das aktive Wahlrecht. Es galt in erster Linie für die Wahl eines »Stadthaupts« (*gorodskaja golowa*), dessen Amt für die Bürger der Stadt dem des Adelsmarschalls beim Adel entsprach. Schon früher hatte die Kaufmannschaft beantragt, man möge ihren Mitgliedern als äußeres Zeichen persönlicher Würde und Bedeutung gewisse Rechte zugestehen, und diesen Wunsch trugen sie bei den Sitzungen der Gesetzgebenden Kommission vor, die Entwürfe zur Festlegung dieser Rechte erarbeitete. Zu ihren Forderungen gehörte, daß sie von körperlicher Züchtigung ausgenommen blieben, da diese nicht nur schmerzhaft war, sondern auch als entehrend angesehen wurde; die Kopfsteuer sollte durch eine andere Form der Steuer ersetzt werden, denn da es sich dabei um eine allen nichtadligen Russen auferlegte persönliche Steuer handelte, galt auch sie als herabsetzend; außerdem begehrte man als äußeres Zeichen der Zugehörigkeit zu einer »wohlgeborenen« gesellschaftlichen Klasse das Recht, einen Degen zu tragen. Diese Bestrebungen überraschen nicht. Im England des 16. Jahrhunderts legte sich Shakespeare, Sohn eines Wollhändlers, ein Wappen zu, zum Zeugnis dessen, daß er ein Herr von Stande sei, und im Spanien Karls III. forderten in den sechziger Jahren des 18. Jahrhunderts frisch gewählte Stadträte sogleich das Recht, Perücke und Degen tragen zu dürfen.

Ihre Politik den Stadtbewohnern gegenüber entwickelte Katharina mit ihrem anläßlich der Beendigung des Krieges mit dem Osmanischen Reich und der Niederschlagung der *Pugatschowtschina* herausgegebenen Erlaß vom 17. März 1775 weiter. Mehrere der darin enthaltenen Artikel legten die Struktur der Stadtbevölkerung neu fest und erfüllten einige der Forderungen der Kaufmannschaft. Damit sollte ganz offenkundig das Gesetz der Wirklichkeit angenähert und die Stadtbevölkerung darauf vorbereitet werden, sich an den neuen Einrichtungen der Lokalverwaltung zu beteiligen, die bereits erarbeitet wurden. Die Kriterien, nach denen Katharina die verschiedenen Klassen von Stadtbewohnern definierte, waren ausschließlich finanzieller Art. Den Status eines Kaufmanns (*kupez*) bekamen ausschließlich Kaufleute mit einem Kapital von mehr als 500 Rubeln zugesprochen. Daraus, daß die Kaufmannschaft in drei Gilden unterteilt wurde, je nachdem, ob ein Kaufmann über ein Kapital zwischen 500 und 1 000, 1 000 und 10000 oder einem solchen von mehr als 10000 Rubeln verfügte, ergab sich eine völlige Umgestaltung der Kaufmannschaft. Es erwies sich, daß von insgesamt rund 222000 registrierten Kaufleuten im ganzen Lande nur 27000 mehr als 500 Rubel besaßen (oder das zugaben). Die übrigen, vorwiegend Kleinhändler, Handwerker oder gar Landarbeiter, wurden in die Klasse der Stadtbewohner oder *meschtschane* herabgestuft. Sie konnten jedoch, sofern sie zu Geld kamen, erneut in die Kategorie der vom Gesetz anerkannten Kaufleute aufsteigen. Vertieft wurde die Kluft zwischen den beiden Gruppen durch zwei weitere der Kaufmannschaft gewährte Privilegien. So sollten sie künftig, statt die Kopfsteuer zu zahlen, ein Prozent des von ihnen angegebenen Kapitals abführen, darüber hinaus wurde ihnen das Recht zugestanden, sich mit einem Geldbetrag von der Rekrutierung zu den Streitkräften freizukaufen. Die Ersetzung der Kopfsteuer durch eine Kapitalsteuer bedeutete den ersten Einschnitt in die Gesamtverantwortlichkeit der Stadtbewohner für die Entrichtung der von der Gemeinschaft insgesamt zu entrichtenden Steuern und machte den Weg zum Unternehmertum des einzelnen frei. Die Forderung der Kaufmannschaft, einen Degen tragen zu dürfen, lehnte die Kaiserin hingegen ab.

Mit der Städteordnung von 1785 war die Umstrukturierung des Standes der Stadtbewohner abgeschlossen. In ihr wurden die persönlichen und »politischen« Rechte der Kaufmannschaft und der übrigen Stadtbewohner nahezu im gleichen Wortlaut aufgezählt wie in der Gnadenurkunde an den Adel. Zwar wurden die Stadtbewohner wie der Adel in sechs Kategorien unterteilt, doch besaßen im Unterschied zum Adel nicht alle darin Vertretenen die gleichen Rechte. Zur ersten Gruppe gehörten Stadtbewohner mit Haus- oder Grundeigentum auf dem Gebiet der Stadt; zur zweiten Angehörige der drei Kaufmannsgilden, die noch einmal entsprechend ihrem Vermögen unterteilt worden waren (mit Kapital von 1 000 bis 5 000, 5 000 bis 10 000 und 10 000 bis 50 000 Rubeln); der dritten Gruppe gehörten registrierte Handwerker an, der vierten Ausländer, der fünften eine neu eingeführte Kategorie

»herausragende Bürger« wie beispielsweise Universitätsabsolventen, Künstler, Baumeister, Maler, Musiker, Bankiers, Großhändler, Industrielle, Kapitaleigner und Reeder. Diese Gruppe bildete die oberste Schicht derer, die einer im Russischen unter dem Begriff *rasnotschintsij* bekannten gesellschaftlichen Schicht angehörten, Menschen, die nicht einer der vom Gesetz festgelegten Kategorien »Adel«, »Stadtbewohner« oder »Bauern« angehörten. Die sechste Gruppe faßte all jene zusammen, die sich in keine der fünf anderen einordnen ließen.

Wie im Fall des Adels konnten auch Stadtbewohner aller sechs Gruppen nur aufgrund einer Gerichtsverhandlung vor ihresgleichen, das heißt anderen Kaufleuten oder Stadtbewohnern, Status, Eigentum, Leben oder Ruf einbüßen. Einzelheiten für solche Gerichtsverfahren waren wie im Fall des Adels durch das Statut von 1775 festgelegt, welches für die Einrichtung von Gerichten in den Städten sorgte und zuließ, daß Stadtbewohner ihre eigenen Beisitzer wählten, die dem Richter bei der Entscheidungsfindung zur Hand gehen sollten. Außerdem konnten sich Kaufleute, die den Gilden angehörten, von der Rekrutierung für die Streitkräfte freikaufen und durften nicht mehr wie zuvor zu unentgeltlichen Diensten für den Staat verpflichtet werden (wie das Eintreiben von Steuern). Angehörige der beiden ersten Gilden und die »herausragenden Bürger« unterlagen nicht der körperlichen Züchtigung, zahlten statt der Kopfsteuer eine Kapitalsteuer und konnten in der dritten Generation einen Antrag auf Aufstieg in den Adel stellen. Die Rechte des Standes der Stadtbewohner als Korporation liefen parallel zu denen des Adels. Sie durften in einer Versammlung *aller* registrierten Bürger ein Stadthaupt und Beamte wählen, sofern diese mindestens so viel Kapital besaßen, daß es ein Einkommen von 50 Rubeln abwarf (dazu waren etwa 1 000

Rubel nötig), außerdem mußten sie älter als fünfundzwanzig Jahre sein. Doch während die Adelsversammlung der Kaiserin Bittschriften persönlich vorlegen durfte, mußten Stadtbürger das über den Gouverneur in ihrer Provinz tun. Es ist darauf hinzuweisen, daß die Ständeordnung in beiden Fällen die erste gesetzliche Festschreibung von persönlichen und Eigentumsrechten bedeutet, die zuvor noch nie festgelegt worden waren. So gesehen, kann man diese Gnadenurkunden als Marksteine in Rußlands Sozialgeschichte ansehen. Katharina selbst war der Ansicht, sie habe mit ihnen viele der Reformen verwirklicht, die in den Sitzungen der Gesetzgebenden Kommission angeregt worden waren.

Die Städteordnung von 1785 sah überdies ein kompliziertes System der Stadtverwaltung vor: Alle drei Jahre wählte eine aus Vertretern der sechs registrierten Gruppen bestehende Körperschaft eine Stadtverordnetenversammlung (*duma*). Eine solche Stadtduma bestimmte einen Exekutivrat, dessen sechs Mitglieder (eins für jede Gruppe) unter der Oberaufsicht des Stadthaupts die Aktivitäten der Gemeinschaft auf den Gebieten des Handels, der Lebensmittelversorgung und so weiter zu überwachen hatten, wie auch der öffentlichen Ordnung und des Anstandes. Außerdem sah die Städteordnung bis ins einzelne gehende Richtlinien für den Aufbau der Handwerkerzünfte vor.

Mit Ausnahme Moskaus und einiger Städte in der Provinz Sankt Petersburg, die man natürlich in keiner Weise als repräsentativ für Rußland insgesamt ansehen darf, ist wenig darüber bekannt, wie die oben beschriebene Art der städtischen Verwaltung funktionierte. Häufig gab es in einer Stadt nicht genug Bürger, auf welche die Merkmale der von der Städteordnung festgelegten sechs Kategorien zutrafen. War das Gemeinwesen sehr klein oder sehr abgelegen, dann wohnten dort weder reiche Kaufleute noch Ausländer oder Besitzer großer Kapitalien; oft lebten in einem solchen Ort nicht einmal des Lesens und Schreibens kundige Kaufleute, so daß die Wahlämter in Magistrat, Gericht und Polizei ebensowenig ordnungsgemäß besetzt werden konnten wie die sechsköpfige Duma, das eigentliche Herz der Verwaltung mit Vertretern aller sechs Gruppen. Auch legte die Städteordnung Aufgaben und Vollmachten der städtischen Einrichtungen nicht eindeutig fest, so daß diese bei Übergriffen von Gouverneuren oder Polizeibeamten gewöhnlich keine Möglichkeit hatten, ihre Rechte zu wahren. Doch läßt sich den wenigen uns vorliegenden detaillierten Untersuchungen entnehmen, daß die Duma so mancher Stadt äußerst aktiv war, regelmäßig zusammentrat, sich um Fragen der Lebensmittelversorgung, um Läden, Bauvorschriften, die Ausgabe von Pässen kümmerte und vieles andere miterledigte, was eigentlich nicht in ihren Aufgabenbereich fiel, wie beispielsweise die Ausstellung von Heiratserlaubnissen. Bisher hat niemand die Unterlagen dieser städtischen Einrichtungen so gründlich untersucht, daß ein endgültiges Urteil über deren Arbeit möglich wäre, ganz zu schweigen von einer Aussage über das Ausmaß von deren Unabhängigkeit vom Adel oder von der Regierung des Landes.

Vor Katharina hatte kein Herrscher Rußlands die Kronbauern als besondere gesellschaftliche Gruppe behandelt. Sie hingegen verlieh ihnen in den 1775 geschaffenen unterschiedlichen Korporationen etliche Rechte und rief Bauerngerichte ins Leben, in welche die Kronbauern Beisitzer aus ihren Reihen wählen konnten. Außerdem wählten sie ihre eigenen Beisitzer für die Gewissensgerichte, die Fürsorgeausschüsse und andere Einrichtungen. Leider ist die Arbeitsweise dieser gewählten bäuerlichen Körperschaften nicht dokumentiert, und wir wissen auch nicht, in welchem Ausmaß Bauern als Vertreter ihrer Interessen ihresgleichen wählten und nicht Adlige oder Angehörige der Bildungsschicht ohne Adelsrang.

Eigenartigerweise wirkte sich der Mangel an gebildeten Adligen und Kaufleuten zugunsten der Bauern aus. Bis 1779 hatte Katharina bereits Priestersöhnen und Kaufleuten sowie Absolventen der Moskauer Universität gestattet, Positionen in der Verwaltung zu bekleiden, auch wurden Kronbauern in solche Ämter berufen. Das war insbesondere im östlichen und nordöstlichen Rußland und Sibirien der Fall, wo nur wenige Adlige lebten. Allerdings wurde diesen Männern kein Stufe in der Rangtabelle zugebilligt.

Es ist kennzeichnend für Katharinas eher abstraktes und theoretisches Vorgehen bei der Verwaltungsreform, daß sie auch einen Entwurf für die Neuordnung des Standes der Kronbauern konzipierte. Er sah parallel zur Adelsversammlung und zur Stadtversammlung eine bäuerliche »Gesellschaft« vor; Dorfbewohner wurden entsprechend den jeweils sechs Gruppen des Adels und der Stadtbevölkerung in sechs verschiedene Kategorien eingeteilt. Für die Gruppe besonders wohlhabender Landbewohner sah dieser Entwurf die Befreiung von körperlicher Züchtigung vor. Ohne Verhandlung vor ihresgleichen, das heißt vor Bauern, durfte kein Dorfbewohner um Leben, Status oder Eigentum gebracht werden. Diese Forderung erfüllten wie im Fall des Adels und der Stadtbewohner die gemäß den Gesetzen von 1775 konstituierten Bauerngerichte. Doch erlangte dieser Entwurf einer Gnadenurkunde für die freien Landbewohner nie Rechtswirksamkeit, sei es, weil 1787 erneut ein Krieg gegen die Türkei ausbrach, sei es, weil sich die darin vorgesehenen Bestimmungen für die bäuerliche Gesellschaft nicht eigneten. Möglicherweise aber brachte auch der Widerstand des Adels Katharina davon ab, ihr Vorhaben weiter zu verfolgen. Zwar hat Fürst G. A. Potemkin einen Teil des von ihr Geplanten in der Provinz Jekaterinoslaw verwirklicht, doch liegt keine Veröffentlichung darüber vor, daß dieses Projekt einer kritischen Würdigung unterzogen worden wäre.

Daß Kaiser Nikolaus I. im 19. Jahrhundert die Leibeigenschaft trotz der zahlreichen von ihm zur Untersuchung der Frage eingesetzten geheimen Ausschüsse weder reformierte noch abschaffte, hat man mit den Horrorgeschichten erklärt, die ihm über die *Pugatschowtschina* berichtet worden waren. Um wieviel mehr muß Katharina davon betroffen gewesen sein, die diesen Aufstand miterlebt und einige der von Pugatschows Anhängern Ermordeten persönlich gekannt hatte. Der Aufstand überzeugte sie davon, daß es für die gesellschaftliche Stabilität Rußlands zu gefährlich sei, größere Reformen des Systems der Leibeigenschaft in die Wege zu leiten oder mit weiteren Gesetzen in die Beziehungen zwischen Herren und Hörigen einzugreifen. Die von beiden Seiten begangenen Grausamkeiten hatten die Positionen verhärtet. Jede Einschränkung der Macht des Adels über die Bauern konnte weitere schreckliche Ausbrüche hervorrufen.

So kam es, daß sich Katharina mit dieser Frage nur am Rande beschäftigte, und das hat den bedeutendsten Historiker der bäuerlichen Geschichte des 18. Jahrhunderts, W. I. Semewski, zu der Bemerkung veranlaßt, unter ihrer Herrschaft habe nicht nur die Zahl der Leibeigenen zugenommen, sondern auch die Bürde der Leibeigenschaft. Seither hat man diese Äußerung unkritisch wiederholt, ohne das vorliegende Material erneut zu sichten. Doch sollte man einige der von Katharina unternommenen Bemühungen würdigen, das Los der in Leibeigenschaft lebenden Bauern zu verbessern. Beispielsweise war es den Provinzgouverneuren nach den Gesetzen von 1775 möglich, Güter unter Treuhänderschaft zu stellen, sofern bekannt wurde, daß deren Eigentümer sie herunterwirtschafteten oder ihre Leibeigenen mißhandelten. Außerdem konnten solche Grundeigentümer wegen Grausamkeit vor Gericht gestellt werden. Aus Katharinas Regierungszeit sind rund zwanzig Fälle eines gerichtlichen Vorgehens gegen Gutsherren bekanntgeworden, doch dürften es mehr gewesen sein. Beispielsweise wurden 1779 die Güter des nicht besonders bedeutenden Dichters F. Dmitrijew Mamonow (ein entfernter Verwandter von Denis Fonwisins Mutter und Katharinas späterem Günstling A. D. Dmitrijew Mamonow) unter Treuhänderschaft gestellt, weil Berichte von Mißhandlungen der Leibeigenen bekanntgeworden waren. Diesen Vorfall behandelt Fonwisin in seinem bekannten Stück »Der Minderjährige«. Der englische Gefängnisreformer John Howard, der 1791 in Rußland starb, traf auf einen Adligen, der in Moskau zu Gefängnis verurteilt worden war, weil er seine Leibeigenen zu Tode gepeitscht hatte (die Todesstrafe war in Rußland für Mord nicht vorgesehen). In einzelnen Fällen von Mißhandlung Leibeigener, die ihr zur Ohren kamen, sorgte Katharina unauffällig dafür, daß deren Besitzern die Güter abgekauft wurden.

Sie unternahm auch andere Bemühungen, die Zahl der Menschen, die das Recht zum Besitz Leibeigener hatten, ebenso zu vermindern wie die Gesamtzahl der in Leibeigenschaft befindlichen Bauern. Die pauschale Vorschrift des Statuts vom 17. März 1775, daß kein Leibeigener, der die Freiheit erlangt hatte, erneut in Leibeigenschaft geraten durfte, war eines der in ihrer Regierungszeit erlassenen Gesetze, welche die Leibeigenschaft eindämmten. In früheren Zeiten waren Bauern oft ohne langes Federlesen zu Leibeigenen gemacht worden, doch schob man einem solchen Vorgehen jetzt einen Riegel vor. Industriellen, die nicht dem Adel angehörten, wurde es 1762 untersagt, Leibeigene für ihre Betriebe zu kaufen, und auch die Praxis, ganze Dörfer mit Bauern an solche Betriebe »abzukommandieren«, wurde aufgegeben (vgl. Kap. 2 und 5). Zu verschiedenen Zeiten erließ Katharina Gesetze, die es verboten, daß Zieheltern die ihnen anvertrauten Waisenkinder in die Leibeigenschaft gaben oder daß man Kriegsgefangene, die sich nicht zum Christentum bekannten, zu Leibeigenen machte. Dementsprechend galten auch alle den Moskauer und Sankt Petersburger Findelhäusern übergebenen Findelkinder als frei, und man half ihnen, Arbeit zu finden.

In einer ganzen Reihe von Fällen war es Leibeigenen gelungen, ohne Zustimmung ihrer Eigentümer Aufnahme in Einrichtungen der höheren Bildung zu finden, beispielsweise in der Kunstakademie. Versuchten ihre Herren daraufhin, sie zurückzuholen, wurde nahezu in allen Fällen zugunsten der Leibeigenen entschieden.

Schließlich heißt es häufig, Katharina II. habe Tausende freier Kronbauern zu Leibeigenen gemacht, indem sie mit ihnen ihre Beamten belohnte oder sie ihren Günstlingen zum Geschenk machte, und man sagt, sie habe damit den Adel auf ihre Seite bringen wollen. In dem Jahrzehnt zwischen 1762 und 1772 wurden verschiedenen Einzelpersonen zwischen 200 und 2000 männliche Leibeigene zum Geschenk gemacht, die Gesamtzahl belief sich auf 66125. Vor mehr als einem Jahrhundert hat man untersucht, woher diese Leibeigenen stammten, und es zeigte sich, daß sich mit Sicherheit keine Staatsbauern darunter befanden. Katharina griff auf Kronbauern zurück, auf Güter in den baltischen Provinzen, deren Bauern bereits Leibeigene waren, auf die Kanzlei für beschlagnahmte Ländereien, eine offizielle Einrichtung zur Verwaltung von Liegenschaften, deren Eigentümer unter früheren Herrschern aus politischen Gründen enteignet worden waren, auf Güter, die durch Gerichtsentscheid wegen Bankrotts oder mangels Erben an die Regierung gefallen waren, sowie auf Ländereien von Kosakenregimentern in der Ukraine. Bisweilen kaufte sie auch Güter auf, um solche Geschenke zu machen.

Nach der ersten Teilung Polens standen 1772 viele Güter zur Verfügung, die der polnischen Krone, der katholischen Kirche, Klöstern oder solchen Polen gehört hatten, die nicht bereit gewesen waren, den Treueid auf Katharina zu leisten und in Polen geblieben waren. Die Mehrzahl der zwischen 1772 und 1796 als Belohnung verschenkten weiteren 318000 Bauern stammte aus früher polnischen Gebieten. Zur größten Zahl von Einzelschenkungen kam es 1795 nach der dritten und endgültigen Teilung Polens (vgl. Kap. 13). Weder der Zeitpunkt, zu dem diese Schenkungen gemacht wurden, noch die Tatsache, daß es gerade in dem Jahr so viele waren, das sich als das letzte von Katharinas Herrschaft erweisen sollte, läßt den Schluß zu, daß sich die Kaiserin von der Notwendigkeit gedrängt sah, ihre Macht abzusichern, indem sie dem Adel seinen Widerstand abkaufte. In Wirklichkeit hatten einige Adlige sie zu Beginn ihrer Herrschaft scharf kritisiert, weil sie zögerte, Schenkungen aus dem Besitz von Staatsgütern zu machen, doch diesem Druck nachzugeben war sie nicht bereit gewesen. Es ist eine Tatsache, daß die 1764 übernommenen Kirchengüter im Besitz des Staates blieben. Eine Zeitlang gab es vor 1772 einen deutlichen Mangel an Ländereien, die als Belohnungen in Frage gekommen wären, und das Gut mit 9000 Leibeigenen, das Graf Nikita Panin 1773 geschenkt bekam, wurde eigens für diesen Zweck gekauft.

Doch muß, wer die Politik der Verteilung von Ländereien an russische und baltische Adlige beurteilen will, zweierlei mit berücksichtigen: Es war im 18. Jahrhundert überall üblich, daß die Krone herausragende Dienste von Heeres- oder Flottenführern mit verschwenderischen Geschenken oder reichlichen Pensionen vergoldete. Man denke nur an die fürstlichen Belohnungen der englischen Krone an die Herzöge von Marlborough und von Wellington, an die Lord Nelson bewilligte Pension oder die ungeheuren Ausgaben, die der französische Hof für Pensionen machte. In Rußland trat Grundbesitz an die Stelle einer Pension, und Grundbesitz ohne zugehörige Bauern war für minder- oder durchschnittlich bemittelte Adlige, die keine Möglichkeit hatten, Leibeigene von bestehenden Gütern auf Ländereien ohne Arbeitskräfte zu schicken, von geringem Wert. Zwischen 1682 und 1710 hatte Peter der Große mehr als 170000 Leibeigene verschenkt, und bis zu seinem Tode im Jahre 1725 widerfuhr vielen weiteren das gleiche Schicksal. Seine Nachfolger verhielten sich nicht anders als er.

Mit dem Verschenken vieler Güter in Polen verfolgte Katharina zweitens einen politischen Zweck. Das Gesetz zur Lokalverwaltung von 1775 wurde unverzüglich in den einst polnischen Ländereien eingeführt, und es lag in Katharinas Interesse, polnische Grundeigentümer durch russische zu ersetzen, um Rußlands Herrschaft zu stärken und in den vom Statut vorgesehenen Wahlkörperschaften den verbleibenden polnischen ein größeres Kontingent russischer Grundeigentümer gegenüberzustellen. Die Fürstin Daschkow faßte in ihren Memoiren Katharinas Politik (aus der sie Nutzen zog) wie folgt zusammen: »[Die Kaiserin] hatte es sich zur Regel gemacht, nie wieder Kronländer zu verschenken, wollte aber, daß ich für mich eine passende Besitzung fand, für die sie zu zahlen bereit war.« Schließlich beschenkte Katharina die Fürstin mit 2500 Bauern in Weißrußland, weil sie »im Hinblick auf die

Krongüter [dort] ihre Handlungsfreiheit nicht eingeschränkt hatte, im Gegenteil wollte sie, daß diese dem russischen Landadel gehörten und von ihm verwaltet wurden ...«.

11

Wie Katharina herrschte

Im Unterschied zur Kaiserin Elisabeth Petrowna muß man Katharina zur Gattung der arbeitenden Herrscher zählen. Sie verwendete viel Zeit auf die Lektüre und das Abfassen von Papieren und auf Gespräche mit ihren Beamten und den von ihr ausgewählten Beratern. Aus ihren Papieren geht hervor, daß sie sich nicht nur zum Schein beraten ließ. Sie bat um Ratschläge, bekam sie und sprach in entspannter Atmosphäre darüber. Schon als sie im Jahre 1764 Fürst A. A. Wjasemski zum Generalprokuror ernannte, hatte sie in einem Brief an ihn von Anfang an klargelegt, wie sie sich die Beziehung zu ihren hochrangigen Beamten vorstellte: »Ich schätze die Wahrheit sehr, und Ihr könnt sie mir ungescheut sagen und Euch ohne Gefahr mit mir auseinandersetzen, wenn das zu guten Ergebnissen führt.«

Hatte Katharina Mitarbeiter gefunden, denen sie traute, beließ sie diese über Jahre hinweg in ihrem Amt. Wjasemski stand seit 1764 in ihren Diensten, bis er 1792 wegen seiner angegriffenen Gesundheit den Abschied nahm; Graf Nikita Panin war ab 1763 für die Außenpolitik verantwortlich, und erst 1781, nachdem sie das Bündnis mit Preußen zugunsten eines solchen mit Österreich aufgegeben hatte, trat A. A. Besborodko, seit 1776 in Katharinas Diensten, an dessen Stelle und leitete ihre Außenpolitik bis zum Tode der Kaiserin. S. I. Scheschkowski, unter Peter III. Leiter der Geheimen Kanzlei des Senats, wurde 1762 übernommen und blieb bis 1792; Graf Alexander Woronzow war von 1773 bis 1793 Präsident des Kommerzkollegiums, und viele weitere Männer blieben in ihren Ämtern, solange sie das wünschten oder bis sie befördert wurden. Einige wenige wurden entlassen, aber niemand fiel je in Ungnade, wurde verbannt oder mußte eine willkürliche Beschlagnahme seines Eigentums hinnehmen, wie das unter früheren Herrschern an der Tagesordnung gewesen war. Der Dienst für die Regierung war nicht mehr wie einst eine hochgefährliche Aufgabe, sondern eine sichere Tätigkeit. Für gewöhnlich wurden hohe Beamte nicht nur gut bezahlt, sondern auch großzügig mit Pensionen, Grundbesitz und Leibeigenen, Orden und Titeln bedacht, und das Prädikat Graf oder Baron wurde freigebig verliehen. Zum Fürsten allerdings konnte in Rußland niemand gemacht werden, war doch der Besitz dieses Titels gleichbedeutend mit der Abkunft aus einem alteingesessenen Herrschergeschlecht – sei es das Ruriks, des ersten Gebieters über Rußland, das des Großfürsten Gedimin von Litauen oder das tatarischer Zaren. So ließ sich Katharina für Günstlinge, die sie in jenen Rang erheben wollte, von Kaiser Joseph II. mit Fürstentiteln des Heiligen Römischen Reiches aushelfen.

Bedingt durch die ungeheure territoriale Größe Rußlands und die Schwierigkeiten des Verkehrs- und Nachrichtenwesens war die Verwaltung des Landes eine langsame und schwerfällige Angelegenheit. Beamte sahen sich dort weit komplexeren Aufgaben gegenüber als ihre Kollegen in Preußen oder Österreich. Bis ein kaiserlicher Ukas das entfernte Kamtschatka erreichte, konnten achtzehn Monate vergehen und weitere achtzehn, bis in der Hauptstadt eine Reaktion darauf eintraf. Unter diesen

Umständen war es außerordentlich schwierig, die Arbeit militärischer oder ziviler Beamter zu kontrollieren, zumal die Zahl der in der Verwaltung Beschäftigten, verglichen mit der Größe des Landes und seiner Bevölkerung, sehr gering war.

Der Senat, die höchste Regierungsinstitution, hatte die Aufgabe, die Verwaltung zu koordinieren, das heißt die Arbeit der verschiedenen Kollegien sowie die der Gouverneure und Generalgouverneure in den Provinzen. Zugleich fungierte er als oberstes Berufungsgericht in Zivil- und Strafsachen. Diese Rolle wurde mit der Reform von 1775 deutlich betont, da Rechtsmittel, die gegen Gerichtsurteile in den Provinzen eingelegt wurden, nunmehr vor den Senat gelangten. Dieser beschäftigte nach der von Katharina 1764 angeordneten Umorganisation insgesamt 193 Menschen, und bis zum Ende ihrer Herrschaft stieg diese Zahl auf 274 an. Der Senat verfügte auch über eine eigene Druckerei, von der erwartet wurde, daß sie kostendeckend arbeitete.

Obwohl der Senat schon seit 1711 existierte, hatte Katharina häufig Anlaß, mit der Art unzufrieden zu sein, wie er seine Aufgaben erledigte. Den in der ersten Hälfte des 18. Jahrhunderts aufgewachsenen Russen war offenbar die für eine effektive Durchführung von Verwaltungsaufgaben unerläßliche Disziplin nicht in Fleisch und Blut übergegangen. Schon am 3. August 1763 beklagte sich Katharina schriftlich beim Senat, weil dessen Mitglieder schriftliche und mündliche Anordnungen nicht ausgeführt hatten. Sie fügte eine Liste mit 148 ihrer persönlichen Anweisungen bei, die nicht befolgt worden waren, und erklärte, sie bestehe darauf, daß die Mitglieder des Senats ihr Amt nicht nur von 8.30 Uhr bis 12.30 Uhr wahrnahmen, sondern sich ihrer Aufgabe auch an drei Nachmittagen pro Woche widmeten, bis der Rückstand aufgearbeitet war. Noch 1792 machte sie dem Senat Vorwürfe, weil es zu Verzögerungen kam, und strich den Mitarbeitern einer seiner Abteilungen 1794 den Urlaub, weil sich unerledigte Fälle angehäuft hatten. In ähnlicher Weise merkte Katharina, als sie zu Anfang ihrer Regierungszeit die Verwaltungsreform in die Wege leitete, daß die Senatoren weder wußten, wieviele Städte es in Rußland gab, noch über ordentliche Karten verfügten. Diesen Mangel stellte sie sogleich ab. (Tatsächlich entstanden unter ihrer Herrschaft ausgezeichnete Karten; sie gehörten zu den Merkmalen ihrer Verwaltung).

Bei Ausbruch des Krieges gegen die Türkei setzte Katharina 1768 einen kleinen Staatsrat ein. Die Mitglieder dieser ganz und gar ad hoc gebildeten Gruppe wählte sie aus dem Kreis ihrer engsten Berater und vertrautesten Beamten, mit denen sie zugleich persönlich befreundet war. Dies Gremium sollte das militärische Vorgehen Rußlands koordinieren, seine Kriegsziele festlegen, die allgemeinen Linien der Außenpolitik bestimmen, und es beschäftigte sich ausschließlich mit dem, was Katharina – die seinen Sitzungen häufig beiwohnte – ihm vorlegte. Der Staatsrat hatte weder etwas mit der allgemeinen Verwaltung des Landes zu tun, noch wurde eine von Katharinas großen inneren Reformen von ihm beraten, doch konnte sie seine Mitglieder ohne weiteres privatim um ihre Ansicht bitten. Herangezogen wurde der kleine Staatsrat aber, wenn es um größere Aufgaben ging, beispielsweise um die Frage, auf welche Weise man gegen den Pugatschow-Aufstand vorgehen oder die Finanzkrise der späten achtziger und der neunziger Jahre bewältigen könne. Selbstverständlich wurde er auch in der Frage des Krieges gegen die Türkei gehört (bei den Teilungen Polens aber erst in einem sehr späten Stadium). Einzelne Mitglieder dieses informellen Gremiums waren Präsidenten von Kollegien, andere berief Katharina, weil sie in ihnen zuverlässige Berater sah. Es bestand bis zum Ende von Katharinas Herrschaft, doch änderte sich seine Zusammensetzung naturgemäß, wenn Mitglieder den Dienst quittierten oder starben.

An den von Peter I. eingesetzten Kollegien, die sich mit den inneren Angelegenheiten des Landes beschäftigen sollten, läßt sich das Ausmaß seines Interesses an der wirtschaftlichen Entwicklung Rußlands ablesen. Er hatte außer einem Bergkollegium ein Manufaktur-, ein Ökonomie- sowie ein Justizkollegium eingerichtet, dessen Aufgabe es war, bei Einsprüchen gegen die Entscheidungen anderer Gerichte tätig zu werden, sowie ein Ländereienkollegium, das die Urkunden über den Grundbesitz verwaltete. Außerdem gab es drei Finanzkollegien. Die eine dieser Kammern verwaltete die Staatseinkünfte, eine andere wachte über die Ausgaben, und dem Revisionskollegium oblag die Kontrolle der beiden erstgenannten Institutionen. Außerdem gab es ein zentrales Kollegium, den sogenannten Hauptmagistrat (*glawnij magistrat*). Diese allen Magistraten übergeordnete Behörde vereinigte die Zuständigkeit für Verwaltungs- und Rechtsprechungsaufgaben in sich. Sie war bei Auseinandersetzungen zwischen Stadtverwaltungen oder bei Einsprüchen gegen Entscheidungen von Stadtgerichten in Fällen zuständig, die Stadtbewohner betrafen.

Da einige der Kollegien infolge der Dezentralisierung der Regierung, die sich aus der Einführung der von Grund auf neuen Lokalverwaltung von 1775 ergab, überflüssig schienen, setzten Katharina und der Generalprokuror, Fürst A. A. Wjasemski, in den achtziger Jahren eine größere Umstrukturierung der Verwaltung der Zentralregierung durch. Als ihr Ergebnis nahm die Machtfülle des Generalprokurors noch zu, wurde doch dem

Senat, dessen wichtigster Beamter er war, der größte Teil der verbleibenden zentralen Aufgaben der aufgelösten Kollegien übertragen. Mit seinem eigenen Netz ihm persönlich verantwortlicher Zuträger im ganzen Lande befand sich der Generalprokuror überdies in einer äußerst starken Position. Er verfügte über bessere Informationen als die Präsidenten der Kollegien, und er konnte in politischen Fragen besseren Rat erteilen als diese.

Die Einrichtung des neuen Netzes aus Gerichten, gegen deren Entscheidungen man den Senat anrufen konnte, führte zur Abschaffung des Justizkollegiums und zur allmählichen Entmachtung des Hauptmagistrats, der 1782 verschwand. Das Manufakturkollegium wurde 1779 aufgelöst, und nachdem ein Gesetz von 1782 den Grundherren das unumschränkte Eigentumsrecht an den Bodenschätzen übertragen hatte, die sich unter ihrem Grundbesitz fanden, ereilte das gleiche Geschick das Bergkollegium, das auf staatlichem und in Privateigentum befindlichem Grund und Boden die Suche nach abbauwürdigen Vorkommen überwacht und die Arbeitsbedingungen in den staatlichen Bergwerken geregelt hatte. Die zentralen Kollegien, denen Eintreiben und Verwaltung der Staatseinnahmen oblag, wurden gleichfalls aufgelöst (vgl. Kap. 14), ebenso auch das einstige Kollegium für Landeinrichtung und Landwirtschaft. Da nunmehr die örtlichen Gerichte Rechtsstreitigkeiten im Zusammenhang mit Besitz und Rechtsfragen regelten, bestand keine Notwendigkeit mehr, alle Fälle zur Verhandlung nach Sankt Petersburg zu verweisen, und nur noch Einsprüche gegen die Entscheidungen der höchsten Provinzgerichte gelangten zur Verhandlung vor den Senat. Als Ergebnis der Reform wurde der Generalprokuror de facto Innenminister, Finanzminister und Justizminister in Personalunion. Im Unterschied zu Katharinas Reform der kommunalen Selbstverwaltung, die sich als dauerhaft erwies, ging ihre Reform der Zentralregierung ihrem Sohn Paul I. zu weit, und so setzte er einige der zentralen Kollegien wieder ein.

Unter Wjasemski wurde außerdem ein neues Senats-Departement eingerichtet, das sich mit der Durchsetzung einer der wichtigsten, wenn auch unspektakulären, Entscheidungen Katharinas beschäftigen sollte. Dabei ging es um die vollständige Neuvermessung des Landes. Schon vor Peter dem Großen hatten sich immer wieder Landvermessungen als nötig erwiesen, weil der Staat Adlige für militärische oder zivile Dienste mit Gütern und Leibeigenen belohnte. Daher mußte zum einen bekannt sein, über wieviel Grund und Boden und zugehörige Arbeitskräfte der Staat verfügte, und zum anderen, was mit den Ländereien geschah, die nach dem Tode ihrer Besitzer an ihn fielen. Nachdem Peter I. im Jahre 1714 für Offiziere und Beamte Gehälter statt der bis dahin üblichen Belohnung mit Grundbesitz eingeführt hatte, unterblieben weitere Landvermessungen, mit dem Ergebnis, daß in vielen Teilen Rußlands weder der Zar noch Grundherren eine Vorstellung vom Grenzverlauf auf ihren Ländereien hatten und niemand genau wußte, welche Gebiete zu bestimmten Städten und Dörfern gehörten. Selbstverständlich nutzten Gutsbesitzer diese Lage aus, um Teile angrenzender Staatsgüter oder von Staatsbauerndörfern an sich zu bringen, und auch Bauern waren in Grenzauseinandersetzungen verwickelt, die häufig gewalttätig verliefen.

Schon unter Elisabeths Herrschaft war die Aufmerksamkeit der Regierung auf dies Problem gelenkt worden, doch war die zu jener Zeit geplante Vermessung zu komplex und ging zu langsam voran. Katharina vereinfachte 1765 das geplante Verfahren, bei dem im Staatsbesitz befindliche und zu bestimmten Städten und Dörfern gehörende Ländereien genau voneinander abgegrenzt werden sollten. Die tatsächlichen Eigentumsverhältnisse in Dörfern und sonstigen Ansiedlungen wie auch die Grenzen privater Güter sollten auf Kosten der Grundherren und mit Hilfe von ihnen beizubringender Belege entschieden werden. Wer sich staatliches Land angeeignet hatte, sollte die von ihm gewünschten Grundstücke zum Verkehrswert legal erwerben dürfen.

Das Amt für Landvermessung bildete einen Teil des Senats, und die Landvermesser wurden schließlich den neuen Finanzkammern der Lokalverwaltung in den jeweiligen Provinzen unterstellt. Die Durchführung der Vermessung erwies sich als so langwierig, daß sie noch unter Nikolaus I. nicht abgeschlossen war. Doch mit ihr wurden mehrere nützliche Ziele erreicht. Nicht nur bereitete sie dem rechtlosen Zustand auf dem Lande ein Ende und verminderte die Gewalttätigkeit – ließen sich Grenzstreitigkeiten doch vor örtlichen Gerichten beilegen –, sie ermöglichte außerdem die landwirtschaftliche Nutzung großer, bis dahin brachliegender Flächen. Hinzu kam, daß sie in gewissem Umfang das Besitzstreben des Adels befriedigte, da dessen Angehörige rechtmäßig Ländereien erwerben konnten, die sie bereits nutzten.

Jedem, der sich näher mit Katharinas Staatsführung beschäftigt, fällt ihre Leidenschaft für Vereinheitlichung auf. Bald nachdem sie die neuen gesellschaftlichen und administrativen Einrichtungen für die altrussischen Gebiete konzipiert hatte, beschloß sie, die Gültigkeit des Statuts von 1775 und der beiden Gnadenurkunden von 1785 auch auf die nichtrussischen Gebiete des Reiches auszudehnen, die »nach ihren eigenen Gesetzen« lebten. Diese Formel galt insbesondere für die beiden baltischen Provinzen Livland und Estland (nach deren Verwaltungs- und Rechtswesen hatte die Kaiserin die für Rußland ins

Werk gesetzte Reform großenteils gestaltet), für den als Russisch-Finnland bekannten schmalen Landstreifen zwischen Rußland und dem schwedischen Finnland sowie für den am linken Ufer des Dnjepr liegenden Teil der Ukraine, der als Kleinrußland bekannt war, im Unterschied zur Sloboda-Ukraine, die seit ihrer ersten Besiedlung im 17. Jahrhundert zum russischen Reich gehörte.

In Livland und Estland hatte der vorwiegend deutschstämmige Adel die alte Gesellschaftsstruktur am Leben erhalten. Jeder seiner Angehörigen besaß das Recht zur Mitwirkung am Landtag, einer Adelsversammlung, die neben einer Anzahl von Ratsmitgliedern die Männer wählte, welche die verschiedenen Gerichte besetzten. Über ähnliche Privilegien verfügten die Städte, und sie hüteten diese eifersüchtig. In mancherlei Hinsicht hatte der Adel in Livland weitergehende Rechte als in Rußland, doch gab es nach Katharinas Überzeugung zur Integration dieser Provinzen keine bessere Möglichkeit, als die Institutionen zu vereinheitlichen. Überdies vertrat sie die Auffassung, ihre eigenen Gesetze – die sich ihrer Aussage nach auf ihre »Instruktion« von 1767 gründeten – seien denen Livlands und Estlands weit überlegen und deutlich menschlicher als jene, da letztere auf Römisches Recht, nämlich den Kodex Justinians, zurückgingen und Folter und Todesstrafe zuließen.

Ende 1782 bekam der Generalgouverneur der beiden baltischen Provinzen, ein umtriebiger Ire namens George Browne, den man 1762 in dieses Amt berufen hatte, das er ausübte, bis er 1793 mit vierundneunzig Jahren starb, den Auftrag, diese Provinzen nach dem russischen Modell von 1775 in »Kreise« aufzuteilen. Mit der Einführung der russischen Kopfsteuer wurde am 3. Mai 1783 die bis dahin gültige Grundlage der an Landbesitz geknüpften Besteuerung vollständig umgestaltet. Zugleich wurde den Grundeigentümern ein Privileg zugestanden, das sie schon lange gefordert hatten: Man unterschied nicht mehr zwischen Lehensland und Land in Privateigentum, und damit wurden die deutschen Barone zu unumschränkten Herren über all ihre Ländereien.

Der nächste Schritt war die Einführung der beiden Gnadenurkunden in den baltischen Provinzen. Auch dieses Vorgehen stieß auf erheblichen Widerstand der deutschen Barone, doch fand Katharina Unterstützung bei den nichtadligen Landeigentümern, stellte doch die neue Ständeordnung diese aufgrund ihres Landbesitzes den Adligen gleich. Bis August 1786 waren in Livland und Estland die gesellschaftlichen und politischen Einrichtungen vollständig nach dem Muster von Katharinas neuer Politik umgestaltet. Der altüberlieferte Landtag des Adels und die oberen Gerichte der Städte, die einst die baltischen Barone und Bürger gegen die Schweden und Peter den Großen verteidigt hatten, vermochten sich gegen Katharinas Vorstoß nicht zu behaupten.

Mit ähnlicher Entschlossenheit ging die Kaiserin in Kleinrußland vor, einem Teil der Ukraine, der erst seit 1654 zum russischen Staatsgebiet gehörte. Zwar existierte dort das System der Leibeigenschaft, doch war den kleinrussischen Bauern ein gewisses Maß an Bewegungsfreiheit geblieben, bis man sie 1760 zwang, die Erlaubnis des Grundherrn einzuholen, wenn sie sich von einer Besitzung auf eine andere begeben wollten. Auch gewisse der früher geltenden Freiheiten hatte man beibehalten – so zahlten die Bauern keine Kopfsteuer, und die Ukraine trug zur Finanzierung der kaiserlichen Ausgaben nichts bei.

Der erste Hinweis dafür, daß Kleinrußland dem russischen Reich eingegliedert werden sollte, war seine 1782 erfolgte Aufteilung in drei Provinzen des Reiches, nämlich

Kiew, Tschernigow und Nowgorod Sewersk. Nachdem diese administrative Zergliederung jede Verbindung zwischen ihnen beendet hatte, führte man im Mai 1783 die Kopfsteuer ein. Gewöhnlich wird in diesem Zusammenhang gesagt, die Leibeigenschaft sei auf die Ukraine ausgedehnt worden, doch ging es in Wirklichkeit eher um eine Änderung der bereits bestehenden Leibeigenschaft. Sie äußerte sich im vollständigen Verlust der Bewegungsfreiheit, da jeder zur Zahlung der Kopfsteuer Verpflichtete dort registriert sein mußte, wo er die Steuer entrichtete. Als nächstes wurde die Verwaltung der kleinrussischen Städte umstrukturiert. Dabei ging nicht nur alles an restlichen Stadtrechten verloren, was man unter polnischer Oberhoheit bewahrt hatte, es wurden auch alle bis dahin verwendeten ukrainischen oder kosakischen Rangstufen und Titel für Verwaltungs- und Gerichtsämter abgeschafft und durch die in den Gesetzen von 1775 vorgesehenen Bezeichnungen und Ränge ersetzt. Sogleich wurden gemäß der Gnadenurkunde von 1785 Adelsversammlungen eingerichtet, die alle Hände voll zu tun hatten, um zu entscheiden, wer als adlig einzustufen war und wer nicht, behaupteten doch viele kosakische Offiziere oder Beamte, dem Adel Kleinrußlands anzugehören, ohne in der Mehrzahl der Fälle mehr als recht dürftige Nachweise dafür vorlegen zu können.

Insgesamt zogen kosakische Offiziere und kleinrussische Adlige Nutzen aus der Integration ins russische Reich, da viele von ihnen einen offiziellen Rang im russischen Militär zuerkannt bekamen, mit dem im Reich der Erbadel verbunden war. Außerdem konnten sie sich in Ämter der Lokalverwaltung wählen lassen, die dem Adel vorbehalten waren. Doch die Bauernschaft und die übrigen Kosaken beklagten den endgültigen Verlust ihrer früheren Freiheit, des hochgeschätzten Rechts, sich ungehindert zu bewegen, selbst wenn dazu die Einwilligung des Grundeigentümers nötig gewesen war. Auch manche Angehörigen des Adels waren vom Verlust der Reste von Verwaltungs- und Gerichtshoheit aufgebracht, die Kleinrußland bis dahin hatte bewahren können, und sie verliehen ihren Empfindungen in Gedichten und nationalistisch gefärbten historischen Schriften Ausdruck, die unter der Hand verbreitet wurden. Der Ursprung der neuzeitlichen nationalistischen Bewegung in der Ukraine läßt sich auf die Zeit im 18. Jahrhundert zurückführen, in der Katharina rücksichtslos die Autonomiebestrebungen dieses Landesteils unterdrückte.

Nachdem die Strukturen in den baltischen Provinzen und in Kleinrußland an das zentralistisch orientierte russische System der Verwaltung unter dem Senat angeglichen waren, konnte man auf zwei weitere Kollegien verzichten, auf das kleinrussische Kollegium und das Kollegium der livländischen, estnischen und finnischen Angelegenheiten.

Dem Generalprokuror mit seinem Netz von Prokuroren war bei der Durchsetzung von Katharinas Vorhaben, in Rußlands Strafrecht die Anwendung der Folter einzuschränken und möglichst vollständig zu beseitigen, eine wichtige Rolle zugedacht. Das galt nicht nur für zivile und militärische Gerichte, sondern vor allem auch für die Geheime Kanzlei, die Anschuldigungen wegen Hochverrat und Anstiftung zum Aufruhr nachging. Sie war nach heutigen Vorstellungen erstaunlich schwach besetzt, und ihr Jahresetat belief sich in den dreißiger Jahren des 18. Jahrhunderts auf weniger als 5000 Rubel. Zu den Amtshandlungen, die in der kurzen Regierungszeit Peters III. am meisten Beifall gefunden hatten, gehörte die 1762 erfolgte Abschaffung der Geheimen Kanzlei und des ganzen auf »Wort und Tat« gegründeten Verfahrens wie auch die Überleitung des Geheimdienstes in ein geheimes Departement des Senats. Katharina übernahm diese Regelung und unterstellte den Geheimdienst schließlich dem Generalprokuror.

Bei ihrer Thronbesteigung hatte sie die örtlichen Behörden in geheimen Anweisungen aufgefordert, auf keinen Fall ohne Rücksprache mit dem zuständigen Gouverneur die Folter anzuwenden und bei geständigen Angeklagten auf sie zu verzichten. Auch in ihrer Instruktion von 1767 hatte sie sich scharf gegen sie ausgesprochen, aber nicht gewagt, sie sogleich von Amts wegen abzuschaffen, da die öffentliche Meinung, wie aus vielen Sitzungen der Gesetzgebenden Kommission hervorging, augenscheinlich für die Beibehaltung der Folter war. »Aber ich frage Sie«, hatte Katharina im Zusammenhang mit einem wohlbekannten Prozeß in der Regierungszeit der Kaiserin Anna geschrieben, »wie kann ein vernünftiger Mensch etwas glauben, das unter der Folter gesagt wurde, und sich mit gutem Gewissen darauf berufen?« So hatte sie im November 1767 ein weiteres Edikt erlassen, das die Behörden anwies, in Fällen, in denen das bestehende Recht die Folter zuließ, auf die in Kapitel 10 ihrer »Instruktion« vorgegebene Weise zu verfahren. Dieses Kapitel ist eine sehr detaillierte Analyse der ordnungsgemäßen Vorgehensweise bei Festnahme, Verhandlung und Verurteilung und enthält die Feststellung: »Kein Schuldloser darf gefoltert werden; und jeder gilt vor dem Gesetz als schuldlos, dem keine Straftat nachgewiesen wurde.« (Art. 194). Offensichtlich erwies sich die Auslegung des Gesetzes vom November 1767 als schwierig, denn ein ganzer Band Korrespondenz über seine Anwendung ist auf uns gekommen. Dennoch setzte sich Katharina durch, bekräftigte das Gesetz im November 1774 und dehnte seine Gültigkeit im Jahre 1782 auf Militärtribunale aus.

Ihren Privatbriefen und dem beständigen Druck nach zu urteilen, den sie hinter den Kulissen auf diesem Gebiet ausübte, handelte es sich dabei nicht um Heuchelei und bloße Lippenbekenntnisse, und mit Sicherheit wurde bei keinem der größeren politischen Prozesse ihrer Regierungszeit die Folter angewendet.

Häufig finden sich bei Historikern Hinweise darauf, sie sei jedoch im Geheimen Departement des Senats angewendet worden, doch hat man zur Unterstützung dieser These bisher in der Hauptsache Gerüchte und nur wenig Belege vorgebracht. Dennoch bleibt zweifelhaft, ob es Katharina wirklich gelungen ist, diese grausame Behandlung Angeklagter aus der Welt zu schaffen. Es gibt Belege dafür, daß General A. I. Bibikow, als er beim Pugatschow-Aufstand Gefangene verhörte, die von ihm angewendeten Methoden mit voller Absicht vor der Kaiserin verheimlichte. Im allgemeinen dürfte es so gewesen sein, daß Grausamkeit und Unmenschlichkeit um so eher überdauerten, je weiter man sich von der Hauptstadt entfernte – außerdem nahm wohl die Wahrscheinlichkeit, daß ein Angeklagter gefoltert wurde, mit der Höhe seiner gesellschaftlichen Stellung ab.

Um die Mitte der achtziger Jahre hatte Katharina eine umfangreiche Umstrukturierung der Zentralregierung, der Lokalverwaltung und der Gesellschaftsstruktur des russischen Reiches abgeschlossen. Dennoch erwog sie weitere Pläne für die Reform dessen, was man Rußlands Verfassungsstruktur nennen könnte. Unter den Notizen, die sie bei der Lektüre von William Blackstones Schrift »Kommentare zu den Gesetzen Englands« machte, finden sich Entwürfe für eine Einrichtung, die Oberstes Gericht genannt werden sollte.

Im allgemeinen war es kennzeichnend für Katharinas Betrachtungsweise der Dinge, daß sie ohne jeden religiösen (oder politischen) Eifer vorging und sich bemühte, ihre Ziele mit so wenig Gewalt oder Zwang wie möglich durchzusetzen. Auch wenn sie zu keiner Zeit ein allgemeines religiöses Toleranzedikt erließ, ging sie doch pragmatisch an die Dinge heran. »Wir müssen dafür sorgen, daß unsere großen Wüstengebiete von Menschen wimmeln«, schrieb sie, als sie noch Großfürstin war. »Um das zu erreichen, ist es wohl nicht ratsam, diejenigen unserer Untertanen, die keine Christen sind, zur Übernahme des Christentums zu zwingen – Vielweiberei ist der Bevölkerungspolitik dienlicher.« So kam es unter ihrer Herrschaft zum allmählichen Abbau des gesamten Apparats religiöser Verfolgung, der im 18. Jahrhundert in Rußland wie auch andernorts (sogar in Großbritannien) bestanden hatte. Noch 1738 war in Sankt Petersburg ein Jude aus religiösen Gründen bei lebendigem Leibe verbrannt worden, weil er einen Nichtjuden bekehrt hatte (jener wurde ebenfalls hingerichtet). Im gesetzlosen und fernen Kamtschatka scheint man sogar noch in den achtziger Jahren des 18. Jahrhunderts eine Frau wegen Hexerei auf den Scheiterhaufen gebracht zu haben. (Man darf nicht vergessen, daß man im 18. Jahrhundert in Großbritannien Gattenmörderinnen lebendig verbrannte.)

Als erste kamen die Altgläubigen in den Genuß dieses religiösen Klimaumschwungs. Schon Peter III. hatte einige Schritte zur Verbesserung ihrer Lage unternommen. Katharina, der ein Wachstum der Bevölkerung Rußlands stets am Herzen lag, hatte seine Erlasse bestätigt, die flüchtigen Altgläubigen eine Rückkehr nach Rußland ermöglichten, und ihnen zugesichert, daß man sie nicht verfolgen werde, und auch der den Altgläubigen wohlwollend gegenüberstehende Potemkin trug dazu bei, ihre Bürde zu erleichtern. So wurden sie 1782 von der Verpflichtung entbunden, die doppelte Kopfsteuer zu zahlen, und erhielten 1785 das aktive wie das passive Wahlrecht für Ämter in der städtischen Verwaltung. Nach dem Erlaß von 1783 über die Einrichtung von Druckpressen begannen die Altgläubigen, die bis dahin – vor allem in Polen – im Untergrund gedruckt hatten, im Dorf Klinzi in der Provinz Starodub in einer genehmigten Druckerei ihre liturgischen Texte zu drucken. Man bemühte sich, den »priesterlichen« Altgläubigen, die bereit waren, von orthodoxen Bischöfen geweihte Priester anzuerkennen, damit entgegenzukommen, daß man innerhalb der orthodoxen Kirche unter dem Namen *edinowerije* (ein[heitlicher] Glaube) eine Bewegung gründete, die es den Altgläubigen gestattete, ihre Riten beizubehalten, ohne daß die Autorität der orthodoxen Bischöfe angetastet wurde. Das Experiment gelang lediglich im örtlichen Maßstab für eine kurze Zeit, und die Frage, deren Lösung schwierige Verhandlungen mit der Hierarchie der orthodoxen Kirche erforderte, blieb unter der Herrschaft Katharinas letztlich ungelöst.

Bei aller Toleranz wirkte Katharina mit fester Hand auf alle nichtorthodoxen Religionsgemeinschaften ein, ob christlich oder nicht. Die Zwangsbekehrung der muslimischen Tataren und Turkvölker wurde offiziell eingestellt, doch ließ sich nicht immer steuern, was einzelne kirchliche Behörden in fernen Provinzen taten, in denen nur wenige Verwaltungskräfte zur Verfügung standen. Mit der Einrichtung einer muslimischen geistlichen Versammlung in den Jahren 1788/89, deren Aufgabe es war, sich um das geistliche Wohlergehen aller Moslems zu kümmern, wurde ein besonderes System für die Verwaltung der im russischen Reich lebenden Bevölkerungsgruppen islamischen Glaubens eingeführt. Man übertrug dieser Versammlung die Oberaufsicht über Moscheen und Schulen für muslimische Kinder. Schulbücher wurden sowohl auf russisch als auch auf tatarisch veröffentlicht, der offiziell anerkannten Sprache jener Bevölkerungsgruppe. Die muslimische geistliche Versammlung kümmerte sich um Glaubensangelegenheiten wie auch um Eheschließung und Scheidung. Rechtsstreitigkeiten von und zwischen Moslems hingegen wurden vor den gewöhnlichen staatlichen Gerichten Rußlands verhandelt. Höhere muslimische Beamte bekamen den Adelsstatus und das Recht zugestanden, Ländereien mit muslimischen – nicht aber mit christlichen – Leibeigenen zu besitzen. Ganz allgemein gesagt, bewährte sich diese Lösung der religiösen Frage der islamischen Minderheit im 18. Jahrhundert bis zur Oktoberrevolution von 1917.

Die Juden behandelte Katharina ähnlich, wobei sie aber auf die Unterschiede zwischen ihnen und den islamischen Bevölkerungsgruppen Rücksicht nahm. Schließlich waren sie nicht nomadischen Ursprungs, wie ein Teil jener, sondern hauptsächlich in Städten und auf dem Lande in Handel sowie in der Verwaltung von Grundeigentum tätig. Die Schwierigkeit, eine große Zahl von Juden zu regieren, ergab sich erst mit der ersten Teilung Polens 1772, bei der Gebiete mit rund 40000 jüdischen Einwohnern, vor allem in Weißrußland, unter die russische Oberhoheit gelangten. Bis dahin hatten sich Juden offiziell nicht in Rußland ansiedeln dürfen, doch gab es einige kleine jüdische Gemeinschaften in der Ukraine. Zum nächsten größeren Wachstumsschub dieser Bevölkerungsgruppe kam es erst 1793 mit der zweiten und 1795 mit der dritten polnischen Teilung, durch die sich die Gesamtzahl der Juden in Rußland auf etwa 400000 erhöhte.

An die Aufgabe, die dezentralisierte jüdische Organisationsform zu übernehmen, ging Katharina vom Standpunkt der Aufklärung heran, das heißt ohne religiöse Vorurteile. Diese jüdische Religionsgemeinde, die sich auf die

Kahal (Kehilla) stützte und sich selbst verwaltete, war in Polen entstanden. Katharina empfand zwar ein tief verwurzeltes gesellschaftliches Vorurteil gegen eine völlig anders geartete Kultur und Lebensweise, aber anders als im Falle der Moslems war es doch ihr Ziel, jüdische Bevölkerung in die Stadtbevölkerung zu integrieren und dafür zu sorgen, daß sie in jeder Hinsicht an deren Pflichten und Aufgaben wie auch an deren Vorrechten beteiligt wurden (unabhängig davon, daß viele jüdische Gemeinden eher ländlich als städtisch geprägt waren). So bekamen in den achtziger Jahren die Juden das Recht, sich in Städten registrieren zu lassen und dort als Angehörige des Standes der Stadtbewohner Steuern zu zahlen. Außerdem wurde ihnen das aktive und passive Wahlrecht für Ämter der Stadtverwaltung eingeräumt. Nach 1785 unterstanden sie auch den offiziellen gerichtlichen Institutionen Rußlands und nicht mehr der *Kahal*, deren Befugnisse auf religiöse Angelegenheiten beschränkt blieben (Eheschließungen, Testamente und dergleichen). Im Jahre 1786 gab Katharina eine förmliche Definition der Rechte der jüdischen Bevölkerung im russischen Reich heraus und stellte sie nach dem Gesetz mit anderen Bürgern des Landes gleich. Nunmehr beschränkte sich die Entscheidungsbefugnis der *Kahals* nur noch auf religiöse Angelegenheiten.

Die tolerante Haltung den Juden gegenüber hing nicht nur mit Katharinas Mangel an religiösem Fanatismus zusammen, sondern gründete sich auch auf ihre Überzeugung, daß der Dritte Stand in Rußland gestärkt werden müsse. Unter ihrer Herrschaft bekamen die Juden eine Atempause. Zu jener Zeit erlangten die jüdischen Gemeinden das höchste Maß gesetzlicher Sicherheit und gesellschaftlicher Akzeptanz in der russischen Geschichte – zumindest theoretisch, denn Wirklichkeit und Gesetz deckten sich nicht immer. In Provinz- und Kreisstädten, in denen die Vorurteile weiterbestanden, ließ sich nicht ohne weiteres gewährleisten, daß die liberalen Vorgaben der Gesetze tatsächlich in die Praxis umgesetzt wurden. Insbesondere galt das für Vorschriften, die es jüdischen Angehörigen des Dritten Standes gestatteten, Ämter in der Stadtverwaltung zu bekleiden. Das hätte in manchen Gebieten Weißrußlands zu jüdischen Mehrheiten führen können, doch waren die meisten Juden arm und lebten nicht in Städten, sondern auf dem Lande. Dort aber waren sie nicht im Handel tätig, sondern betrieben Gaststätten, Branntweindestillen oder erfüllten verschiedene Aufgaben für Gutsbesitzer.

Doch trotz der insgesamt toleranten Grundhaltung von Katharinas Gesetzgebung geht eins der repressivsten Merkmale der russischen Politik gegen jüdische Gemeinden im 19. Jahrhundert auf die Zeit ihrer Herrschaft zurück: die Festlegung des sogenannten Siedlungsbereichs. Um auszuschließen, daß die Juden in Wettbewerb zu den Moskauer Kaufleuten traten, schränkte Katharina 1791 durch Erlaß die Gebiete ein, in denen sie sich ansiedeln durften. Sie waren zwar sehr groß und umfaßten neben den bei den Teilungen Polens erworbenen Gebieten Kleinrußlands auch die Krim und die Territorien, die das Osmanische Reich in den beiden Türkischen Kriegen an Rußland hatte abtreten müssen. Zu jener Zeit sah man in dem Gesetz keinen Ausdruck rassischer oder religiöser Diskriminierung, sondern eher eine Möglichkeit, die Ansiedlung auf unterbevölkerte Gebiete zu lenken. Erst als im 19. Jahrhundert der Bevölkerungsdruck zunahm, gewann die Eingrenzung auf den Siedlungsbereich restriktiven Charakter. Auf keinen Fall war die rechtliche Stellung der Juden zu Katharinas Regierungszeit in jeder Beziehung klar. Das mag unter anderem daran gelegen haben, daß die von der Zentralregierung erlassenen

Gesetze trotz aller guten Absichten teils widersprüchlich, teils nicht eindeutig abgefaßt waren, und das erschwerte ihre Auslegung. Überdies führte Katharina 1794 in einer Zeit großer finanzieller Bedrängnis die erste diskriminierende Maßnahme gegen die Juden ein, mußten sie doch doppelt so hohe Steuern zahlen wie christliche Bewohner derselben Gebiete. (Diese Doppelbesteuerung religiöser Minderheiten war keineswegs auf Rußland beschränkt: Auch in England mußten katholische Grundeigentümer unter Georg I. doppelt soviel Grundsteuer zahlen wie ihre nichtkatholischen Landsleute.) In den einst polnischen Gebieten begann sich unter der russischen Bevölkerung, die zum erstenmal mit größeren jüdischen Ansiedlungen in Berührung kam, ein auch gegen Polen und Ukrainer gerichteter Antisemitismus breitzumachen, dessen Ursprünge nicht unbedingt religiöser Natur waren.

Protestanten hatte man in Rußland offiziell geduldet, seit Peter der Große Ausländer ins Land geholt hatte, die ihm bei dessen planvoller Modernisierung zur Hand gehen sollten. Die verschiedenen lutherischen Gemeinden blieben voneinander unabhängig und durften ihre eigenen Geistlichen anstellen, die sie meistens aus Deutschland kommen ließen. Der römische Katholizismus wurde zwar ebenfalls geduldet, doch weit weniger zuvorkommend behandelt als der Protestantismus. Schließlich handelte es sich bei ihm nicht um eine zersplitterte Kirche, sondern um eine starke politische Organisation unter einem Oberhaupt, dem Papst, die mit Hilfe erfahrener Fachleute, wie es die Jesuiten waren, eifrig missionierte. Katharina legte 1769 fest, nach welchen Vorschriften sich Rußlands kleine katholische Gemeinschaft zu richten hatte. In Fragen der Lehre mischte sich der Staat nicht ein, wohl aber behielt er sich das Recht vor, einen aus Priestern und Laien bestehenden Verwaltungsrat zur Aufsicht über das Eigentum der Kirche und die Schulen für katholische Kinder einzusetzen.

Im Ergebnis der ersten Teilung Polens gelangte eine große Zahl von Katholiken ins russische Reich, und zwar neben Mitgliedern der römischen Kirche auch Unierte, das heißt solche Katholiken, die zwar der orthodoxen Liturgie und Kirchenorganisation anhingen, aber die Oberhoheit des Papstes anerkannten. Als der Papst im Jahre 1773 den Jesuitenorden aufhob, stand Katharina vor der Frage, was sie mit den jesuitischen Einrichtungen in den früher polnischen Gebieten tun sollte, darunter zahlreiche Ausbildungsstätten, die zum Teil einen glänzenden Ruf genossen. Zur Zeit der Annexion polnischer Gebiete hatte sie sich verpflichtet, die Religion der Bewohner zu achten. Diese Zusage legte sie dahingehend aus, daß sie das Recht hatte, das religiöse Leben der Katholiken und die Beziehungen zwischen den katholischen Gemeinden und dem Staat zu regeln, solange sie sich aus Angelegenheiten des Glaubens und der Lehre heraushielt. So richtete sie, ohne mit dem Papst Kontakt aufzunehmen, neue katholische und unierte Diözesen ein, ernannte Bischöfe und sorgte dafür, daß das 1769 in Rußland eingeführte konziliare System auch auf das Eigentum der katholischen Kirche in den ehemals polnischen Gebieten angewendet wurde. Außerdem vertrat sie die Ansicht, die Jesuiten spielten auf dem Bildungssektor eine zu bedeutende Rolle, als daß man auf sie verzichten durfte, und so übernahm sie die päpstliche Bulle, die den Orden aufhob, nicht für Rußland. Den Jesuiten wurde sogar gestattet, ein Noviziat einzurichten, das neue Ordensbrüder aufnahm, womit die Fortdauer des Ordens gewährleistet blieb. Um keine weiteren Behinderungen der Katholiken in Rußland heraufzubeschwören, sah sich der Papst genötigt, Katharinas Vorgehensweise hinzunehmen. Nachdem durch die dritte Teilung Polens die Zahl der Katholiken und Unierten im russischen Reich beträchtlich zugenommen hatte, dehnte Katharina ihr Verwaltungssystem in religiösen Fragen auf diese aus, ohne sich von den Protesten des Papstes über ihre einseitigen Entscheidungen besonders beeindruckt zu zeigen.

Als sie 1762 auf den Thron gelangte, fürchteten viele, unter ihrer Herrschaft könnten verantwortungslose oder unwürdige Günstlinge Einfluß auf die Regierung nehmen, was zu Korruption und Bestechung durch fremde Mächte führen würde. Unter Katharina I., Witwe Peters des Großen, war Rußland von Fürst A. D. Menschikow regiert worden, und auch der von Kaiserin Anna zum Herzog von Kurland erhobene Deutsche Biron (v. Bühren) war noch in unseliger Erinnerung. Zwar hatten Kaiserin Elisabeths Günstlinge, der ukrainische Bauernbursche, aus dem Graf Alexej Rasumowski wurde, und I. I. Schuwalow, der dazu beitrug, die Universität von Moskau zu gründen, einen weniger schlechten Einfluß ausgeübt, doch hatte die Regierung, bedingt durch Elisabeths Mangel an Ordnung, unter Einflüssen von außen gelitten.

Auch in anderen Ländern war das Günstlingswesen nicht unbekannt, es trat lediglich unter anderer Bezeichnung auf. So waren Don Luis de Haro oder Graf von Olivares, Herzog von San Lucar, *validos* der spanischen Könige Philipp III. und Philipp IV. gewesen; Buckingham in England der Günstling Jakobs I. und Karls I. und Kardinal Mazarin als Regent ihres Sohnes Ludwig XIV. der Günstling Annas von Österreich. Absolute Herrscher schienen es für erforderlich zu halten, einen Teil der Regierungsaufgaben vertrauenswürdigen Menschen zu übertragen, die zugleich als Blitzableiter vor der Wucht der öffentlichen Kritik dienen konnten, Menschen, denen man seine Gunst entziehen konnte, wenn das politisch zweckmäßig schien.

Doch wie auch immer die Befürchtungen ihrer hohen Beamten ausgesehen haben mochten, als dauerhaftes Merkmal des politischen Systems entwickelte sich das Günstlingswesen unter Katharinas Herrschaft nur allmählich. Als sie an die Macht gelangte, war der neunundzwanzigjährige Offizier der Garde Grigori Orlow ihr Liebhaber. Ihn beförderte sie in eine hohe Position in den Streitkräften und stellte ihn an die Spitze der Artillerie. Damit nahm er vermutlich einen höheren Rang ein, als ihm zukam, doch war dieser nicht so hoch, daß sich Männer, die länger gedient hatten, dadurch übermäßig brüskiert fühlen mußten. Außerdem berief sie ihn 1768 in ihren Staatsrat.

Es war für Katharina nur natürlich, daß sie ihrem nächsten wichtigen Liebhaber, G. A. Potemkin, ein hohes Amt gab. Er hatte sich auf dem Schlachtfeld gegen die Türken ausgezeichnet und im aktiven Heeresdienst den Rang eines Generalleutnants erreicht. Als sie ihn 1774 zum Vizepräsidenten des Kriegskollegiums ernannte (das zu jener Zeit keinen Präsidenten hatte), war er damit de facto Kriegsminister und für alle Landstreitkräfte des Reiches zuständig. Seine Rolle als Katharinas Liebhaber endete 1776. Ihm folgte P. W. Sawadowski nach, gleichfalls ein gebildeter Mann, der auf dem Gebiet des Schul- und Finanzwesens Karriere machte. Von etwa 1778 an bot das »Günstlingswesen« der Kaiserin die Möglichkeit, Belohnungen und Beförderungen zu verteilen, doch wurde dabei kein wirklicher Einfluß auf die Politik genommen. Lediglich ihr letzter Liebhaber wirkte noch einmal nachdrücklich auf die öffentlichen Angelegenheiten ein. Nach dem Tode des mächtigen Potemkin im Jahre 1791 übernahm der junge Platon Subow, der 1789 Katharinas Liebhaber geworden war, Schritt für Schritt viele von dessen Ämtern, folgte ihm aber nicht in der Stellung eines Präsidenten des Kriegskollegiums nach. Wohl aber wurde er Generalgouverneur für Neurußland und die südlichen Gebiete, übte beträchtlichen Einfluß in der Außenpolitik aus und drängte Katharina zur letzten Teilung Polens. Mehr als jeder andere von Katharinas Günstlingen stand er für den korrupten Einfluß, der sich hinter den Kulissen auf eine alternde Frau ausüben läßt.

12

Wie das Volk lebte

Außergewöhnliche Kontraste zwischen Reich und Arm, Wohlleben und Elend, Überfluß und Hunger kennzeichneten das Leben des Volkes in ganz Rußland. Das Klima jedoch wirkte sich auf Reiche wie Arme gleichermaßen aus, beide mußten die Temperaturextreme ertragen. So ließen in Sankt Petersburg im Winter 17 Grad unter Null den Atem gefrieren (wenn jeder im Hause blieb und jegliche Arbeit im Freien aufhörte), während im Sommer drückende Hitze lastete. Am wenigsten litten naturgemäß die Reichsten, vor allem die finanzkräftigen Großgrundbesitzer, die teils in den großen Städten, teils auf ihren Ländereien lebten, aber auch die wohlhabenden Kaufleute.

Die Mehrzahl der ausländischen Besucher Rußlands zeigte sich von der Schönheit Sankt Petersburgs überrascht. Die Stadt, angelegt auf den Inseln und zu beiden Ufern der Newa, die im Sommer eine Bootsbrücke verband, war von vielen Kanälen durchzogen, über die sich elegante Brücken schwangen. Abgesehen von den Palästen der kaiserlichen Familie, dem Winterpalais und Katharinas daneben liegender Eremitage, hatten viele der Magnaten ihre eigenen, oft sehr schönen Paläste erbauen lassen. Manche davon stehen noch heute, wenn sich auch die Nutzung geändert hat. So war das Anitschkow-Palais

Hauptquartier der Jungen Pioniere Leningrads, das Jussupow-Palais gehörte der Gewerkschaft der Erziehungsberufe, das großartige, für Potemkin errichtete Taurische Palais, für kurze Zeit Tagungsort von Rußlands Staatsduma, bot der Leningrader Hochschule der Kommunistischen Partei Quartier. Die meisten der wenigen verbliebenen privaten Paläste, einschließlich des herrlichen Stroganow-Palais, gehören heute amtlichen Organisationen und können nicht besichtigt werden. Nahezu alle der im klassizistischen Stil errichteten Privathäuser der wichtigeren Höflinge, die die Straße von Sankt Petersburg nach Peterhof oder Zarskoje Selo säumten, wo Katharina gewöhnlich den Sommer verbrachte, sind verschwunden. In Moskau wurde aus der großen Versammlungshalle des Adels das Hauptquartier der Gewerkschaft.

Katharina, die an Sankt Petersburg hing (und das schmutzige, unordentliche und heruntergekommene Moskau verabscheute), setzte schon bald nach ihrer Thronbesteigung einen Ausschuß ein, dessen Aufgabe es war, die Zustände in beiden Städten systematisch zu verbessern. Schritt für Schritt wurden die Uferwege an den Kanälen Sankt Petersburgs mit Steinen gepflastert, Manufakturen mußten sich außerhalb der Stadt ansiedeln, Baufluchtlinien wurden festgelegt und Brandschutzvorkehrungen getroffen – wegen der vielen Holzhäuser bedeutete Feuer die größte Gefahr für Rußlands Innenstädte.

Die Magnaten, die in den großen Palästen lebten, verfügten über Gesinde in großer Menge: Dienstboten, Pferdeknechte und Kutscher. Im Winter entzündete man auf den Straßen Feuer in großen Kohlenbecken, so daß Bedienstete nicht erfroren, während sie darauf warteten, ihre Herrschaften von einem Ball oder dem Theater nach Hause zu bringen. Als Transportmittel dienten Pferdeschlitten oder auf Kufen gestellte Kutschen, die nicht nur über Land fuhren, sondern auch über die zugefrorenen Kanäle und Flußarme. Im Sommer dienten zahllose kleine Boote mit Sonnensegeln der gleichen Bestimmung wie Venedigs Gondeln. Entsprechend den gesellschaftlichen Vorgaben jener Zeit war je nach Rang genau festgelegt, wie viele Pferde jemand vorspannen und welche Art von Kutsche er verwenden durfte. Die Skala reichte vom offenen Einspänner für einen Kaufmann bis zur sechsspännigen geschlossenen Kalesche für Personen, die den obersten Rang in der Rangtabelle bekleideten. Auch bei der Kleidung war genau vorgeschrieben, welcher Aufwand getrieben werden durfte. Lediglich Angehörigen des Adels waren Gold- und Silberbrokat, Samt sowie mit Gold- und Silberfäden durchwirkte Stoffe gestattet. Ausländern fiel die Fülle an Schmuck auf, insbesondere Diamanten, die Männer wie Frauen zur Schau trugen. Mit zunehmendem Alter lernte Katharina die Bequemlichkeit immer mehr schätzen, und so erließ sie 1782 Vorschriften für die bei Hofe zu tragende Bekleidung. Zu bedeutenden Anlässen mußten die Herren in Galauniform und die Damen in Kleidern aus Gold- und Silberbrokat erscheinen; für minder wichtige Anlässe führte Katharina das traditionelle lose russische Gewand ein, das von den Schultern herabfiel, den *sarafan*, zusammen mit dem als *kokoschnik* bezeichneten flachen schirm- oder schildförmigen Kopfputz für Frauen. Die einst von Peter dem Großen erlassene Anweisung, daß sich jeder »europäisch« zu kleiden habe, wurde von niemandem mehr ernst genommen; Kaufleute und ihre Ehefrauen kehrten gewöhnlich zur überlieferten russischen Tracht zurück, wenn sie das wünschten, und lediglich der Adel und die sogenannten *rasnotschintsi* trugen Perücken und gingen gewöhnlich glatt rasiert.

Obwohl sich Katharina und ihre höhere Beamtenschaft beständig für die Stadtplanung interessierten (häufige

Feuersbrünste lieferten viele Anlässe zum Wiederaufbau der Städte) und sich um Sauberkeit und Ordnung in den Städten bemühten, hat es ganz den Anschein, als sei eine Schwierigkeit ungelöst geblieben. Wie John Parkinson berichtete, als er dem Vizekanzler Graf A. I. Ostermann einen offiziellen Besuch abstattete, »vergiftete uns beim Betreten des Hauses der Gestank des Abtritts«. In russischen Häusern schien es keine Aborte zu geben, selbst Paläste bildeten in dieser Hinsicht keine Ausnahme. »Im Winter merkt man davon nichts, da alles gefroren ist, doch ist die Belästigung im Frühjahr unerträglich, vor allem bei einsetzendem Tauwetter«, schrieb Parkinson. Die Häuser der Vermögenden in Sankt Petersburg, Moskau und den größeren Provinzstädten wie auch die Herrenhäuser der Landsitze waren entsprechend dem Geschmack jener Zeit elegant – ja geradezu verschwenderisch – eingerichtet. Ihre Wände waren mit Stoff bespannt und mit Spiegeln verziert, und zwar ungewöhnlich großen, wie eine junge irische Besucherin, Catherine Wilmot, anmerkte. Die beiden Schwestern Catherine und Martha Wilmot waren Gäste der Fürstin Daschkow – letztere volle fünf Jahre, von 1803 bis 1808, und haben in ihren Tagebüchern und Briefen äußerst treffend die Lebensgewohnheiten des Adels geschildert. Obwohl die beiden jungen Ausländerinnen erst sieben Jahre nach Katharinas Tod ins Land kamen, dürfte das Rußland, das sie kennenlernten, nicht viel anders als zu Lebzeiten der Kaiserin gewesen sein. Die Kommentare der beiden Schwestern sind von besonderem Wert, weil sie darin die Lebensumstände der Bauernschaft mit denen der Bauern im heimatlichen Irland vergleichen, auch wenn sie das politische und gesellschaftliche System kritisieren und gegenüber dem Englands in ungünstigem Licht darstellen.

Einzelne der wohlhabenden Magnaten waren gebildete

Männer von Geschmack, die sich im Ausland aufgehalten hatten, mit ihresgleichen in Frankreich und England korrespondierten, Voltaire besuchten und Rousseau übersetzten. Sie besaßen hervorragend ausgestattete Bibliotheken, die sie Besuchern zur Verfügung stellten, und führten ein offenes Haus. Einmal bei ihnen eingeführt, war man allzeit zum Diner willkommen. Nicht wenige besaßen Privattheater auf ihren Landgütern. Insbesondere galt das für den Grafen Scheremetjew, mit über 100000 Leibeigenen Rußlands reichster Grundbesitzer, den Grafen Alexander Woronzow und seine Schwester, die Fürstin Daschkow. Auch die hohe musikalische Begabung der russischen Bauern fiel Ausländern auf. Zur Unterhaltung der Gäste mußten Dienstboten, die in Privathaushalten tätig waren, tanzen und mehrstimmig singen; Bauern sangen bei der Arbeit, Soldaten in der Freizeit. Viele Leibeigene beherrschten ein Musikinstrument und bildeten kleine Orchester, die zu privaten Bällen und bei Liebhaber-Theateraufführungen in den Häusern ihrer Herrschaften aufspielten. Doch die Mehrzahl der Adligen, die als Offiziere oder Beamte dienten, führte ein weit weniger aufwendiges Leben.

Häufig wird als schlagendes Beispiel für die Privilegien des Adels angeführt, daß er von der Kopfsteuer ausgenommen war. Doch das muß man im Zusammenhang sehen, handelte es sich doch um ein gesellschaftliches und nicht um ein finanzielles Vorrecht. Den größten Teil des Jahrhunderts hindurch betrug die Kopfsteuer jährlich 70 Kopeken für Bauern und 1,20 Rubel für Stadtbewohner. Da im ganzen Land 50000 männliche Adlige lebten, hätten sie, wenn sie kopfsteuerpflichtig gewesen wären, zum Staatshaushalt gemeinsam nicht viel mehr als 50000 Rubel beigetragen. Außerdem darf man den geschichtlichen Hintergrund der Kopfsteuer nicht aus den Augen verlieren. Als sie 1721 von Peter I. eingeführt wurde, sollte ihr Ertrag ausschließlich für die Unterhaltung der Streitkräfte verwendet werden. Daher war es sinnlos, von Adligen eine Steuer zu verlangen, die zu jener Zeit dazu diente, für ihren Unterhalt aufzukommen (auch Soldaten waren von der Kopfsteuer befreit). Der Adel zahlte andere Steuern: beispielsweise die von Peter eingeführte Steuer für Badestuben, die Zölle für ausländische Luxusgüter sowie die durchaus ansehnliche Steuer für einen Aufstieg in der Rangtabelle und die Verleihung von Titeln. Sie reichte von fünfzig Rubeln für ein Kapitänspatent oder die Aufnahme in den Adel über hundert Rubel für den Grafentitel bis hin zu fünfhundert Rubeln für den Rang eines Feldmarschalls.

Als der Adel nach 1762 von der Dienstverpflichtung befreit wurde, kehrten zahlreiche Grundherren auf ihre Ländereien zurück, um dort eine Weile oder für immer zu leben. Doch hatten sie oft nach wie vor hohe Ausgaben, denn sie mußten ausländische Lehrer einstellen, wenn sie wollten, daß ihre Kinder im Leben vorankamen, oder dafür sorgen, daß diese (jeweils mitsamt ihrem persönlichen Bediensteten) einen Platz in einer der staatlichen Bildungseinrichtungen bekamen: im Kadettenkorps, der an die Moskauer Universität angeschlossenen Schule oder in privaten Internatsschulen. Gewöhnlich trat ein Adliger in sehr jungen Jahren ins Heer ein (seltener in die Marine), mitunter in die Verwaltung und, wenn er sehr arm war, sogar in den geistlichen Stand. Von 119 im Jahre 1789 in der Verwaltung der Provinz Sankt Petersburg beschäftigten untergeordneten Beamten waren 15 adliger Herkunft.

Einer der Gründe für die zunehmende Verarmung des Adels war das russische Erbrecht. Wer als junger Mann im 17. Jahrhundert das dienstpflichtige Alter erreichte, bekam von der Krone eine pomestje (einen Grundbesitz, daher die Bezeichnung *pomeschtschik* – Grundbesitzer). Da Peter I. ab 1714 keinen Grundbesitz mehr als Dienstlehen vergab, erhielten Adelsfamilien nicht mehr automatisch zusätzliches Land, wenn ihre Söhne erwachsen wurden. Auf der anderen Seite war nach der Rechtsüberlieferung des Landes ererbter Familienbesitz unter allen Söhnen gleichmäßig aufzuteilen; ein Siebentel war für die Witwe vorgesehen. (Grundeigentum, das durch Kauf oder als kaiserliches Geschenk erworben war, durfte nach Belieben vererbt werden.) Doch bedeutete eine gleichmäßige Aufteilung nicht, daß jemand, der vier Dörfer besaß, jedem seiner vier Söhne eines davon gab: Jeder bekam von jedem Dorf ein Viertel, das heißt jeweils ein Viertel der Leibeigenen-Haushalte, des Acker- und Weidelandes, der Wälder und so weiter. Es gab keine Möglichkeit, Ländereien zu vernünftig bewirtschaftbaren Einheiten zusammenzufassen, und so wurden sie mit jeder Generation kleiner. Damit wird klar, warum so viele Adlige lediglich vier oder fünf Leibeigene besaßen. Die Entscheidung darüber, was wo angebaut werden sollte, bedeutete einen langwierigen Prozeß, da so viele Menschen daran beteiligt waren. Aus diesem Grund machten sich Familien in solchen Fällen häufig nicht die Mühe, das Anwesen zu teilen, sondern bewirtschafteten es gemeinsam und teilten lediglich den Ertrag auf. (Das kann, nebenbei gesagt, eine Erklärung dafür liefern, warum der Landschaftsordner es für selbstverständlich hielt, daß Jeremy Bentham für die Verbindlichkeiten seines Bruders Samuel aufkam.)

Zu Beginn von Katharinas Herrschaft besaß lediglich ein Prozent der adligen Haushaltsvorstände oder rund 200 bedeutende Adlige mehr als 1 000 Leibeigene. Zwei Prozent, entsprechend etwa 400 adligen Haushaltsvorständen, besaßen zwischen 500 und 1 000 Leibeigene und

51 Prozent, oder etwa 11 000 weniger als 20. Die pro Leibeigenen abzuführende Geldabgabe wird für die sechziger Jahre des 18. Jahrhunderts auf zwei Rubel geschätzt, auf zweieinhalb Rubel für die siebziger, auf vier für die achtziger und fünf für die neunziger Jahre. In den sechziger Jahren belief sich das Einkommen von mehr als vier Fünfteln der Haushalte auf weniger als 300 Rubel pro Jahr, und bis 1795 stieg es auf 500 Rubel. Auch mußten Bauern Naturalien abliefern. Leibeigene, die einem Handwerk nachgingen oder sich außerhalb des Grundbesitzes Arbeit suchen durften, mußten unter Umständen mehr zahlen.

Unter den obwaltenden Umständen war das Leben eines kleinen Gutsbesitzers in den Provinzen langweilig und primitiv. Abgesehen von Besuchen bei den Nachbarn, Prozessen, Jagden und Familien- und Kirchenfesten hatte er wenig Ablenkung. Damen von Adel in der Provinz waren überwiegend ungebildet, auch wenn es einige bemerkenswerte Ausnahmen gab. In einer Hinsicht jedoch ging es ihnen in Rußland besser als ihren Schwestern in vielen anderen Ländern. Sie durften selbst Eigentum besitzen und mußten das Anrecht darauf bei einer Eheschließung nicht an ihre Männer abtreten. Starb eine adlige Dame kinderlos, fiel ihr Grundbesitz an die Familie ihrer Eltern zurück. So kam es, daß viele Frauen fähige Gutsverwalterinnen waren, und manch eine behandelte ihre Leibeigenen überaus herzlos und grausam.

Das meiste, was wir über das Leben des russischen Adels wissen, und zwar vorwiegend über die Lebensumstände bestimmter Großgrundbesitzer, stammt aus Beschreibungen von Ausländern – Diplomaten, Reisenden oder solchen, die im Umfeld des russischen Hofes tätig waren. Wie die Lebensumstände durchschnittlich begüterter oder armer Adliger im 18. Jahrhundert aussahen, liegt weitgehend im dunkeln, da sich zeitgenössische Romane vorwiegend Liebesabenteuern widmeten. Wirkliche Aufklärung darf man sich möglicherweise lediglich von Fonwisins Theaterstücken und den Erinnerungen des einen oder anderen adligen Autors erhoffen. Bedenkt man, wie arm die meisten Adligen waren, überrascht es weder, daß die meisten von ihnen viele Jahre im Heer oder in der Verwaltung dienten, bevor sie (bisweilen mit einer Pension) auf ihre Güter zurückkehrten, noch daß sich nahezu alle jungen Adligen genötigt sahen, in den Streitkräften oder der Zivilverwaltung Dienst zu nehmen, bis sie einen Anteil am Familienbesitz erbten. Man hat darauf hingewiesen, daß sich der Preis für die »Verwestlichung«, das heißt der Verbrauch an importieren Luxusgütern (Wein, Möbel und Kleidung, gewisse Lebensmittel und so weiter), 1795 pro Haushalt auf rund 225 Rubel oder das Einkommen von 45 Leibeigenen belief. Dem müssen die Kosten für Ausbildung und Erziehung zugeschlagen werden – bis zu 150 Rubel für einen Internatsplatz, 100, wenn das Kind zu Hause lebte, und mindestens 300, wenn ein Hauslehrer beschäftigt wurde. Offensichtlich konnte sich die Mehrheit des Adels westlichen Luxus einfach nicht leisten und war von dem Druck, das Einkommen steigern zu müssen, um neue Bedürfnisse zu befriedigen, nicht betroffen.

Wo es darum ging, in Manufakturen zu investieren oder die Produktivität der Landwirtschaft zu steigern, setzten wohlhabende Adlige Kapital ein, das sie anderweitig nicht benötigten. Doch muß man die ganze Materie mit äußerster Zurückhaltung behandeln, da es – wenn überhaupt – nur sehr wenige Untersuchungen über die Art der Nutzung auf kleinen Gütern oder in Gemeinschaften von Staatsbauern gibt. Eigentümer sehr kleiner Privatgüter, die in jeder Generation weiter aufgeteilt wurden, führten nicht besonders gründlich Buch, und soviel man weiß, sind kaum Belege auf uns gekommen, die zeigen, auf welche Weise Schwierigkeiten bei der Bewirtschaftung solcher Güter bewältigt wurden. Auf den Ländereien der Großgrundbesitzer hingegen stand ein ganzes Heer von Angestellten zur Verfügung, ob leibeigen oder frei, die mit dem Eigentümer oder seinem Beauftragten in regelmäßigem Briefwechsel standen. Aus der Art und Weise, wie solche Großgrundbesitzer verfuhren, ergeben sich auch viele Hinweise auf die allgemeine Verwaltung und die wirtschaftlichen Abläufe auf dem Gut. Dennoch sind Verallgemeinerungen über die Lebensweise des Adels zur Zeit noch nicht möglich.

Im 19. Jahrhundert begannen russische Autoren die Darstellung des Lebens auf dem Lande als Thema an sich oder als Hintergrund für Romane und kürzere Erzählungen zu entdecken. Doch finden sich in der russischen Literatur des 18. Jahrhunderts nur wenige Schilderungen des wirklichen Lebens einfacher Adliger oder der Bauernschaft. Um so verblüffender ist daher S. T. Aksakows wunderschön geschriebene, psychologisch äußerst feinfühlige und die Tatsachen genau widerspiegelnde »Familienchronik«, auch wenn die darin auftretenden Gestalten mehr oder weniger romanhaft dargestellt werden. Der 1791 in Ufa geborene Autor liefert ein Bild seines Großvaters, teils auf seine Erinnerung gestützt, teils auf Ereignisse, die ihm berichtet worden waren, wobei er Höhen und Tiefen der Leibeigenschaft deutlich herausarbeitet. Die patriarchalische Haltung des Großvaters in seinem kleinen Königreich, außerordentliche Herzensgüte, Einfachheit und Großzügigkeit verbunden mit Herrschsucht, Grausamkeit und Machtmißbrauch, wird mit großem Verständnis für den Schaden dargestellt, den Herr wie Diener dabei leiden. Wie in nord- und südamerikanischen Sklavenhaltergesellschaften konnten die Herren, die keinerlei gesellschaftlicher Druck dazu nötigte, gewalttätige oder boshafte Anwandlungen zu unterdrücken, nur allzu leicht zu Ungeheuern werden. Daß es in der Mehrzahl der Fälle nicht dazu kam, bestätigt ihre Menschlichkeit. Doch überschritten selbst die besten unter ihnen, wie Aksakows Großvater, gelegentlich die Grenzen. Und was könnte enthüllender sein als der klassische Satz aus dem Munde der des Lesens und Schreibens unkundigen älteren adligen Dame in Denis Fonwisins Stück »Der Minderjährige«: »Was nützt dem Adel die Freiheit, wenn er nicht einmal seine Leibeigenen züchtigen darf?«

Verglichen mit Adel und Kaufmannschaft waren die Bauern arm. Das lag nicht an der Leibeigenschaft (schließlich waren auch die Staatsbauern arm), sondern daran, daß Bauern in nahezu allen Ländern arm waren. Tatsächlich herrschte unter den Bauern in einem großen Teil Europas bis ins 20. Jahrhundert Armut, und für die meisten von ihnen gilt das heute in der Dritten Welt nach wie vor. Sicher, manche konnten von der Landwirtschaft recht gut leben, beispielsweise Englands freie Bauern, die *laboureurs* in manchen Teilen Frankreichs oder die wohlhabenderen unter den russischen Bauern. Doch nahezu überall mußten die Bauern die geringen Erträge, die ihnen das Land lieferte, durch den Einsatz zusätzlicher Fertigkeiten aufbessern.

Für die in Rußland auf dem Lande herrschende Armut gab es mehrere Gründe. Da war erstens selbstverständlich das Klima. In den langen Wintern konnte das Vieh nicht hinaus, und die Wachstumsperiode war kurz. Der zweite Grund war der oft sehr unfruchtbare Boden, und außerdem behinderte die Gesellschaftsstruktur der Dörfer und die durch sie bedingten Anbauverfahren eine Modernisierung der Landwirtschaft. Acker- und Weideflächen waren in Streifen aufgeteilt, die den Bauernhaushalten jeweils entsprechend der Zahl der männlichen Familienangehörigen zugewiesen und gemeinsam bebaut wurden. (Oft lagen dazwischen noch Landstreifen, die dem Grundeigentümer gehörten). Mithin war es für eine schwer arbeitende Familie mit vielen Söhnen schwierig, den eigenen Besitz von anderen getrennt zu halten, wenn Bauernfamilien auch Land hinzupachten konnten, bisweilen sogar vom eigenen Grundherrn. In den meisten Dörfern wurde aufgrund eines überlieferten Hangs zur Gleichheit aller das Land nach einer gewissen Anzahl von Jahren zwischen den einzelnen Haushalten neu aufgeteilt, damit sichergestellt war, daß jeder genug Grund und Boden zur Verfügung hatte, um sich ernähren und die dem Grundherrn geschuldeten Abgaben sowie die Steuern an den Staat zahlen zu können. Diese Neuverteilung kam zumindest einzelnen Bauern, dem Grundeigentümer und dem Staat zugute.

In vielen Gebieten, wie beispielsweise in der Mitte und im Nordosten Rußlands, reichten die Erträge der Landwirtschaft nicht aus, die Bauern auf dem Lande zu halten. Viele von ihnen verließen die Dörfer (Leibeigene mit Einwilligung der Grundherren, Staatsbauern mit Genehmigung der Gemeinden), sei es, um in Manufakturen oder anderen gewerblichen Unternehmungen in den Städten zu arbeiten, sei es, um sich als Fahrer, Dienstleute, Träger, Diener und dergleichen zu verdingen. Andere besserten ihr Einkommen aus der Landwirtschaft mit Arbeit in der recht weit verbreiteten Heimindustrie auf, deren Erzeugnisse sie in der nächstgelegenen Stadt verkauften.

Es ist außerordentlich schwierig, Lebensstandard und Armut russischer Bauern, ob leibeigen oder Staatsbauern, mit denen von Bauern anderer Länder zu jener Zeit zu vergleichen, doch deutet alles darauf hin, daß sie im späten 18. Jahrhundert, als das Verhältnis zwischen Bevölkerungszahl und natürlichen Rohstoffquellen ausgewogener war, besser lebten als im 19. Jahrhundert. Bedingt durch das Klima war es für die Bauern unerläßlich, in festen Holzhäusern (*isbas*) mit großen Ziegelstein- oder Lehmöfen zu leben, in denen sie ihr Brot buken und auf denen sie schliefen. Da sie in unmittelbarer Nähe zu ihren Tieren wohnten, waren sie überaus schmutzig. Die Art ihrer Ernährung hing stark von dem Gebiet ab, in dem sie lebten. Der durchschnittliche jährliche Pro-Kopf-Verbrauch in den fruchtbaren »Schwarzerde-Gebieten« (Fleisch 194 kg, Fisch 290 kg, Milch 251 l und Butter 29 kg) lag so hoch, weil dort, jedenfalls gegen Ende der achtziger Jahre, ein günstiges Verhältnis zwischen Ackerbau und Viehzucht bestand. Brot wurde mit 125 kg weniger verzehrt als im Westen. In den ärmeren Gebieten sah der Speisezettel natürlich eintöniger aus. Hauptnahrungsmittel waren dort Roggenbrot, andere Getreidearten und Hülsenfrüchte. Eier machte man mit Hilfe des im Lande erzeugten Fischleims haltbar. Starken Einfluß auf die Ernährungsgewohnheiten hatte die orthodoxe Kirche, die den Gläubigen bis zu zweihundert Tagen im Jahr schwere Fasten auferlegte, die getreulich befolgt wurden. An solchen Fasttagen war nicht nur der Verzehr von Fleisch, sondern auch der von Milch, Butter und anderen Milcherzeugnissen sowie Eiern und Geflügel untersagt. An gewöhnlichen Tagen ernährte sich die Bevölkerung je nach Jahreszeit von Roggenbrot, verschiedenen Arten Getreidebrei, Hülsenfrüchten, Kohl, Gurken, Beeren und Pilzen, Äpfeln, Birnen, Kirschen, Wassermelonen, Fleisch, Fisch und verschiedenen Arten Wildbret. Hinzu kam ein wenig Geflügel sowie Eier und Milcherzeugnisse (doch sonderbarerweise kein Käse, wie Katharina II. überrascht feststellte). Den Russen war das Tiefgefrieren wohlvertraut; adlige Haushalte verfügten über in den Erdboden gegrabene Eiskeller, während Bauern Wildbret und Fleisch im Schnee aufbewahrten. Der Fleischmarkt in Sankt Petersburg böte im Winter einen eigentümlichen Anblick, wurde der Baronin Dimsdale berichtet (sie hielt sich im August dort auf): »Auf dem Markt sind ganze Schweine, Schafe, Fische und andere Tiere in riesigen Haufen zum Verkauf aufgestapelt, und alle sind gefroren.«

Auf eigenem Land durften Grundbesitzer nach Gutdünken Jagdvorschriften erlassen, doch da es im großen und ganzen keine Beschränkungen der Jagd gab, konnten Bauern ungehindert Wildgeflügel schießen und es über den Winter im Schnee aufbewahren. Graf Sievers hatte in den sechziger Jahren des 18. Jahrhunderts die Einfuhr von Kartoffeln aus Irland angeregt, doch wie auch andernorts brachten die Bauern, äußerst konservativ, was die Ernährungsgewohnheiten betraf, dieser neuen Frucht beträchtlichen Widerstand entgegen. Potemkin, wie stets voller Unternehmungsgeist, lieferte Kartoffeln in großen Mengen von seinem Besitz in Weißrußland zum Verkauf nach Krementschug.

Zeitgenössischen Beschreibungen läßt sich nicht entnehmen, daß den russischen Bauern dieselbe entsetzliche Armut gedrückt hätte, die für die Bauern in Südeuropa und um das Mittelmeer herum so kennzeichnend war. Für jenen Zeitraum hat man in Frankreich die Zahl der Armen auf dem Lande und in der Stadt auf 30 bis 50 Prozent der Bevölkerung geschätzt; sie litten mehr oder weniger an beständiger Unterernährung und lebten im Schmutz. Landarbeiter schlugen sich in England und Frankreich am Rande des Existenzminimums durch. Martha Wilmot beschrieb 1805 eine Szene auf dem Besitz der Fürstin Daschkow in der Provinz Kaluga wie folgt:

»Meinem Fenster gegenüber liegt eine kleine Wiese, auf der gerade 150 Schnitter mähen, Männer wie Frauen. Alle Männer tragen ... weiße Hosen und ein Hemd, das ein bunter Gürtel um die Taille hält. Eine scharlachrote Bauernborte ziert den unteren Abschluß und die Schultern … Wer sich die russische Bauernschaft in Trägheit und Elend versunken vorstellt, macht sich völlig falsche Begriffe. Wären doch nur unsere Iren … das ganze Jahr hindurch halb so gut gekleidet oder ernährt wie die Russen. In jedem Lande gibt es Für und Wider, doch würde man beiden Völkern die entscheidenden Fragen vorlegen: ›Gibt es dort genug zu essen und zu trinken?‹ ›Haben sie Häuser, Brennmaterial und ein Bett, worauf sie sich legen können?‹ – glaube mir, der russische Bär würde unvergleichlich triumphieren …«

Auf ihrer Reise durch die Provinz Twer äußert sich Martha Wilmot wiederum über die hohe Qualität der Milch und des braunen Brotes. Dies waren die einzigen Lebensmittel, die Reisende von Bauern kauften.

»Alle Bauern gefielen mir wegen der bunten Vielfalt ihrer Kleidung … Hier und da sieht man ein Landmädchen mit Kopfputz, Ohrringen aus Gold, Halsketten usw. aus Flitter … Mir scheinen die Männer ganz allgemein besser auszusehen als die Frauen, aber ich gebe Dir mein Wort, daß beide den Iren der gleichen Gesellschaftsschicht so sehr überlegen sind, wie das zwischen zwei Völkern überhaupt nur möglich ist.«

Zweifellos gehörte die Fürstin Daschkow zu den Grundeigentümern, die ihre Leibeigenen vergleichsweise gut behandelten, und die Schwestern Wilmot besuchten nicht die ärmsten Teile Rußlands, doch waren sie gute Beobachterinnen. So vermerkten sie voller Abscheu, daß allenthalben an Leibeigenen, die als Dienstboten im Haushalt tätig waren, die Prügelstrafe vollzogen wurde, wohl, wie Martha Wilmot erklärte, weil man sie nicht wegen Unfähigkeit entlassen konnte, und auch die ganz allgemein tyrannische Haltung des Adels entging ihnen nicht.

Es ist aufschlußreich, die Eindrücke, welche Ausländer in Rußland gewannen, mit denen zu vergleichen, die Russen von anderen Ländern empfingen. Denis Fonwisin, der 1778 Frankreich bereiste, zeigte sich entsetzt über die Menge von Bettlern, die seine Kutsche umdrängten. Frei mochten die Franzosen ja sein, erklärte er, aber man müsse fast annehmen, daß es dabei eher um die Freiheit gehe zu sterben, als um die zu leben. Russische Bauern in fruchtbaren Gebieten lebten unendlich besser als von Steuern niedergedrückte französische Bauern. Als die Fürstin Daschkow 1777 durch Schottland reiste, äußerte sie ihr Entsetzen über die Elendshütten der Bauern. Aus lose aufeinandergeschichteten Steinen ohne Mörtel errichtet, hatten sie keinen Fußboden, und ein Erdloch in der Mitte diente als Feuerstelle. Sowjetische Wirtschaftshistoriker haben die Dörfer nach dem Vermögen ihrer Bauern in vermögend, durchschnittlich wohlhabend und arm eingeteilt. Das aber sind relative Begriffe. Die Finanzkraft eines Bauernhaushalts läßt sich an seiner Fähigkeit messen, einen Getreideüberschuß zu erzielen, den man verkaufen kann, wie auch an der Zahl von Pferden, Kühen, Schafen, Schweinen und so weiter. In der Provinz Kursk schätzten die Landvermesser etwa ein Fünftel der Bauernhaushalte, die jeweils zehn Pferde, 120 Kühe, 10 Schafe und 50 Schweine besaßen, als reich ein. Kursk war ein vergleichsweise wohlhabender Teil Rußlands, doch war der Viehbestand pro Kopf in dem wahrhaft fruchtbaren »Schwarzerde-Gebiet« weit höher.

Wahrscheinlich nahm auch der Lebensstandard des Bauernstandes im letzten Viertel des 18. Jahrhunderts zu. Die Erschließung des neuen »Schwarzerde-Gebiets«

bewirkte eine Zunahme des bestellten Landes und einen Preisanstieg, aus dem Grundbesitzer wie Bauern gleichermaßen Nutzen zogen. Trotz der Kriege und der ab 1788 zunehmenden Inflation blieb die Kopfsteuer bis 1794 unverändert bei siebzig Kopeken pro Kopf. Erst danach wurde sie auf einen Rubel erhöht. Der Wirtschaftshistoriker A. Kahan erklärt – wegen der Unzuverlässigkeit der vorliegenden Zahlen mit aller gebotenen Zurückhaltung –, die Belastung der Bauern und Leibeigenen durch Steuern und Abgaben habe im letzten Viertel des 18. Jahrhunderts real abgenommen. Er setzt die steuerliche Gesamtbelastung der Bauern für das Jahr 1730 mit 100 an und schätzt sie in den neunziger Jahren auf 76,2.

Zwar mag die Zugehörigkeit zur Dorfgemeinschaft und das gemeinsame Bebauen des Landes für Leibeigene wie Staatsbauern eine wirtschaftliche Einengung bedeutet und den landwirtschaftlichen Fortschritt (neue Verfahren und neue Produkte) behindert haben, doch erwies sich für sie im gesellschaftlichen Zusammenhang beides als nutzbringend. Im Unterschied zu den Bauern Frankreichs, Irlands oder Englands verfügten die Bauern in Rußland über ein Sicherheitsnetz. Daß sie einen Anspruch auf Grund und Boden hatten, setzte sie in den Stand, ein Einkommen zu erzielen. Jeder durfte gewiß sein, daß nach seinem Tod die Dorfgemeinschaft (bei Leibeigenen der Grundeigentümer) für Witwe und Kinder sorgte und diese nicht etwa in die Welt hinausgetrieben wurden, auch wenn sie große Armut leiden mochten. Für den Fall einer Hungersnot verpflichtete das Gesetz den Grundeigentümer, seine Bauern zu versorgen. Das eigentliche Übel war für einen in der Landwirtschaft tätigen Leibeigenen nicht die Armut, sondern die Unsicherheit seiner Existenz. Eine Mißernte konnte Hungersnot mit allen zugehörigen Schrecken bedeuten. Durch seinen Status bedingt mußte er, wie auch seine Angehörigen, stets damit rechnen, vom Land fortgenommen, verkauft, ins Militär gesteckt oder zur Ansiedlung nach Sibirien geschickt zu werden. Jederzeit konnte er, ob schuldlos oder schuldig, grausam bestraft, mißhandelt, geprügelt oder gar getötet werden. Das Leben unter einem menschenfreundlichen Grundherrn mochte durchaus erträglich sein, doch selbst ein solcher war gelegentlich ungerecht, und ein Eigentümerwechsel konnte neue Gepflogenheiten, neue Anforderungen, Furcht und Mißtrauen bedeuten.

Welche Möglichkeiten hatte ein Leibeigener, seinem Zustand zu entfliehen? Ein zu den Streitkräften rekrutierter Leibeigener erlangte die Freiheit, vorausgesetzt, er überlebte die in den neunziger Jahren eingeführte fünfundzwanzigjährige Dienstzeit. Doch konnte er, ob Leibeigener oder Staatsbauer, in diesem Fall nicht ohne weiteres in sein Dorf zurückkehren, denn er paßte nicht mehr in die Dorfgemeinschaft. Gewöhnlich behielt man ihn also einfach beim Militär und beschäftigte ihn mit leichten Arbeiten in der Garnison. Mithin bot das Militär nur in sehr seltenen Fällen die Möglichkeit, der Leibeigenschaft zu entrinnen und einen anderen gesellschaftlichen Stand zu erreichen. Doch gegen Ende des 18. Jahrhunderts verdienten nicht nur viele Bauern – Leibeigene wie Staatsbauern – Geld durch Handel und Produktion, inzwischen war auch der Kern dessen entstanden, was sowjetische Historiker die Intelligenzschicht der Leibeigenen nennen.

Schon lange hatten Grundeigentümer die Notwendigkeit erkannt, eine gewisse Anzahl von Leibeigenen als Büttel, Landvermesser oder Beauftragte für verschiedene Aufgaben auszubilden. Bisweilen unterrichteten Gemeindepriester einzelne Kinder der wohlhabenderen Leibeigenen. In manchen Fällen richteten Grundeigentümer

Schulen ein, in denen die Kinder Lesen, Schreiben und Rechnen lernten. Fürst Alexander Kurakin, der in sechs Provinzen mehr als 5000 Leibeigene besaß, gründete auf seinen sämtlichen sechs Gütern Schulen mit teils zwölf, teils zwanzig Schülern. Doch waren das eher die Kinder der im Hause tätigen Leibeigenen, nicht die der Bauern. Sie sperrten sich gewöhnlich dagegen, vom Lande weggeholt zu werden, um im Herrenhaus zu arbeiten. In den Schulen wurden die Kinder auf eine Tätigkeit als Schreiber und Büttel vorbereitet, doch häufig lernten sie auch singen und lasen religiöse Schriften. Die Mehrzahl der großen Grundherren wie die Scheremetjews, Golizyns, Jusupows, Orlows, Rumjanzows und viele andere riefen Schulen ins Leben, die einigen ihrer Bauern eine elementare Ausbildung vermittelten. Fürst D. M. Golizyn, der das schöne Krankenhaus in Moskau bauen ließ, richtete 1781 zwei Schulen auf seinen Gütern ein, in erster Linie für die Kinder der im Hauswesen tätigen Leibeigenen, doch wurden dort auch Bauernkinder unterrichtet. Er ließ steinerne Gebäude errichten, stellte Möbel und Geschirr zur Verfügung und hatte Frauen aus dem Dorf, die kochten und putzten. Um die Kinder zu ermutigen, später weiterzulernen, richtete er eine kleine Bibliothek mit landwirtschaftlichen Büchern ein. Die Lehrer waren keine Leibeigenen, sie erhielten hundertfünfzig Rubel im Jahr sowie zusätzliche Naturalienlieferungen. Manchmal bekamen Kinder Geld, damit sie die Schule besuchten, andere Lebensmittel, Kleidung und Bücher. Viele Schulen lehrten Malen und Zeichnen, und einige Hofdörfe spezialisierten sich auf Ikonenmalerei. Nach der Einführung der staatlichen Schulen im Jahre 1786 schickten einige der Großgrundbesitzer die Kinder ihrer Leibeigenen dorthin. Über die Ausbildung der Kinder von Leibeigenen auf kleinen Gütern ist nichts bekannt, doch wenn man bedenkt, wie viele Grundeigentümer und vor allem adlige Damen kaum lesen und schreiben konnten, darf angenommen werden, daß Schulen für Leibeigene wahrscheinlich keine hohe Priorität genossen.

Allerdings war eine Ausbildung nicht unbedingt gleichbedeutend mit einer Erleichterung des Lebens der Leibeigenen. Wer als Steuereintreiber oder Gutsbeauftragter beschäftigt wurde, sah sich zwischen den Forderungen der Grundeigentümer und den Klagen der Bauern zerrieben und wurde häufig schlecht behandelt, wenn nicht alle Abgaben gezahlt oder die verlangten landwirtschaftlichen Erzeugnisse geliefert wurden. Doch wer für kultiviertere Tätigkeiten ausgebildet wurde, beispielsweise als Baumeister, Maler, Musiker, Tänzer, Schauspieler und Sänger, fand sich häufig in unerträglich erniedrigenden Umständen wieder. Oft bekamen solche Leibeigenen Unterricht bei den besten Lehrmeistern, die zum Teil selbst Leibeigene waren, zum Teil aber lernten sie auch bei führenden ausländischen Architekten wie Quarenghi oder führenden ausländischen Musikern wie dem Hofkomponisten Sarti. Manche Leibeigenen gingen sogar zum Studium ins Ausland – und kehrten anschließend nach Rußland zurück! Mitglieder eines Leibeigenen-Theaters wurden besser ernährt und untergebracht als Leibeigene, die dem Gesindestand angehörten; bisweilen bekamen sie sogar ein Gehalt. Aber wenn sie ihre Texte vergaßen, konnte man sie auspeitschen. Graf P. P. Scheremetjew heiratete eine seiner leibeigenen Schauspielerinnen; doch als er seine Truppe auflöste, beschäftigte er viele ihrer Mitglieder als Lakaien und Diener. Ein leibeigener Maler, der wegen seiner vielen Porträts Adliger in Sankt Petersburg stadtbekannt war, wurde von seinem Eigentümer wieder zur Arbeit als Diener beordert, und man konnte ihn sehen, wie er auf dem hinteren Fußbrett der Kutsche seines Herrn stand.

Besonders erbitterte die Leibeigenen an ihrer Lage, daß sie nicht das Recht hatten, sich für einen bestimmten Betrag freizukaufen, wie das einem Sklaven beispielsweise in den unter spanischer Herrschaft stehenden Ländern Amerikas möglich war. Bisweilen erklärte sich ein Grundeigentümer bereit, einem Leibeigenen die Freiheit zu geben, und wer als Dienstbote tätig war, wurde häufig beim Tode seines Herrn in Freiheit gesetzt. Doch in vielen Fällen weigerten sich die Besitzer, Leibeigene selbst dann gehen zu lassen, wenn diese bereit waren, beträchtliche Beträge dafür zu zahlen – in einem Fall ging es um 12000 Rubel. In den ersten Jahrzehnten des 19. Jahrhunderts scheint die Möglichkeit eines Freikaufs zugenommen zu haben, denn aus jener Zeit sind 28900 Fälle verzeichnet, bei denen am unteren Ende der Skala 139 Rubel und an ihrem oberen Ende Beträge zwischen 1000 und 5000 gezahlt wurden. Über das 18. Jahrhundert hingegen ist nur wenig bekannt.

Im allgemeinen war das schlimmste an der Leibeigenschaft, ob für Bauern, Unternehmer oder die Intelligenzschicht, die Willkür, mit der Grundeigentümer und von ihnen Beauftragte Macht über sie ausübten. In der Praxis besaß kein Leibeigener Rechte. Wenn es darauf ankam, konnte man ihm nehmen, was er besaß, ihn zur Landarbeit schicken, vergewaltigen, verheiraten, foltern und prügeln. Hätte einer vor Gericht Klage erhoben, hätte man ihm höchstwahrscheinlich keinen Glauben geschenkt und ihn seinem Herrn zurückgeschickt. Überdies dauerte es in einer Gesellschaft, in der Ehemänner – ob Adlige oder Bauern – ihre Frauen und Eltern ihre Söhne und Töchter verprügelten, sehr lange, die Besitzer von Leibeigenen mit dem Gedanken vertraut zu machen, daß eine körperliche Züchtigung ausschließlich nach dem Spruch eines Gerichts erfolgen darf.

Weit weniger weiß man über die Lebensweise der Kaufmannschaft und der Stadtbewohner insgesamt – dazu zählten auch Handwerker, Schreiber und Beamte unterhalb der Rangtabelle – sowie über die der als *rasnotschintsi* bezeichneten gesellschaftlichen Gruppe. Unter diesem Begriff wurden Personen zusammengefaßt, die einerseits nicht mehr dem Stand ihrer Eltern angehörten, andererseits aber in keinem anderen Stand formal registriert waren. Bei ihnen handelte es sich gewöhnlich um Angehörige von Berufen, die man später als »frei« bezeichnete, Menschen mit bestimmten Fertigkeiten und Kenntnissen: Autoren, Übersetzer, Journalisten, Anwälte, Apotheker, Künstler und so weiter.

Man darf nicht aus dem Auge verlieren, daß viele Ortschaften, die dem Gesetz nach als Städte galten, lediglich übergroße Dörfer waren: Die Straßen waren eng und gewunden, Kühe zogen umher und fraßen, was sie fanden, Ziegelhäuser standen unmittelbar neben hölzernen Elendshütten, dazwischen lagen Wiesenflächen, die Beete von Gemüsegärtnereien oder gar Getreidefelder. Außerdem herrschte in den Städten Schmutz und Gesetzlosigkeit. Bis zur Reform von 1775 verfügten sie häufig über keinerlei öffentliche Bauten, gab es weder Schulen noch örtliche Verwaltungen.

Es war in Rußland nicht einfach, seinen gesetzlichen Status zu ändern. Doch wenn man wollte, daß die Städte wuchsen, mußten sie von irgendwoher neue Bewohner bekommen. Die Staatsbauern konnten am ehesten in die Städte ziehen und die Reihen von deren Bewohnern verstärken. Sie mußten aber, wenn sie sich als Stadtbewohner neu registrieren ließen, weiterhin die Kopfsteuer als Staatsbauern zahlen und sie bis zur nächsten Revision, die ihren geänderten Status verzeichnete, sowohl in der Stadt entrichten als auch in ihrem Dorf.

Die Zahl der registrierten Stadtbewohner war viel niedriger als die der Menschen, die tatsächlich in Städten lebten, und die Zahl der registrierten Kaufleute noch wesentlich geringer. Wie der Adel zerfiel auch die Kaufmannschaft in zwei ungleich große Gruppen; nur sehr wenige Kaufleute waren von beträchtlichem Wohlstand, die große Mehrheit verfügte entweder nur über einen durchschnittlichen Besitz oder war arm. Im Jahre 1782 lebten in Moskau 4542 registrierte Kaufleute, 982 von ihnen waren neu registrierte Staatsbauern. Eine geringere Zahl von Staatsbauern ließ sich als gewöhnliche Stadtbewohner (*meschtschane*) registrieren. Bis 1793 gab es in Moskau 11768 registrierte Kaufleute (bei weitem die größte Zahl in ganz Rußland – den nächsten Platz belegte Twer), von denen 620 die Kopfsteuer nach wie vor auch in ihrem Dorf entrichten mußten, während 258 freigelassene Leibeigene des Adels und ehemalige Kirchenbauern waren. Von den 202100 Einwohnern Sankt Petersburgs im Jahre 1801 wurden 14300 als Kaufleute und 23400 als gewöhnliche Stadtbewohner eingestuft. Außerdem lebten in der Stadt mehr als 50000 Bauern und an die 40000 Militärpersonen.

Lediglich die Kaufleute der ersten Gilde hatten das Recht, sich am Großhandels-Ausfuhrgeschäft zu beteiligen. Kaufleute der zweiten Gilde durften Groß- und Einzelhandel auf dem Inlandsmarkt betreiben. Auch Industrielle und Fabrikherren wurden zur Gruppe der Kaufleute der ersten Gilde gerechnet. Viele von ihnen hatten Leibeigene als Industriearbeiter erworben, als das noch erlaubt war, also vor 1762. Manche erwarben solche Arbeitskräfte weiterhin – auf ungesetzlichen Wegen oder mit Hilfe von Sondergenehmigungen. Sie produzierten wollene und baumwollene Kleidung, Seide, Papier, Baumaterial, Eisen- und Lederwaren, Glaserzeugnisse und so weiter. Theoretisch gehörten diese Leibeigenen zum Unternehmen und durften nicht als Gesinde im Haushalt verwendet werden, doch läßt sich schwer sagen, ob man sich immer an diese Vorschrift hielt.

Von der Kaufmannsklasse hieß es oft, sie habe der »Verwestlichung« voller Gleichgültigkeit und der Bildung, soweit sie über die Grunderfordernisse des Handelslebens hinausging, geradezu feindselig gegenübergestanden. Diese Ansicht muß unter Umständen ein wenig modifiziert werden. Schon vor Erlaß des Statuts über das staatliche Schulwesen im Jahre 1786 hatten einzelne Kaufleute beträchtliche Summen für die Einrichtung von Schulen zur Verfügung gestellt. Es sieht ganz so aus, als hätten nach 1786 Kaufleute und Stadtbewohner für Schulen mehr freiwillige Spenden aufgebracht als jede andere gesellschaftliche Gruppe; beispielsweise haben Moskaus »herausragende Bürger« im Durchschnitt pro Person 500 Rubel beigesteuert. Die Schüler der staatlichen Schulen in sechs der zentralen Provinzen, in denen eine Unterstützung des Schulwesens besonders ins Auge fiel, waren zumeist Kinder von Kaufleuten oder Stadtbewohnern. Kinder adliger Familien besuchten im allgemeinen keine staatlichen Schulen, es sei denn, ihre Eltern waren sehr arm, wie beispielsweise in der Provinz Tambow.

Das Schauspiel, das Kaufmannsfamilien bei einem Spaziergang oder im Vorüberfahren boten, beeindruckte die Schwestern Wilmot zutiefst. Martha Wilmot beschreibt ein solches Erlebnis wie folgt:

> »Die Gattinnen der Kaufleute sind besonders prächtig anzusehen. Sie tragen einen Kopfputz aus Perlen, mit Gold und Silber bestickte Musselin-Schleier oder ebenso bestickte Seidenschleier; ihre Umhänge aus goldfarbener Seide sind mit den kostbarsten Pelzen gefüttert, und

sie machen mit ihren rot und weiß geschminkten Gesichtern einen überaus ansehnlichen und entzückenden Eindruck.«

Auch Männer trugen das »landesübliche Gewand – einen grünsamtenen Mantel mit einer Art Unterrock, der rundum mit Gold bestickt war und bis zu den Absätzen reichte, sowie einen flachen Hut, den man nie abnahm ...« Wie sich zeitgenössischen Berichten und Bildern entnehmen läßt, fand sich das »landesübliche Gewand« gewöhnlich bei Angehörigen der Kaufmannschaft. Ihre Frauen (außer bei Altgläubigen) schminkten ihre Gesichter leuchtend rosa und weiß, was auch unter Bauersfrauen gebräuchlich war. Die Parks um die Paläste der Angehörigen des Hochadels, beispielsweise um die Stroganow-Landhäuser auf der Insel Kamenni Ostrow in Sankt Petersburg, standen der Bevölkerung offen, und bei schönem Wetter durften Kaufleute dort ihre Stände aufstellen und den Park in einen Jahrmarkt verwandeln. Unter Katharinas Herrschaft war es Kaufleuten gestattet, in ihren Wohnhäusern Läden einzurichten, während sie zuvor ihre Waren ausschließlich in den ihnen zugewiesenen speziellen Basaren hatten anpreisen dürfen. Dadurch gewann das Straßenbild an Leben.

Unter den registrierten Kaufleuten oder Stadtbewohnern der meisten großen Städte gab es eine Gruppe, die weitgehend ihrer eigenen Lebensweise folgte: die Altgläubigen. Sie waren in Moskau besonders zahlreich vertreten. Dort hatte man während der großen Pestepidemie von 1771 ihren beiden Hauptgemeinschaften (den »Priesterlichen« und den »Priesterlosen«) gestattet, in Rogoschsk und Preobraschensk eigene Friedhöfe anzulegen. Zusammen mit Krankenhäusern, Armenhäusern und Leihhäusern wurden sie zu Kristallisationspunkten der Gemeinden. Die Zentren der Altgläubigen in Moskau standen in Verbindung mit den Glaubensbrüdern in ganz Rußland und bekamen von diesen beachtliche Finanzmittel, die sie investierten. Dafür durfte sich ein Altgläubiger auf wirtschaftliche und wohltätige Unterstützung dort verlassen, wo immer er sich angesiedelt hatte. Gewöhnlich waren das Rußlands Randgebiete: der Nordosten, die Gegend um Nischni Nowgorod, das Wolgagebiet und der Ural.

Die Moralvorstellungen der Altgläubigen ähnelten in mancherlei Hinsicht dem, was man gewöhnlich mit dem Calvinismus in Verbindung bringt. Ehrlich, arbeitsam und sparsam, waren sie oft strenge Arbeitgeber. Besonders häufig fanden sie sich unter den Textilfabrikanten. So waren die leibeigenen Millionäre auf Graf Scheremetjews Gut in Iwanowo Altgläubige, die sich als Kaufleute der ersten Gilde in Moskau registrieren ließen, nachdem sie ihre Freilassung erwirkt hatten. Einer von ihnen, E. Gratschew, Mitglied der priesterlosen Gemeinde in Preobratschensk, errichtete öffentliche Bäder für seine Glaubensbrüder. Ein anderer altgläubiger Leibeigener, F. A. Gutschkow, gründete Ende des 18. Jahrhunderts seine Textilfabriken in Moskau; sein Urenkel, Alexander Gutschkow, war Abgeordneter der Staatsduma und Minister der provisorischen Regierung von 1917.

Die Schwestern Wilmot besuchten 1807 einen der führenden Altgläubigen in Moskau:

»Die Fürstin [Daschkow] ordnete einen unterhaltsamen russischen Abend im Haus des Elic Alexowitsch an, der eine Art Patriarch in der Sekte der Raskolniki ist. Er war als Leibeigener der Dolgoruki zur Welt gekommen, hat aber seine Freiheit mit £ 2000 Ster erkauft und gehört zu Moskaus vermögendsten Kaufleuten. Noch im ehrwürdigen Alter von achtzig Jahren bietet er ein Bild der

Vollkommenheit der menschlichen Natur; er ist schlicht, fröhlich, gütig und stets geschäftig. Er hat denkbar schöne Züge, einen silbergrauen Bart und ist von verblüffend hohem Wuchs. Unterstrichen wird der Gesamteindruck noch durch seine russische Tracht. In seiner Rolle als Sektierer fand ich ihn vergnüglicher als in der des Kaufmanns, da der einzige Hinweis darauf in einem gigantischen Diner bestand; doch als Sektierer führte er uns zu seinen Kirchen, Krankenhäusern und Klöstern für Männer und Frauen, die seine Wohnung in einem Kreis von beträchtlicher Größe umgaben ...«

Wie Englands Puritaner lehnten Altgläubige das Theater und andere Arten öffentlicher Lustbarkeit wie Bälle und Mummenschanz ab. Doch hatten sich Kaufleute und Stadtbewohner ganz allgemein seit langem an die eine oder andere Art öffentlicher Unterhaltung gewöhnt. In Sankt Petersburg oder Moskau hieß man sie bei Empfängen und Maskenbällen in den Palästen der kaiserlichen Familie zur Feier des Namenstags ihrer Angehörigen willkommen – Großfürst Paul zog vor Kaufleuten in der alten russischen Tracht grundsätzlich den Hut; sie durften sich in den kaiserlichen Parks und Gärten ergehen und nicht nur die in Moskau und Sankt Petersburg eröffneten öffentlichen, sondern auch die kaiserlichen Theater besuchen. Als nach 1775 in den Provinzen die neuen Institutionen eingerichtet wurden, gründeten Gouverneure mit Initiative auch dort Theater zur Zerstreuung der Stadtbewohner.

Da auch in der Kaufmannschaft wie im Adel das Erbe unter den Nachkommen aufgeteilt wurde, überdauerten große Vermögen selten mehr als drei Generationen. Manche Kaufleute betrachteten Angehörige der zweiten oder dritten Gilde oder gar einfache Stadtbewohner mit Herablassung. Einige wenige behielten ihren Status als Angehörige der ersten Gilde oder als »herausragende Bürger«; und eine geringe Anzahl, insbesondere unter den Großindustriellen, wurde geadelt, womit sie der Geschäftswelt gewöhnlich verlorengingen. Ihre Kinder nahmen den Dienst in den Streitkräften auf und bemühten sich, die Art von Karriere zu machen, mit der sie Grundeigentum erwerben konnten.

Ärmere Kaufleute standen weithin im Wettbewerb mit Bauern, vor allem mit Leibeigenen. Letztere wurden von ihren Herren ermuntert, die Erzeugnisse ihrer handwerklichen Geschicklichkeit zum Verkauf in die Städte zu tragen, wo sie die Kaufleute unterbieten konnten, weil sie in der Stadt nicht steuerpflichtig waren.

Man kann nicht sagen, daß sich die Kaufleute mit übermäßigem Eifer auf die Möglichkeiten gestürzt hätten, die sich in Selbstverwaltung und Wirtschaftsleben für sie eröffneten, als die Städteordnung von 1785 sie von der Last der ihnen früher auferlegten Regierungsdienstbarkeit und der kollektiven Verantwortlichkeit für die Zahlung der Steuern befreite. Fast alles, was wir über das Funktionieren der städtischen Einrichtungen wissen, gründet sich auf zwei Untersuchungen, von denen eine (sie bezieht sich auf Moskau) aus dem 19. Jahrhundert und die andere (die sich auf Sankt Petersburg bezieht) aus dem Jahre 1909 stammt. Neuere Untersuchungen haben ein etwas abweichendes Bild geliefert. In einigen Fällen scheint die aufgrund der Gnadenurkunde an die Städte eingesetzte sechsköpfige Duma – sofern sie überhaupt gewählt wurde – regelmäßig zusammengetreten zu sein und sich mit einigen für die Stadt wichtigen Fragen beschäftigt zu haben. Allerdings war es ihr nicht immer möglich, sich gegen mächtigere Institutionen wie den Ausschuß der Lokalverwaltung oder den Militärkommandanten durchzusetzen.

Man hat Peter I. oft zum Vorwurf gemacht, er habe zwischen dem »verwestlichten« Adel und den Bauern einen kulturellen Graben aufgerissen, und dieser habe sich unter Katharina und ihren Nachfolgern vertieft. Das gehört zu den Behauptungen, die man im 19. Jahrhundert über die russische Geschichte machte, um eine bestimmte politische Position zu vertreten, doch hält sie einer systematischen Untersuchung nicht stand. Es gibt keinen Hinweis darauf, daß der Graben zwischen Oberschicht und einfachem Volk in Rußland tiefer gewesen wäre als in Frankreich oder England. Doch bot im Unterschied zu diesen beiden Ländern in Rußland das Militär ein Mittel, Adel und gewöhnliche Bürger zu gemeinsamem Tun und gemeinsamem Zweck zusammenzufassen und ihnen seine eigenen ethischen und kulturellen Werte zu vermitteln.

Außerdem war die zersplitterte russische Gesellschaft im Unterschied zu Nordamerikas Sklavenhaltergesellschaften immerhin dadurch geeint, daß die meisten Menschen derselben Rasse und Religion angehörten. Im christlichen Rußland nahmen alle Schichten in ein und derselben Kirche am Gottesdienst teil und hatten einen gemeinsamen Ritus, insbesondere den frohen Ostergruß »Der Herr ist auferstanden; er ist wahrhaftig auferstanden«. Die Teilhabe an einem gemeinsamen Glauben vermochte in manchen Fällen die Bitterkeit auszugleichen, die das Verhältnis zwischen den verschiedenen gesellschaftlichen Klassen belastete.

13

Krieg gegen die Türkei und Schweden; die Zerschlagung Polens

Die Kriegserklärung des Osmanischen Reiches vom August 1787 zwang Rußland in einen Krieg, auf den es nicht wirklich vorbereitet war. Dabei hätte Katharina eingedenk der vielen Anlässe, bei denen man die Türken gereizt hatte, damit rechnen müssen. Die 1783 erfolgte Annexion der Krim und die Schaffung der russischen Schwarzmeer-Flotte bedeuteten Herausforderungen, welche die Türken nicht tatenlos hinnehmen konnten. Als Vorteil für Katharina erwies es sich dagegen, daß die Kriegserklärung von der Gegenseite ausging, denn so trat der 1781 mit Kaiser Joseph II. abgeschlossene Geheimvertrag in Kraft (vgl. Kap. 7). Er verpflichtete Joseph als Herrscher über die habsburgischen Erblande (aber selbstverständlich nicht als Kaiser des Heiligen Römischen Reiches), auf Rußlands Seite gegen die Türken zu kämpfen.

Der zweite türkische Krieg sollte einen langen Zeitraum kriegerischer Auseinandersetzungen einleiten. Er dauerte vier Jahre und ging 1792 in die zweite Teilung Polens und den Krieg mit dem polnischen Widerstand über, der 1794 ausbrach. Auf die letzte Teilung Polens im Jahre 1795 folgten Vorbereitungen zu Feldzügen gegen das revolutionäre Frankreich sowie gegen Persien, wobei letzterer noch andauerte, als Katharina im November 1796 starb. All diese Kriege bedeuteten nicht nur das Ende vieler

Reformprojekte, sondern auch eine ungeheure Anspannung der finanziellen Möglichkeiten des Landes sowie eine gewaltige Belastung seiner Menschen. Katharinas zweiter Krieg gegen die Türken erwies sich als weit schwieriger und komplexer als der erste (der immerhin sechs Jahre gedauert hatte). Überdies war Rußland zur See verwundbar geworden, trotz des Vorteils, den es seit dem Friedensschluß von Kütschük Kainardschi mit dem Besitz von Stützpunkten am Schwarzen Meer und der Annexion der Krim besaß, und mußte sich vor Flottenangriffen der Türken in acht nehmen.

Anfangs bestand der Krieg aus Flottenoperationen im Schwarzen Meer, die aber ohne Ergebnis blieben. Die Hauptbemühung der Russen galt der türkischen Festung Otschakow, die nicht nur die Mündung des Dnjepr beherrschte – für die Russen der einzige Zugang zum Schwarzen Meer –, sondern zugleich das zwischen Bug und Dnjestr liegende türkische Gebiet schützte. Bis Februar 1788 hatte Joseph II. einen Landangriff vorbereitet, doch erfolgte der Vormarsch der Österreicher an einer ungeheuer langen Front nur langsam und schleppend. Hinzu kam, daß Joseph als militärischem Führer der geniale Funke fehlte, der seinen großen Gegenspieler Friedrich II. ausgezeichnet hatte.

Ursprünglich wollte Katharina wie im Jahre 1769 eine Flotte ins Mittelmeer entsenden, die die Aktivitäten im Schwarzen Meer unterstützen und ein Zentrum für einen Aufstand der orthodoxen christlichen Völker gegen das Osmanische Reich bilden sollte, beispielsweise der Griechen, Serben, Montenegriner, Moldauer und Walachen. Doch bald schon legte man ihr dabei Steine in den Weg, hatten sich doch die diplomatischen Verhältnisse in Europa ganz und gar verändert.

Da Großbritannien den Russen keineswegs mehr so

wohlwollend gegenüberstand wie zu jener Zeit, als Katharina 1780 im amerikanischen Krieg die Politik der bewaffneten Neutralität ausgerufen hatte, war es nicht bereit, ihnen die Benutzung seiner Marinestützpunkte zu gestatten. Ohne sie aber ließ sich der lange Weg von der Ostsee um Europa herum ins östliche Mittelmeer nicht bewältigen. Zweitens lebte seit 1786 Friedrich II. nicht mehr, Katharinas Verbündeter im ersten türkischen Krieg, auch wenn er sich an den militärischen Operationen nicht beteiligt hatte. Friedrich Wilhelm II. aber, der ihm auf Preußens Thron gefolgt war, hatte sich einer Politik verschrieben, die über Jahre hinweg für Unruhe in Europa sorgte. Auf der einen Seite hatte er 1788 eine Tripelallianz mit Großbritannien und den Vereinigten Provinzen der Niederlande gebildet, deren Hauptziel es war, die Macht des mit seiner Schwester vermählten Stadhouder wiederherzustellen. Die Position dieses Erbstatthalters als verfassungsgemäßes Oberhaupt der Vereinigten Provinzen der Niederlande war durch die sogenannte Patriotenpartei in Frage gestellt worden, eine Gruppierung, die in gewisser Weise die Forderung nach politischer Teilhabe an der Regierung durch größere gesellschaftliche Gruppen vorwegnahm, wie sie zur Zeit der Französischen Revolution üblich wurde. Zur gleichen Zeit legte Preußens Außenminister Graf Hertzberg einen äußerst komplizierten Gebietstauschplan vor, mit dessen Hilfe Preußen seine Grenzen auf Polens Kosten erweitern wollte, wobei das Kämpfen anderen Mächten überlassen blieb. Dieses Vorhaben beunruhigte Joseph II. zutiefst, fürchtete er doch einen preußischen Angriff in seinem Rücken. Ohnehin waren weder er noch Katharina bereit zuzulassen, daß Preußen Nutzen aus dem Krieg zog, den sie gegen die Türken führten, und in Polen einen Ausgleich für türkische Gebiete bekam, die Rußland oder Österreich im Fall eines Sieges annektieren mochten. Katharina ging sogar so weit, Polen 1788 ein Bündnis anzubieten. Zwar hätte ein solcher Vertrag, sofern ihm Polen zugestimmt hätte, an der vollständigen politischen und militärischen Abhängigkeit Polens von Rußland nichts geändert, wohl aber dem Lande Sicherheit vor den Absichten Preußens gewährleistet. Preußen zeigte sich von diesem Vertragsangebot beunruhigt, da es deutlich signalisierte, daß Rußland eine Annexion polnischen Gebiets durch Preußen nicht hinzunehmen gedachte. Daher lag Preußen nunmehr daran, die Russen zu einer Änderung ihrer Politik gegenüber Polen zu veranlassen und letztlich mittels diplomatischer oder militärischer Drohungen dafür zu sorgen, daß sie keine Gebietsgewinne zu Lasten der Türkei machen konnten.

Noch bedrohlicher wurde diese angespannte diplomatische Situation für die Russen, als ihnen Gustav III. von Schweden, der zur Zeit des ersten türkischen Krieges von 1768 nur Kronprinz gewesen war, im Juni 1788 unter einem Vorwand den Krieg erklärte. Da Rußland an der türkischen Front alle Hände voll zu tun hatte, sah er eine günstige Gelegenheit gekommen, einige der an Rußland verlorenen Gebiete zurückzuholen; sie wollte er sich nicht entgehen lassen. So setzte er seine Truppen auf dem Landwege gegen Sankt Petersburg in Marsch, fest überzeugt, bald in der russischen Hauptstadt tafeln zu können. Doch erwies sich sein Vorgehen als übereilt, denn die zum Auslaufen ins Mittelmeer vorgesehene russische Flotte lag noch in der Ostsee. So kam es im Juli 1788 zu einem schweren Seegefecht zwischen Schweden und Russen, das aber keine Entscheidung brachte.

Als Dänemark im August 1788 (gemäß seinen im Vertrag von 1767 eingegangenen Verpflichtungen Rußland gegenüber) Schweden den Krieg erklärte, sah es ganz nach einer Ausbreitung des Krieges im Baltikum aus. Doch nun zeigten sich die für Rußland negativen Aspekte der Tripelallianz zwischen England, Preußen und den Vereinigten Provinzen der Niederlande. Der Druck der Briten zwang Dänemark im Oktober 1788, einem Waffenstillstand mit Schweden zuzustimmen, das, von Dänen und Russen in die Zange genommen, schon fast vollständig an die Wand gedrückt war. Zwar gelang es dem britischen Druck, Dänemark vom Kriegsschauplatz zu vertreiben, doch wurde nunmehr Schweden durch die Aufdeckung eines Komplotts aufgeschreckt, das finnische Offiziere im schwedischen Heer, die sich eine größere Autonomie für Finnland erhofften, gegen Gustav angezettelt hatten. Katharina hatte diese Verschwörung unter der Hand gefördert.

Ihr Versuch, Polen in den Kreis ihrer Verbündeten einzubeziehen, scheiterte am Widerstand der Polen wie der Preußen. Letztere waren nicht bereit, eine russische Gebietsgarantie für Polen hinzunehmen, die sie selbst daran hindern konnte, polnische Gebiete zu annektieren, und der Haß der Polen gegen Rußland war zu leidenschaftlich, als daß er irgendeine Art der Zusammenarbeit zwischen beiden Ländern zugelassen hätte. Den einzigen Lichtblick bildete für Katharina im Dezember 1788 die Einnahme der türkischen Festung Otschakow, durch die der Weg für einen russischen Vorstoß am Nordufer des Schwarzen Meers auf türkisches Gebiet frei wurde. Das militärische Genie eines der bedeutendsten russischen Befehlshabers, A. W. Suworow, verhalf den Bemühungen der vereinten österreichisch-russischen Streitkräfte im Sommer 1789 in Moldau zum Erfolg. Die Österreicher nahmen im September Belgrad ein, während das russische Hauptheer vom Bug aus vorrückte, um im September den Hafen Hadschibej (jetzt Odessa) und im November die Festung Bender einzunehmen. Damit beherrschte man den Dnjestr von der Quelle bis zur Mündung.

Angesichts eines schwierig zu führenden Zweifrontenkrieges gegen die Schweden im Norden und die Türken im Süden hätte Katharina gern über einen Frieden verhandelt, zumal sich die militärischen Operationen mit ihrem Verbündeten Österreich keineswegs leicht koordinieren ließen. Die Türken aber stachelten die Schweden erneut auf und unterzeichneten im Juli 1789 einen Vertrag, in dem sie sich bereit erklärten, die schwedischen Kriegsbemühungen finanziell zu unterstützen. Daß 1789 mit Selim III. ein neuer Sultan auf den Thron des Osmanischen Reiches kam, führte zu keiner Änderung der türkischen Politik.

Inzwischen sah sich Joseph II. einer zunehmenden Unzufriedenheit in den Österreichischen Niederlanden (dem heutigen Belgien, das damals von den österreichischen Habsburgern regiert wurde) wie auch in Ungarn gegenüber, wo seine zentralistische Politik auf den Widerstand der alten gesellschaftlichen Korporationen gestoßen war. Sein Tod im Februar 1790 bedeutete für Katharina einen schweren Schlag, hatte er doch Österreichs Interessen hintangestellt, um seiner Bündnisverpflichtung nachzukommen. Leopold, Großherzog der Toskana, sein Bruder und Erbe, teilte weder Josephs territorialen Ehrgeiz, noch konnte er sich für das sogenannte Griechische Projekt erwärmen. Er räumte der Wiederherstellung der Ordnung in den Österreichischen Niederlanden wie in Ungarn den Vorrang ein und gab dem Druck der Tripelallianz nach, da er die militärische Macht Preußens fürchtete, das deren wichtigstes Mitglied auf dem Kontinent war. Er gab seine Bereitschaft zu erkennen, den Krieg gegen die Türkei ohne Annexionen oder eine wie auch immer geartete Entschädigung einzustellen, woraufhin Österreich im Juni 1790 bei Reichenbach einen Waffenstillstand mit den Türken schloß und sich aus dem Krieg zurückzog. Zum Friedensschluß zwischen beiden Ländern kam es im August 1790. Das bedeutete zwar mehr oder weniger das Ende für Hertzbergs oben beschriebenes Lieblingsprojekt, nämlich zu Lasten der Türkei polnische Gebiete im Tausch gegen österreichische Erwerbungen zu annektieren, doch gab er sein Endziel nicht auf: Auf jeden Fall wollte er zum Ausgleich für Gebietserwerbungen, die Rußland noch machen würde, die Freie Stadt Danzig und die (unmittelbar südlich der preußisch-polnischen Grenze von 1772 gelegene) polnische Stadt Thorn an der Weichsel erwerben. Immerhin beherrschte sie einen großen Teil der Schiffahrt auf jener wichtigen Wasserstraße.

Inzwischen hatte sich das traditionelle Bild der internationalen Beziehungen in Europa erneut gewandelt. Die Französische Revolution von 1789 führte zu einem politischen Vakuum im Herzen des Kontinents. Obwohl Frankreich zu jener Zeit diplomatisch sehr aktiv war, konnte es seinen Verbündeten nicht militärisch beistehen. Das war zum einen Österreich, das mit den Türken im Krieg lag, und zum anderen Spanien, das 1790 mit England in der Frage des Nutkasundes aneinandergeriet, eines vorgeschobenen Postens an der amerikanischen Pazifikküste, auf den auch Großbritannien Ansprüche geltend machte.

Anfänglich betrachteten Europas gekrönte Häupter und politische Führer die Schwierigkeiten, die Frankreich unter der Revolution durchlebte, mit einer gewissen boshaften Befriedigung. Insbesondere galt das für England und Rußland, denn immerhin wurde auf diese Weise eine der bis dahin stärksten europäischen Mächte geschwächt, die beiden schon von alters her feindselig gegenüberstand.

Weder die Einberufung der Generalstände Frankreichs noch das Zusammentreten der Verfassunggebenden Versammlung oder der Entwurf zu einer konstitutionellen

Monarchie von 1791 beunruhigten die Herrscher der anderen Länder sogleich, waren sie doch fest davon überzeugt, an den Grenzen Frankreichs der revolutionären Walze Einhalt gebieten zu können. Daher fuhr man in der üblichen Machtpolitik fort.

Nun muß gesagt werden, daß die aus England, den Vereinigten Provinzen der Niederlande und Preußen bestehende Tripelallianz politisch alles andere als einig war. Die Holländer spielten bei der Abfassung der politischen Richtlinien eine vernachlässigbare Rolle, doch Großbritannien wie Preußen verfolgten ihre eigenen Ziele. Englands Premierminister William Pitt hatte sich durch einen Plan verlocken lassen, künftig Schiffsmaterialien nicht mehr hauptsächlich von Rußland, sondern von Polen zu beziehen. Zu diesem Zweck mußte man dieses Land vor Angriffen der Russen schützen, das wiederum ließ sich ohne die Hilfe der Preußen nicht erreichen. So erklärte sich Pitt bereit, als Preis für deren Unterstützung den Forderungen nach der Annexion Danzigs und Thorns zuzustimmen, was aber bedeutete, daß man Polen die Kontrolle über die Schiffahrt auf der Weichsel zur Ostsee verweigerte – diesen Weg mußten nach England ausgeführte Schiffsmaterialien nehmen –, und sie den Preußen einräumte. Letztere hatten inzwischen im März 1790 einen Bündnisvertrag mit Polen abgeschlossen, in dem von einem Erwerb Danzigs und Thorns durch Preußen keine Rede war. Damit aber wurde das böse Erwachen lediglich hinausgeschoben.

Nachdem es der Tripelallianz gelungen war, Kaiser Leopold aus dem Krieg herauszudrängen, machten sich Großbritannien und Preußen daran, die gleiche Politik bei Rußlands Kaiserin anzuwenden. Noch im Sommer 1790 war Katharinas Lage sehr kritisch; schwedisches Geschützfeuer hatte die Fensterscheiben in Sankt Petersburg erzittern lassen. (Katharina suchte Trost in der Lektüre einer französischen Übersetzung von Tobias Smolletts »Humphry Clinkers Reise«, und der Roman unterhielt sie so gut, daß sie seine Übersetzung ins Russische anordnete.) Immer mehr Männer wurden eingezogen, immer mehr Banknoten wurden gedruckt, damit die Steuern nicht erhöht werden mußten, und so klaffte 1791 zwischen Einnahmen und Ausgaben eine Lücke von 25 Millionen Rubeln. Überdies fügten die Schweden 1790 den Russen eine katastrophale Flottenniederlage zu. Da aber auch die schwedischen Schiffe in der Schlacht stark mitgenommen worden waren und Gustav III. auf einen Friedensschluß drängte, stoppelten die beiden Mächte im August 1790 den Friedensvertrag von Verela zusammen, bei dem zwischen ihnen alles mehr oder weniger blieb, wie es gewesen war.

Zwar wurde Katharina jetzt endlich nicht mehr an der Nordgrenze ihres Reiches von Schweden bedrängt, doch saß sie nach wie vor auf glühenden Kohlen, weil die Bedrohung durch Preußen im Westen Potemkin, ihren Oberkommandierenden im Süden, daran hinderte, alle Truppen für eine Offensive gegen die Türken einzusetzen. Doch im Dezember 1790 stärkte die Einnahme der türkischen Festung Ismail an der Donau ihre Position. So kam es, daß sie sich strikt weigerte, als Pitt im Januar 1791 seine diplomatische Offensive eröffnete und ultimativ verlangte, Rußland müsse Frieden schließen und Otschakow sowie alle eroberten Gebiete wieder an die Türken abtreten, widrigenfalls eine britische Flotte in die Ostsee auslaufen werde, um diesen Forderungen Nachdruck zu verleihen. Im März 1791 brachte Potemkin, der von der Donaufront nach Sankt Petersburg gekommen war und sogleich begriff, welche Gefahr von der preußischen Armee drohte, Katharina dazu, wenigstens insoweit nachzugeben, daß sie sich bereit erklärte, mit Preußen über einen Geheimvertrag zu verhandeln. Dieser würde ihr gestatten zu behalten, was sie von den Türken erobert hatte, wofür sie sich im Gegenzug mit der Annexion Danzigs und Thorns durch Preußen einverstanden erklärte. In vielen Eintragungen im Tagebuch von Katharinas Sekretär A. W. Chrapowizki ist die Rede von scharfen Wortwechseln zwischen der Kaiserin und Potemkin, der sie mehrfach zum Weinen gebracht habe. Doch sofern Preußen einem solchen Geheimabkommen mit Rußland zustimmte, würde das natürlich bedeuten, daß das Land um der dabei zu gewinnenden Vorteile willen seinen britischen Verbündeten fallenließe.

Bevor Katharinas Kapitulation Preußen übermittelt werden konnte, rettete die öffentliche Meinung Großbritanniens sie aus ihrer Zwangslage. Premierminister Pitt hatte bezüglich seiner Forderungen an die Russen nicht nur die im Lande herrschende Stimmung falsch eingeschätzt, er hatte es auch unterlassen, seine Absichten im Parlament vollständig zu erläutern. Selbst Rußlands Politik kritisch gegenüberstehende Menschen waren nicht der Ansicht, es lohne sich, einen Krieg zu riskieren, weil Rußland Otschakow eingenommen habe. Dessen Botschafter in England, Simon Woronzow, bearbeitete die Führer der Opposition, wie Charles James Fox, und es gelang ihm in einer auf breiter Front geführten Pressekampagne, Pitts Politik zu untergraben, indem er andeutete, daß dieser als Handlanger Preußens fungiere, und ließ durchblicken, daß Großbritannien nichts zu gewinnen habe, wenn es Rußland zwänge, Otschakow aufzugeben. Zwar sei eine in die Ostsee entsandte britische Flotte, wie der *Morning Chronicle* schrieb, imstande, Riga unter Feuer zu nehmen, doch »können wir damit der alten Dame kein einziges graues Haar ausreißen«. Entschließungen, die bei Versammlungen in Norwich, Manchester und anderen Städten gefaßt wurden, sprachen sich gegen einen Krieg mit Rußland aus. Da Pitt keine Möglichkeit sah, Kabinett oder Unterhaus auf seine Seite zu bringen, mußte er sein Ultimatum an Katharina zurückziehen und Preußen das Scheitern seiner gesamten Politik mitteilen. So kam es, daß der preußische König offiziell nie etwas von Katharinas Bereitschaft erfuhr, mit ihm zu verhandeln, und ihr blieb die Demütigung erspart, klein beigeben zu müssen. Pitt entsandte William Fawkener als Sonderbeauftragten zu Verhandlungen nach Rußland, und im Juli 1791 durfte Katharina sicher sein, daß Großbritannien keinen Einwand mehr gegen die Annexion türkischer Gebiete östlich des Dnjestr erhob.

Die Ereignisse, zu denen es nun in Polen kam, eröffneten Preußen die Möglichkeit, die Polen dafür zahlen zu lassen, daß es vom russisch-türkischen Krieg nicht hatte profitieren können. Unter Ausnutzung der tiefen Verstrickung Rußlands in einen Zweifrontenkrieg hatten die Polen damit begonnen, den Apparat der russischen Herrschaft im Lande zu zerschlagen, und suchten nun um den Schutz Preußens nach. Am 3. Mai 1791 nahmen sie eine neue Verfassung an, setzten eine Erbmonarchie mit begrenzten Vollmachten ein und schafften das *liberum veto* ab, das zwingend Einstimmigkeit im Reichstag erfordert hatte. Obwohl sie dabei in gewissem Maße von den Ereignissen in Frankreich beflügelt wurden, riefen sie keine Republik aus, sondern führten eine gemäßigte konstitutionelle Monarchie ein, die es dem polnischen Staat ermöglichte, für die Kosten der Verteidigung hinreichende Einnahmen zu erzielen.

In Katharinas Augen waren die militärischen Aspekte der polnischen Revolution ebenso gefährlich wie die politischen. Sie konnte den Verlust der beherrschenden Stellung ihres Landes in Polen nicht ohne weiteres hinnehmen und zeigte sich über die schamlosen und äußerst kränkenden antirussischen Reden und Schriften aufgebracht, deren Zielscheibe sie häufig selbst war. Zwar mußte sie ihren Grimm einstweilen herunterschlucken, doch nachdem sich zwischen Mai und Juli 1791 das englisch-preußische Ultimatum als wirkungslos erwiesen hatte, wollte sie sich gemeinsam mit Preußen daranmachen, die frühere polnische Verfassung wieder in Kraft zu setzen, für die sie die Gewähr übernommen hatte und die dafür sorgen sollte, daß Polen schwach blieb. Außerdem wollte sie die Polen für ihre Dreistigkeit bestrafen.

Nachdem weder von Schweden noch von Preußen eine Bedrohung ausging, war im Frühjahr und Sommer 1791 eine aktivere Politik gegen die Türken möglich. Zu Lande und zu Wasser fügten die russischen Streitkräfte ihnen eine Reihe von Niederlagen zu, die sie schließlich dazu veranlaßten, Friedensgespräche anzubieten. Der vorläufige Friedensschluß wurde am 31. Juli 1791 unterzeichnet, und der endgültige Vertrag am 29. Dezember in Jassy geschlossen. Die Ergebnisse blieben deutlich hinter den Erwartungen des Griechischen Projekts zurück; weder brauchten die Türken Konstantinopel zu räumen, noch gab es für den Großfürsten Konstantin ein Königreich. Dennoch war es für Rußland ein glänzender Sieg, denn nicht nur nahmen die Türken die Annexion der Krim stillschweigend hin, sie traten auch den Küstenstreifen zwischen Bug und Dnjestr an Rußland ab. Damit dehnte Rußland seine Herrschaft über das Nordufer des Schwarzen Meeres und das strategisch wichtige Tal des Dnjestr aus, das nunmehr die Grenze zwischen Rußland und dem Osmanischen Reich bildete.

Vom russischen Standpunkt aus gesehen, brachten Katharinas Kriege gegen die Türken dem Lande lang erträumte Ziele nahe. Der Vertrag von Kütschük Kainardschi eröffnete in Rußlands Süden riesige Gebiete einer wirtschaftlichen Erschließung; die Annexion der Krim bedeutete nicht nur die endgültige Unterwerfung der Nachfahren des Dschingis Khan, sie ermöglichte es Rußland auch, auf dem Schwarzen Meer als Seemacht aufzutreten. Der 1791 in Jassy geschlossene Friede, der die russische Herrschaft über die Dnjeprmündung konsolidierte, bahnte den Weg für die Entwicklung anderer wichtiger Schwarzmeerhäfen wie beispielsweise Odessa, die für den Getreidehandel wichtig werden sollten. Bis dahin also deckte sich das von Katharina Erreichte voll und ganz mit den von Rußland schon lange gehegten Wünschen.

Nach dem Friedensschluß mit dem Osmanischen Reich im Dezember 1791 konnte sich Katharina erneut ihrer Absicht zuwenden, die Polen zu züchtigen. Ihre Politik hatte sich in langen Gesprächen mit Potemkin entwickelt, der aber nicht mehr lebte, um sie durchzusetzen. Der Mann, der ihr siebzehn Jahre lang in allen politischen Unternehmungen zur Seite gestanden hatte, war vor dem endgültigen Friedensschluß mit der Türkei im Oktober 1791 gestorben. Doch vorher hatte er noch eine eigene Partei in Polen gegründet; sie bestand aus Angehörigen des Hochadels, denen die neue Verfassung vom 3. Mai 1791 NS nicht zusagte und die sich nach der Wiedereinführung der »herrlichen Freiheit« des Adels sehnten, die so großen Anteil daran hatte, daß Polen jetzt hilflos war. Diese Adligen waren dazu ausersehen, den Kern einer »Föderation« zu bilden, welche die alte Verfassung ausrufen und russische Heere ersuchen sollte, ihnen beim Sturz der reformierten Verfassung vom 3. Mai beizustehen.

Doch konnte Rußland nicht in völliger Mißachtung der anderen beteiligten Mächte handeln. Kaiser Leopold II., der sich jedem Machtzuwachs Preußens heftig widersetzt und einen mäßigenden Einfluß ausgeübt hatte, starb unerwartet im März 1792. Sein Nachfolger, Franz II., ließ sich in die Kriege gegen das revolutionäre Frankreich hineinziehen und verzichtete auf einen möglichen Gebietszuwachs in Polen zugunsten des Tausches der Österreichischen Niederlande gegen Bayern, der ein von Österreich lange verfolgtes Ziel darstellte. Daher hatte es Rußland ausschließlich mit Preußen zu tun, das trotz des 1790 mit Polen geschlossenen Bündnisabkommens, das dessen Unverletzlichkeit garantierte, nur allzu bereit war, sich seinen Teil von diesem Land zu nehmen.

Diesmal aber konnten die Russen nicht umhin, Preußen abzufinden, denn sofern sie unter dem Vorwand, die alte Verfassung wiederherzustellen, in Polen einmarschierten, konnte Preußen das nach dem langen türkischen Krieg erschöpfte Land, das von seinem österreichischen Verbündeten keine Unterstützung erwarten durfte, ohne weiteres angreifen und darauf hoffen, seinen »Ausgleich« von den Polen unmittelbar als Belohnung dafür zu bekommen, daß es sie gegen den russischen Angriff verteidigt hatte.

Nachdem Katharina Preußen von ihren Absichten in Kenntnis gesetzt hatte, drangen ihre Heere vom 7. bis 18. Mai 1792 im Namen der polnischen Konföderierten in Polen ein. Diese hatten sich nach der Stadt Targowice genannt, in der sie ihre Fahne zum erstenmal in Polen hatten flattern lassen. Jede Besorgnis, die Katharina mit Bezug auf Österreichs Absichten gehegt haben mochte, war dahingeschwunden, als sie einige Tage zuvor erfahren hatte, das revolutionäre Frankreich habe Österreich und Preußen den Krieg erklärt. Katharinas Parteigänger in Polen riefen sogleich ihre »Konföderation« aus und setzten auf dem von ihnen beherrschten Gebiet die alte Verfassung wieder in Kraft, so gut sie konnten. Dabei wurden sie von den russischen Streitkräften unterstützt. Preußen entzog sich seinen vertraglichen Verpflichtungen, die Unantastbarkeit des polnischen Gebiets zu verteidigen, mit der Begründung, durch die Verfassung vom 3. Mai habe sich die Lage geändert. Tatsächlich erklärte Preußen, nachdem der Feldzug von 1792/93 gegen das revolutionäre Frankreich fehlgeschlagen war, es werde den Krieg im Westen nur dann fortsetzen, wenn es zur Beibehaltung des Gleichgewichts angesichts des von Österreich erwarteten Gebietsausgleichs in Bayern einen Ausgleich in Polen oder zu Lasten Frankreichs bekäme.

Katharina lag sehr daran, daß Österreich wie Preußen ihre Aufmerksamkeit weiterhin dem Krieg mit dem revolutionären Frankreich widmeten, denn das gab ihr freie Hand in Polen. Doch unter dem Druck der Parteien am eigenen Hof stimmte sie schließlich der Anregung zu, die polnische Frage durch eine erneute Teilung zu lösen. Österreich blieb diesmal ausgeschlossen, und so einigten sich Rußland und Preußen im Januar 1793 auf eine Teilung. Als Begründung dafür führten sie die »Notwendigkeit« an, ihre Länder vor einer Ausbreitung des revolutionären »Jakobinertums« zu bewahren, das in Polen üppig ins Kraut geschossen sei. Der auf Rußland entfallende Anteil war diesmal sehr groß. Annektiert wurde der Rest von Weißrußland und nahezu die gesamte Ukraine am rechten Ufer des Dnjepr – insgesamt mehr als 250000 Quadratkilometer mit über drei Millionen Einwohnern. Preußen bekam die von ihm so glühend begehrten Städte Danzig und Thorn.

Jetzt fehlte noch die Zustimmung Polens zu dieser Amputation seiner Gebiete, außerdem mußte für den Rest des Landes eine Art Regierung eingerichtet werden. Die Abgeordneten des polnischen Reichstags taten, was sie konnten, um Rußlands Forderungen nicht zustimmen zu müssen, doch war angesichts der zahlenmäßigen Überlegenheit der russischen Truppen Widerstand unmöglich. So rang man im September 1793 dem Reichstag die Zustimmung damit ab, daß man das Stillschweigen seiner sämtlichen Mitglieder – man spricht daher vom »Stummen Reichstag« – als Einwilligung auslegte. Im Oktober wurde ein Abkommen zwischen Polen und Rußland unterzeichnet, das Polen zu einem russisches Protektorat machte. Die polnische Armee war auf eine Stärke von 15000 Mann zu vermindern, und die polnische Außenpolitik unterlag in jeder Hinsicht Rußlands Einfluß. Dennoch war es Rußland wie Polen und den anderen Mächten klar, daß es sich dabei nur um eine vorläufige Lösung handelte.

Tatsächlich nahmen viele Polen diese kampflose Übergabe nicht hin, und manche hofften auf Unterstützung durch die Türkei oder Frankreich. Die Vertragsbedingung, das polnische Heer sei auf 15000 Mann zu vermindern, löste einen Aufstand aus, der bald im ganzen Land an Boden gewann und sich zu einem ausgewachsenen Krieg gegen die Besatzungsmacht Rußland entwickelte. Als die Polen im April 1794 in Warschau bei einer Erhebung gegen die russische Garnison über die Hälfte niedermachten oder gefangennahmen, sah sich Friedrich Wilhelm von Preußen gezwungen, Kräfte vom Krieg gegen Frankreich abzuziehen und rund 25000 Soldaten gegen Warschau zu schicken. Mit der Belagerung der Stadt machten die Russen im Herbst 1794 Ernst, als Feldmarschall A. W. Suworows Truppen gegen die Vorstadt Praga vorrückten und sie in einem so blutigen und grausamen Sturm nahmen, wie ihn eine unbefestigte Stadt in Europa schon lange nicht mehr erlebt hatte. An die 20000 Männer, Frauen und Kinder wurden wahllos abgeschlachtet, angeblich als Vergeltung für das Niedermetzeln der russischen Garnison Warschaus durch die Polen. Suworows Vorgehen machte ihn mit einem Schlag in ganz Europa bekannt und schadete dem Ruf des russischen Militärs beträchtlich. Um einem ähnlichen Schicksal wie die Vorstadt zu entgehen, ergab sich Warschau.

Einhergegangen mit der Revolte in Polen waren Ansätze eines politischen Umsturzes, zu dessen Zielen auch eine Verbesserung der Lebensbedingungen der Leibeigenen in Polen gehört hatte. Daß man sich obendrein verbal für Frankreich und die Französische Revolution stark gemacht hatte, genügte Katharina und ihren Beratern, Polen als »jakobinisch verseucht« anzusehen und daraus eine Gefährdung der Nachbarländer herzuleiten. Die Kaiserin erwog, Restpolen einfach zu annektieren, doch da ihr klar war, daß Preußen das nicht dulden würde, regte sie schließlich eine erneute und endgültige Teilung an. Diesmal sollte Österreich beteiligt werden, das infolge des Mißerfolgs der österreichisch-preußischen Kampagne gegen Frankreichs Revolutionsheere jede Hoffnung auf einen Gebietsausgleich im Westen hatte aufgeben müssen. Dem im Januar 1795 unterzeichneten Teilungsvertrag zwischen Polen und Österreich trat Preußen später bei. Rußland bekam neben Litauen alles, was von Weißrußland und der Ukraine noch übrig war, insgesamt etwa 120000 Quadratkilometer. Außerdem dehnte es seine Oberhoheit über das Herzogtum Kurland im Baltikum aus, das zwar als Lehen an Polen gefallen, seit den sechziger Jahren aber im Auftrag Katharinas von Mitgliedern der Familie Biron beherrscht worden war, Verwandten von Kaiserin Annas Günstling.

Jetzt mußten in den neu erworbenen Gebieten auch die Institutionen eingerichtet werden, welche die Gesetze von 1775 und die Gnadenurkunden von 1785 im übrigen Rußland ins Leben gerufen hatten. Die Provinzen Polens wurden zu neuen russischen Provinzen umgestaltet; wo sich die Bewohner der Besetzung fügten, blieben Grundeigentümer und Beamte weitgehend unbehelligt. Die orthodoxe Bevölkerung unterstand in religiösen Fragen nunmehr dem Metropoliten von Kiew, während für Römisch-Katholische und Unierte besondere Übereinkünfte getroffen wurden (vgl. Kap. 11).

Eine von Historikern bisher nicht geklärte Schwierigkeit ergibt sich aus der Frage, ob sich die zweite und dritte Teilung Polens zwangsläufig aus der ersten ergaben. Natürlich war es beim zweitenmal einfacher, das Land aufzuteilen: *Ce n'est que le premier pas qui coûte* (nur der erste Schritt kostet etwas). Andererseits hätte Katharina Polen ebensogut unangetastet lassen und sich seiner als wirksamen Pufferstaates bedienen oder das Land unter ihren Rivalen Österreich und Preußen aufteilen und damit diese stärken können. In diesem Fall wären deren Grenzen bis unmittelbar an die ihres eigenen Reiches vorgerückt. Höchstwahrscheinlich hat die erstgenannte Erwägung bis zur polnischen Revolution vom 3. Mai 1791 NS im Vordergrund gestanden und vermutlich auch Potemkins Unterstützung gefunden, der unter Umständen in Polen eine Zuflucht für sich selbst sah. Immerhin hätte ihm das die Möglichkeit eröffnet, den Rest seines Lebens als polnischer Großgrundbesitzer zuzubringen, sofern Katharina starb und Paul ihr nachfolgte, dem er ein Dorn im Auge war. Jedenfalls liefen 1787 am Hofe Gerüchte um, von denen Katharina Kenntnis erlangte, weil man Berichte des britischen Gesandten Alleyne Fitzherbert abgefangen hatte. Darin hieß es, Potemkin habe die Absicht, aus den von ihm kurz zuvor in Polen erworbenen Ländereien ein von Polen wie Rußland gleichermaßen unabhängiges *tertium quod* (frei: ein drittes Standbein) zu machen, für das ihm Fitzherbert als Wahlspruch vorgeschlagen hatte: *Nec viget quicquam simile aut secundum.* (Etwa: Nichts Ähnliches oder Zweitrangiges ist von Wert.)

Doch weil sich die Unterdrückung der polnischen »Jakobiner« durch Katharina zeitlich mit dem Fehlschlag der österreichisch-preußischen Feldzüge gegen Frankreich überschnitt, mußte Polen fast zwangsläufig für den Wunsch Preußens herhalten, und, in geringerem Ausmaß, für den Wunsch Österreichs nach einer Entschädigung für die Anstrengungen des Krieges gegen das revolutionäre Frankreich. Gegen die letzte verzweifelte polnische Erhebung von 1794 ging man ausschließlich mit militärischen Mitteln vor. Vermutlich hätte Katharina am liebsten ganz Polen annektiert, doch konnte sie sich das unter den gegebenen Umständen nicht leisten.

Sie wies darauf hin, daß sie keinen einzigen Polen, sondern lediglich Weißrussen und Ukrainer annektiert habe, doch kann man in dieser Frage geteilter Meinung sein. Jedenfalls hat sich ihre Beteiligung, ja sogar Führerschaft, an der zweiten und dritten Teilung und der schließlichen Vernichtung eines bedeutenden osteuropäischen Staates als unauslöschlicher Makel der russischen Außenpolitik erwiesen. Manche, unter ihnen ihr Sohn Paul I. und sogar ihr Enkel Alexander I., mißbilligten ihre Polenpolitik, ohne daß sie jedoch Polen seine Unabhängigkeit zurückgegeben hätten. Man hat ganz den Eindruck, als zeigten sich die Russen gegenüber den Polen von ihrer schlimmsten Seite, ähnlich wie die Engländer gegenüber den Iren. Man hegte Ressentiments gegen sie, weil sie sich durch ihre Entscheidung für die römisch-katholische Kirche einen Ausweg zu suchen schienen, um keine wirklichen Russen werden zu müssen, und weil es im tiefsten Herzen aller Polen etwas gibt, was sich der überlegenen Macht Rußlands nie beugen oder unterwerfen würde. Darin ist die Ursache für das Gemetzel von Praga zu suchen, wie auch dafür, daß polnische Kriegsgefangene im Mannschaftsrang häufig mit äußerster Grausamkeit behandelt wurden.

Während Rußland alle Hände voll zu tun hatte, Polen seinen Willen aufzuzwingen, war im Westen der Krieg gegen das revolutionäre Frankreich weitergegangen. Zwar war Rußlands Position bei diesem Krieg geographisch gesehen nicht besonders günstig für ein aktives Eingreifen mit eigenen militärischen Operationen, doch hätte das Land selbstverständlich Truppen und Hilfsgelder zur Verfügung stellen können. Ein bedeutender sowjetischer Historiker bezeichnete Rußland als eine der führenden Mächte beim Vorgehen gegen das revolutionäre Frankreich; damit aber wollte er lediglich hervorheben, wie reaktionär er die Außenpolitik der Zaren einschätzte. In Wirklichkeit deuten alle Belege darauf hin, daß Katharina nicht in den Krieg gegen das revolutionäre Frankreich hineingezogen werden wollte. Sie wollte Schweden, Österreich und Preußen dazu drängen, beim Kampf im Westen aktiv zu werden, während sie sich darauf konzentrierte, gleich hinter der eigenen Grenze Polen vom »Jakobinertum« zu säubern.

Inzwischen wurde Frankreich selbst immer »jakobinischer«. Im August 1792 wurde die Monarchie gestürzt und die Republik ausgerufen. Der im September errungene Sieg von Valmy über Preußen und Österreich bahnte dem französischen Revolutionsheer den Weg nach Deutschland, wo es Mainz und das Rheinland besetzte. Kaum hatte im Januar 1793 der Prozeß gegen Ludwig XVI. mit dessen Hinrichtung geendet, als Frankreich daranging, die Revolution in andere Länder zu tragen. Eine Mischung aus politischen und strategischen Erwägungen bewog Großbritannien, im Februar 1793 in den Krieg einzutreten und die erste Koalition gegen Frankreich zu bilden.

Schon 1791 hatte sich Katharina erbötig gemacht,

Schweden finanziell zu unterstützen und schwedische Besitzungen zu verteidigen, in der Hoffnung, auf diese Weise König Gustav veranlassen zu können, daß er sich an die Spitze des Kreuzzugs gegen Frankreich stellte. Gewiß, bis zum Frieden mit der Türkei von Dezember 1791 und zur Besetzung Polens, die als Vorbereitung der zweiten Teilung diente, hatte sie keine Möglichkeit, aktiv in den Krieg gegen Frankreich einzugreifen; doch stellte sie im Sommer 1792 Preußen und Österreich 500000 Rubel als Hilfsgelder zur Verfügung und unterstützte auch französische Revolutionsflüchtlinge finanziell. Ludwigs XVI. Hinrichtung nahm sie zum Anlaß, die diplomatischen und wirtschaftlichen Beziehungen mit Frankreich abzubrechen. Verhandlungen mit Großbritannien über einen Beitritt Rußlands zu einer ersten Koalition begannen 1793, doch schraubte Katharina ihre Forderungen vorsätzlich hoch, wohl in der Hoffnung, daß die Briten sie ablehnen würden. Auch wenn es zu keiner Einigung über eine militärische Zusammenarbeit kam, stellte Rußland den Briten doch mehrere Schiffe zur Verfügung (mit denen Katharina in Polen ohnehin nichts anfangen konnte) und führte einen Seekrieg gegen den französischen Handel, der angespannte Beziehungen mit Schweden zur Folge hatte. Nachdem im März 1792 König Gustav III. ermordet wurde und dessen Sohn Gustav IV. Adolf unter der Regentschaft seines Onkels, des Herzogs Karl von Södermanland, den Thron bestieg, war Schwedens Politik weniger kriegerisch geworden.

Der Krieg, den Katharina nach der polnischen Erhebung von März 1794 in Polen führte, hielt sie noch mehr vom Feldzug gegen Frankreich fern, der zu jener Zeit für Preußens und Österreichs Streitkräfte ohnehin katastrophal verlief, während die französischen Heere auf dem Gebiet der Österreichischen Niederlande, Hollands,

Deutschlands und Spaniens vorrückten. So schlossen 1795 die meisten Mächte, die der ersten Koalition angehörten, einen Separatfrieden mit Frankreich. Rußland tat nichts dergleichen, hatte es doch Frankreich zu keiner Zeit den Krieg erklärt. Wohl aber unterzeichnete es im Februar 1795 ein weiteres Abkommen mit Großbritannien, in dem es sich verpflichtete, für gemeinsame Operationen in der Nordsee Schiffe zur Verfügung zu stellen, und ließ im Herbst 1796 ein Heer von 60000 Mann zusammenziehen, das auf dem Gebiet des Heiligen Römischen Reiches gegen die Franzosen vorgehen sollte. Doch bevor ein Abkommen über die militärischen Operationen mit England geschlossen werden konnte, starb Katharina.

Zwar sieht es so aus, als habe Katharinas Aufmerksamkeit in den letzten Jahren ausschließlich der Türkei, Polen und Frankreich gegolten, doch fand sie immer noch Zeit, die russischen Expansionsbestrebungen im Kaukasus weiter zu betreiben. In diesem großen Gebirge lagen viele kleine Länder, die sich teils zum Christentum bekannten wie Georgien, teils aber auch zum Islam, wie beispielsweise Dagestan. Drei Mächte, die dort ihre Vorherrschaft errichten wollten, machten einander das Gebiet streitig, nämlich Rußland, die Türkei und Persien. Fürst Heraklius II. von Georgien hatte mit einem Vertrag im Jahre 1783 sein Reich unter Rußlands Oberhoheit gestellt – einer der Gründe, die letztlich 1787 zum Ausbruch des Krieges zwischen dem Osmanischen Reich und Rußland geführt hatten. Ohnehin war im zweiten russisch-türkischen Krieg die ganze Region schon äußerst unsicher, doch wurde der Konflikt 1795 dadurch ausgeweitet, daß Persien in ihn eingriff.

Auch Armenien lenkte im 18. Jahrhundert Rußlands Augenmerk auf sich. Es war nicht – wie Georgien – halb unabhängig, sondern zwischen der Türkei und Persien aufgeteilt; über seine alteingesessene christliche Bevölkerung herrschten muslimische Kurden, und viele Armenier wanderten nach Rußland aus, vor allem nach Astrachan, wo sie eine große Gemeinschaft von Kaufleuten bildeten. Es kam in den achtziger Jahren sogar zu Verhandlungen zwischen Potemkin, der etwas für exotische Völkerschaften übrig hatte, und Führern der armenischen Gruppen, die das Joch der Perser und Türken abschütteln wollten. Ihr Ziel war die Gründung eines armenischen Staates mit der Hauptstadt Eriwan. Der Einfall Persiens in Georgien und Armenien im Jahre 1795, durch den diese Länder verwüstet wurden, spielte der auf Krieg erpichten Partei in Sankt Petersburg in die Hände, die Beziehungen zu Platon Subow hatte, dem Günstling der Kaiserin. Im Winter 1796 wurde unter dem Kommando von Subows jüngerem Bruder Valerian ein Korps von rund 25 000 russischen Soldaten in Marsch gesetzt. Es rückte an der Ostküste des Kaspischen Meeres vor, besetzte Derbent und Baku und stand im Begriff, nach Persien vorzustoßen, als Katharinas Tod dem Feldzug im November 1796 ein Ende setzte, denn in Umkehrung der Politik seiner Mutter rief Kaiser Paul I. die Truppen zurück, so daß es zur Eroberung Georgiens und Armeniens durch Rußland erst im Verlauf des 19. Jahrhunderts kam.

14

Katharinas Wirtschaftspolitik

Katharina und ihre Berater lebten in einer Zeit, in der die Nationalökonomie in Mode war, und sie war nicht nur Anhängerin der Enzyklopädisten, sondern auch der Physiokraten, wie man die französischen Vertreter des vom Leibarzt Ludwigs XVI., Dr. Quesnay, entwickelten volkswirtschaftlichen Lehrgebäudes nannte, das die Hauptquelle allen Wohlstandes im Grund und Boden sah. Die von ihnen propagierte wirtschaftliche Freiheit sagte ihr zu, ebenso die Bedeutung, die diese der Landwirtschaft beimaßen, in der sie die Grundlage allen Reichtums einer Nation sahen. Daneben betonten sie die Wichtigkeit des Bevölkerungswachstums, das für eine blühende Landwirtschaft nötig war.

Grundlegende französische und englische Werke der Nationalökonomie wurden in großer Zahl ins Russische übersetzt, und viele Russen verfaßten eigene Empfehlungen für die wirtschaftliche Entwicklung des Landes. Man sollte jedoch nicht annehmen, daß Katharina ihre Wirtschaftspolitik bewußt auf theoretische Erwägungen gestützt hätte. Eher war es so, daß sie Vorstellungen von Nationalökonomen und Kameralisten übernahm, sie auf das übertrug, was sie als Rußlands Erfordernisse ansah, und entsprechend den jeweiligen Umständen improvisierte.

Obwohl die überwältigende Mehrheit der Bevölkerung Rußlands aus Bauern bestand, blühte die Landwirtschaft nicht überall im Lande. Im größten Teil Mittel- und Nordrußlands war der Boden unfruchtbar und ließ sich nur schwer bearbeiten. Auch die geringe Bevölkerungsdichte trug das ihre dazu bei, daß der mühselige Ackerbau sich nicht recht lohnte. Wegen des harten Klimas war nicht nur die Vegetationsperiode kurz, das Vieh konnte während der langen Winter nicht im Freien bleiben, und Dünger war knapp. Oft war der Ertrag des ausgesäten Getreides über alle Maßen dürftig; in einzelnen Gebieten des Nordens und der Mitte erreichte er bisweilen lediglich das Verhältnis 1 : 2 oder 1 : 3. In solchen Fällen blieb dem Bauern kein Getreideüberschuß für den Verkauf, genügte doch der Ertrag kaum, sich und seine Familie durchzubringen. Außerdem mußte er im Herbst, wenn die Preise hoch waren, Saatgetreide kaufen. Im fruchtbaren Gürtel des »Schwarzerde-Gebiets« im Süden, Südwesten und Südosten des Landes erreichten die Erträge dagegen nicht nur das Verhältnis von 1 : 7 und 1 : 8, man konnte auch statt der Standardfrucht Roggen andere Getreidearten anbauen, vor allem Weizen. Auch war die Viehzucht dort lohnend. Vor schwerere Pflüge, als sie im Norden verwendet wurden, spannte man Ochsen, und die hohen Erträge gut gedüngter Böden setzten die Bauern in den Stand, ihre Getreideüberschüsse zu verkaufen. Diese gelangten, hauptsächlich auf Flüssen transportiert, auf die Märkte von Provinz- oder von Großstädten wie Moskau oder Sankt Petersburg.

Der dem Ackerbau eingeräumte Vorrang spiegelt sich in einer der frühesten von Katharina systematisch verfolgten politischen Maßnahmen, nämlich der Förderung der Einwanderung in bis dahin unbewohnte Gebiete. Dies Vorgehen, über lange Zeit hinweg Bestandteil der im

18. Jahrhundert vertretenen Wirtschaftslehren, war von so unterschiedlichen Herrschern wie Friedrich II. von Preußen und Karl III. von Spanien praktiziert worden. Im dünnbesiedelten Königreich Preußen war man so sehr auf Einwanderung angewiesen, daß bei Friedrichs Tod im Jahre 1786 nahezu ein Fünftel der Bevölkerung Einwanderer oder deren Abkömmlinge waren. Von Anbeginn ihrer Herrschaft hatte sich Katharina keinen Zweifeln darüber hingegeben, daß Rußland unterbevölkert war. Aus diesem Grunde erhob sie auch in islamischen oder von heidnischen Völkerschaften bewohnten Gebieten keine Einwände gegen die Polygamie. Schon bald nach ihrer Thronbesteigung hatte sie Maßnahmen getroffen, die ausländische Siedler anlocken sollten. Manche der mächtigen Großgrundbesitzer an ihrem Hof teilten die Vorstellungen der Kaiserin und siedelten Menschen, die ihre Heimat aus religiösen Gründen verlassen wollten, wie beispielsweise die Mährischen Brüder, auf ihren Ländereien an. Die meisten von ihnen kamen aus Deutschland.

Doch bedurfte ein wirksames Einwanderungs- und Besiedlungsprogramm der Unterstützung durch die Regierung. Sie erfolgte 1762 und 1764 in Gestalt von Erlassen, welche die günstigen Bedingungen festlegten, die man ausländischen Siedlern bot – beispielsweise Steuerbefreiung für eine bestimmte Zahl von Jahren. Außerdem richtete man unter Katharinas Günstling Grigori Orlow mit der sogenannten »Tutelkanzlei für Ausländer« eine besondere Regierungsbehörde ein, die sich um die Angelegenheiten solcher Ansiedler kümmern sollte. Voraussetzung für eine Aufforderung an Ausländer, sich in Rußland anzusiedeln, war die Duldung religiöser Vielfalt, zumindest unter Christen. Die Erlasse sprachen nicht ausdrücklich von Juden, doch unternahm Katharina bei ihrer Suche nach Siedlern insgeheim Schritte, um die Einwanderung von Juden zu fördern. Muslims allerdings blieben ausgeschlossen. Einer der Gründe dafür war höchstwahrscheinlich die Annahme, sie würden wegen ihrer nomadischen Vergangenheit keine besonders tüchtigen Landwirte, Händler und Unternehmer abgeben, ein weiterer Grund bestand darin, daß sie Handel eher mit dem Osten als mit dem Westen trieben.

In jener frühen Periode wurden landwirtschaftliche Neusiedler vorwiegend in das Gebiet um Saratow an der Wolga geschickt; gleichzeitig führte man in den sechziger Jahren ein etwas anderes Verfahren für militärische und zivile Siedler in dem als Neurußland bekannten Bereich ein, damals der südlichste Teil des Reiches (heute liegt er in der Ukraine). Er erstreckte sich unmittelbar nördlich des Gebiets der Saporoger Kosakengemeinschaft vom Bug zum Donez. Kolonisten im Soldatenstand mußten Militärdienst leisten und unterstanden der militärischen Führung. Den Werbern bot man nicht nur günstige wirtschaftliche Bedingungen, sie wurden auch mit der Aussicht auf einen militärischen Rang dazu angespornt, möglichst viele Siedler herbeizuschaffen. Wer dreißig Siedler warb, bekam den Rang eines Feldwebels, für dreihundert gab es den eines Majors (womit die Aufnahme in den Erbadel verbunden war). Während die Kolonien ausländischer Siedler anfänglich unter vielen Entbehrungen litten und erst die zweite Generation wirklich in den Genuß der geleisteten Arbeit kam, wuchs die Bevölkerung Neurußlands, die hauptsächlich aus Großrussen sowie einigen Moldauern, Griechen, Bulgaren, Polen und Ukrainern bestand (die meisten von ihnen orthodoxen Glaubens). Dennoch war sie in absoluten Zahlen noch 1772 sehr gering – 162 920 Einwohner beiderlei Geschlechts.

Der Vertrag von Kütschük Kainardschi stand am Anfang einer Friedensperiode, die dreizehn Jahre dauerte und es Rußland gestattete, die wirtschaftliche Entwicklung des Südens in Angriff zu nehmen. Als Ergebnis nahm die Produktion von Landwirtschaft und Manufakturen rasch zu. Durch die Zerschlagung der Saporoger Kosakengemeinschaft wurden an beiden Ufern des Dnjepr, die inzwischen vor Tatarenüberfällen sicher waren, der Besiedlung weitere große Gebiete erschlossen, außerdem waren Handelsbeziehungen mit dem Donaubecken und den östlichen Mittelmeerländern möglich. (Landknappheit bedeutete im Rußland des 18. Jahrhunderts nie eine Schwierigkeit – was fehlte, waren ausschließlich Arbeitskräfte). Als 1774 der Günstling der Kaiserin G. A. Potemkin zum Generalgouverneur über Neurußland ernannt wurde, machte er sich daran, neue Städte aus dem Boden zu stampfen und Siedler herbeizuschaffen. Zwischen 1775 und 1782 entstanden zehn neue Städte. Cherson an der Dnjeprmündung wurde 1778 als Haupt-Flottenstützpunkt gegründet. Die Notwendigkeit, die im Süden stationierten Streitkräfte zu ernähren, führte zusammen mit den neuen Ausfuhrmöglichkeiten zu einem Aufschwung des Anbaus von Weizen, Gerste, Hafer und Hirse; außerdem wurde eine besondere Art Hartweizen angebaut, der Wind, Frost und Trockenheit nichts anhaben konnten. Sie wurde vor allem nach Italien ausgeführt, wo man Teigwaren daraus herstellte. Auch für Rind-, Pferde- und Schafzucht waren die Bedingungen ideal, und in den Flüssen wimmelte es von Fischen. Überdies begann man mit dem Anbau und Keltern von Wein.

Mit der 1783 erfolgten Annexion der Krim und ihres Hinterlandes stand Rußlands Regierung noch mehr Land zur Verfügung. Riesige Flächen wurden an Höflinge verteilt, die in Gunst standen. Potemkin bedachte sich mit rund 86000 Desjatinen Land auf der Halbinsel Krim und dem Festland; auf dieser Fläche wollte er ein Mustergut errichten. Viele der Heeres- und Flottenoffiziere seines Stabes bekamen Landbesitz, auf den sie Leibeigene aus anderen Teilen Rußlands schickten. Führende tatarische Adlige wurden in ähnlicher Weise belohnt. Doch verteilte Potemkin auch Land an Menschen anderer gesellschaftlicher Stände, insbesondere an nichtadlige kleine Beamte, an Unternehmer, die Betreiber von Gärtnereien und so weiter. Der Hafen Odessa wurde im Süden des Landes zum Hauptumschlagplatz für Getreide. 1793 lebten dort zehn Menschen, 1799, ohne die Garnison, 4573. Der Umsatz des Handels betrug 1795 67889 Rubel und hatte im Jahre 1797 208492 Rubel erreicht.

Die Landvermessung (vgl. Kap. 11) und die landwirtschaftliche Erschließung dieser neuen Landstriche waren für die erstaunliche Steigerung der landwirtschaftlichen Produktion verantwortlich, welche die letzten Jahrzehnte des 18. Jahrhunderts kennzeichnete. Nicht nur ernährten diese Produkte das auf wenig fruchtbarem Marschland liegende Sankt Petersburg; sie bildeten auch das Ausgangsmaterial für die Schnapsbrennereien, denen der Hochadel zum großen Teil sein Einkommen und der Staat einen immer höheren Anteil seiner Einkünfte verdankte.

In *Europe's Steppe Frontier* (Europas Steppengrenze) vertritt W. H. McNeil die Ansicht: »Bis im 19. Jahrhundert die Erfindung von Dampfschiff und Eisenbahn den Mittleren Westen Amerikas, die Pampas Argentiniens und die Prärien Kanadas im großen Stil dem Ackerbau erschloß, ... gab es nichts, was sich der Expansion an die Seite stellen ließe, die in Rußland vor sich ging, und zwar sowohl nach ihrer Größenordnung wie auch dem Ausmaß und der Geschwindigkeit, mit der sie durchgeführt wurde. Was die bevölkerungspolitischen Mittel betrifft, die zu einer so gewaltigen Ausdehnung der Landwirtschaft führten, sucht sie nach wie vor ihresgleichen ...« Damit ist gemeint, daß sie ausschließlich mit Hilfe von Leibeigenen und Staatsbauern vor sich ging, da ein Einsatz von Landmaschinen seinerzeit gar nicht möglich war. Durch den Erfolg, den die Russen bei der Entwicklung und später bei der Besteuerung der Erzeugnisse dieser neuen Gebiete hatten, gewann das Land die Kraft, mit der es die Napoleonischen Kriege überstand.

Auf dem Gebiet der Industrie war Katharina von Anfang an gegen Monopole eingestellt, vor allem gegen diejenigen, die das Berg- und das Manufakturkollegium den Kaufleuten für die Erzeugung bestimmter Güter gewährte. In dieser Hinsicht folgte sie der Politik Peters III. Sie wollte dem Unternehmertum soviel Freiheit wie möglich verschaffen, indem sie die Vorschrift außer Kraft setzte, daß Angehörige welcher sozialen Schicht auch immer bei der Regierung um eine Erlaubnis nachsuchen mußten, wenn sie eine Werkstatt oder Fabrik einrichten wollten. Der allgemeine Grundsatz der Unternehmerfreiheit wurde im Erlaß vom 17. März 1775 verkündet, und 1779 gebot ein weiteres Gesetz den Gouverneuren, sich nicht in die Angelegenheiten von Manufakturen und anderen Unternehmen einzumischen, da diese als Privateigentum anzusehen seien, die jeder den bestehenden Gesetzen gemäß einrichten könne, ohne dazu jemanden um Erlaubnis bitten zu müssen.

In den frühen siebziger Jahren sah sich Katharina den wirtschaftlichen Folgen zweier größerer Katastrophen gegenüber. Die eine war die Pestepidemie, zu der es 1771 in Moskau und den umliegenden Gebieten kam, die andere die Zerstörung der Industrieunternehmen und Fabriken im Ural und Sibirien durch die *Pugatschowtschina* (vgl. Kap. 5).

Die Pestepidemie kostete Moskau etwa ein Fünftel seiner Bevölkerung und zwei Fünftel des Kaufmannsstandes. Wie in anderen Ländern traf sie die ärmeren Bevölkerungsgruppen weit stärker. Das lag in erster Linie an deren Lebensbedingungen. So dienten beispielsweise ihre überbelegten Holzhäuser Unmengen von Ratten als Zuflucht, die wiederum Wirtstiere der Flöhe waren, welche die Krankheit übertrugen. Es fällt auf, daß das aus Ziegeln und Steinen erbaute Findelhaus in Moskau kaum Opfer zu beklagen hatte. In Moskau wie auf dem Lande wurden viele Häuser niedergebrannt, um die Pest einzugrenzen. Als Ergebnis der Epidemie nahm die Zahl der Arbeitskräfte deutlich ab, und viel Kapital und Ausrüstung ging verloren. Die Betriebe der großen Manufakturen, insbesondere auf dem Textilsektor, die auf die Arbeit ihrer Leibeigenen angewiesen waren, erlitten besonders schwere Verluste an menschlicher Arbeitskraft, und da die nichtadligen Eigentümer keine Leibeigenen mehr als Arbeitskräfte kaufen durften, mußten sie bezahlte Arbeitskräfte einstellen, wobei sie im Wettbewerb miteinander standen. Ihre frühere Bedeutung gewannen sie nie wieder.

Die im Erlaß vom 17. März 1775 jedem, gleich welchen Standes, gewährte Erlaubnis, eine kleine Werkstatt, eine Fabrik oder ein Industrieunternehmen einzurichten, wo er wollte und in welchem Produktionszweig auch immer, trug zur Wiederbelebung der wirtschaftlichen Aktivität bei. Sie eröffnete Leibeigenen, Staatsbauern, Kaufleuten und Stadtbewohnern die Möglichkeit, in einem beliebigen Handwerk oder Gewerbe Fuß zu fassen, und schaffte das zuvor bestehende gesetzliche Monopol des Standes der registrierten Stadtbürger ab. Als Ergebnis wurden in Moskau zahlreiche neue kleine Geschäfte eröffnet, in die Zuwanderer vom Lande strömten, die dazu beitrugen, daß die Stadt wieder bevölkert wurde. Dieses Gesetz spiegelte Katharinas Vorliebe für kleine Industriebetriebe wider, die sie großen vorzog. Auch trug es zu einer Zunahme der Zahl von Bauern bei, die (mit Erlaubnis ihrer Herren) die Dörfer verließen, um in der Industrie zu arbeiten, womit sie der Landwirtschaft verloren gingen. Das sah Katharina eigentlich nicht besonders gern. Überdies bedeutete es einen Sieg für den Adel, der den Nutzen aus der nichtlandwirtschaftlichen Tätigkeit der Bauern zog, und richtete sich gegen die Forderungen der städtischen Kaufleute, die sich stets bemüht hatten, ihr gesetzlich verbrieftes Monopol in Erzeugung und Handel zu bewahren. Vor allem die Bauern sollten daran gehindert werden, in den Städten Handel zu treiben, wobei sie die Kaufleute unterboten, weil sie in der Stadt keine Steuern zu bezahlen brauchten.

Man nutzte die Gelegenheit auch, die Verwaltung der Stadt Moskau zu reformieren und große Produktionsbetriebe aus der Stadtmitte auszulagern, um die Umweltbelastung zu verringern. Dementsprechend verlegte man auch, den Empfehlungen der deutschen Kameralisten folgend, Schlachthäuser und Friedhöfe nach außerhalb der Stadt, verbesserte die Qualität des Wassers und die Wasserversorgung. Eine neue Institution, die sogenannte Pestkommission, wurde eingesetzt, um den Kampf gegen die Krankheit wie auch den Wiederaufbau der Stadt nach neueren Vorstellungen zu koordinieren. Auch das neue Katharinen-Hospital sowie eine Irrenanstalt wurden gegründet.

Die Produktionssteigerung als Ergebnis von Katharinas Liberalisierung spiegelt sich in der Zunahme der Zahl der Unternehmen von etwa sechs- bis siebenhundert im Jahre 1762 auf über zweitausend bis zum Ende ihrer Herrschaft. Baumwoll-, Woll- und Seidenstoffe wurden vorwiegend in größeren Manufakturen hergestellt, die sich im Besitz von Kaufleuten, mitunter von Adligen und gelegentlich sogar von Leibeigenen befanden. Besonders hoch entwickelt war die Baumwollherstellung im Dorf Iwanowo, das Graf Scheremetjew gehörte, wo seine millionenschweren Leibeigenen den Betrieb in seinem Namen führten. Vor allem bei der Leinenherstellung blühte die Heimarbeit. Die schmalen Webstühle standen in den Hütten der Bauern. Bauern erzeugten Taschentücher, Seidenbänder, Hüte, Schuhe, Möbel, Nägel und Eisenwaren, Besteck, Tongeschirr, Lederwaren und Seife, außerdem beschäftigten sie sich mit der Weiterverarbeitung landwirtschaftlicher Erzeugnisse (beispielsweise betrieben sie Getreidemühlen und produzierten Bauholz). Doch läßt sich die Fabrikation so kleiner Einheiten nur schwer messen, außer wenn man es mit Dörfern zu tun hat, wo alle ohne Ausnahme ein und dieselbe Ware erzeugten, wie beispielsweise Pawlowo in der Provinz Nischni Nowgorod, wo man Bestecke produzierte.

Die Textilindustrie im großen Maßstab befand sich wie die Schwerindustrie (Bergbau und Metallverhüttung) gewöhnlich in den Händen von Kaufleuten, obwohl in den fünfziger Jahren auch einige Adlige große Betriebe zu Preisen unter dem Marktpreis erworben hatten. Als sich später zeigte, daß sie zu deren Führung unfähig waren, verkauften sie sie mit Gewinn an den Staat zurück. Peter III. hatte 1762 die Erlaubnis aufgehoben, daß Nichtadlige in Dörfern lebende Bauern als Eigentum erwarben, und Katharina bestätigte dies Gesetz kurz nach ihrer Thronbesteigung. Manche adlige Beamte, insbesondere im Manufakturkollegium, waren wie dessen Präsident D. W. Wolkow der Überzeugung, es sei für die Industrie weit besser, mit »freien und entlohnten Arbeitskräften« zu arbeiten, das heißt mit Staatsbauern, die einen Lohn bekamen, oder Leibeigenen, die sich mit Erlaubnis ihrer Eigentümer Arbeit suchten und die ein Unternehmen einstellen und entlassen konnte. (Wahrscheinlich hatte Wolkow als treibende Kraft hinter dem Erlaß von 1762 gestanden, der Nichtadligen verbot, Leibeigenen-Dörfer für die Industrie aufzukaufen.) Da Katharina seine Auffassung teilte, blieb während ihrer Herrschaft der Kauf von Leibeigenen für die Industrie verboten, doch war es bisweilen möglich, diese Bestimmung zu umgehen. Auch die Praxis, Dorfbauern zur Arbeit in die Schwerindustrie »abzukommandieren«, wurde aufgegeben.

Beim Versuch, diese Politik zu interpretieren, sieht man sich erneut mangelnden Belegen und abweichenden Meinungen von Historikern gegenüber. Da sind zum einen jene, die die Ansicht vertreten, darin äußere sich der Sieg des Adels, der sein ausschließliches Recht zum Kauf von Leibeigenen behalten hatte und Nichtadlige daran hindern konnte, Leibeigene zu erwerben, angeblich um sie in der Industrie zu beschäftigen, häufig aber, weil sie »wie feine Herren leben« wollten. Es scheint in den späten vierziger und fünfziger Jahren einen Anstieg der Zahl von Leibeigenen gegeben zu haben, die von Nichtadligen für die Schwerindustrie gekauft wurden. Möglicherweise hat das den Erlaß von 1762 ausgelöst, weil sich Adlige beunruhigt zeigten und befürchteten, sie könnten ihr Monopol auf den Besitz von Leibeigenen einbüßen. Im Jahre 1764 waren in Eisen- und Kupferhütten 29 293 männliche Leibeigene beschäftigt; am Ende des Jahrhunderts war deren Zahl trotz des Kaufverbots auf über 48 000 angestiegen (zum großen Teil infolge natürlicher Zunahme). Doch in anderen Branchen, wie beispielsweise der Textilindustrie, in denen bis 1762 das Gesetz den Kauf einer gewissen Anzahl von Leibeigenen zuließ, kauften die Inhaber der Betriebe weniger als die Hälfte derer, auf die sie Anspruch hatten. In einigen Fällen erwarben die Inhaber von Betrieben nur drei oder vier Leibeigene, obwohl sie mehr als zweihundert kaufen durften. Daher sieht es ganz so aus, als habe die Regierung mit ihrer Bevorzugung des Einsatzes von »freien und entlohnten Arbeitskräften« die vorherrschende Ansicht vieler nicht dem Adel angehöriger Industrieller geteilt, und man darf annehmen, daß sich die Nachfrage nach Leibeigenen, die man kaufen konnte, auf Industrien wie die Metallherstellung konzentrierte, der es aus geographischen Gründen schwerfiel, Arbeitskräfte zu bekommen.

Die Textilindustrie setzte auch in großem Maßstab Leibeigene als eine Art Subunternehmer ein. Kaufleute bereisten das Land, lieferten den Bauern die Rohware und kauften ihnen zu einem späteren Zeitpunkt das Fertigerzeugnis ab. Wie in anderen europäischen Ländern war zu jener Zeit Kinderarbeit weit verbreitet, vor allem in der Textilbranche.

Wirtschaftshistoriker haben sich häufig über den Mangel an Unternehmergeist geäußert, den die russische Kaufmannschaft an den Tag legte. Nicht nur habe dieser dazu geführt, daß das Land wirtschaftlich zurückblieb und der Staat die Wirtschaft in immer größerem Umfang habe fördern müssen. Für dies Merkmal der russischen Wirtschaft gibt es viele Gründe. Zu ihnen dürften neben geringer Bildung, Kapital- und Arbeitskräftemangel, Transportschwierigkeiten und den ungünstigen klimatischen Bedingungen auch die Mentalität der Menschen gehört haben, denen der Sinn nicht in erster Linie nach Profit stand.

Weitgreifende Maßnahmen sollten dafür sorgen, daß der durch den Pugatschow-Aufstand hervorgerufene Schaden wieder wettgemacht wurde. Kupfer- und Eisenhütten waren während der *Pugatschowtschina* geplündert oder zerstört worden, vor allem in Baschkirien, und man schätzte den der Industrie zugefügten Schaden auf über

2,5 Millionen Rubel. Viele Städte, wie beispielsweise Kasan, waren niedergebrannt worden oder hatten schwere Schäden an öffentlichen Gebäuden, Festungsanlagen und Lagerhäusern erlitten. Eine Anfangsentschädigung von 100000 Rubeln ging an Grundeigentümer und ihre Angehörigen, die in vielen Fällen Not litten, und 1775 wurden in den vom Aufstand betroffenen Gebieten Zweigstellen der Adelsbank eröffnet, die Darlehen zu geringen Zinsen vergaben. Katharina selbst spendete für den Wiederaufbau Kasans 250000 Rubel.

Trotz allem wurde die Industrie vergleichsweise rasch wieder in Gang gebracht, allerdings erholte sich die Produktion, die während des Aufstandes deutlich zurückgegangen war, erst gegen 1780. Unglücklicherweise scheint man die Möglichkeit nicht genutzt zu haben, die Produktionsmethoden in den Hüttenwerken zu modernisieren, und obwohl Rußland einer der größten Eisenerzeuger Europas blieb, büßte es bis zum Ende des Jahrhunderts seine Vorrangstellung ein. Das Steueraufkommen in den heimgesuchten Gebieten sank gleichfalls deutlich: 1772, vor dem Aufstand, belief sich die in der Provinz Orenburg eingezogene Kopfsteuer auf 20055 Rubel; der Betrag ging 1773 auf 11596 und 1774 auf 157 zurück. Nach der Befreiung Orenburgs brauchte die Stadt zwei Jahre lang keine Kopfsteuer zu zahlen.

Katharina unternahm auch im Mai 1779 Schritte zur Verbesserung der Lebensbedingungen »abkommandierter« Bauern. Dazu gehörte, daß sie ihre Aufgaben festlegte, ihre Löhne erhöhte und den Zeitraum ihrer Arbeitsverpflichtung verkürzte. Die dadurch hervorgerufene Verknappung von Arbeitskräften bewirkte eine ernsthafte Beeinträchtigung der Edelmetallproduktion im großen Komplex von Kolywan. Rußland war um die Mitte des 18. Jahrhunderts bis 1771 der bedeutendste Erzeuger von

Edelmetallen in Europa gewesen, doch führte das Zusammenwirken verschiedener Faktoren – teils außerhalb des Landes, teils in der Industrie selbst – zu einem Niedergang, der bis ins frühe 19. Jahrhundert dauerte.

Die Abschaffung der Binnenzölle im Jahre 1754 hatte den Binnenhandel Rußlands stark belebt. Auch hierin folgte Katharina der Politik Peters III. und erließ gleich nach ihrer Thronbesteigung einen Erlaß, der die meisten der verbleibenden Handelsmonopole abbaute. Zu ihnen gehörten auch der Handel mit Fellen und der Chinahandel. In den Städten des Nordens, vor allem in Sankt Petersburg, wuchs die Nachfrage nach Lebensmitteln immer stärker und ließ sich nicht mehr durch die Erzeugung auf nahe gelegenen Gütern befriedigen. Entlegene Teile Rußlands, beispielsweise die Wolga-Region, wurden einbezogen und brachten ihre Erträge auf den Markt. Die Notwendigkeit, die beiden größten Städte Rußlands, Sankt Petersburg und Moskau, mit einer zunehmenden Vielfalt an Gütern zu versorgen, erwies sich für die Entwicklung des Binnenmarktes als ungeheurer Anreiz. Es entstand auch ein weitgespanntes Transportnetz, bei dem Lasten auf kurzen Strecken mit Pferdefuhrwerken und über große Entfernungen mit Flußschiffen befördert wurden. Unter Katharinas Herrschaft wurde das Netz schiffbarer Wasserstraßen beträchtlich erweitert, und die Kosten für den Transport nahmen, zumindest relativ gesehen, ab. Zwar spielten Russen die entscheidende Rolle im Binnenhandel, doch waren sie im Außenhandel nur geringfügig vertreten.

Sankt Petersburg war der Haupthafen des Landes, denn dort wurde der größte Teil der Exportgüter umgeschlagen. In der Stadt lebten viele ausländische Kaufleute, von denen die Kolonie der Briten die größte und am besten etablierte war. Oft löschten Schiffe unter englischer, holländischer und anderen Flaggen Ballast und luden Bauholz, Eisen, Hanf, Flachs, Segeltuch, Pech, Teer und andere Erzeugnisse. Rußlands Einfuhren bestanden hauptsächlich aus Seiden- und Wollstoffen, Färbemitteln, Kolonialwaren, Obst, Wein und Bier (Katharina bekam einmal die Empfehlung, englisches Porter-Bier zu trinken). Dank der liberaleren Ausrichtung des Handels machte der erste unter Katharinas Herrschaft festgesetzte Zolltarif 1766 Schluß mit dem früher betriebenen Protektionismus. Waren, die in ähnlicher Qualität in Rußland erzeugt werden konnten, unterlagen einem Zollsatz von 30 Prozent des Wertes; Waren, die auch in Rußland erzeugt wurden, durften nicht eingeführt werden oder waren mit 200 Prozent zu verzollen. Für Luxusgüter fiel ein Zoll zwischen 20 und 100 Prozent des Wertes an, während die Einfuhr von Rohmaterial zur Weiterverarbeitung durch die russische Industrie zollfrei blieb oder nur einem sehr geringen Abgabensatz unterlag. Die Zölle auf die Ausfuhr russischer Waren wurden gesenkt, um deren Wettbewerbsfähigkeit auf ausländischen Märkten zu verbessern.

Katharina hoffte auch, daß ihre Untertanen die von ihr 1780 ergriffenen Maßnahmen zum Schutz des Seehandels nutzen würden, und erließ deshalb 1781 für die russische Handelsschiffahrt auf den Weltmeeren entsprechende Vorschriften. Obwohl die Zahl der in Rußland registrierten Handelsschiffe von rund 20 auf über 400 anstieg, waren die Russen keine geborenen Seeleute (auf den meisten Schiffen fuhren Besatzungen aus Livland und Estland). Da sie außerdem nicht über das für einen Schiffs-Fernverkehr nötige Kapital verfügten, blieb dieser zum allergrößten Teil in ausländischer Hand. Der überarbeitete Zolltarif von 1782 muß vor dem Hintergrund der Befreiung des Unternehmertums durch den Erlaß von

1775 gesehen werden. Mit der Auflösung des Manufakturkollegiums endete seine Vollmacht, Fertigungslizenzen zu vergeben, und als nächstes folgte die 1782 Adligen gewährte Erlaubnis, die auf ihren Gütern anfallenden Rohmaterialien auszubeuten und auf dem Lande Unternehmen zu gründen (vgl. Kap. 12).

Im Zolltarif von 1782 wurden die Ein- und Ausfuhrzölle auf Fertigwaren und Rohstoffe erneut herabgesetzt. Außerdem wurde die 1775 angeordnete Verminderung der auf Ein- und Ausfuhren durch die Schwarzmeerhäfen entfallenden Zölle um 25 Prozent beibehalten, um diesen neuen Zweig des russischen Handels zu beleben. Der Außenhandel nahm unter Katharinas Regierung insgesamt ungeheuer zu. So wuchs der Umsatz von rund 20 Millionen Rubeln in den Jahren 1762/63 auf über 100 Millionen Rubel im Jahre 1796. Daß sich Katharina teilweise von der liberalen Handelspolitik abwandte, hing mit dem Krieg gegen das revolutionäre Frankreich zusammen. Der Handel mit Frankreich wurde 1793 untersagt, zugleich wurden die Einfuhrzölle für eine ganze Reihe von Waren erhöht. Vorwiegend handelte es sich dabei um Luxusgüter.

Wirtschaftshistoriker haben zu ergründen versucht, ob und inwieweit Katharinas Zolltarif-Politik im nationalen Interesse bewußt die russische Industrie schützte (ohne auf die Wirtschaftsinteressen einzelner russischer Gruppen zu achten), ohne sich von Erwägungen leiten zu lassen, welche die staatlichen Einnahmen betrafen, war doch der Staat imstande, über eine Besteuerung des Außenhandels einen Teil seines Finanzbedarfs zu decken. Wie bei so vielen anderen Fragen zur russischen Geschichte des 18. Jahrhunderts muß ein endgültiges Urteil zurückgestellt werden, bis weiteres Material darüber verfügbar ist, welche Motive hinter bestimmten politischen Entscheidungen standen.

Bedenkt man, wie rückständig die Finanzstruktur Rußlands war, überrascht die Vorstellung nicht, die Zolltarif-Politik könne in einer Beziehung zum Geldbedarf des Staates gestanden haben. Die ersten Banken im Lande wurden 1754 eingerichtet. Eine von ihnen war für den Adel gedacht, die andere, die Handelsbank, vorwiegend für Kaufleute. Zu den Besonderheiten der Adelsbank gehörte die Tatsache, daß sie zum bescheidenen Satz von 5 oder 6 Prozent Geld an Adlige auslieh. Als Sicherheit galt deren Grundbesitz, dessen Wert nach der Zahl der »Seelen« festgelegt wurde, also der zum Grundbesitz gehörenden Bauern. Doch obwohl die Bank Geld auslieh, bekam sie erst in den siebziger Jahren die Erlaubnis, Einlagen anzunehmen, die sie verzinste. Andere Einrichtungen, wie beispielsweise die Findelhäuser, waren ebenfalls ermächtigt, Einlagen hereinzunehmen und zu verzinsen. Da die Bank nur selten ihre Ansprüche gegen Adlige geltend machte, die mit der Rückzahlung ihrer Darlehen in Verzug gerieten, kann man diese als eine Art langfristiger Subvention der adligen Landeigentümer ansehen. Selbstverständlich gab es auch Geldverleiher. Sie aber verlangten weit höhere Zinsen. Auf der anderen Seite war es nicht möglich, Kapital in Regierungs-Schuldverschreibungen zu investieren, die ein jährliches Einkommen zu garantieren vermocht hätten, etwa wie der Konsolidierte Staatsfonds in England oder der *cens* in Frankreich. Nach dem deutschen Wort als *wexeli* bezeichnete Wechsel fanden in Rußland weithin als Zahlungsmittel Verwendung, und die jüngere Forschung hat gezeigt, daß der russische Geldmarkt enge Verbindungen zur bedeutenden holländischen Firma Hope und Co. in Amsterdam hatte, die russische Wechsel diskontierte. Erst durch die Existenz von Sankt Petersburg als russische Hafenstadt (im Unterschied zu den anderen Ostseehäfen mit ihrer weit in die Vergangenheit zurückreichenden deutschen Überlieferung) konnte Rußland beginnen, sich auf dem europäischen Geldmarkt eine eigene Position zu erarbeiten. Eine Aktienbörse gab es in Rußland zu jener Zeit nicht.

Einer der schwereren Mängel der von Peter dem Großen ererbten Verwaltung war das Tohuwabohu in den Staatsfinanzen. Katharina unternahm Schritte, diesen Zustand zu ändern, und die Anfänge einer wirksamen zentralen staatlichen Finanzverwaltung müssen auf ihre Regierungszeit datiert werden, nicht auf die Peters I., Pauls oder Alexanders I. Bei ihrer Thronbesteigung besaßen mehr als fünfzig staatliche Einrichtungen das Recht, für den Staat Einnahmen einzutreiben und sie jeweils am Ort zu verwenden. So war es nahezu unmöglich, sich einen Überblick über die Gesamteinnahmen und -ausgaben des Staates zu machen und einen Jahresetat aufzustellen. Alle Kollegien des Finanzwesens waren personell unterbesetzt und in jeder Beziehung außerstande, die einlaufenden Berichte sowie die Aufforderungen um Stellungnahme zu bearbeiten. Unter dem Druck der für den türkischen Krieg erforderlichen erhöhten Ausgaben kam es in den sechziger und frühen siebziger Jahren ansatzweise zu einer Reform, doch blieb diese Stückwerk.

Die Gelegenheit zu einer größeren Reform kam mit dem Erlaß des Statuts zur Lokalverwaltung von 1775. Die darin festgelegte Aufgabenteilung sah vor, daß in jeder Provinz von jedem Kreis »Kämmereien« einzurichten waren, die dem stellvertretenden Gouverneur unterstanden. Ihre Aufgabe war es, Gelder zu erheben und für am Ort erforderliche Maßnahmen zu bewilligen. Außerdem oblag es ihnen, die als *obrok* bezeichnete Zwangsabgabe einzuziehen, die Staats- und Wirtschaftsbauern zu zahlen hatten. Letztere hatten bis 1764 zu Kirchengütern gehört und danach dem Ökonomiekollegium unterstanden, das nunmehr aufgelöst wurde. Die Wirtschaftsbauern wurden

den Staatsbauern gleichgestellt. Die neuen Kämmereien zogen die Kopfsteuer ein, überwachten die ordnungsgemäße Abrechnung der Steuer auf Salz und Alkohol (für beide wurde an der Verkaufsstelle eine Abgabe erhoben, die einen beträchtlichen Teil des Staatseinkommens ausmachte) und waren gehalten, einem neu eingerichteten Senatsamt über die eingenommenen Beträge unmittelbar Bericht zu erstatten. Dabei handelte es sich um das dem Generalprokuror A. A. Wjasemski unterstellte Amt für Staatseinkünfte. Er bekleidete überdies im Senat die Stellung eines Verwalters des Staatsschatzes. Zwar dauerte es zwanzig Jahre, bis im ganzen Reich das Statut von 1775 eingeführt war, doch die Kämmereien wurden nahezu gleichzeitig überall eingesetzt. Die von ihnen gelieferten Berichte ermöglichten es Wjasemski, der Kaiserin 1781 einen Staatshaushalt vorzulegen, das heißt eine Liste mit bewilligten Ausgaben und geschätzten Einnahmen. Da es nunmehr das Amt eines Verwalters des Staatsschatzes gab, wurden die früheren Finanzkollegien nicht mehr gebraucht und Schritt für Schritt aufgelöst.

Es besteht weithin Übereinstimmung darüber, daß die Finanzverwaltung, wenn auch nicht die Finanzpolitik, unter Katharinas Herrschaft beträchtlich verbessert wurde. »Viele von Katharina eingeführten Maßnahmen blieben bis zu den Haushaltsreformen der sechziger Jahre im 19. Jahrhundert in Kraft«, schrieb ein Historiker dazu. Doch an ihrer Finanzpolitik hat die Geschichtswissenschaft mit Recht Kritik geübt. In den ersten Jahren ihrer Herrschaft wirtschaftete sie gut, hielt die Ausgaben gering und mußte sich sogar Geiz vorwerfen lassen. Doch mußte sie gerade zu jener Zeit die gestiegenen Beträge für die Gehälter aufbringen, die als Ergebnis der »kleinen« Verwaltungsreform von 1764 (vgl. Kap. 3) an Beamte zu zahlen waren und mehr als eine Million Rubel betrugen. Die

Gelder für diesen Posten bezog sie aus verschiedenen indirekten Steuern. Die Alkoholsteuer wurde erhöht, es wurden Abgaben auf die Errichtung von Testamenten, die Bestellung von Grundschulden und die Gewährung von Darlehen eingeführt, außerdem wurden Abgaben für die Beförderung in der Rangtabelle festgelegt. Sie waren insbesondere zur Finanzierung der medizinischen Versorgung von Offizieren oder Beamten aller Kategorien vorgesehen. Im Jahre 1775 beliefen sich die Einnahmen für Abgaben auf Beförderung in der Rangtabelle auf 9200 Rubel.

Nach dem Kriegsausbruch im Jahre 1768 explodierten die Kosten. Die von Staats-, Kron- und Kirchenbauern zusätzlich zur Kopfsteuer von 70 Kopeken zu zahlende Abgabe (*obrok*) wurde auf zwei Rubel erhöht, und spezielle Kriegssteuern, von denen viele 1775 wieder aufgehoben wurden, brachten rund 500000 Rubel in die Kassen. Zusätzlich empfing Katharina Hilfsgelder aus Preußen und nahm in den Vereinigten Provinzen der Niederlande Geld auf. Außerdem gab sie Papiergeld aus, sogenannte Assignaten, und da man dabei zurückhaltend vorging und sich auf lediglich fünf Prozent der jährlichen Einkünfte beschränkte, konnte der Wert des Papiergeldes im Verhältnis zum Silberrubel zwischen 102 und 103 Kopeken gehalten werden. Die von den Türken gemäß den Vereinbarungen des Friedensvertrags von Kütschük Kainardschi gezahlte Kriegsentschädigung verwendete Katharina zur Rückzahlung der von den Holländern zur Finanzierung des Krieges aufgenommenen Gelder, im übrigen fuhr sie fort, mit den Finanzen des Staates haushälterisch umzugehen.

Doch mit den Reformen der achtziger Jahre und den Kosten der darauf folgenden Entwicklung Neurußlands und der Krim stiegen die Ausgaben erneut. Dem versuchte Katharina dadurch zu begegnen, daß sie mehr Geld drucken ließ. Der Ausbruch des Krieges von 1787 ließ das Defizit im russischen Staatshaushalt auf nie erreichte Höhen emporschnellen. Den Rat Wjasemskis, der den Staatsschatz verwaltete, sie solle die Steuern erhöhen, schlug sie in den Wind und ließ lieber noch mehr Geld drucken. Rußland durchlebte eine Inflation. Der Wert des Assignaten-Rubels fiel auf 108 Kopeken, und auf den Auslandsmärkten ging die Notierung des Rubels zurück. Jetzt machte sich Katharina daran, Gelder im Ausland aufzunehmen, doch 1794 erklärte sie sich schließlich bereit, die Kopfsteuer um 30 Kopeken auf einen Rubel zu erhöhen, außerdem führte sie verschiedene indirekte Steuern ein. Die Anfänge von Rußlands Verschuldung gehen auf Katharina zurück. Doch obwohl sich das Land während eines so großen Teils jener Zeit im Krieg befand, der offensichtlich eine bedeutende Rolle in der Finanzkrise Rußlands spielte, nahmen während Katharinas Herrschaft die Ausgaben für die Streitkräfte im Verhältnis zu den Gesamtausgaben der Regierung ab, während der Anteil der Ausgaben für die Verwaltung des Landes im Verhältnis zu den Gesamtausgaben von 37,5 Prozent im Jahre 1763 auf 50,8 Prozent im Jahre 1796 stieg.

15

Katharina und die Französische Revolution

In Kapitel 13 wurde dargelegt, in welcher Weise sich die Französische Revolution auf Rußlands Außenpolitik auswirkte. Sie beeinflußte außerdem in beträchtlichem Maße Katharinas Innenpolitik in den letzten Jahren ihres Lebens.

Das einfache Volk nahm die Nachricht vom Sturm auf die Bastille, wie der französische Botschafter in Rußland, Comte de Ségur, berichtet, mit Begeisterung auf: »Franzosen, Russen, Dänen, Deutsche, Engländer, Holländer, alle beglückwünschten und umarmten einander auf der Straße, als habe man sie von einer zu schweren Kette befreit, die sie niederdrückte.« Die Zeitungen der beiden Hauptstädte, die *Sankt Peterburgskaja Gazeta* und die *Moskowskaja Gazeta* (letztere nicht mehr unter der Herausgeberschaft Nowikows), hielten die Öffentlichkeit über die Ereignisse in Frankreich auf dem laufenden, wobei dramatische Töne angeschlagen wurden. Beider Auflage erreichte Rekordhöhe (2000 bzw. 4000 Exemplare). Trotz des neuen Herausgebers spiegelte das Moskauer Blatt nach wie vor das freiere geistige Klima, das in der Stadt herrschte. Am 7. August 1789 brachte die von der Akademie der Wissenschaften herausgegebene Sankt Petersburger Zeitung eine Beschreibung vom Sturz der Bastille: »Die Hand zittert vor Schrecken bei der Schilderung von

Vorfällen, die eine solche Pflichtvergessenheit des Volkes gegenüber dem Herrscher und der Menschlichkeit erkennen lassen.« Aufstände und Unruhen, hieß es, gingen auf die *meschtschanstwo* der Stadt zurück, also das aus Handwerkern, Ladeninhabern und Kleinhändlern bestehende Kleinbürgertum. Die Pariser Nationalgarde wurde *meschtschanstkoje wojsko* (Kleinbürgerheer) genannt; mit dieser Bezeichnung betonte man deren Zugehörigkeit zur unteren Mittelschicht. Die Moskauer Zeitung hingegen führte das revolutionäre Treiben in Paris auf die *graschdanstwo* zurück, also das Bürgertum.

Wohl wurde das Geschehen in Frankreich weithin in einer Art und Weise dargestellt, die dazu angetan war, das Aufrührerische an jenen Ereignissen herauszustreichen, doch bekamen die Leser zutreffende Informationen über die Vorgänge und konnten sich ihr eigenes Urteil bilden. Die Einberufung der Generalstände, ihre Umwandlung in die Verfassunggebende Versammlung, Reden von Mirabeau, Barnave und anderen, die berühmte Nacht vom 4. August 1789, in der die feudalen Rechte aus freien Stükken aufgegeben wurden, der Verlust der Adelsprivilegien, mit denen »der Adel zu einer erniedrigenden Gleichheit mit jenen herabgewürdigt wird, die heute die gesetzgebende Macht in Händen halten«, wurden eingehend beschrieben, wenn auch nicht ohne Bekundung des Mißfallens. Die Sankt Petersburger Zeitung druckte die Erklärung der Menschenrechte vollständig in russischer Übersetzung ab, einschließlich des herausfordernden Artikels III: »Die oberste Gewalt geht vom Volke aus«. Doch wurden auch Berichte über Aufstände veröffentlicht, über das Niederbrennen von Schlössern, und das Töten von »Volksfeinden«, das heißt Adligen, um der lesenden Öffentlichkeit eindringlich klarzumachen, was die Revolution auf dem Lande bedeutete, und um sie an das zu erinnern, was der russische Adel während des Pugatschow-Aufstandes erlitten hatte.

Rußlands lesende Öffentlichkeit konnte sich außerdem auf eine große Zahl überall erhältlicher französischer revolutionärer Nachrichtenblätter, Flugschriften und Zeitungen stützen. Dazu gehörte auch *La Révolution Parisienne*, die die Reichen angriff und den verräterischen Machenschaften der Verfassunggebenden Versammlung sowie Camille Desmoulins' *La Révolution de France et de Brabant* »die Maske vom Gesicht riß«. Bei den Lesern ebenfalls beliebt war die Flugschrift von Jean Louis Carra, *L'Orateur des États Généraux*, mit welcher der Autor die Generalstände dazu aufrief, eine sich auf Vernunft und Naturrecht stützende neue Verfassung zu entwerfen, und in der er schwor, er werde lieber sterben als sich vom königlichen Absolutismus versklaven lassen. (Carra wurde 1793 mit der Guillotine hingerichtet.)

Alle Schichten derer, die lesen konnten, ließen sich in gewissem Umfang von der Erregung der Revolution mitreißen. Junge Adlige kleideten sich französisch und bedienten sich der Redewendungen französischer Revolutionäre. Revolutionäre Lieder wie *Ça ira* wurden sogar in Gegenwart der Kaiserin im Palast gesungen. In der Bibliothek des Kadettenkorps, der Militärakademie, die aus jungen Adligen Offiziere und Herren der Gesellschaft machte, lag französische revolutionäre Literatur offen aus. Den Auseinandersetzungen über die Abfassung von Frankreichs Verfassung folgte man mit Interesse, und einige eher liberal gesinnte Adlige sahen in der im September 1791 angenommenen Verfassung eine Annäherung an die Art von konstitutioneller Monarchie, die sie sich für ihr Land möglicherweise selbst erhofften. Manchem der Großgrundbesitzer wäre freilich das englische System mit der Machtfülle des aus Mitgliedern des Hochadels bestehenden Oberhauses lieber gewesen. Andere waren der Ansicht, zu ihren Vorstellungen passe eine politische Struktur, die einer vergleichsweise kleinen gesellschaftlichen Schicht von Grundeigentümern ein gewisses Vertretungsrecht einräumte.

Katharina selbst war wie die Mehrheit des russischen Adels viel skeptischer. Schon bald empörte sie sich über die Ausschreitungen der Revolutionäre in Frankreich. Anfangs war die Kaiserin nicht der Auffassung, die Nachrichten aus Frankreich könnten Rußland auf den Kopf stellen. Der Sturm auf die Bastille weckte in ihr keine Befürchtungen, obwohl sie später an ihren Vertrauten, Baron von Grimm, schrieb: »Mir sagt Justiz ohne Gerechtigkeit nicht zu, und dieses *à la lanterne** ist mir zuwider.« Da sie sogar 1789 bereit war, über ein Abkommen mit Frankreich zu verhandeln, was ihre internationale Position hätte stärken können, wurde anfangs nichts unternommen, um Nachrichten aus Frankreich der Zensur zu unterwerfen. (Ebensowenig wurden Mitteilungen über die in den Kinderschuhen steckenden Vereinigten Staaten von Amerika unterdrückt, die gerade den Entwurf ihrer republikanischen Verfassung zu Ende gebracht hatten.)

Vielleicht lag es an ihrer Erfahrung mit der Gesetzbuch-Kommission, daß Katharina gesetzgebende Institutionen, die wie die französische »Verfassunggebende Versammlung« hauptsächlich aus »rechtsverdrehenden Anwälten« bestanden, nicht ausstehen konnte. Geringschätzig nannte sie diese Versammlung, die mit einem Federstrich den französischen Adel mitsamt allem abgeschafft hatte, was sich Familien in Frankreich mühevoll im Dienst der Krone erarbeitet hatten, die »Hydra mit den 1 200 Köp-

* Kehrreim des Liedes »Caira«, der dazu auffordert, die Aristokraten »an die Laterne« zu hängen – d. Ü.

fen«. Sie rügte den französischen Adel wegen der Schwäche, die er bei der Vertreibung der Jesuiten gezeigt hatte, und beklagte den Qualitätsverlust der französischen Bildung als Ergebnis dessen, daß man die Jesuitenschulen geschlossen hatte.

Wie die Flucht von Frankreichs königlicher Familie aus Paris und ihre Gefangennahme in Varennes im Juni 1791 deutlich zeigte, waren diese Menschen nicht mehr Herr ihrer Entschlüsse, und so weigerte sich Katharina, den französischen Geschäftsträger am Hofe zu empfangen. Im September 1791 empörte sie sich über die in ihren Augen kriecherische Art, in der Ludwig XVI. einen Treueid auf die neue französische Verfassung von 1791 abgelegt hatte. Ohne Frage noch wichtiger war ihr die Proklamation der neuen Verfassung Polens am 3. Mai 1791 NS, in der sie das Werk eines Schlangennestes von »Jakobinern« in unmittelbarer Nähe zur russischen Grenze sah.

Vor diesem Hintergrund muß man den ersten wirklich ernsthaften Fall von Intellektuellenverfolgung ihrer Herrschaft sehen, nämlich den gegen A. N. Radischtschew 1790 geführten Prozeß, der mit einem Schuldspruch endete. Radischtschew ist eine eminent wichtige Gestalt in der Geschichte des russischen Denkens, und obwohl sich viele Historiker des Westens der sowjetischen Ausdeutung seiner Sichtweise nicht anschließen konnten, gehörte er für die sowjetische Geschichtsschreibung zu denen, die am Anfang der Überlieferung revolutionärer Vorstellungen stehen. Als Sproß einer wohlhabenden Adelsfamilie war er mit dreizehn Jahren ins Pagenkorps eingetreten, dessen Mitglieder Katharina bei Hofe bedienten, und bekam einen tiefen Einblick in die Korruption der höfischen Gesellschaft. Später bekam er im Rahmen von Katharinas Programm zur Unterstützung von Auslandsstudien ein Stipendium und studierte ab 1766 auf Kosten der russischen Regierung in Leipzig Jurisprudenz und Philosophie. Dabei ließ er sich nicht nur von den in Deutschland seinerzeit verbreiteten Naturrechtstheorien beeinflussen, sondern auch und vor allem von der materialistischen Philosophie, die der französische Denker Helvetius in seinem Werk »Über den Geist« verfocht.

Nach Rußland zurückgekehrt, trat er nicht ins Militär ein, sondern in den Verwaltungsdienst. Er arbeitete im ersten Ressort des Senats, dessen Aufgabe es war, Einsprüche und Revisionen von Urteilen im ganzen Lande zu bearbeiten. Schon bald gelangte er in die juristische Abteilung des Kriegskollegiums. Dort hatte er, zu einer Zeit, als das Militärrecht in Rußland wie auch in den meisten anderen Ländern einschließlich Großbritannien von ungewöhnlicher Strenge gekennzeichnet war, die nervenaufreibende Aufgabe, Kriegsgerichtsverfahren zu überwachen. Zwar nahm er 1775 seinen Abschied, trat aber 1777 erneut in Regierungsdienste, und zwar als Mitarbeiter im Kommerzkollegium. Zum Schluß erreichte er die Position eines Leiters der Sankt Petersburger Zollbehörde.

Radischtschew hatte als junger Mann zu schreiben und zu übersetzen begonnen. Man nimmt an, daß er Verschiedenes zu den in den siebziger Jahren in Sankt Petersburg veröffentlichten Zeitschriften beigetragen hat, doch sein erstes bekanntes Werk ist eine Übersetzung von Gabriel Bonnot de Mablys *Observations sur l'histoire de la Grèce* (Beobachtungen zur griechischen Geschichte). In diesem Werk pries Mably die »demokratischen Republiken« im Griechenland der Antike, insbesondere die für alle geltende Einfachheit und Tugendhaftigkeit des (allerdings auf Sklaverei gestützten) Lebens in Sparta, das im 18. Jahrhundert Gegnern der absoluten Monarchie besonders verlockend erschien, so daß sie es dem Wohlleben und der Korruption im Athen des Perikles gegenüberstellten (das in gleicher Weise auf Sklaverei gestützt war). Radischtschew übersetzte Mablys gegen Monarchie und Despotentum gerichtete Tiraden und fügte dem Text in einer Fußnote einen persönlichen Kommentar bei: »Die unumschränkte Macht des Autokraten (*samodershawje*) ist der für die Menschennatur abstoßendste Zustand ... Unrecht, das der Selbstherrscher verübt, gibt dem Volk als dem Richter über ihn ein ebenso großes und eher noch größeres Recht als das, welches das Gesetz dem Herrscher über Verbrecher gibt. *Der Herrscher ist der erste Bürger der nationalen Gemeinschaft.*« (Hervorhebung durch Radischtschew.) Welche Meinungsfreiheit in Rußland zu jener Zeit herrschte, läßt sich daran ermessen, daß das Buch 1773 in der amtlichen Druckerei der Akademie der Wissenschaften erschien und die Übersetzung von einer »Gesellschaft für die Veröffentlichung von Büchern« gefördert wurde. Nowikow hatte sie mit einem Kollegen für den Vertrieb solcher Bücher gegründet, die durch die von Katharina II. selbst eingerichtete und unterstützte Gesellschaft zur Übertragung ausländischer Literatur übersetzt worden waren (vgl. Kap. 8).

Radischtschew veröffentlichte von dem, was er schrieb, vergleichsweise wenig, doch erwarb er 1789 unter Ausnutzung des Gesetzes, das es Privatpersonen erlaubte, Drukkereien einzurichten, eine solche und veröffentlichte im Mai 1790 ein Buch mit dem Titel »Eine Reise von Sankt Petersburg nach Moskau«. Es besteht aus einer Reihe von Briefen, verfaßt von einem jungen Mann, der von einer der beiden Hauptstädte zur anderen reist, etwa nach dem Muster von Lawrence Sternes Briefroman »Eine empfindsame Reise«. Als Radischtschew es dem Leiter des Polizeiausschusses von Sankt Petersburg vorlegte, der dafür zuständig war, Druckvorhaben auf Beleidigungen der Religion, des öffentlichen Anstandes und der Regierung zu überprüfen, überflog dieser es nur, da er es für eine bloße Reisebeschreibung hielt.

Doch hätte sich Radischtschew keinen ungünstigeren Zeitpunkt zur Veröffentlichung seines Buches aussuchen können. Da Friedensverhandlungen mit den Türken keinen Erfolg erbracht hatten, war sich Katharina bewußt, daß der Krieg noch eine ganze Weile dauern würde. Anfang Juni kam es in der Ostsee zu einer so schweren Seeschlacht zwischen der russischen und schwedischen Flotte, daß der Geschützdonner in Sankt Petersburg deutlich zu hören war.

Mit dem romanhaften Bericht aus Briefen, die sein Reisender an den verschiedenen Poststationen schrieb, an denen er unterwegs haltmachte, ging es Radischtschew in erster Linie um die Behandlung der Leibeigenen und die Leibeigenschaft selbst, in der er einen Verstoß gegen die Gleichheit und die Menschenwürde sah. Neben einer Ablehnung des religiösen Obskurantismus findet sich eine durchgehende Attacke auf den monarchischen Absolutismus und alles, was damit zusammenhängt. Dazu zählte er die Korruption und Ungerechtigkeit der Gerichte, die nie endenden Kriege wie auch die Grausamkeit der Rekrutenaushebung, die Willkür, mit der die Regierung vorging, die Allgegenwart der Bestechung sowie die Tatsache, daß man Beamte für ihr Tun nicht zur Rechenschaft ziehen konnte. Radischtschew formulierte seine Vorstellungen mit größter Leidenschaft, vor allem wenn es darum ging, die ungeheuerliche Behandlung von Leibeigenen anzuprangern, und an keiner Stelle tut er das krasser als in der Allegorie, die er »Ein Traum« nennt. Darin sieht sich der Reisende in einem Traum als Herrscher auf dem Thron. Ihn umgeben Anzeichen, die auf den Wohlstand seines Landes hinweisen und auf seine siegreichen Heere, und er sonnt sich im Wohlergehen seines Volkes. Dann tritt ihm eine Frau gegenüber, die seinen getrübten Blick schärft und ihn zwingt, die Wirklichkeit zu sehen. Sie besteht in Ungerechtigkeit, Armut und Tod, der Oberkommandierende des kriegführenden Heeres verharrt in feigem Nichtstun, während die einfachen Soldaten ausgeplündert werden und verhungern. In einem Kapitel verwendet Radischtschew den vertrauten Kunstgriff, daß Papiere aufgefunden werden, in denen ein Plan zur Befreiung der Leibeigenen skizziert wird. Mit aller Schärfe spricht er sich gegen die unmenschliche Gewohnheit aus, die darin besteht, einen Mitmenschen zu versklaven, wie auch gegen die Schande, die es bedeutet, diesen Brauch bis in die aufgeklärte Gegenwart weiterzuführen. Bemühungen von Herrschern, etwas gegen dies hundertköpfige Ungeheuer zu unternehmen, waren wegen des Widerstandes fehlgeschlagen, den der Erbadel dagegen leistete.

Mit Bezug auf die Naturrechtstheorie spricht sich Radischtschew für die Gleichheit aller Menschen aus, mit der sich die Leibeigenschaft nicht vertrage. Er geht der verzerrten Beziehung zwischen Herrn und Leibeigenen auf den Grund und bittet letztere, die Überheblichkeit und Knechtung zu verzeihen, deren auch die besten unter den Herren noch schuldig sind. Der Plan sieht vor, daß umgehend zwischen Bauern und solchen Leibeigenen zu unterscheiden ist, die als Dienstboten arbeiten und lediglich dem Namen nach Sklaven sind. Letztere seien sofort in die Freiheit zu entlassen. Den Bauern sollte neben dem Recht auf Eigentum am Grund und Boden, den sie bearbeiteten, das Recht eingeräumt werden, sich freizukaufen, das Recht auf eine Gerichtsverhandlung vor ihresgleichen, das heißt anderen Leibeigenen (das Staatsbauern bereits seit Erlaß des Statuts von 1775 besaßen), sowie das Recht auf eine Verhandlung, in der über Bestrafungen zu entscheiden war. Der Autor besaß auch Scharfblick genug, das größte

Hindernis für eine Gleichheit der Russen in der von Peter dem Großen eingeführten Rangtabelle zu sehen.

Um seinen Vorstellungen besondere Eindringlichkeit zu verleihen, nahm Radischtschew eine zur Zeit der amerikanischen Revolution verfaßte »Ode an die Freiheit« mit in sein Buch auf, und zwar wohl erst, nachdem er es dem Vorsitzenden des Polizeiausschusses vorgelegt hatte. Darin wird geschildert, wie die Freiheitsgöttin im alten Rom Brutus und in der frühen Schweiz Wilhelm Tell aus dem Schlaf reißt und Furcht in die Herzen der Herrscher sät; Cromwell wird für die Aufhebung der Freiheit verdammt, zugleich aber dafür gewürdigt, daß er den englischen König Karl I. hatte hinrichten lassen.

In der »Reise« spiegelt sich deutlich der Einfluß von Radischtschews Lektüre wider. Das gilt vor allem für Helvetius, Beccaria und die *Histoire des deux Indes* (Geschichte beider Indien) des Exjesuitenpaters Raynal. Dieses Werk, das in den siebziger Jahren mehrere Auflagen erlebt hatte, griff jegliche Art von Sklaverei wie auch den Despotismus in denkbar scharfer Weise an. Radischtschew übertrug nun Raynals allgemein gehaltene Kritik auf Rußland und die dort herrschenden Zustände. Damit bildet sein Buch die erste und machtvollste Anklage gegen die Leibeigenschaft als System und gegen den Absolutismus als Regierungsform, die ein Russe in Rußland veröffentlicht hat. Außerdem ist es der erste Versuch, einen Angriff gegen die Person des russischen Herrschers zu führen, gegen die Art, wie das Land regiert wurde, gegen die Kriegführung und das Gesellschaftssystem. Das hat zweifellos Katharinas Zorn erweckt, denn Angriffe gegen fremde Tyrannen und Despoten oder solche aus der Zeit der Antike waren fast immer geduldet worden. Radischtschew aber befand sich sehr viel näher.

Katharina begriff sogleich, welche Gefahr von seiner

Attacke ausging, denn sie hatte das Buch sehr aufmerksam gelesen. Ihre Randnotizen, die noch vorliegen, lassen nicht nur ihren zunehmenden Ärger erkennen, sie zeigen auch, welche der Vorwürfe sie besonders aufgebracht haben. Da Katharina in dem, was Radischtschew zur schlechten Behandlung der Leibeigenen schrieb (wie viele andere Russen war sie fest überzeugt, den russischen Bauern gehe es besser als den meisten im Ausland), das Bestreben sah, diese gegen ihre Herren aufzuhetzen, nannte sie ihn einen neuen Pugatschow. In Wirklichkeit hatte er sich geringschätzig über diesen Aufrührer geäußert und die Mahnung angefügt, die Leibeigenen würden sich erheben, wenn die Grausamkeit nicht aufhöre, mit der man sie behandelte.

Als Quelle eines großen Teils von Radischtschews Schimpftirade ermittelte die Kaiserin Raynals Buch, das sie kannte und von dem sie wegen des darin mitschwingenden antirussischen Tones nichts hielt. Am meisten aufgebracht war sie offensichtlich über den in »Ein Traum« geführten Angriff auf ihre Regierung allgemein und Potemkin insbesondere: »Der Autor ist vollkommen von der französischen Manie angesteckt. Er sucht und nutzt jeden Vorwand, die Achtung vor der Obrigkeit zu vermindern… und das Volk gegen die Oberen und die Regierung aufzubringen…«, erklärte sie dazu.

Die Veröffentlichung eines Werks, das nicht nur Rußlands Gesellschaft zu einer Zeit schwächen konnte, da das Land einen Zweifrontenkrieg führte, sondern obendrein die von den Revolutionären in Paris verkündeten Grundsätze zu billigen schien, mußte Schwierigkeiten hervorrufen. Sobald feststand, wer der Autor war, ließ Katharina ihn verhaften und alle Exemplare seines Buches beschlagnahmen. Auch wenn sich Radischtschew der Gefahr, die er mit der Veröffentlichung seiner »Reise« einging, nicht wirklich bewußt gewesen zu sein scheint, sah er angesichts der ihm drohenden Verhaftung, einer vermutlich schweren Bestrafung und einer langen Trennung von seinen Kindern in der Vorsicht den besseren Teil der Tapferkeit. Er vernichtete alle noch vorhandenen Exemplare des Buches (lediglich rund zwei Dutzend waren verkauft worden). Nicht nur gab er seine Verfasserschaft zu, er erklärte auch, sein Ziel sei es gewesen, sich einen Namen als Autor zu machen, keineswegs aber habe es in seiner Absicht gelegen, die Kaiserin anzugreifen, die er zugleich um Gnade bat. Seine Aussage aber, daß er die Freiheit der Bauern wünsche, nahm er freilich nicht zurück.

Er wurde unter Anklage gestellt, ein Buch »voll äußerst heimtückischer Lehren« veröffentlicht zu haben, »die geeignet sind, die öffentliche Ordnung zu untergraben und das Volk gegen seine Herrscher und die Regierung aufzubringen ...«. Außerdem, hieß es, enthalte es »beleidigende Ausbrüche gegen Macht und Würde des Kaisertums«. Zusätzlich wurde ihm vorgeworfen, dem Buch etwas hinzugefügt zu haben, nachdem er es dem Zensor vorgelegt hatte. Die Verhandlung fand vor dem zentralen Gericht für Strafsachen in Sankt Petersburg statt, das ihn am 24. Juli 1790 zum Tode verurteilte. Wie in Rußland seinerzeit üblich, wurde das Urteil erst dem Senat und anschließend der Kaiserin zur Bestätigung vorgelegt. Der seit 1754 geübten Praxis gemäß wurde die verhängte Todesstrafe umgewandelt, in Radischtschews Fall in zehn Jahre Verbannung auf die weit entfernte Festung Ilimsk in Sibirien (nicht aber zu Zwangsarbeit, wie häufig behauptet wird).

Zu jener Zeit lebten politische Gefangene nicht unter den Bedingungen des Archipel Gulag. Zwar wurde Radischtschew auf dem Weg nach Sibirien bewacht und mußte anfänglich Ketten tragen, doch wurden ihm diese auf kaiserliche Weisung hin bald abgenommen. Von seinem Gönner, Graf A. R. Woronzow, Präsident des Kommerzkollegiums, der den Inhalt von Radischtschews Buch verurteilte, die Strafe aber für übermäßig hart hielt, wurden ihm reichlich Geldmittel und Kleidung zur Verfügung gestellt. Er durfte sich einige Wochen in Moskau aufhalten und traf zu Weihnachten in Tobolsk ein, wo er bis zum Frühjahr blieb und wo seine Schwägerin (seine Gattin war verstorben) und zwei seiner Kinder zu ihm stießen. Erst im Juli 1791 setzte er seine Reise fort und erreichte Ilimsk mit seiner kleinen Gruppe, zu der inzwischen auch sein Gesinde gehörte, erst im Dezember 1791. Sein Gönner Woronzow versorgte den Verbannten weiterhin mit Büchern und Geld, und dieser bemühte sich, Land zu bebauen, seine Kinder zu unterrichten und die umwohnenden Menschen medizinisch zu betreuen. Zwar war es ihm nach dem kanonischen Recht nicht gestattet, die Schwester seiner verstorbenen Gattin zu heiraten, doch gebar sie ihm in Sibirien drei Kinder. Nach Katharinas Tod und Kaiser Pauls Thronbesteigung wurde Radischtschews Verbannung im Jahre 1797 aufgehoben, und er zog sich auf seine Besitzungen zurück. Später, unter Alexander I., arbeitete er im gesetzgebenden Departement des Senats, doch wurden zu jener Zeit keine seiner späteren Schriften veröffentlicht. Im Jahre 1802 beging er Selbstmord. Die »Reise« blieb verboten, und was Radischtschew nicht selbst vernichtet hatte, wurde von der Regierung vernichtet. So existieren zur Zeit nur noch fünfzehn Exemplare der Druckauflage von sechshundert. Auf russisch veröffentlicht hat das Buch zum erstenmal der Revolutionär Alexander Herzen in London 1859; in Rußland aber erschien es erst nach der Revolution von 1905. Da aber viele handschriftliche Kopien im Umlauf waren, war es unter den Angehörigen der Generation, die zur Zeit der Napoleonischen Kriege aufwuchs, durchaus bekannt, und es lieferte den jungen Leuten nicht nur ein Programm, sondern auch einen politischen Märtyrer.

Allerdings lag der Höhepunkt der von der Französischen Revolution ins Land getragenen Unruhe nicht im Jahre 1790, dem Jahr von Radischtschews Festnahme (auch wenn es für Rußland, das sich im Krieg befand, eine Zeit der Anspannung bedeutete). Um die Mitte des Jahres 1791 ging die Herausgeberschaft der Sankt Petersburger Zeitung in die Hände einer eigens eingerichteten Übersetzungsabteilung der Akademie der Wissenschaften über, die den Auftrag bekam, die Berichte über die Ereignisse in Frankreich zu kürzen und in Kommentaren darauf hinzuweisen, wie sehr sie den Franzosen selbst schadeten. Einen Ausgleich für die in Frankreich und vor allem in Polen 1791 zunehmende Spannung bot für Katharina die Unterzeichnung des Friedensvertrags von Jassy im Dezember 1791, der ihr ein wenig Bewegungsfreiheit verschaffte. Im März 1792 dann erfuhr sie von der Ermordung König Gustavs III. von Schweden. Auch wenn die Motive dafür nichts mit der Französischen Revolution zu tun hatten, nahm man automatisch an, daß jakobinische Drahtzieher dahinterstanden, und gerüchtweise verlautete, man trachte auch Katharina nach dem Leben. Schritt für Schritt geriet sie in eine Gegenposition zu Frankreich und allem Französischen. Der Generalgouverneur Moskaus, General Fürst A. A. Prosorowski, wies sie darauf hin, daß in Moskau insgeheim jede Art französischer revolutionärer Literatur zu kaufen sei, und er bat sie, der Einfuhr ausländischer Bücher einen Riegel vorzuschieben. So weit ging sie zwar nicht, achtete aber scharf darauf, was veröffentlicht wurde, und ordnete im Jahre 1791 an, daß alle Buchhandlungen die Kataloge der bei ihnen verfügbaren Bücher bei der Akademie der Wissenschaften oder der

Universität Moskau abzugeben hätten, damit sichergestellt sei, daß keine Bücher verkauft würden, die sich »gegen die Religion, den Anstand oder uns selbst« richteten. Im Jahre 1792 wurde ihre Aufmerksamkeit auf das Treiben der Freimaurer in Moskau gelenkt.

Während des größten Teils ihrer Herrschaft hatte Katharina II. in der Freimaurerei einen harmlosen, wenn auch etwas albernen Zeitvertreib gesehen, dem sich ihre Höflinge hingaben. Viele, denen die überlieferte orthodoxe christliche Lehre, wie sie in Rußland praktiziert wurde, nicht den gewünschten seelischen Trost bot, fanden darin eine Art geistige Heimat. Weder Kirche noch Staat stand in den siebziger Jahren den Freimaurern feindlich gegenüber. Viele von Katharinas engsten Mitarbeitern waren Freimaurer, unter ihnen auch Graf Nikita Panin, ihr Außenminister. In ihren Augen war die Freimaurerei zu keiner Zeit eine gefährliche politische Verschwörung, sondern eher eine Art unverständlicher Hokuspokus. Als im Jahre 1779 der italienische Scharlatan Joseph Balsamo, der sich Graf Cagliostro nannte und den Alexandre Dumas in seiner Erzählung »Das Halsband der Königin« unsterblich machte, Rußland besuchte, machte ihn Katharina lächerlich. Sie ließ ihn unter dem Namen Kalifalkscherston in einem Stück mit dem Titel »Der Betrüger« auftreten, das sie 1785 schrieb, um Alchimie und Freimaurerei in Mißkredit zu bringen. Nicht nur in Rußland wurde dies Stück viel gespielt, sondern zu ihrer großen Befriedigung auch in Deutschland. Was aber zuerst lediglich verschroben gewirkt hatte, bekam im aufgeheizten Klima der späten achtziger und frühen neunziger Jahre, da man die Dinge nicht mehr so gelassen nahm, einen unheilkündenden Anstrich.

In jener Zeit kam es zu beträchtlicher Verwirrung über die verschiedenen freimaurerischen Gruppierungen.

Ganz allgemein gesagt gab es zwei Strömungen, die sozusagen »symbolistisch« orientierten Freimaurer, die rationalistisch ausgerichtet waren und sich auf die wissenschaftlichen Erkenntnisse der Aufklärung stützten, sowie die der mystischen Observanz, die sich nicht nur an den okkulten Überlieferungen der Alchimie, der jüdischen Kabbala, der altägyptischen Lehre orientierten, sondern auch die Vorstellungen des schwedischen Mystikers E. Swedenborg (1688–1772) mit in ihr Gedankengebäude einbezogen. Anfänglich hatte die Freimaurerei in Rußland eher der rationalistischen Richtung zugeneigt. Viele der bedeutendsten hohen Beamten und Offiziere im Lande, wie Graf Nikita Panin und I. P. Elagin, waren Freimaurer dieser Prägung. Doch um die achtziger Jahre begann sich die andere Richtung durchzusetzen. Häufig nannte man die mystisch ausgerichteten Freimaurer »Martinisten«, nach den Anhängern des konvertierten sephardischen Juden Martines de Pasqually (1727–1774) und von dessen Sekretär und Jünger Louis Claude de Saint Martin (1743–1803), die als Gleichmacher und Revolutionäre galten. Damit tat man Martines de Pasqually und Saint Martin gleichermaßen Unrecht, denn ihnen lag mehr an der Rückkehr des Menschen zum Zustand vor dem Sündenfall. Dieser sollte für Martines des Pasqually eher mit Hilfe äußerlicher Formeln und Rituale, für Saint Martin eher auf dem Wege der Einswerdung mit Gott erreicht werden. Saint Martin veröffentlichte 1775 unter dem Pseudonym »Der Unbekannte Philosoph« mit *Des erreurs et de la vérité* (Irrtümer und Wahrheit) eines der Hauptwerke des mystischen Freimaurertums. Kirche und Staat des *ancien régime* stand er in dem Sinne kritisch gegenüber, als er die Ansicht vertrat, an die Stelle der christlichen Kirchen sei die unmittelbare Beziehung des einzelnen zu Gott getreten.

Im allgemeinen war das Freimaurertum nicht gegen die Religion eingestellt. Es propagierte ein tugendhaftes Leben, ständiges Streben nach Vervollkommnung, gute Werke und vor allem Brüderlichkeit und Gleichheit. Dabei ging man jedoch nicht so weit, daß man Angehörige der Unterschicht als Mitglieder aufgenommen hätte. Ein in Bayern 1776 von A. Weishaupt gegründeter Zweig aber war möglicherweise nicht freimaurerisch im Sinne des Wortes. Dieser »Illuminaten-Orden« wollte der Vernunftreligion zur Herrschaft verhelfen, und zwar durch Förderung religiöser und politischer Aufklärung, womit er im offenen Gegensatz zum kirchlichen Dogmenglauben stand. Dieser Bund, der außerdem das monarchische Prinzip bekämpfte und republikanische Bestrebungen förderte, wurde 1784 aufgehoben. Wegen des Namens »Illuminaten« verwechselten viele Menschen die Anhänger dieses Ordens mit denen Saint Martins und anderer mystisch ausgerichteter freimaurerischer Bewegungen (beispielsweise den Rosenkreuzern), die mit Hilfe innerer Erleuchtung zu einer höheren Erkenntnis Gottes und zu sittlicher Vervollkommnung zu gelangen hofften. Der Mantel des Geheimnisses, der die Freimaurerei umgab, ließ Uneingeweihte annehmen, daß alle Freimaurer einer riesigen Verschwörung angehörten, deren Ziel es war, die herkömmliche Ordnung zu untergraben und es »einstigen Jesuiten zu ermöglichen, auf dem Rücken von Zauberern und Alchimisten in die Kabinette der Könige aufzusteigen«.

Ende der achtziger Jahre begann Katharina dem Treiben der Freimaurer ein Ende zu bereiten, da sie diese verdächtigte, mit der revolutionären Bewegung in Verbindung zu stehen. Dabei war weder das Rosenkreuzertum noch die Moskauer Gruppe, unter deren prominenten Mitgliedern sich N. I. Nowikow befand, revolutionär ausgerichtet. Zwar gehörten die Moskauer Freimaurer dem offiziellen Zweig der Freimaurerei an, deren Großmeister Herzog Ferdinand von Braunschweig war, doch fühlten sie sich insgeheim zur Bewegung der Rosenkreuzer hingezogen, an deren Spitze zwei der wichtigsten Persönlichkeiten am Hofe König Friedrich Wilhelms II. von Preußen in Berlin standen. Die Moskauer Gruppe, die unter aufmerksamer Überwachung durch die deutschen Oberen am Hofe des Königs von Preußen stand, betrieb neben zwei offiziellen Druckereien eine geheime, in der russische Übersetzungen der Klassiker des Mystizismus und der Alchimie gedruckt wurden, legte den deutschen Oberen Berichte über die von ihnen gedruckten Werke vor und schickte ihnen die dafür eingenommenen Gelder. Außerdem hegte man die stille Hoffnung, Großfürst Paul werde sich den Freimaurern anschließen und Großmeister der Rosenkreuzer in Rußland werden.

Katharinas Mißtrauen den Freimaurern gegenüber bekam inzwischen durch einen ihrer Briefpartner in Deutschland – Dr. J. G. Zimmermann – weitere Nahrung. Dieser äußerte sich unverhohlen über die politischen und revolutionären verschwörerischen Umtriebe der Illuminaten in Bayern und vertrat die feste Überzeugung, hinter der Französischen Revolution stehe die Freimaurerei. Vorsichtshalber ordnete Katharina 1790 eine geheime Überwachung aller Schritte der Moskauer Freimaurer an und schloß Rußlands einzige unabhängige Loge. Als 1792 Nowikows Pachtvertrag für die Moskauer Universitätsdruckerei auslief, erneuerte ihn die Kaiserin nicht.

Der Vorwurf, er habe insgeheim ein Buch über die Altgläubigen voller Lügen über die orthodoxe Kirche veröffentlicht, führte im April 1792 zu Nowikows Festnahme. Bei einer Durchsuchung erwies sich, daß sein Haus voller verbotener religiöser, okkulter und freimaurerischer Schriften war. Doch vor allem legte man ihm Beziehungen zum Großfürsten Paul zur Last, die ans Tageslicht kamen, zusammen mit Hinweisen darauf, daß Johann Christoph von Wöllner, der zum Minister beim König von Preußen aufgestiegen war, die Rosenkreuzer, von denen es in Moskau und Umgebung etwa sechzig gab, aus dem Ausland steuerte. Gerade zu jener Zeit hatte Katharina mit Müh und Not den von der Tripelallianz auf sie ausgeübten Druck überstanden. Da Preußen dabei eine führende Rolle gespielt hatte, sah sie es inzwischen als feindliche Macht an.

Nowikow wurde niemals vor Gericht gestellt, doch was man ihm zur Last legte, wurde Anklagepunkt für Anklagepunkt in dem schließlich erfolgten Schuldspruch aufgeführt. Man warf ihm vor, geheime Treffen abgehalten zu haben, bei denen die Teilnehmer dem Herzog von Braunschweig Gehorsam geschworen hatten; weiter sollte er mit dem preußischen Minister Wöllner chiffrierte Korrespondenz geführt und den Versuch unternommen haben, »eine gewisse Person« – den Großfürsten Paul – als Freimaurer zu gewinnen. Nowikow wurde zu fünfzehn Jahren Gefängnis in Schlüsselburg verurteilt, aber auch das kann nicht mit dem Archipel Gulag verglichen werden. Er durfte seinen Leibarzt mitnehmen, gleichfalls Freimaurer, sowie seinen leibeigenen Diener, und für den Unterhalt eines jeden von ihnen wurde täglich ein Rubel bewilligt (für gewöhnliche Gefangene gab es drei Kopeken). Er wurde 1796 wieder in Freiheit gesetzt, doch war seine Verlegerlaufbahn beendet, obwohl er erst Anfang Fünfzig war. Über den Rest seines Lebens ist wenig bekannt. Den Leibeigenen, der mit ihm die Jahre in Schlüsselburg verbracht hatte, verkaufte er später.

Die öffentliche Meinung unter Intellektuellen und an

der Universität in Moskau zeigte sich entsetzt über die Schwere der Strafe für etwas, was viele für bloße freimaurerische Aktivitäten hielten. Nur wenigen war bekannt, daß die Rosenkreuzer preußischer Führung unterstanden und man den Versuch unternommen hatte, den Großfürsten für deren Sache zu gewinnen. Außerdem kamen drei von Nowikows engeren Freimaurerfreunden äußerst glimpflich davon: zwei wurden auf ihre Besitzungen verbannt, während der dritte sogar in Moskau bleiben durfte. Doch nahm man eine Anzahl von Buchhändlern fest, die verbotene freimaurerische Schriften verkauft hatten, setzte sie aber bald wieder auf freien Fuß, außerdem verbrannte man eine große Zahl freimaurerischer Bücher. Die theologischen Werke wurden einem Kloster übergeben.

Schon immer war die Art, wie Katharina Nowikow behandelte, unter Historikern umstritten. Da man seinen Fall gesondert beschrieben hat, losgelöst von der Frage, wie sie andere Verleger und Drucker behandelte, nahm man an, die Kaiserin sei von einem besonderen Haß gegen Nowikow beseelt gewesen, und führte diesen auf die satirischen Angriffe zurück, die er in den siebziger Jahren in seinen Zeitschriften veröffentlicht hatte, sowie auf eine Abneigung gegen seine angeblich unabhängige soziale Tätigkeit. Er hatte mit geliehenem Geld in großem Umfang wohltätige Unternehmungen betrieben, um während einer Hungersnot, die 1787 das Gebiet um Moskau heimsuchte, Grundherren und Leibeigene zu unterstützen. Die gewaltigen Beträge, über die er zu verfügen schien, weckten das Mißtrauen der Kaiserin. Erst in den letzten Jahren haben sowjetische Historiker zusätzliches Hintergrundmaterial gefunden, aus dem sich ergibt, daß Katharina in den siebziger Jahren Nowikows Zeitschriften nach wie vor finanziell unterstützte, ebenso wie die von seinen Moskauer Freunden in Sankt Petersburg gegründeten Schulen. Auch kann nicht davon die Rede sein, daß sie speziell ihn verfolgt hätte; ihre Abneigung gegen seine Tätigkeit als Verleger ging in erster Linie auf die Flut freimaurerischer, hermeneutischer und okkulter Literatur aus seinen Druckpressen zurück.

Dennoch muß man die neunziger Jahre des 18. Jahrhunderts als Jahre wachsender Unterdrückung intellektueller Opposition ansehen. Die Französische Revolution brachte immer größere Abneigung und Furcht hervor. Der Sturz der französischen Monarchie am 10. August 1792 und die Gefangennahme der königlichen Familie sowie die im September darauf folgende Ermordung von Gefangenen, bei denen rund 1 200 Menschen umgebracht wurden, überwiegend gewöhnliche Bürger ohne politische Bedeutung, erfüllte die öffentliche Meinung in Europa mit Abscheu. Hinzu kam, daß all das gerade zu einer Zeit stattfand, als die französischen Heere ihren Siegeszug durch das Rheinland begannen und ein Gebiet nach dem anderen besetzten. Auf die Nachricht von der Hinrichtung Ludwigs XVI. im Januar 1793 wurde Katharina krank, und Marie Antoinettes Tod bewegte sie tief. In ihrer Haltung zur Französischen Revolution wurde sie mit Sicherheit durch Edmund Burke beeinflußt, den »englischen Demosthenes«, wie sie ihn nannte. Für sie war Frankreich ein Land voller beutehungriger Raubtiere geworden. Am 6. Dezember 1793 schrieb sie an Grimm: »Sie können nichts anderes als plündern und morden. Falls sich die Revolution über Europa ausbreitet, wird eines Tages ein neuer Tamerlan erstehen, um ihr Einhalt zu gebieten.« So etwas wie den Blutdurst der Guillotine nach Opfern jedes Lebensalters, Standes und Geschlechts hatte Europa noch nicht gesehen, und daß die jeweils nächste Welle revolutionärer Führer die vorige hinrichtete, sollte sich erst wiederholen, als sich Stalin in den dreißiger Jahren des zwanzigsten Jahrhunderts daran machte, Lenins Weggefährten und Mitstreiter samt und sonders zu beseitigen.

Verlegern und Druckern sah man nunmehr genau auf die Finger. Selbst die Fürstin Daschkow, die an der Spitze der Akademie der Sprachen stand, geriet 1793 in Schwierigkeiten, weil sie ein Stück des (zwei Jahre zuvor verstorbenen) Jakow B. Knjaschnin mit dem Titel »Wadim von Nowgorod« gedruckt hatte, in dem der Held die Vorzüge des Republikanertums preist. Katharina stellte sie in scharfen Worten zur Rede und verlangte, daß sie alle Exemplare zurückziehe und vernichtete. Obwohl mehr als hundert Menschen (aus nicht immer bekannten Gründen) überwacht und etwa zwanzig vor Katharinas Geheime Kanzlei gebracht wurden, ergibt eine noch so gründliche Sichtung der existierenden Belege nur wenige Beispiele für wirklich schwere Fälle von Verfolgung. Im revolutionären Frankreich ging die Zensur strenger vor, und dort saßen weit mehr Menschen aus politischen Gründen im Gefängnis als in Rußland.

Viele, unter ihnen auch Katharina selbst, führten die Übel der Französischen Revolution auf Autoren wie Voltaire, Helvetius, Holbach und Diderot zurück, die ihrer Ansicht nach über Jahre hinweg die Achtung vor der Religion und der Obrigkeit untergraben hatten. »Erinnern Sie sich«, schrieb sie am 11. Februar 1794 an Grimm, »daß der König von Preußen [Friedrich II.] zu sagen pflegte, Helvetius habe ihm gegenüber zugegeben, das Ziel der philosophes sei es, alle europäischen Throne zu stürzen, und die *Encyclopédie* sei mit der ausschließlichen Absicht verfaßt worden, alle Könige und alle Religionen zu vernichten.« Als Ergebnis kehrte sie jetzt den geistigen Freunden ihrer jüngeren Tage den Rücken und befahl 1792 die

Beschlagnahme einer vollständigen Auflage von Voltaires Werken. Im Jahre 1794 wurden zwei Bücher aus der Universitätsbibliothek und der Universitätsbuchhandlung in Moskau entfernt, das eine mit dem Titel »Die Tragödie von Caesars Tod« und das andere mit dem Titel »Julius Caesar«. Selbst Miltons »Das verlorene Paradies« geriet unter den Bannstrahl des Zensors. Doch in mancherlei Hinsicht herrschte in Rußland nach wie vor beträchtliche Meinungsfreiheit.

Schließlich setzte Katharina im September 1796 zum erstenmal während ihrer Herrschaft offiziell eine Zensur ein. Es läßt sich nicht ohne weiteres sagen, warum sie so lange zögerte, wenn es ihr Ziel war, Rußland vor einer Ansteckung durch den Bazillus der Französischen Revolution zu bewahren. Möglicherweise ging es ihr mehr um die Auswirkungen revolutionärer Umtriebe in Polen, das gerade endgültig geteilt worden war. Jedenfalls ordnete sie nicht nur die Einrichtung von Zensurstellen in Sankt Petersburg, Moskau, Riga und Odessa sowie an der polnischen Grenze an, sondern ließ auch alle privaten Druckereien schließen. Jedes zur Veröffentlichung vorgesehene Buch mußte der zuständigen Zensurstelle vorgelegt werden; alle zur Einfuhr vorgesehenen Bücher wurden an der Grenze kontrolliert.

Unter der Herrschaft Katharinas entstand die russische Intelligenzschicht. Mehr Angehörige des Hochadels denn je reisten, besuchten in Rußland oder im Ausland Universitäten, beherrschten Fremdsprachen, beschäftigten ausländische Lehrer, hielten sich russische und ausländische Zeitschriften, verfaßten Theaterstücke, Gedichte und Romane. Es gab eine immer größere Schicht nichtadliger gebildeter Beamter oder Angehöriger der freien Berufe, Prosaschriftsteller, Lyriker, Drucker, Künstler aller Art, Ärzte, Wundärzte, Baumeister, Landvermesser und

Schauspieler, die auf die eine oder andere Weise auch am geistigen Leben des Landes teilnahmen. Seit Gründung der Moskauer Universität, der Akademie der Künste und der Akademie der Sprache waren weitere Institutionen ins Leben gerufen worden. Eine ganze Anzahl von Menschen verdiente sich den Lebensunterhalt ausschließlich mit Schreiben. Doch während die Kaiserin zu Beginn ihrer Herrschaft mit ihrer »Instruktion«, ihrer Zeitschrift, ihren Theaterstücken und den von ihr unterstützten Übersetzungen, der allgemeinen Bestärkung von Autoren und Dichtern mit an der Spitze der geistigen Entwicklung gestanden hatte, trat am Ende ihrer Herrschaft eine neue und junge Generation auf, die nach Unabhängigkeit von der Gönnerschaft des Staates trachtete und ihren Blick mit einer Mischung von Neid und Furcht auf die erregenden Ereignisse in Frankreich und anderswo richtete.

16

Katharina als Frau und Herrscherin

Katharina herrschte von 1762 bis 1796 über Rußland. »In einer absoluten Monarchie hängt alles von Stimmung und Wesen des Herrschers ab«, äußerte sich 1778 der britische Gesandte in Rußland, Sir James Harris. Der Herrscher gab auf allen Gebieten den Ton an, weit mehr als in einer eingeschränkten Monarchie, die Großbritannien damals war, oder in einer Demokratie, die das Land heute ist. Ob das Land in Krieg oder Frieden lebte, in Wohlstand oder Armut, seinen Bewohnern ein freies und unbehindertes geistiges und gesellschaftliches Leben ermöglichte oder eine Gesellschaft bildete, die von äußeren Einflüssen abgeschirmt und zur Gleichförmigkeit gezwungen wurde – all das hing weitgehend vom Charakter des jeweiligen Herrschers ab.

Aus diesem Grund verdient Katharinas Persönlichkeit ein gewisses Maß an Aufmerksamkeit. Es konnte nicht ausbleiben, daß sie sich im Verlauf der vierunddreißig Jahre ihrer Herrschaft beträchtlich veränderte. Dennoch blieben einige Merkmale ihres Wesens durchgehend erhalten. Anfangs war sie eine lebensbejahende und gutgelaunte junge Frau gewesen, die allem eine gute Seite abgewann und sich weder leicht ins Bockshorn jagen ließ noch Trübsal blies. Das wird in ihren Briefen an Potemkin deutlich, der ganz im Gegenteil an schrecklichen Anfällen von Mutlosigkeit litt, so zum Beispiel zu Beginn des zweiten türkischen Krieges im Jahr 1787, als er – nachdem seine geliebte Flotte einem Sturm auf dem Schwarzen Meer zum Opfer gefallen war – am liebsten sein Kommando aufgegeben und die Krim geräumt hätte. Katharina schrieb ihm Briefe, die ihm Mut machten, und beschwor ihn, daran zu glauben, daß ein kühner Geist Fehlschläge überwindet. Auch gab sie ihm Ratschläge wegen seiner Verdauungsstörungen, die ihrer festen Überzeugung nach zu seiner Niedergeschlagenheit beitrugen. »Adieu, mein Freund«, beendete sie 1787 einen Brief, »weder die Zeit noch die Entfernung noch irgend jemand auf der Erde vermag etwas daran zu ändern, daß ich an Dich denke und was ich über Dich denke.«

Es war dieselbe positive Grundhaltung, die es ihr ermöglichte, ihren Weg durch die Untiefen am russischen Hof zu gehen, als sie noch Großfürstin war, und die ihr den Mut gab, den Staatsstreich zu wagen, der sie auf den Thron brachte. Obwohl dies Unternehmen erfolgreich verlief, konnte ihr nicht verborgen geblieben sein, wie gefährlich ein Fehlschlag gewesen wäre. Die mildeste Strafe, mit der sie rechnen mußte, wäre eine Abschließung vor der Öffentlichkeit in einem Kloster gewesen. Ihr Leben lang zeigte Katharina in kritischen Augenblicken Gelassenheit und Nervenstärke – bei den anfänglich gegen sie gerichteten Anschlägen; während des Pugatschow-Aufstandes, als ihre Minister sie von dem Vorsatz abbringen mußten, nach der Plünderung der Stadt Kasan selbst nach Moskau zu reisen, um den Menschen dort Mut zu machen. Doch blieben diese Krisen nicht ohne Auswirkungen auf die Gesundheit der Kaiserin und führten dazu, daß sie häufig an Kopfschmerzen und Verdauungsbeschwerden litt.

Nach den Maßstäben ihrer Epoche war Katharina belesen und von beträchtlicher geistiger Neugier. Ihre Interessen waren breit gefächert, beschäftigte sie sich doch mit Politik, Geschichte, dem Bildungswesen, Literatur, Sprachwissenschaft, Bauwesen und allerlei anderem. An die von ihr verfaßten literarischen Texte wie auch an die Abfassung von Gesetzen ging sie pragmatisch heran, führte die Arbeit mit pedantischer Genauigkeit aus und war im Hinblick auf ihre Quellen durchaus wählerisch. Sie scheint der Ansicht gewesen zu sein, daß sich mit einem Gesetz bessere Ergebnisse erzielen lassen, wenn es bis in die letzten Verästelungen genau vorschreibt, wie es anzuwenden ist. Zweifellos hatte sie im Hinblick auf Rußland recht mit der Annahme, daß sorgfältig abgefaßte Gesetze eine Fehldeutung verhindern konnten. In ihrer »Instruktion« von 1767 hatte sie Montesquieus Aussage zitiert, man könne Gewohnheiten nicht mit Hilfe von Gesetzen ändern, sondern lediglich, indem man die Gewohnheiten ändere; doch blieb davon, wie sich in ihren größeren gesetzgeberischen Unternehmungen zeigt, ihre Überzeugung unberührt, das Verhalten der Menschen mit Hilfe von Gesetzen ändern zu können.

Da sie viel arbeitete, stand sie früh auf und setzte sich, nachdem sie das Feuer entzündet und ihren Kaffee aufgebrüht hatte, an den Schreibtisch, um sich mit ihrem »Geschreibsel« zu beschäftigen. Wenn sie ein Blatt weißes Papier vor sich sah, juckte es sie in den Fingern. Nach einigen Stunden literarischer oder politischer Tätigkeit ließ sie nach ihren Sekretären und Ministern schicken, zog sich zurück, um allein Toilette zu machen, und suchte ihr Ankleidezimmer lediglich auf, um sich frisieren zu lassen. Sie hielt nichts von dem nach wie vor am französischen Hof geübten komplizierten Ritual des öffentlichen *lever* und *coucher* (Empfänge durch den König beim Aufstehen und Zubettgehen). Im Privatleben trug Katharina ein schlichtes, lose fallendes Seidenkleid, bei öffentlichen Anlässen allerdings erschien sie reich gekleidet und mit glänzendem Schmuck. Gegessen wurde gewöhnlich um zwei Uhr nachmittags, und da sich die Kaiserin aus Mahlzeiten nichts machte, waren sie nicht besonders schmackhaft. Sie lebte sehr abstinent und trank Wein lediglich auf Verschreibung durch ihren schottischen Arzt, Dr. Rogerson.

Den Nachmittag verbrachte sie lesend oder arbeitend, oder sie empfing speziell geladene Gäste, wie beispielsweise Diderot oder Grimm. Danach spielte sie eine Weile mit ihren Enkeln und zog sich anschließend zurück, um den Abend im Theater oder bei einer ihrer privaten Gesellschaften in der Eremitage zu verbringen, die gänzlich formlos verliefen. Niemand mußte aufstehen, wenn sich die Kaiserin erhob, und wer in ihrem Kreis zugelassen war, unterhielt sich, machte ein Glücksspiel oder ein sonstiges Spiel oder folgte einer Theateraufführung, bis sich die Kaiserin, die nie soupierte, in Begleitung ihres jeweiligen Günstlings zurückzog. Danach machten sich die Gäste auf die Suche nach einer besser bestellten Tafel und einem besseren Koch als Katharinas.

Jeder, der je am Hof war, legt Zeugnis von Katharinas Anmut und Würde sowie von ihrem Zauber und ihrer Freundlichkeit ab. Claude Carloman de Rulhière, der zur Zeit von Katharinas Staatsstreich zur französischen Botschaft in Sankt Petersburg gehörte, beschrieb 1762 ihre Erscheinung wie folgt:

»Sie ist von edler und angenehmer Gestalt; ihr Gang ist majestätisch, ihr Wesen und ihre Haltung sind voll Anmut. Sie macht ganz den Eindruck eines Souveräns. All ihre Züge weisen auf einen überlegenen Charakter hin … Unter ihrer hohen, edlen Stirn liegt eine kühn geschwungene Nase ... Sie hat sehr schönes kastanienfarbenes Haar, ihre Brauen sind braun wie auch ihre sehr schönen Augen [in Wahrheit waren sie blau], die in einem bestimmten Licht bläulich schimmern; ihr Teint ist strahlend. Das vorherrschende Merkmal ihrer Physiognomie ist Selbstsicherheit. Den Grund ihrer Freundlichkeit und der Güte ihres Ausdrucks erkennt ein scharfer Beobachter aber eher in ihrem ausgeprägten Wunsch zu gefallen ...«

George Macartney, der britische Gesandte im Jahre 1766, zeigte sich noch stärker beeindruckt:

»Nie im Leben habe ich einen Menschen gesehen, dessen Haltung, Auftreten und Gebaren so sehr dem Idealbild glich, das ich mir von ihr gemacht hatte. Obwohl sie im siebenunddreißigsten Lebensjahr steht, kann man sie noch schön nennen. Menschen, die sie in jüngeren Jahren erlebt haben, sagen, sie könnten sich nicht erinnern, sie je so voll Liebreiz gesehen zu haben wie gegenwärtig ... Es ist kaum vorstellbar, wie geschickt sie ihr ungezwungenes Auftreten mit der Würde ihrer Stellung paart, wie mühelos sie mit den niedrigsten ihrer Untertanen vertraut redet, ohne auch nur das geringste von ihrer Autorität einzubüßen, und mit welch erstaunlichem Zauber sie es fertigbringt, sich zugleich Respekt und Zuneigung zu verschaffen. Ihre Unterhaltung ist brillant, vielleicht zu brillant, denn sie glänzt gern im Gespräch ...«

Der Wunsch Katharinas, nicht nur durch ihr Äußeres, sondern auch durch ihre geistigen Fähigkeiten Eindruck zu erwecken, fällt vielen Beobachtern auf, angefangen bei dem Abenteurer Graf Casanova. Dieser Wunsch liefert eine Erklärung für ihren wohlverdienten Ruf der Eitelkeit. Sir James Harris hatte den Eindruck, sie sei

> »… von männlicher Geisteskraft, beharrlich, wenn es darum geht, einen einmal gefaßten Plan zu verfolgen, voll Unerschrockenheit, wenn es heißt, ihn auszuführen; doch gehen ihr die männlicheren Tugenden der reiflichen Überlegung, der Nachsicht bei gedeihlichem Verlauf und die Schärfe des Urteils ab. Wohl aber besitzt sie in hohem Maße die Schwächen, die ihrem Geschlecht gemeinhin zugesprochen werden – die Aufgeschlossenheit für Schmeichelei und deren unzertrennlichen Begleiter, die Eitelkeit; Mißachtung unangenehmer, aber heilsamer Ratschläge und einen Hang zur Sinnenlust, der sie zu Exzessen veranlaßt, die eine Frau in jeder anderen Lebenssphäre verächtlich erscheinen ließen.«

Der Chevalier de Corberon, der zu dem kleinen Kreis von Katharinas Hof keinen Zutritt hatte und daher etwas verbittert war, sah in ihr eine »comédienne«, die stets eine Rolle spielte.

Ob sich das nun so verhielt oder nicht – Katharina hat ihr ganzes Leben hindurch die Fähigkeit bewiesen, mit Menschen aller Gesellschaftsschichten umzugehen. Ihre Dienstboten beteten sie an und blieben über Jahre hinweg bei ihr; ihre Sekretäre wurden gut behandelt, und das Tagebuch, das A. W. Chrapowizki führte, selbst Dichter und Prosaautor und von 1782 bis 1793 ihr Privatsekretär, in welcher Position er ihr auch bei ihren literarischen Arbeiten zur Hand ging, verdeutlicht ihre Herzensgüte, ihre Sorge um seine Gesundheit und sein Wohlergehen. Einfache Menschen empfingen sie auf ihren verschiedenen Reisen durch Rußland stets voll Herzlichkeit, und es war der Hochadel in Moskau und nicht das Volk, der ihr die kalte Schulter zeigte. Selbstverständlich war in jenen Zeiten persönlicher Zutritt zum Palast und zur Audienz der Kaiserin weit einfacher als heute bei Königen, Präsidenten und Ministern, denn man brauchte sie nicht vor Terroristen, Journalisten oder Fotografen zu schützen. Katharina fuhr spätnachts in völliger Sicherheit in einem offenen Schlitten durch Sankt Petersburg, lediglich von einigen Bedienten begleitet. Alle Menschen hatten – sofern sie ordentlich gekleidet waren – Zutritt zu den kaiserlichen Parks, und überall, wohin sie reiste, gab Katharina Empfänge, zu denen Adel und Stadtbewohner am jeweiligen Ort eingeladen wurden. Der französische Botschafter Ségur beschreibt, wie die Kaiserin nach einem solchen der sich lang hinziehenden Empfänge hochrote Wangen hatte, weil sie so viele der mit Rouge geschminkten Kaufmannsgattinnen umarmt und geküßt hatte.

Ihren Ministern erleichterte sie das Leben auch durch ihre schlichte, von gesundem Menschenverstand geprägte Art zu arbeiten. Sie mußten in ihrer Gegenwart nicht stehen, wie beispielsweise in England die Premierminister Disraeli oder Gladstone vor Königin Victoria. Briefe und kurze Anmerkungen, mit denen sie um Hilfe bat, und Briefe mit Ratschlägen, die sie bekam, legen Zeugnis ab von einer echten Partnerschaft bei der Suche nach einer Lösung für eine bestimmte Schwierigkeit bei Gesetzgebung oder Verwaltung. Wo sich ihre Korrespondenz zu einem bestimmten Gesetzgebungsprojekt über längere Zeit verfolgen läßt (ein Beispiel dafür ist der Briefwechsel, den sie mit Graf Sievers über das Gesetz zur Lokalverwaltung von 1775 geführt hat), zeigt sich, daß ihre Berater und Minister nicht zögerten, ihren Vorstellungen die eigenen entgegenzusetzen. In den Protokollen der Staatsratssitzungen zeigt sich häufig, welch heftige Debatten dort stattfanden. Auf der anderen Seite war Katharina durchaus imstande, Beamten, die sie enttäuschten, einen scharfen Verweis ins Stammbuch zu schreiben.

Indem sie das Verhältnis zwischen der Zentralregierung und den verschiedenen Körperschaften auf unterer Ebene veränderte, bewies Katharina in ihrem Denken über die Veränderung von Art und Aufbau der russischen Zentralregierung – bedenkt man, welches geistige Klima in ihrer Epoche herrschte und welche Position als Herrscherin sie hatte – nicht nur mehr Originalität als jeder frühere Herrscher des Landes, sondern auch mehr als die meisten damaligen Herrscher in Europa, den toskanischen Großherzog Leopold vielleicht ausgenommen. Bemerkenswert bci diesem Vorhaben ist der Einfluß, den William Blackstones »Kommentare zu den Gesetzen Englands« (in französischer Übersetzung) auf Katharina ausgeübt hat. Sie schrieb mehr als 700 Seiten Notizen zu und Exzerpte aus diesem Werk und verfaßte zu verschiedenen Zeiten mehrere Entwürfe von den Veränderungen im Verfassungsaufbau, die sie einzuführen gedachte.

Es ist kennzeichnend für ihren Fleiß, daß sie ihre endgültigen Pläne im Verlauf ihrer Reise auf die Krim im Jahre 1787 zu entwerfen hoffte, weshalb sie ihrem Sekretär gebot, all ihre Notizen zu Blackstones Werk zusammenzutragen, damit sie diese mitnehmen konnte, wie auch ein Exemplar ihrer »Instruktion«, die sie mit diesen Notizen vergleichen wollte. Chrapowizki, der mit ihren Plänen vertraut und nie um ein Kompliment verlegen war, rief aus, die Russen würden das Ergebnis ihres Tuns eines Tages ebenso hoch schätzen wie die Briten ihre Magna Charta. Auf der ganzen Reise arbeitete Katharina an ihren Plänen für die Verfassungsreform. Soweit sich etwas über ihre Absichten sagen läßt, sah sie in ihrem Projekt ein Mittel, die absolute Regierungsgewalt in Rußland zu festigen, indem sie dafür sorgte, daß die neue Verfassung besser und wirksamer auf die verschiedenen Stände einging. Der neuartigste Gedanke, den sie aus ihrer Blackstone-Lektüre gewann, war ihr Plan, ein oberstes erstinstanzliches Gericht einzuführen, das allem Anschein nach jeweils einige der legislativen wie auch der judikativen Elemente des britischen Parlaments enthalten sollte. Für seine verschiedenen Kammern sollten Berater ernannt, aber auch sachverständige Beisitzer gewählt werden, und zwar von den jeweiligen Adligen am Ort, den Stadtbewohnern und den Staatsbauern.

Obwohl Katharina nicht einmal einen Entwurf dieses Gesetzes fertiggestellt hat, ergibt sich aus diesen Papieren, daß sie noch 1787 imstande war, grundlegende Reformen zu erwägen, die gewählte Vertreter der freien Stände mit dem Mechanismus der Zentralregierung in einer Weise verknüpften, an die man erst wieder unter Alexander II. (1856–1881) denken sollte. Es läßt sich unmöglich sagen, was sie zu dem Gedanken veranlaßte, solche Einrichtungen seien für Rußland nötig oder ratsam. Vielleicht ging das auf ihre längeren Gespräche mit Diderot im Jahre 1774 zurück, der sie gedrängt hatte, die Gesetzgebende Kommission beizubehalten, und der sie gemahnt hatte: »Jede willkürliche Regierung ist von Übel, auch die willkürliche Regierung eines guten, starken, gerechten und weisen Herrschers ... Er bringt das Volk um das Recht zu überlegen, zu wünschen oder nicht zu wünschen, ob es Widerstand ausüben möchte, sich auch dem zu widersetzen, was gut ist. In einer aus Menschen bestehenden Gesellschaft scheint mir das Recht auf Widerspruch natürlich, unveräußerlich und heilig zu sein.« Noch der beste Despot sei »ein guter Hirte, der seine Untertanen im Zustand von Tieren hält; er sorgt dafür, daß sie das Gefühl für Freiheit verlieren ...«

Unglücklicherweise läßt sich gegenwärtig anhand des

verfügbaren Materials nicht sagen, ob Katharina ihre Projekte aufgab, weil 1787 der Krieg mit der Türkei ausbrach, weil sie sich alt und mutlos fühlte oder weil es sie entsetzte zu sehen, auf welche Weise in der Französischen Revolution die gewählten »Vertreter« des Volkes ihre Macht nutzten. Marc Raeff, der Historiker, der am meisten dazu beigetragen hat, daß Blackstones Einfluß auf Katharina deutlich wurde, weist darauf hin, daß eine unmittelbare Linie von ihren Plänen zu denen M. Speranskis im Jahre 1809 und denen der liberalen Reformer der späten siebziger Jahre im 19. Jahrhundert führt. Das Sekretariat von Katharinas Gesetzgebender Kommission aus dem Jahre 1767 bestand weiter und erarbeitete während ihrer gesamten Regierungszeit Vorschläge zur Gesetzgebung. Zweifellos machten sich spätere Reformer die verschiedenen von ihm erarbeiteten Entwürfe und Vorstudien ebenso zunutze (die zum größten Teil nach wie vor unveröffentlicht sind), wie später unter der Herrschaft von Nikolaus I. Speranski bei seiner Zusammenfassung von Gesetzen zu einem Gesetzbuch aus diesen Quellen schöpfte. Damit läßt sich die Kontinuität der Vorstellungen aus dem 18. ins 19. Jahrhundert hinein erklären.

Worüber sich die Klatschbasen der damaligen (und späteren) Zeit wirklich das Maul zerrissen, war Katharinas Privatleben. Nach den Maßstäben des 20. Jahrhunderts gab es bis zu ihrem Bruch mit Grigori Orlow 1772 daran nichts auszusetzen – er war zwölf Jahre lang ihr Geliebter gewesen und Vater ihres Sohnes A. Bobrinski. Zwar wurde dieser nie legitimiert, doch war seine Herkunft bekannt, und Paul I. erkannte ihn als Bruder an (das Gerücht, Katharina habe Orlow fünf Töchter geboren, entbehrt jeder Grundlage). Während seiner Beziehung zu Katharina scheint er sich so verhalten zu haben, daß er keine große Feindseligkeit auf sich zog. Er war tapfer, träge, gutmütig und weder besonders intelligent noch besonders gebildet. Bei Festlichkeiten und Empfängen am Hofe stand er ziemlich im Vordergrund. Er vertrat liberale Ansichten, und seiner gedenken sollte man wegen zwei von ihm ergriffener Initiativen: Er lud den Genfer Philosophen Rousseau, der mit jedem in Streit geriet, ein, sich in Rußland niederzulassen (vermutlich mit Katharinas Zustimmung), und er unterstützte eine Reihe von Unternehmungen auf seinen Gütern, um für die Ansiedlung von Bauern auf dem Lande eine Alternative zur Leibeigenschaft zu finden, ebenfalls mit Wissen und Billigung der Kaiserin.

Als sich Katharina 1772 genötigt sah, Orlow wegen seiner Untreue zu entlassen, wählte sie einen neuen Liebhaber, der kein Regierungsamt bekam und den sie nicht liebte – einfach, weil sie zu einem Leben allein nicht imstande war. Ihr Gefühlsleben aus jener Zeit ist teilweise bekannt, denn sie hat es in anrührenden Worten in einem Brief an Grigori Potemkin beschrieben, der ihre große Liebe war. Ihr Verhältnis mit ihm begann im Dezember 1773. Potemkin war bereits Generalleutnant im Heer und hatte sich im Krieg gegen die Türken ausgezeichnet. Wahrscheinlich war er damals vierunddreißig Jahre alt – zehn Jahre jünger als Katharina. Er war kühn, unternehmungslustig, einfallsreich, überheblich, witzig, klug und Stimmungen unterworfen. Ihrer beider Liebesbeziehung endete 1776, doch behielt er seine Ämter, was viele bei Hofe überraschte, hatten sie doch erwartet, Katharina werde ihn entlassen, als sie P. W. Sawadowski als neuen Liebhaber nahm. Doch blieb Potemkin die mächtigste Gestalt am Hofe und wirkte weiterhin als Katharinas Hauptberater und Vertrauter. Möglicherweise war er mit ihr verheiratet – man munkelte, eine religiöse Zeremonie habe stattgefunden –, doch wie auch immer sich das verhalten haben mag, sie vertraute ihm rückhaltlos. Vergleichen läßt sich seine Rolle an ihrer Seite mit der, die Graf Leicester neben Elisabeth I. von England spielte. Eine Herrscherin, wie fähig auch immer sie sein mag, braucht einen äußerst zuverlässigen Menschen, der ihre Heere befehligt und jemanden, der sich nicht gegen sie wendet (wie Graf Essex gegen Elisabeth). Katharina fand ihren Gehilfen in Potemkin, der bis zu seinem Tode 1791 an ihrer Seite die Bühne beherrschte.

Da seine Macht auf seine persönliche Beziehung zu Katharina zurückging, war Potemkin ein Günstling, doch darüber hinaus war er auch ein Staatsmann. Allerdings konnte es nicht ausbleiben, daß ihm andere Minister und hohe Beamte wegen seiner scheinbar grenzenlosen Macht und Autorität gram waren, ihm nicht gönnten, daß er mehr als jeder andere das Ohr der Kaiserin hatte, sich über Entscheidungen anderer hinwegsetzen konnte und für private wie auch für öffentliche Bedürfnisse Zugang zum Staatsschatz hatte. Höflinge mochten ihn fürchten, sie mochten ihn hassen, aber verachten konnten sie ihn nicht. (Zudem war er ein Mann von beachtlicher Bildung, der Rousseaus Gesamtwerk in seiner Bibliothek hatte, er blieb der russischen Kirche eng verbunden und schätzte alle exotischen Völker und Religionen.) Aus Katharinas Briefen an Grigori Potemkin und Peter Sawadowski wird deutlich, daß sie beide Männer leidenschaftlich liebte (und daß diese Liebe von beiden leidenschaftlich erwidert wurde), daß aber aus Gründen, die bisher niemand wirklich zu erkennen vermocht hat, die Beziehungen nicht von Dauer waren.

Doch die Günstlinge, die auf Sawadowski folgten (er wurde 1778 entlassen), trugen nicht zur Verbesserung von Katharinas Ansehen bei. Sie brauchte ihre Gegenwart nicht nur als Liebhaber, sondern auch als Menschen, die an ihrem geistigen und kulturellen Tun teilnehmen sollten. Doch nur zwei von ihnen, A. D. Lanskoj (1780–1784) und A. Dmitrijew Mamonow (1786-1789) scheinen hinreichend gebildet und imstande gewesen zu sein, Katharina die Zuneigung und Freundschaft zu geben, nach der sie sich als Frau sehnte. Der erstgenannte starb 1784 in ihren Armen, möglicherweise an Diphtherie, was ihr das Herz brach. Sie machte ihrem Kummer in einem Schreiben an Baron Grimm Luft:

»Als ich diesen Brief [am 7. Juni 1784] begann, war ich munter und fröhlich ... doch die Dinge haben sich [am 2. Juli] geändert ... und ich bin in tiefste Sorge versunken. Mein Glück ist dahin. Ich dachte, auch ich müsse über den unwiederbringlichen Verlust meines besten Freundes sterben, den ich vor gerade acht Tagen erlitt ... Mein Zimmer ist eine leere Höhle, in der ich mich wie ein Schatten umherschleppe ... Ich kann weder essen noch schlafen ...«

Lanskojs Tod zeigte Katharina auf dem Höhepunkt ihrer Menschlichkeit; sie arbeitete weiter, konnte es aber nicht ertragen, den Rest des Sommers in Zarskoje Selo zu verbringen oder das gewohnte Hofleben wieder aufzunehmen. Schließlich fand sie einige Monate darauf einen neuen Liebhaber.

Später verriet A. Dmitrijew Mamonow Katharinas Liebe auf andere Weise, indem er ein Verhältnis mit einer ihrer Ehrenjungfrauen begann. Tief verletzt entließ ihn die Kaiserin und verheiratete ihn. Je älter Katharina wurde, desto jünger wurden ihre Günstlinge, und obwohl sie keine herausragenden politischen Ämter bekamen, bedeutete ihre Nähe zur Kaiserin, daß man über sie private und auch korrupte Einflüsse geltend machen konnte.

Katharina begann inzwischen, ihr Alter zu spüren. Sie war sehr füllig geworden, blieb aber, folgt man der französischen Malerin, Madame Vigée Lebrun, voller Liebreiz; sie hatte schöne, sehr weiße Hände, und ihr weißes Haar umrahmte ein edles Gesicht. Doch verfügte sie nicht mehr über die Energie oder vielleicht auch nicht mehr über die Urteilskraft, abzuschätzen, welchen Schaden Platon Subow, ihr letzter Liebhaber, ihrem Ruf zufügte, obwohl der nicht ganz vorurteilsfreie Tagebuchverfasser Chrapowizki durchaus vermerkt, daß sie ungehalten über die Unfähigkeit war, mit der er seine öffentlichen Aufgaben erfüllte. Der künftige Kaiser Alexander I., der sich häufig in Gesellschaft seiner Großmutter aufhielt, machte kein Hehl aus dem Haß und der Verachtung, die er für ihren Günstling empfand.

Dennoch schrieb der bedeutende russische Historiker N. M. Karamsin, der sich vor allem mit der Korruption und der Vernachlässigung der öffentlichen Aufgaben in Katharinas letzten Jahren kritisch auseinandersetzt, in einer 1811 für Alexander I. verfaßten Denkschrift: »Bei einem Vergleich aller bekannten Epochen der russischen Geschichte würde praktisch jeder zustimmen, daß die Epoche Katharinas für Rußlands Bürger die glücklichste war; praktisch jeder hätte lieber in ihr als in jeder anderen gelebt.« Dieses Urteil steht in deutlichem Gegensatz zu den Aussagen einiger russischer Historiker des späten 19. Jahrhunderts, durch die sich die Historiker des Westens beeinflussen ließen. Die sowjetischen Historiker erklären einmütig, die Bauernschaft, insbesondere die Leibeigenen, seien unter Katharina II. immer stärker ausgebeutet worden, und zwar so sehr, daß man sich fragt, wieso einzelne am Leben geblieben sind. Viele zeitgenössische westliche Historiker haben sich diesen Urteilen angeschlossen, ohne das Material zu untersuchen, auf das sie sich stützten.

Selbstverständlich gab es sowohl Widerstand dagegen, daß sich Katharina des Throns bemächtigte, wie auch gegen das eine oder andere Merkmal ihrer Politik. Da waren einmal diejenigen, die wie die Brüder Woronzow (Alexander, der Präsident des Kommerzkollegiums, und in noch größerem Maße Simon, der altgediente Botschafter in England) im Jahre 1762 Peter III. unterstützt hatten und es Katharina nie verziehen, daß sie den Thron an sich gerissen und damit ihrer beider Schwester Elisabeth, die Geliebte Peters III., aus ihrer Position verdrängt hatte. Andere hatten angenommen, Katharina werde lediglich die Regentschaft für ihren achtjährigen Sohn Paul ausüben. Das galt vor allem für den Grafen Panin, der gehofft hatte, Vorteile aus seiner Stellung als Erzieher des jungen Großfürsten zu ziehen und in einem Regentschaftsrat eine Position von beträchtlicher Machtfülle zu bekommen.

Keinesfalls darf man aus dem Auge verlieren, wie wenig Widerstand es gegen den Absolutismus, die in Rußland herrschende Regierungsform, gab. Die Masse der Bevölkerung zweifelte nicht an der Legitimität der Regierung, ganz gleich, was einzelne gegen das eine oder andere Vorgehen einzuwenden zu haben mochten. Die Regierung arbeitete weitgehend als Gemeinschaftsunternehmen von Adel, Stadtbevölkerung und Krone, und die politische Schicht in jenem weitgehend analphabetischen und materiell noch sehr zurückgebliebenen Land war winzig. Dieser und jener mochte bestimmte politische Entscheidungen kritisieren, doch bot das in Rußland herrschende politische System keine offizielle Möglichkeit für Gruppen, sich mit gemeinsamen Programmen zusammenzuschließen. Lediglich einige Magnaten konnten kleine Gruppen von ihnen unterstützter und geförderter Gleichgesinnter um sich scharen. Damit ist die Bedeutung der Günstlinge und der hochrangigen Minister wie Fürst A. A. Wjasemski oder

Alexander Woronzow erklärt. Sie alle wurden reich (oder vergrößerten ihren Reichtum), und Katharinas Günstlinge wurden gesellschaftlich hoch erhoben. Adlige, die nach Höherem strebten, schlossen sich dem einen oder anderen der Magnaten an, solange dieser jeweils die Gunst der Herrscherin genoß.

Die wichtigste Klientel bildete sich Zeit seines Lebens um Potemkin, und eine äußerst einflußreiche Gruppe aus Höflingen und hohen Beamten, die Potemkin erbittert gegenüberstand, scharte sich um den Grafen Nikita Panin, bis zu seiner Entlassung im Jahre 1781 Außenminister und Erzieher des Großfürsten (er starb 1783). Auch nach Panins Entlassung hielt diese Gruppe eine Weile im Umfeld des Großfürsten zusammen. Einmal entwarfen sogar einige ihrer Mitglieder, unter ihnen vor allen der Dramenautor Denis Fonwisin, Pläne für eine Änderung der Verfassung des Landes, die der Großfürst bei seiner Thronbesteigung als Kaiser in die Wirklichkeit umsetzen sollte. Damit hätte Rußland statt einer Despotenherrschaft eine richtige Monarchie besessen und wäre ein Land geworden, in dem sich der Herrscher nach Prinzipien richtete, die in »Grundgesetzen«, die er selbst nicht ändern konnte, festgelegt gewesen wären. Als es aber zum Schwur kam, erwies sich Paul als einer der despotischsten Herrscher, die Rußland je erlebt hat, und diese Pläne kamen erst viel später ans Licht, nämlich unter Alexander I. Eher fand diese Art geheimer Verfassungskritik an Katharinas Herrschaft Ausdruck in Oden an den Großfürsten oder in Fabeln wie der von »Kallisthenes«, die Fonwisin 1786 veröffentlichte und in der Alexander der Große zwischen dem tugendhaften Rat eines Moralphilosophen und den willkürlichen und keinen Grundsätzen unterliegenden Launen eines Günstlings zu wählen hat. Dabei entscheidet er sich für letztere und verdammt den Philosophen zu einem grausamen Tod. Zu jener Zeit scheint diese Art mittelbarer Kritik Katharina kaltgelassen zu haben, wenn sie auch Fonwisin möglicherweise bei seinem Versuch, 1788 eine Zeitschrift zu gründen, nicht besonders genützt hat.

Von den beiden ernsthaftesten Plänen, die sich gegen Katharina als Usurpatorin richteten und die vorsahen, den einstigen Kaiser Iwan VI. wieder auf den Thron zu bringen, wurde bereits gesprochen (vgl. Kap. 1). In den folgenden Jahren kam es zu mehreren Adelsverschwörungen, hauptsächlich von Offizieren der Garderegimenter. In manchen Fällen handelte es sich einfach um Offiziere, die erwartet hatten, daß Paul zum Kaiser ausgerufen und Katharina als Regentin fungieren würde; andere waren als Reaktion auf das Gerücht zu verstehen, sie beabsichtige, Grigori Orlow zu heiraten. Zwischen 1762 und 1772 ging die Geheime Kanzlei mehreren Hinweisen auf Verschwörungen nach. Manche waren Meutereien einfacher Soldaten, die Paul zum Kaiser ausrufen wollten, viele aber stellten sich als Gewäsch sehr junger unzurechnungsfähiger Männer heraus, die zu tief ins Glas geschaut hatten. Dennoch nahm Katharina derlei sehr ernst, und die meisten Beteiligten endeten in Sibirien, teils als Zwangsarbeiter, teils als Zwangsansiedler.

Was Katharina besonders aufbrachte, war, daß jeder, der eine Verschwörung gegen sie plante, in Gestalt ihres Sohnes über einen Thronanwärter verfügte. All diese Befürchtungen vereinigten sich in den frühen siebziger Jahren. Widersetzliches Gerede unter den Angehörigen der Garderegimenter, die unzufrieden waren, weil gerüchtweise verlautete, man wolle den Leibeigenen die Freiheit geben (»Und wovon sollen wir dann leben?«), oder man habe einen Offizier festgenommen, weil er einen Feldwebel geschlagen hatte (»Früher wurde kein

Offizier ohne persönlichen Befehl des Zaren festgenommen!«), und verschiedene ähnliche Vorfälle schienen auf eine aufrührerische Stimmung unter dem in den Garderegimentern dienenden Kleinadel hinzuweisen. Die Verschwörer hatten nicht unterlassen, in ihren verworrenen Reden darauf hinzuweisen, daß Paul (der 1772 das achtzehnte Lebensjahr vollendet hatte) inzwischen volljährig sei und man mithin erwarten könne, daß Katharina den Thron aufgebe und ihn herrschen lasse. Beunruhigend war auch, daß Pugatschow 1773/74 Pauls Namen verwendet hatte, obwohl er in diesem Zusammenhang keine wirkliche Bedrohung bedeutete, hatte doch Pugatschow die Wiedereinsetzung von »Peter III.« auf seine Fahnen geschrieben.

Katharina unternahm verschiedene Schritte, um die Situation zu retten. Als erstes erkannte sie Pauls Volljährigkeit an, indem sie ihn verheiratete. Das geschah im September 1773. Die Braut war eine Prinzessin von Hessen-Darmstadt, die nicht Russisch lernte, wohl aber flirtete, intrigierte und Schulden machte. Zwei Jahre nach der Eheschließung starb sie im Kindbett, und man besorgte dem Großfürsten eine zweite Gattin. Pauls Verheiratung gab Katharina die Möglichkeit, die Bande zwischen ihm und dem Grafen Nikita Panin zu durchtrennen, der nach wie vor Erzieher und Hofmeister des Großfürsten war. Da Panin nunmehr nicht mehr im Palast leben konnte und den ihm anvertrauten jungen Großfürsten nicht mehr täglich sah, war er nicht mehr imstande, systematisch Katharinas Politik vor diesem herabzusetzen, und konnte auch Pauls politisches Urteil nicht mehr steuern. Allerdings hatte er in seinem jungen Schüler bereits die Saat einer grenzenlosen Bewunderung für Friedrich II. von Preußen gelegt.

Gleichzeitig hatte Katharina 1773 die Möglichkeit, diesmal gemeinsam mit Panin, die Übergabe des Herzogtums von Holstein-Gottorp, das Paul von seinem Vater geerbt hatte, an den dänischen König in die Wege zu leiten. Dänemark hatte stets Ansprüche darauf erhoben, und gern hatte Katharina einen Vertrag abgeschlossen, der dafür sorgte, daß ihr Sohn es verlor, hätte er doch mit dem Herzogtum einen Stützpunkt außerhalb Rußlands gehabt, wohin er sich hätte flüchten und von dem aus er im Fall eines Bruchs mit seiner Mutter gegen sie hätte vorgehen können. Die Vertragsverhandlungen hatten schon 1767 stattgefunden, doch mit der Ratifizierung mußte man bis zum Eintritt von Pauls Volljährigkeit warten. Nunmehr wurde Holstein-Gottorp gegen das Herzogtum Oldenburg und die Grafschaft Delmenhorst getauscht, die dann an einen Angehörigen der jüngeren Gottorpschen Linie abgetreten wurden. Gerade zu jener Zeit aber hatte es Katharina mit einer Verschwörung zu tun, die darauf drängte, daß Paul auf seinen Rechten bestand. An ihrer Spitze stand Graf Saldern, der Mann, der in ihrem Namen die Verhandlungen über den Gebietstausch von Holstein führte. Die Einzelheiten dieser Verschwörung wurden nie bekanntgegeben, und obwohl Saldern zweifellos von den Dänen bestochen war, scheint er auch aus eigenem Antrieb gehandelt zu haben. Er verließ Rußland, um nie wiederzukehren. Um Paul Gerechtigkeit widerfahren zu lassen, muß man aber auch hinzufügen, daß er nie einen Versuch zur Entthronung seiner Mutter unterstützt hat, obwohl er sich mündlich oft sehr kritisch gegen ihre Politik äußerte und sich ihren außenpolitischen Plänen bisweilen widersetzte.

Im Rückblick könnte sich ein Historiker ohne weiteres zu der Annahme verlockt fühlen, die Jahre 1771–1774 seien die schwierigsten und gefährlichsten in Katharinas gesamter Regierungszeit gewesen. Hätte die Pest 1771 weiterhin in Moskau gewütet; wäre es Pugatschow gelungen, die Flamme des Aufruhrs bis in die Mitte des Landes zu tragen; wäre Rußland obendrein von den Türken besiegt worden – hätte sie gestürzt werden können. Doch ihr Glück war von Dauer, und sie fand mitten in dieser ungeheuren Krise den Mann – Potemkin –, der ihr als Frau und als Herrscherin Selbstvertrauen schenkte. Seit dem Friedensschluß von Kütschük Kainardschi im Juli 1774 war ihre Autorität als Kaiserin unangefochten.

Wahrscheinlich hat es mehr Menschen gegeben, die sich kritisch gegen Katharinas Politik aussprachen, als wir je erfahren werden. Da es keine freie Presse gab, ja, mit Ausnahme der Zeitungen der Regierung gar keine, ist es sehr schwierig, etwas über die öffentliche Meinung zu erfahren, und man muß sich auf Memoiren, Briefe und diplomatische Mitteilungen stützen, die von häufig voreingenommenen oder schlecht informierten Ausländern stammten. Im allgemeinen scheint sich Widerstand gegen Katharinas Politik – sieht man einmal von dem ab, der aus den Kreisen enttäuschter Höflinge kam, die sich im Wettlauf um die als wohlverdient erwartete Beförderung übergangen fühlten – auf Fragen der Außenpolitik und den Krieg konzentriert zu haben, dem sich viele widersetzten, wie auch auf die Rolle, die Katharinas Günstlinge in der Regierung spielten (hier vor allem Grigori Potemkin), waren diese doch bei allem, was sie taten, ausschließlich der Kaiserin Rechenschaft schuldig.

Besborodko und einige der anderen Minister Katharinas unterstützten die Annexion der Krim nachdrücklich. In den achtziger und neunziger Jahren gab es mit Sicherheit eine Kriegspartei, die den Erwerb der Steppen im Süden und polnischer Gebiete unterstützte. Viele Adlige sahen in einer solchen Landnahme Rußlands Möglichkeiten, für sich selbst Güter oder Ländereien zu bekommen.

Doch ganz abgesehen von den Erwägungen, ob Rußland wachsen mußte oder ob eine Expansion um der Expansion willen zu den moralischen Grundsätzen eines gerechten Krieges gehörte, die manch Adliger angewendet wissen wollte, war der Verlust von Arbeitskräften durch die Aushebung von Leibeigenen im Krieg und infolge Potemkins Politik, flüchtigen Leibeigenen Schutz zu gewähren, damit die leeren Länder im Süden bevölkert wurden, vielen Adligen ein Dorn im Auge. Selbstverständlich läßt sich nicht sagen, in welchem Ausmaß die Opposition gegen Katharinas Expansionspolitik in Wirklichkeit eine verhüllte Opposition gegen Person und Macht ihres Günstlings sowie gegen die von ihm im Heer durchgeführten Reformen war. Es gibt Hinweise darauf, daß es sich so verhielt, denn auch diese Opposition kristallisierte sich um den Großfürsten Paul, der Potemkin haßte. Nicht nur mißbilligte er dessen Politik als Präsident des Kriegskollegiums, er sprach sich auch dagegen aus, daß dieser die Zahl der leichtbewaffneten Kavallerieregimenter erhöhte und die Uniformen der Soldaten vereinfachte, damit sie weniger unbequem waren. Ein Historiker hat behauptet, im Buch »Reise von Sankt Petersburg nach Moskau«, für das sein Autor Radischtschew zu zehn Jahren Verbannung nach Sibirien verurteilt wurde, sei weit eher ein Angriff gegen die unfähige und korrupte Führung des Krieges von 1787–1791 durch Potemkin als ein solcher gegen die Leibeigenschaft zu sehen. In Wirklichkeit, heißt es, sei Radischtschew wegen Aufruhrs in Kriegszeiten vor Gericht gestellt worden und nicht so sehr wegen seiner revolutionären Ansichten in der Frage der Leibeigenschaft.

Man darf ohne weiteres annehmen, daß es weitere Kritiker der Rolle der Günstlinge und von Katharinas Politik gab, doch sie äußerten sich nicht öffentlich. Fürst

M. M. Schtscherbatow schrieb 1787 »Über die Verderbtheit der Sitten in Rußland«, doch zum erstenmal veröffentlicht wurde das Werk erst 1859 in London von Alexander Herzen. Schtscherbatow war ein verärgerter Angehöriger des Hochadels, der die Meinung vertrat, er habe nicht die Position erreicht, die ihm zustehe, obwohl sich Katharina ihm gegenüber äußerst großzügig verhalten hatte. In seinem Buch griff er den Materialismus, die Korruption und die Unmoral an, die seit Peter I. am russischen Hof herrschten und verglich sie mit der Einfachheit Rußlands im 17. Jahrhundert. Er warf der Kaiserin willkürliches und despotisches Auftreten vor, und »obwohl sich ihre Jahre neigen, graues Haar ihren Kopf bedeckt und die Zeit ihre Stirn mit dem unauslöschlichen Zeichen des Alters versehen hat, nimmt ihre Lüsternheit nicht ab«. Es wäre sicherlich nicht möglich gewesen, diese Kritik am öffentlichen und privaten Leben russischer Herrscher des 18. Jahrhunderts zu Lebzeiten eines von ihnen zu veröffentlichen, denn Schtscherbatow nahm dabei kein Blatt vor den Mund. Selbst heute würde ein solcher Angriff gegen einen lebenden Menschen zweifellos den Tatbestand der üblen Nachrede erfüllen.

Auf der anderen Seite liefern die Erhebung der »abkommandierten« Bauern im Ural 1763/64 und der von Pugatschow angeführte Aufstand 1773/74 einen klaren Hinweis darauf, daß unter Kosaken, Staatsbauern, Industriebauern und in Privatbesitz befindlichen Leibeigenen weithin Unzufriedenheit über bestimmte politische Maßnahmen der Regierung herrschte. Doch schlossen sich die Unzufriedenen gewöhnlich nicht zu einer einzigen Widerstandsgruppe zusammen; normalerweise bildeten sie in der Bauernschaft Gruppen, denen es jeweils um einzelne Fragen ging und die darauf bedacht waren, der Tyrannei eines bestimmten Grundherrn zu entrinnen. Überdies war die Unzufriedenheit unter den Bauern Bestandteil einer weit verbreiteten Auflehnung gegen den neuzeitlichen Staat, der Steuern wollte, Männer zum Dienst im Heer (oder, schlimmer noch, bei der Marine) einzog, statt sie friedlich ihre Scholle beackern zu lassen, ohne daß sich Beamte, Offiziere oder Grundherren zwischen sie und einen wohlmeinenden Zaren stellten. Dieser Haß aber gewann gewöhnlich keine feste Gestalt.

Ein Aspekt der Opposition gegen Katharina war bisher weit weniger gut belegt. Manche Angehörigen der kirchlichen Hierarchie, beispielsweise der Metropolit Platon von Moskau, aber auch einige der eher spießigen Adligen – von denen es viele gab – wie auch die Moskauer Freimaurer, kreideten es der Kaiserin übel an, daß sie die Vorschriften gelebter Moral so offen mißachtete – was man zu jener Zeit bei einem Mann hinnahm, bei einer Frau jedoch keinesfalls verzeihen konnte – und damit ein schlechtes Beispiel lieferte. Katharinas Privatleben stand im scharfen Gegensatz zum offenkundigen häuslichen Glück des Großfürsten Paul (er verhielt sich unauffälliger). Man warf ihr vor, mit ihrem Beispiel junge Menschen und das Familienleben zu korrumpieren, und der russische Hof, vor allem in späteren Jahren, wetteiferte in seiner Sittenlosigkeit mit der französischen Gesellschaft oder Englands großen Libertins, wobei der Anstand in der Öffentlichkeit stets gewahrt blieb.

Weiter unten auf der gesellschaftlichen Stufenleiter gab es beträchtlichen Widerstand gegen die Säkularisierung von Kirchengütern durch Katharina, gegen die Schließung zahlreicher Mönchs- und Nonnenklöster und die Konzentration von deren Bewohnern in einer geringeren Zahl größerer Einrichtungen. Angehörige des örtlichen Kleinadels und Stadtbewohner verlangten, auf eigene Kosten kleine Klöster betreiben zu dürfen, die sie häufig einst selbst gestiftet hatten und die ihren Ehefrauen und Schwestern als Zuflucht dienten. Bisweilen wurden solche Bitten gewährt. Inoffiziell gründeten Frauengruppen in Provinzstädten sich selbst tragende »Frauengemeinschaften«, in denen Frauen ein geregeltes religiöses Leben führen und gute Werke tun konnten, ohne nach außen hin als Nonnen zu gelten. Was man als die konservative Opposition gegen Katharinas »Politik der Aufklärung« bezeichnen könnte, bedarf der weiteren Untersuchung.

Es ist gegenwärtig noch zu früh, ein abgewogenes Urteil über die Auswirkung von Katharinas Herrschaft auf Rußland zu fällen und eine gesicherte Deutung ihrer Politik zu liefern. Die Untersuchungen darüber sind in der UdSSR so viele Jahre vernachlässigt worden, daß bis auf den heutigen Tag zahlreiche Aspekte von Rußlands Regierung gänzlich ununtersucht geblieben sind. Um nur einige davon zu nennen: Man weiß nahezu nichts über das Wirken der 1775 eingesetzten Gerichte; weder ist etwas über das Wirken der Provinzversammlungen des Adels und der Stadtversammlungen noch über die Aktivitäten der Kämmereien bekannt; weder über die Aktivitäten der Landschaftsordner (*semski isprawnik*) noch über die Gesellschaftsschicht, der sie entstammten. Auch weiß man nichts über die Ausbeutung kleiner landwirtschaftlicher Güter im Besitz von Adligen oder über die Dörfer von Staatsbauern. Einige dieser Themen wurden in allgemeineren Werken mitbehandelt, doch gibt es bisher keine systematische Untersuchung der Wirkungsweise bestimmter Institutionen. Wir verfügen lediglich über eine sehr geringe Zahl von Biographien der Staatsmänner und Minister, die an Katharinas Seite arbeiteten, und keine von ihnen erreicht das Niveau, das man im Westen für Biographien von beispielsweise William Pitt, Charles James Fox oder Choiseul voraussetzt. Auch gibt es keine Untersuchungen von

Kaufmannsdynastien, welche die Entwicklung von Handel und Industrie erhellen könnten.

Lange herrschte die Ansicht vor, Katharina sei so dringend auf die Unterstützung des Adels angewiesen gewesen, um sich auf dem Thron halten zu können, daß sie die Macht des Adels über die Leibeigenen mit voller Absicht stärkte und so regierte, daß die Beherrschung und Ausbeutung der menschlichen und materiellen Mittel des Landes durch den Adel gefestigt wurde. Diese Theorie findet sich auch noch in einigen neueren Darstellungen ihrer Politik, stößt aber nicht mehr auf allgemeine Zustimmung. Im Licht der hauptsächlich von britischen und amerikanischen Historikern durchgeführten Untersuchungen läßt sich jetzt besser erkennen, was die Kaiserin zu erreichen trachtete und welchen Hindernissen sie sich dabei gegenübersah. Vom Temperament her, aber auch, weil sie sich darüber klar war, daß sie keinen legitimen Anspruch auf den Thron hatte, wollte sie sich im Geist des von der Aufklärung modifizierten deutschen Kameralismus als Reformerin beweisen. Ihr Vorgehen wurde der russischen (und europäischen) Öffentlichkeit in die Sprache der Aufklärung gekleidet vorgestellt, doch lag zwischen ihren Zielen und dem, was sie erreichte, eine beträchtliche Kluft. Diese Diskrepanz zwischen den Worten, in denen sie ihre Ziele und Hoffnungen formulierte, und der Leistung der von ihr geschaffenen Institutionen hat ihr den Vorwurf der Heuchelei eingetragen. Doch war sie keine Heuchlerin. Sie war von ihren Reformen überzeugt, mußte aber mit den Menschen arbeiten, die ihr zur Verfügung standen, und es besteht kein Zweifel daran, daß die meisten der Beamten, auf die sie sich stützen mußte, ihre Erwartungen nicht erfüllten, auch wenn sie manchen bedeutenden Verwaltungsfachmann fand. Waren ihr diese Unzulänglichkeiten bekannt? Drückte sie ihnen gegenüber ein Auge zu? Wir vermögen das noch nicht zu sagen. Es bleibt jedoch wahr, daß Katharina als erster Herrscher Rußlands eine Gesetzgebung schuf, die gleichermaßen die Rechte des Adels insgesamt wie auch die der Stadtbewohner und die Bürgerrechte der freien Landbevölkerung festlegte. Adel, Stadtbewohner und freie Bauern bekamen einen rechtlichen Rahmen zugewiesen, in den sich diese Rechte fassen ließen. Sie war auch der erste Herrscher, der jemals besondere Gerichte einsetzte, zu denen die Staatsbauern Zutritt hatten und vor denen sie gegen Kaufleute und Adlige klagen konnten und das auch taten. Während Katharinas Herrschaft bekam der einzelne – sofern er nicht Leibeigener oder Soldat war – einen größeren Freiraum, eine größere Verantwortung, mehr Sicherheit und mehr Würde. Eine Zeitlang entrann eine immer diversifiziertere russische Gesellschaft dem übermächtigen Druck der Militarisierung, die Peter I. ihr auferlegt hatte und Paul I. wieder einführte.

Katharina stärkte die Macht des Adels über die Leibeigenen ebensowenig, wie sie aus vielen russischen Staatsbauern Leibeigene in Privathand gemacht hat. Wie wir wissen, befreite sie die Leibeigenen nicht und unternahm auch keinen Versuch, die Beziehungen zwischen ihnen und den Grundherren gesetzlich zu regeln. Sie war sich ihres Thrones nicht sicher genug, als daß sie eine Politik hätte durchsetzen können, die sie in Widerspruch zur gesamten politischen Elite des Landes im Adel wie auch unter der Stadtbevölkerung gesetzt hätte. Sie besaß nicht genug Machtmittel, um eine Politik durchzusetzen, die von eben den Menschen hätte verwirklicht werden müssen, die aus dem status quo ihren Nutzen zogen. Man sollte sie aber nicht ausschließlich nach diesem Kriterium beurteilen.

Im Unterschied zu Peter I., der einer zögernden Gesellschaft seine Politik aufzwang, ohne sich um die menschlichen Opfer zu kümmern, war Katharina keine Revolutionärin. Sie achtete auf die öffentliche Meinung, wie sie zu Diderot sagte: »Was ich nicht zu stürzen wage, untergrabe ich.« Ihre absolute Autorität ruhte, wie ihr wohl bewußt war, auf ihrem Gefühl dafür, was sich durchsetzen ließ.

Nach Potemkins Tod 1791 und nachdem Ende der achtziger und Anfang der neunziger Jahre viele ihrer altgedienten Minister aus dem Leben der Kaiserin verschwanden, umgaben sie minderbedeutende Männer. Es gab in den Provinzen durchaus noch viele bemerkenswerte Gouverneure, doch die neuen Männer, die Positionen in der Zentralregierung übernahmen, waren unerfahren und charakterschwach. Katharina selbst litt darunter, daß ihr Horizont mit zunehmendem Alter enger wurde, gerade zu einer Zeit, als die Stürme der Französischen Revolution in ganz Europa tobten. Sie war müde und konnte Ereignisse und Menschen nicht mehr beherrschen. Im September 1796 brach der junge schwedische König Gustav IV. Adolf die Verhandlungen wegen einer Eheschließung mit Katharinas Enkelin über der Frage von deren Übertritt zum lutherischen Glauben ab. Angesichts dieser öffentlichen Kränkung erlitt die Kaiserin einen leichten Schlaganfall. Auf ihn folgte ein schwerer Anfall, der sie am 16. November in ihrem Gemach überraschte. Sie starb am 17. November, ohne noch einmal das Bewußtsein erlangt zu haben. Mit den Worten eines zeitgenössischen amerikanischen Historikers, J. P. LeDonne, bleibt sie »das großartigste Geschenk Deutschlands an ihre Wahlheimat«.

Biographische Anmerkungen

Mit voller Absicht wurden diesem Buch keine Fuß- oder Endnoten beigegeben, da es eher einen einführenden Überblick als eine wissenschaftliche geschichtliche Darstellung liefern soll. Dennoch darf es, so hoffe ich, Anspruch auf Wissenschaftlichkeit erheben, und jede darin gemachte Aussage geht auf Dokumente oder die Arbeit anderer Wissenschaftler zurück. Die Belege wurden vielfältigen Quellen entnommen: in Rußland und der Sowjetunion veröffentlichten Sammlungen; Monographien russischer Historiker aus der Zeit vor der Revolution wie auch solchen sowjetischer Historiker; außerdem der umfangreichen monographischen Literatur, die in den rund fünfundzwanzig vergangenen Jahren in Europa und Amerika veröffentlicht wurde. Daher ist es hier angezeigt zu vermerken, wie sehr ich einer Anzahl von Wissenschaftlern zu Dank verpflichtet bin, auf deren Arbeiten ich mich gestützt habe und die ich meine Freunde nennen darf: Prof. J. T. Alexander, Dr. R. Bartlett, Prof. A. G. Cross. Dr. P. Dukes, Prof. David Griffiths, Dr. J. M. Hartley, Dr. Gareth Jones, Prof. R. E. Jones, Prof. J. H. L. Keep, Prof. G. Marker, Prof. Brenda Meehan Waters, Prof. George Munro, Dr. Jennifer Newman, Prof. K. Papmehl, Dr. Pia Pera, Prof. M. Raeff, Prof. D. Ransel und Dr. W. J. Ryan. Auch habe ich die Werke anderer, mir nicht persönlich bekannter, Wissenschaftler verwendet; sie finden sich in der nachstehenden Bibliographie.

Einen allgemeinen Überblick über Katharinas Regierungszeit liefert mein auf dem neuesten Stand befindliches Werk *Russia in the Age of Catherine the Great* (Rußland im Zeitalter Katharinas der Großen), Weidenfeld & Nicolson, London, 1981, das eine umfangreiche Bibliographie russischer Arbeiten aus der Zeit vor der Revolution sowie solchen aus der UdSSR und dem Ausland enthält. Eine zusätzliche nützliche bibliographische Untersuchung findet sich in P. Clendenning und R. Bartlett, *Eighteenth-Century Russia: A Select Bibliography of Works Published since 1955* (Rußland im 18. Jahrhundert: eine Auswahl-Bibliographie seit 1955 veröffentlichter Werke), Oriental Research Partners, Newtonville, Mass., 1981.

Ich habe nicht die Absicht, hier die vollständige Bibliographie erneut aufzuführen, die ich früher veröffentlicht habe. Seit die beiden oben genannten Werke 1981 veröffentlicht wurden, sind viele weitere wissenschaftliche Beiträge zu Katharina erschienen, vor allem in Großbritannien und den Vereinigten Staaten. Ich werde im nachstehenden alle Bücher und Artikel aufführen, die ich für dies Buch verwendet oder aus denen ich zitiert habe, eine Auswahl seit 1981 veröffentlichter Arbeiten, sowie einige, die Lesern von Nutzen sein könnten, welche einer bestimmten Frage weiter nachzugehen wünschen.

Eine kurze Liste weiterer Werke in englischer Sprache folgt. Zur jungen Katharina vgl. J. T. Alexander, *Catherine the Great – Life and Legend* (Katharina die Große – Leben und Legende), Oxford University Press, 1989 (Katharinas Beschreibung durch Macartney auf p. ‹205› ist danach zitiert); M. Raeff, »The Domestic Policies of Peter III and His Overthrow« (Die Innenpolitik Peters III. und sein Sturz), *American Historical Review*, LXV, Nr. 5, Juni 1970,

1289–1310; Fürstin E. R. Daschkow, *Memoirs*, Hg. K. Fitlyon, John Calder, London, 1958. Zu Fragen der russischen Gesellschaft vgl. M. Raeff, *The Origin of the Russian Intelligentsia: The Eighteenth Century Nobility* (Die Ursprünge der russischen Intelligenzschicht: der Adel im 18. Jahrhundert), Harcourt Brace and World, New York, 1966; J. M. Hittle, *The Service City: State and Townsmen in Russia, 1600–1800* (Die Dienstleistungsstadt: Staat und Stadtbewohner in Rußland, 1600–1800), Harvard University Press, Cambridge, Mass., 1979; vgl. auch J. T. Alexander, *Bubonic Plague in Early Modern Russia: Public Health and Urban Disaster* (Die Pest im Rußland der frühen Neuzeit: öffentliche Gesundheit und Katastrophe im Leben der Städte), Johns Hopkins University Press, Baltimore und London 1980, das weit mehr behandelt als lediglich die näheren Umstände der Pest; zur Frage der Bauernschaft vgl. J. Blum, *Lord and Peasant in Russia from the Ninth to the Nineteenth Century* (Herr und Bauer in Rußland vom 9. bis ins 19. Jahrhundert), Princeton University Press, 1961 sowie mein eigenes »Catherine II and the Serfs: A Reconsideration of Some Problems« (Katharina II. und die Leibeigenen: eine Neubewertung einiger Schwierigkeiten) in *Slavonic and East European Review*, 52, Nr. 126, Januar 1974, 34–62. Peter Kolchin zieht in *Unfree Labor: American Slavery and Russian Serfdom* (Unfreie Arbeit: die Sklaverei Amerikas und die Leibeigenschaft Rußlands), Harvard University Press, Cambridge, Mass., 1987, aus einem Vergleich zwischen Leibeigenschaft und Sklaverei einige aufschlußreiche Folgerungen. »The Administration of the Borderlands« (Die Verwaltung der Grenzgebiete), Teil V von J. P. LeDonnes *Ruling Russia – Politics and Administration in the Age of Absolutism, 1762–1796* (Die Beherrschung Rußlands – Politik und Verwaltung im Zeitalter des Absolutismus, 1762–1796), Princeton University Press, 1984, beschäftigt sich mit den östlichen und südlichen Grenzgebieten Rußlands.

Die offizielle zeitgenössische Übersetzung von Katharinas der »Großer Instruktion« oder *nakas* ins Englische ‹dt.?› wurde in *Documents of Catherine the Great. The Correspondence with Voltaire and the Instruction of 1767 in the English text of 1768* (Dokumente Katharinas der Großen. Der Briefwechsel mit Voltaire und die Instruktion von 1767 im englischen Text des Jahres 1768), erneut abgedruckt, Hg. W. F. Reddaway, Cambridge University Press, 1931, Nachdruck 1971; eine zweite, ebenfalls aus dem 18. Jahrhundert stammende, englische ‹dt.?› Fassung mit einem nützlichen einleitenden Artikel, der über Quellen sowie Deutungen der »Instruktion« aus der Zeit vor und nach der Revolution verfügt, wurde von P. Dukes unter dem Titel veröffentlicht *Russia under Catherine the Great, Bd. II, Catherine the Great's Instruction (NAKAZ) to the Legislative Commission, 1767* (Rußland unter Katharina der Großen, Bd. II, Die Instruktion [NAKAS] Katharinas der Großen an die Gesetzgebende Versammlung, 1767), Oriental Research Partners, Newtonville, Mass., 1977. Zur Gesetzgebenden Versammlung vgl. auch vom selben Verfasser *Catherine the Great and the Russian Nobility: A Study Based on the Materials of the Legislative Commission of 1767* (Katharina die Große und der russische Adel: eine auf Materialien des Gesetzgebenden Ausschusses von 1767 gestützte Untersuchung), Cambridge University Press, 1967. Einzelheiten zum Versuch des Jahres 1762, Katharinas Macht zu beschneiden, finden sich in M. Raeff, *Plans for Political Reform in Imperial Russia, 1730–1905* (Pläne zur politischen Reform im kaiserlichen Rußland, 1730–1905), Prentice Hall, Englewood Cliffs, NJ, 1966. Einige der Schwierigkeiten der Übersetzung politischer Begriffe ins Russische finden sich in meinem *»Autocracy and Sover-*

eignty« (Selbstherrschaft und Souveränität), *Canadian American Slavic Studies*, 16, Nr. 3/4, Herbst/Winter 1982, 369–387.

Sehr wenig Neues ist in jüngster Zeit über den Ersten und Zweiten Türkischen Krieg, die Bewaffnete Neutralität, die Annexion der Krim oder die Teilungen Polens veröffentlicht worden. Zu den Beziehungen Rußlands mit Schweden vgl. M. Roberts, *British Diplomacy and Swedish Politics 1758–1773* (Britische Diplomatie und schwedische Politik 1758–1773), University of Minneapolis Press, 1980.

Einzelheiten zur Krise der siebziger Jahre des 18. Jahrhunderts finden sich in J. T. Alexander, *Emperor of the Cossacks* (Kaiser der Kosaken), Coronado Press, Lawrence, Kansas, seinem *Autocratic Politics in a National Crisis: The Imperial Government and Pugatchev's Revolt* (Autokratische Politik in einer nationalen Krise: die kaiserliche Regierung und der Pugatschow-Aufstand), Indiana University Press, 1969, sowie in seinem *Bubonic Plague in Early Modern Russia: Public Health and Urban Disaster* (s. vorn). Eine ausgezeichnete literarische Darstellung der Revolte liefert der Dichter Alexander Puschkin in seiner Erzählung »Die Hauptmannstochter«.

Die unveröffentlichte Dissertation von Dr. Janet M. Hartley, *The Implementation of the Laws Relating to Local Administration with Special Reference to the Guberniya of St Petersburg* (Die Durchsetzung der Gesetze für die Lokalverwaltung mit besonderer Berücksichtigung des Gouvernements Sankt Petersburg), University of London, 1980, wirft ein neues Licht auf die Reformen der Jahre 1775 und 1785. Die Reform der Lokalverwaltung wurde auch von R. E. Jones, *Provincial Development in Russia: Catherine II and Jacob Sievers* (Die Entwicklung der Provinzen in Rußland: Katharina II. und Jakob Sievers), Rutgers University

Press, New Brunswick, NJ, 1984, behandelt; und in etwas eigenwilliger Weise von J. P. LeDonne in *Ruling Russia: Politics and Administration in the Age of Absolutism, 1762–1796* (Herrschaft über Rußland – Politik und Verwaltung im Zeitalter des Absolutismus, 1762–1796), dem man die Vorgehensweise M. Raeffs in *The Well-Ordered Police State: Social and Institutional Change through Law in the Germanies and Russia, 1600–1800* (Der wohlgeordnete Polizeistaat: gesellschaftliche und institutionelle Veränderungen durch Gesetz in den deutschen Ländern und Rußland, 1600-1800), Yale University Press, 1983, entgegenstellen kann. Vgl. dazu J. M. Harleys Artikel: *Catherine's Conscience Court – an English Equity Court?* (Katharinas Gewissensgericht – ein Equity Court nach englischem Recht?) in *Russia and the West in the Eighteenth Century* (Rußland und der Westen im 18. Jahrhundert), Hg. A. G. Cross, Oriental Research Partners, Newtonville, Mass., 1983, sowie ihr *Philanthropy in the Reign of Catherine II: The Theory and the Practice* (Philanthropie unter der Herrschaft Katharinas II.: Theorie und Praxis) in *Russia in the Age of the Enlightenment – Essays for Isabel de Madariaga* (Rußland im Zeitalter der Aufklärung – Festschrift für Isabel de Madariaga), Hg. Janet M. Hartley und Roger Bartlett, Macmillan, London, 1990. Von grundlegender Bedeutung zur Frage Katharina und Blackstone ist M. Raeffs *The Empress and the Vinerian Professor* (Die Kaiserin und der Professor der Vinerschen Stiftung), *Oxford Slavonic Papers*, VII, 1974, 18–40. Zur Abschaffung der Folter vgl. auch mein eigenes *Penal Policy in the Age of Catherine II* (Die Politik der Strafe im Zeitalter Katharinas II.) in *La »Leopoldina«, Criminalità e Giustizia Criminale nelle Reforme del Settecento Europeo* (Die »Leopoldina«, Straftaten und Strafrecht in den europäischen Reformen des 18. Jahrhunderts), Università degli Studi di Siena.

G. Marker hat in *Publishing, Printing and the Origins of Intellectual Life in Russia* (Verlagswesen, Druckereien und der Ursprung des geistigen Lebens in Rußland), Princeton University Press, 1984, neues Licht auf das geistige Leben Rußlands im 18. Jahrhundert geworfen, vgl. dazu auch W. Gareth Jones, *Nikolay Novikov: Enlightener of Russia* (Nikolaj Nowikow: Aufklärer Rußlands), Cambridge University Press, 1984, sowie Charles A. Moser, *Denis Fonvizin* (Denis Fonwisin), Twayne Publishers, Boston, Mass., 1979. Zu Katharinas Beziehungen mit den französischen Denkern vgl. mein *Catherine and the Philosophes* (Katharina und die Philosophen) in *Russia and the West in the Eighteenth Century* (Rußland und der Westen im 18. Jahrhundert), Hg. A. B. Cross (s. vorn), und *Catherine II and Montesquieu between Prince M. M. Shcherbatov and Denis Diderot* (Katharina II. und Montesquieu zwischen Fürst M. M. Schtscherbatow und Denis Diderot), in *L'età dei lumi – settecento europeo – saggi in onore di Franco Venturi* (Zeitalter der Aufklärung – das 18. Jahrhundert in Europa – Festschrift für Franco Venturi), Bd. II, Jovene editore, Neapel, 1985, 611–650. Zur Frage der Zensur vgl. K. Papmehl, *Freedom of Expression in Eighteenth Century Russia* (Meinungsfreiheit im Rußland des 18. Jahrhunderts), Marinus Nijhoff, Den Haag, 1971. Eine nützliche Anthologie russischer Literatur findet sich in Harold B. Segel, *The Literature of Eighteenth Century Russia* (Die Literatur des russischen 18. Jahrhunderts), 2 Bde., E. P. Dutton, New York, 1967. Auch *The Eighteenth Century in Russia* (Das 18. Jahrhundert in Rußland), Hg. J. G. Garrard, Clarendon Press, Oxford, 1973, ist eine äußerst nützliche Untersuchung zum geistigen Leben Rußlands.

Die Umsetzung der Gnadenurkunden von 1785 wird von R. E. Jones in *The Emancipation of the Russian Nobility* (Die Emanzipation des russischen Adels), Princeton University Press, 1973, sowie Janet M. Hartley, *Town Government in St Petersburg Guberniya after the Charter to the Towns of 1785* (Stadtverwaltung im Gouvernement Sankt Petersburg nach der Gnadenurkunde an die Städte von 1785), *Slavonic and East European Review*, 62, 1984, 66–84, behandelt. Zur Frage der Schulen vgl. Janet M. Hartley, *The Board of Social Welfare and the Financing of Catherine II's State Schools* (Die Fürsorgeausschüsse und die Finanzierung der Staatsschulen Katharinas II.), *Slavonic and East European Review*, 67 Nr. 2, April 1989, 211–227. Die Kleinrußland gegenüber verfolgte Politik wurde in Zenon E. Kohuts *Russian Centralism and Ukrainian Autonomy – Imperial Absorption of the Hetmanate, 1760s–1830s* (Russischer Zentralismus und die Autonomie der Ukraine – die Eingliederung des Hetmanats ins Kaisertum von den sechziger Jahren des 18. bis zu den dreißiger Jahren des 19. Jahrhunderts), Harvard University Press, Cambridge, Mass., 1988, erhellt. In J. D. Klier, *Russia Gathers her Jews – The Origins of the »Jewish Question« in Russia 1772–1825* (Rußland sammelt seine Juden – die Ursprünge der »jüdischen Frage« in Rußland 1772–1825), Northern Illinois University Press, 1986, findet sich eine auf dem neuesten Stand befindliche Untersuchung von Katharinas Judenpolitik. Einige Kapitel von *Soldiers of the Tsar* (Soldaten des Zaren), von J. L. H. Keep, Clarendon Press, Oxford, 1985, liefern wertvolle Angaben zum Leben im Militär.

The Russian Journals of Martha and Catherine Wilmot (Die russischen Tagebücher Martha und Catherine Wilmots), Hg. die Marchioness von Londonderry und H. M. Hyde, Macmillan, London, 1934, liefern einen äußerst unterhaltsamen Bericht über Rußland zu Anfang des 19. Jahrhunderts. Weitere sehr lesenswerte Erinnerungen sind *An English Lady at the Court of Catherine the Great: the Journal of Baroness Dimsdale* (Eine englische Dame am Hofe Katharinas der Großen: das Tagebuch der Baronin Dimsdale), 1781, Hg. A. G. Cross, Crest Publications, Cambridge, 1989, und John Parkinson, *A Tour of Russia, Siberia and the Crimea, 1792–1794* (Eine Reise durch Rußland, Sibirien und die Krim, 1792–1794), Hg. William Collier, Frank Cass, London, 1974. *Years of Childhood, A Russian Gentleman and A Russian Schoolboy* (Jahre der Kindheit, ein russischer Herr und ein russischer Schuljunge), von S. T. Aksakow, Ü. v. J. D. Duff, World Classics, Oxford University Press, 1982, 1983, 1984, bietet eine wunderbar geschriebene Chronik des russischen Lebens vom Standpunkt eines Jungen und eines Jugendlichen. Zu den Schwierigkeiten des Adels vgl. A. Kahan, *The Costs of Westernization in Russia: the Gentry and the Economy in XVIIIth Century Russia* (Die Kosten der Verwestlichung Rußlands: der Landadel und die Wirtschaft im Rußland des 18. Jahrhunderts), *Slavic Review*, XXV, 1965, 61–85.

Zur russischen Wirtschaftsgeschichte vgl. A. Kahan, *The Plow, the Hammer and the Knout: An Economic History of Eighteenth Century Russia* (Pflug, Hammer und Knute: eine Wirtschaftsgeschichte Rußlands im 18. Jahrhundert), University of Chicago Press, 1985. Drei in *Russia and the World of the Eighteenth Century* (Rußland und die Welt des 18. Jahrhunderts), Hg. R. P Bartlett, A. G. Cross und Karen Rasmussen, Slavica Publishers, Columbus, Ohio, 1988, erschienene nützliche Aufsätze sind James Durans *Catherine the Great and the Origin of the Russian State Debt* (Katharina die Große und der Ursprung der russischen Staatsschuld), George Munros *The Role of the Veksel' in Russian Capital Formation: A Preliminary Inquiry* (Die Rolle des Wechsels bei der Kapitalbildung Rußlands: eine vorläufige Untersuchung) sowie R. E. Jones', *Ukrainian Grain and the St Petersburg Market* (Ukrainisches Getreide und der Markt von Sankt Petersburg). Vgl. dazu auch R. E. Jones,

The Dnieper Trade Route in the Late Eighteenth and Early Nineteenth Centuries, A Note (Die Handelsstraße auf dem Dnjepr im späten 18. und frühen 19. Jahrhundert, eine Anmerkung) in *International History Review*, XI, Nr. 2, Mai 1989, 303–312; Jennifer Newman, *The Russian Grain Trade 1700–1779* (Der russische Getreidehandel 1700–1779) in *The Baltic Grain Trade: Five Essays* (Der baltische Getreidehandel: fünf Aufsätze), Hg. W. Minchinton, Exeter, 1985, und *The English Contribution to the Economic Revolution in Russia in the Eighteenth Century* (Der englische Beitrag zur wirtschaftlichen Revolution Rußlands im 18. Jahrhundert) in *Britain and the Northern Seas*, Hg. W. Minchinton, Pontefract, 1988. Ian Blanchard, *Russia's Age of Silver* (Rußlands silbernes Zeitalter), Routledge, London, 1989, untersucht die Rolle der Gold-, Silber- und Kupfererzeugung in der Wirtschaftsgeschichte Rußlands und Europas im 18. Jahrhundert; Zahlen für den Lebensstandard der Bauern in Kap. 12 sind nach dem Abschnitt »Russian Economic Growth« (Rußlands Wirtschaftswachstum) jenes Buches zitiert; vgl. jedoch B. Mironows Untersuchung, die an Blanchards Schlußfolgerungen Zweifel anmeldet. Fragen der Finanzgeschichte finden sich in James A. Duran, *The Reform of Financial Administration in Russia during the Reign of Catherine II* (Die Reform der Finanzverwaltung in Rußland unter der Herrschaft Katharinas II) in *Canadian Slavic Studies*, 4, Nr. Herbst 1970, 485–96 und den entsprechenden Teil in John P. LeDonne, *Ruling Russia* (vgl. ‹p. 221›).

Zur Frage der »konservativen« Opposition gegen Katharina vgl. Brenda Meehan Waters, *Russian Convents and the Secularization of Monastic Property* (Russische Klöster und die Säkularisierung des Klosterbesitzes) in *Russia and the World of the Eighteenth Century* (s. vorn); *On the Corruption of Morals* (Zur Verderbtheit der Moral) von Fürst M. M.

Schtscherbatow wurde zusammen mit einer Übersetzung ins Englische von A. Lentin, Cambridge University Press, 1969 veröffentlicht; R. E. Jones, »Opposition to War and Expansion in Late Eighteenth Century Russia« (‹dt.?›), *Jahrbücher für die Geschichte Osteuropas,* 32, 1984, 34–51. D. Ransel, *The Politics of Catherinian Russia: The Panin Party* (Rußlands Politik unter Katharina: die Partei Panins), Yale University Press, 1975. Nikita Panins Vorstellungen zur Verfassung, wie sie von Denis Fonwisin vorgetragen wurden, finden sich in *Russian Intellectual History: An Anthology* (Geistige Geschichte Rußlands: eine Anthologie), Hg. M. Raeff, Harcourt Brace and World, New York, 1966.

N. M. Karamsins *Memoir on Ancient and Modern Russia* (Erinnerungen an das Alte und Neue Rußland) wurde in einer Übersetzung veröffentlicht; die Einleitung stammt von R. Pipes, Harvard University Press, Cambridge, Mass., 1959. Das Zitat auf der letzten Seite wurde J. P. LeDonne a. a. O. entnommen.

Nützliche Artikel lassen sich auch in zwei Anthologien finden: *Catherine the Great – A Profile* (Katharina die Große – ein Profil), Hg. Marc Raeff, Hill & Wang, New York, 1972; *Canadian American Slavic Studies*, 4, Nr. 3, Herbst 1970 [eine der Herrschaft Katharinas II. gewidmete Sondernummer]; wie auch in den Sitzungsberichten der beiden von der Studiengruppe »Rußland im 18. Jahrhundert«, *Russia and the West in the Eighteenth Century* (Rußland und der Westen im 18. Jahrhundert) veranstalteten internationalen Kongresse, Hg. A. G. Cross (vgl. ‹p. 222›; sowie *Russia and the World of the Eighteenth Century*, Hg. R. P. Bartlett, A. G. Cross und Karen Rasmussen (s. vorn).

Auch auf deutsch sind zahlreiche wertvolle Studien über das Rußland Katharinas erschienen, von denen hier nur eine kleine Auswahl genannt werden kann. Verwiesen sei auf Band 2 von *Westöstliche Spiegelungen, Deutsche und*

Deutschland aus russischer Sicht. 18. Jahrhundert: Aufklärung, hrsg. von Lew Kopelew, Wilhelm Fink Verlag, München 1992. Hier ist eine umfassende Bibliographie von Arbeiten in deutscher Sprache und in anderen Sprachen zur politischen, Kultur- und Sozialgeschichte Rußlands im 18. Jahrhundert enthalten (S. 562–614). Claus Scharfs *»La Princesse de Zerbst Chatharinisée«* (S. 271–340) enthält eine spezifischere Bibliographie (S. 596–600). Weitere nützliche Arbeiten sind: B. Knabe, *Die Struktur der russischen Posadgemeinden und der Katalog der Beschwerden und Forderungen der Kaufmannschaft, 1762–1767*, in *Forschungen zur Osteuropäischen Geschichte*, Nr. 22, Berlin, 1975; D. Peters, *Politische und gesellschaftliche Vorstellungen in der Aufstandsbewegung unter Pugatschow (1773–1775)*, ebenda, Band 17, Berlin, 1973. Siehe auch K. Heller, *Die Geld- und Kreditpolitik des russischen Reiches in der Zeit des Assignaten (1768–1839/43)*, Frank Steiner Verlag GMBH, Wiesbaden, 1983 und Andreas Bode, *Die Flottenpolitik Katharinas II. und die Konflikte mit Schweden und der Türkei (1768–1792)*, Otto Harrassowitz, Wiesbaden, 1979. Empfehlenswert sind die *Jahrbücher für Geschichte Osteuropas*, Neue Folge, wegen ihrer zahlreichen wissenschaftlichen Artikeln in Deutsch und Englisch über diese Periode.